高职高专汽车制造类系列创新教材

汽车制造物流管理

(配任务工单)

主　编　曾新明　胡元庆
副主编　杨根宝　罗杏玲　孙　伟
参　编　陈建华　袁世军　马志毅
　　　　杜永威　钟建国　倪俊文

机械工业出版社

本书结合我国汽车工业物流管理领域的创新实践和发展趋势，全面介绍了汽车物流管理领域的新内容与新要求。本书从应用的角度出发，对实践中常用的管理技术和方法进行了专业归纳和系统提炼，内容包括：汽车物流管理认知、汽车制造业生产计划与控制、汽车生产工厂选址与物流布局、汽车车间物流工程管理、订购与供应物流管理、生产物流管理、整车物流管理、汽车售后备件物流管理、汽车生产物流管理信息化、汽车生产物流工程管理常用工具等。

本书可作为应用型本科和高职高专院校汽车、物流管理相关专业的教材，也可作为大专院校机械制造类、工程管理类、物流管理类等相关专业师生的教辅资料，同时可供企业管理人员参考使用。

图书在版编目（CIP）数据

汽车制造物流管理：配任务工单 / 曾新明，胡元庆主编 . — 北京：机械工业出版社，2022.3（2024.8重印）

高职高专汽车制造类系列创新教材

ISBN 978-7-111-47423-4

Ⅰ.①汽…　Ⅱ.①曾…②胡…　Ⅲ.①汽车工业—物流管理—高等职业教育—教材　Ⅳ.① F407.471.6

中国版本图书馆 CIP 数据核字（2022）第 015535 号

机械工业出版社（北京市百万庄大街22号　邮政编码100037）
策划编辑：李　军　　　　　责任编辑：李　军
责任校对：张亚楠　王明欣　封面设计：马精明
责任印制：郜　敏
北京富资园科技发展有限公司印刷
2024年8月第1版第2次印刷
184mm×260mm・20.75 印张・516千字
标准书号：ISBN 978-7-111-47423-4
定价：69.90元

电话服务　　　　　　　网络服务
客服电话：010-88361066　机 工 官 网：www.cmpbook.com
　　　　　010-88379833　机 工 官 博：weibo.com/cmp1952
　　　　　010-68326294　金　书　网：www.golden-book.com
封底无防伪标均为盗版　机工教育服务网：www.cmpedu.com

前言

汽车产业是国民经济重要的支柱产业之一，具有产业链长、关联度高、就业面广、消费拉动作用大等特点，在国民经济和社会发展中起着十分重要的作用。

汽车工业物流管理是一项精细化系统工程，从顶层运行模式到厂房布局、车间布局、制造流程、生产计划、物料管理以及物流设备的管理等，均需要综合协调与统筹规划，使生产物流系统总体上达到综合最优。同时，汽车行业激烈的市场竞争，使得各种先进生产方式不断涌现，如柔性制造、敏捷制造、虚拟制造、精益制造等，这些先进生产模式对汽车工业物流管理又提出了新的要求。

当前，汽车物流管理已经成为一个聚焦业界目光的新重点。本书结合我国汽车制造工业物流管理领域的最新实践和发展趋势，全面介绍了汽车物流管理领域的主要内容和系统构成；从应用的角度出发，对实践中常用的管理技术和方法进行了理念归纳和要点提炼。

1. 本书的撰写目的

专业理论应该为生产实践服务，运用理论来提升实践的有效性，同时要用实践的最新过程和结果来修正和提升专业理论。《汽车制造物流管理》正是基于这一理念形成的，这是一本专业知识与生产实践相结合的教材，是校企合作、产学研一体化的最新成果。

本书的撰写目的在于全面、系统地揭示汽车工业物流管理领域的业务流程、主要内容、操作方法、改善经验和实践难题，帮助学习型读者真正全面、客观地了解汽车物流管理的对象、识别企业开展物流管理持续改善的方向、判断行业的发展趋势；帮助应用型读者在熟悉各种管理工具的基础上，科学并有效地将其运用到改善实践中去，形成科学的方法论并在实践中应用提高。同时，希望能够为高校教育者提供教材素材或在备课提纲方面提供思路；更为重要的是促进理论研究成果的转化和推广，促进产学研结合，促进实践型人才的培养。

2. 本书的读者群

本书的读者群定位为：应用型本科和高职高专院校物流管理、汽车专业及其相关专业的师生，汽车工业企业从事物流与供应链管理实践的技术人员、管理人员和操作人员，其他物流与供应链管理专业领域人士。

3. 本书的新颖之处

众所周知，汽车制造物流与供应链管理是复杂且具挑战性的跨专业领域，本书全面、系统地介绍了汽车制造企业物流供应链业务和管理领域的主要内容，并在以下几个方面进行了相应的尝试和创新。

1）编写理念：本书在编写中融入了课程教学设计新理念，以学生为主体，以培养学生的职业能力和实践创新能力为目标，将理论教学与技能训练相结合，理论教学中所教授的专业知识以"够用"为度，技能训练按照汽车制造物流管理与服务岗位群的技能要求设计。通过专业学习和技能训练，达到学以致用、强化技能培养的目的。

2）结构框架：本书以汽车物流管理内容为主线，根据汽车制造物流管理的各个环节设计了汽车生产工厂选址与物流布局、生产计划与控制、入厂物流、生产物流、车间物流、整车出厂物流、售后备件物流、汽车生产物流管理信息化与常用工具等学习单元，在整体结构上具有系统性，每个学习单元又是相对独立的，这种系统性和模块化相结合的教材结构，便于不同专业、不同实训条件、不同教学要求的院校选取和使用。

3）内容要素：教材内容精选学生在职业岗位上有用的基础理论和基础知识，融入汽车制造物流管理中的新观念、新制度、新方法，突出实用性和新颖性。加强"拓展案例分析"和"任务工单"，引导学生在"做"中"学"，培养和提升学生的职业技能。

4）单元—任务化学习设计：本书以汽车制造业物流管理内容为主线，设计了若干个学习单元，每个单元包含多个学习任务，学习任务涵盖任务引入、学习目标、拓展阅读、任务小结、拓展案例分析等内容。各单元配有任务工单，对学生进行技能训练。通过实践训练，使学生具备从事汽车物流管理相关工作的基本素质和技能。任务工单单独成册，便于使用。

本书由湖南现代物流职业技术学院与广汽菲亚特克莱斯勒汽车有限公司共同合作编写，湖南现代物流职业技术学院教师团队胡元庆、罗杏玲、陈建华、袁世军与广汽菲亚特克莱斯勒汽车有限公司专家团队曾新明、杨根宝、孙伟、马志毅、杜永威、钟建国、倪俊文协同创新，校企合作，共同完成本书的编写，曾新明和胡元庆担任主编，负责拟定编写大纲，并对全书进行审核和统稿。

在编写此书的过程中，编者参阅了大量国内外公开发表和出版的相关文献资料，谨向原著作者表示诚挚的敬意和衷心的感谢。同时衷心感谢广汽菲亚特克莱斯勒汽车有限公司和湖南现代物流职业技术学院的领导和专家的大力支持。

汽车物流管理是一门跨专业的学科，需要具备管理理论、汽车工程技术等多学科的知识。目前我国汽车工业正在快速发展，新的管理理念和服务方式都会渗透到汽车物流管理工作实践中。由于编者的理论水平和实践经验有限，书中难免有不足之处，恳请各位专家和读者批评指正，以便我们不断完善。

编　者

2022 年 3 月

目录

前言

单元 1 汽车物流管理认知 ········· 1

1.1 物流与物流管理 ········· 2
1.1.1 物流概述 ········· 3
1.1.2 物流管理 ········· 6

1.2 汽车制造业物流管理 ········· 9
1.2.1 汽车物流 ········· 9
1.2.2 汽车物流管理 ········· 13
1.2.3 汽车物流标准化 ········· 15

1.3 汽车工业物流管理的新特征 ········· 19
1.3.1 制造与物流两业联动深度融合 ········· 20
1.3.2 订单拉动生产（BTO） ········· 21
1.3.3 汽车物流管理精益化 ········· 22
1.3.4 汽车物流行业整合与业务流程重组 ········· 23
1.3.5 汽车制造与物流服务共同提升 ········· 24
1.3.6 科技创新持续带来新动能 ········· 25

单元 2 汽车制造业生产计划与控制 ········· 29

2.1 汽车制造企业生产计划 ········· 30
2.1.1 生产计划的含义 ········· 30
2.1.2 生产计划的构成 ········· 31

2.2 生产计划编制方法 ········· 33
2.2.1 甘特图法 ········· 33
2.2.2 滚动计划法 ········· 34
2.2.3 分层编制法 ········· 34

2.2.4 最优生产技术 ……………………………………………………… 35
2.2.5 企业资源计划 ……………………………………………………… 36
2.2.6 准时制生产 ………………………………………………………… 37

2.3 生产计划管理与控制的内容与策略 …………………………………… 42
2.3.1 生产计划管理与控制的内容 ……………………………………… 43
2.3.2 生产计划管理与控制策略 ………………………………………… 44

单元3 汽车生产工厂选址与物流布局 …………………………… 48

3.1 汽车生产工厂选址 ……………………………………………………… 49
3.1.1 影响选址的主要因素 ……………………………………………… 49
3.1.2 工厂选址的主要方法 ……………………………………………… 52
3.1.3 汽车工厂选址实践 ………………………………………………… 58

3.2 汽车生产物流布局规划 ………………………………………………… 61
3.2.1 工厂布局规划的目标与原则 ……………………………………… 64
3.2.2 工厂布局规划的方法与程序 ……………………………………… 65

单元4 汽车车间物流工程管理 …………………………………… 69

4.1 汽车车间物流工程概要 ………………………………………………… 70
4.1.1 汽车车间物流范畴 ………………………………………………… 70
4.1.2 汽车车间物流设计主要影响因素 ………………………………… 71

4.2 汽车车间物流运作模式 ………………………………………………… 72
4.2.1 冲压车间物流 ……………………………………………………… 73
4.2.2 焊装车间物流 ……………………………………………………… 73
4.2.3 涂装车间物流 ……………………………………………………… 77
4.2.4 总装车间物流 ……………………………………………………… 78

4.3 汽车车间物流规划原则 ………………………………………………… 81
4.3.1 布局规划思路 ……………………………………………………… 82
4.3.2 功能区规划 ………………………………………………………… 84
4.3.3 上线规划 …………………………………………………………… 88
4.3.4 物流设施规划 ……………………………………………………… 94
4.3.5 物流设备规划 ……………………………………………………… 97

目 录

单元 5　订购与供应物流管理 …… 101

5.1　订购管理概述 …… 102
- 5.1.1　汽车制造订购管理的相关概述 …… 102
- 5.1.2　订购管理的组织架构发展 …… 103
- 5.1.3　订购模式与生产模式的关系 …… 104
- 5.1.4　准时制生产对供应物流管理的要求 …… 105
- 5.1.5　供应物流管理的主要内容 …… 105
- 5.1.6　汽车行业的采购方式 …… 110

5.2　国产零件订购管理 …… 113
- 5.2.1　推动式和拉动式供应战略的选择 …… 114
- 5.2.2　物料需求计划 …… 115
- 5.2.3　零件到货规则设定 …… 117

5.3　进口零件订购管理 …… 121
- 5.3.1　跨国采购概述 …… 122
- 5.3.2　跨国采购的方式 …… 122
- 5.3.3　跨国采购的运输方式与库存设定 …… 123
- 5.3.4　跨国采购的贸易术语 …… 123

5.4　车型停产与切换的订购管理 …… 125
- 5.4.1　车型停产与切换的概述 …… 125
- 5.4.2　车型停产与切换的零件订购管理 …… 126

5.5　入厂物流模式 …… 126
- 5.5.1　入厂物流模式概述 …… 127
- 5.5.2　取货物流 …… 128

单元 6　生产物流管理 …… 138

6.1　生产物流概述 …… 139
- 6.1.1　生产物流的概念 …… 140
- 6.1.2　汽车制造生产物流的特点 …… 141
- 6.1.3　汽车生产物流模式简介 …… 141

6.2　工艺流程与车间布局 …… 142
- 6.2.1　汽车制造工艺流程 …… 143

6.2.2 汽车制造工厂布置 144

6.3 汽车制造生产现场管理 145

6.3.1 生产现场5S管理 146
6.3.2 定置管理 147
6.3.3 生产物流设施及装备 150
6.3.4 生产物流的物流节点 155

6.4 生产物料配送与管理 156

6.4.1 现场物料配送 157
6.4.2 物料盘点 159
6.4.3 不良品管理 160
6.4.4 新能源汽车动力蓄电池管理 162

6.5 库存管理及缺件管理 164

6.5.1 库存管理 165
6.5.2 缺件管理 168

单元7 整车物流管理 170

7.1 整车物流概述 171

7.1.1 整车物流概述 171
7.1.2 中国整车物流行业现状 173
7.1.3 整车物流发展趋势 175

7.2 整车物流的运作模式 177

7.2.1 汽车整车物流分析 178
7.2.2 汽车整车物流模式 178
7.2.3 整车物流模式演化 178

7.3 整车仓储与运输 180

7.3.1 整车运输与仓储概述 182
7.3.2 整车仓储与运输管理与优化 183

7.4 汽车销售物流管理 185

7.4.1 汽车销售物流概述 186
7.4.2 汽车销售物流的规划 187
7.4.3 汽车销售模式介绍 187
7.4.4 汽车销售物流客户服务 189

目 录

7.4.5	销售物流的配送管理	190
7.4.6	整车销售物流外包管理	191

7.5 汽车供应链逆向物流 ……193

7.5.1	逆向物流概述	194
7.5.2	汽车逆向物流的形式	194
7.5.3	汽车逆向物流的作用与意义	196
7.5.4	提升汽车逆向物流服务水平	197

单元 8　汽车售后备件物流管理 ……198

8.1 汽车售后备件与备件物流 ……199

8.1.1	汽车售后备件及特点	199
8.1.2	汽车备件分类	200
8.1.3	汽车售后备件物流	201

8.2 汽车备件物流运作模式与流程 ……203

8.2.1	汽车行业售后经营模式	204
8.2.2	汽车售后服务备件物流运作模式	205
8.2.3	汽车备件物流的运作流程	206
8.2.4	汽车备件物流的创新对策	207

8.3 汽车备件物流节点规划与库存布局 ……208

8.3.1	汽车备件物流节点选址规划	208
8.3.2	服务备件的库存分布结构	209
8.3.3	国内外汽车备件库存分布结构	210
8.3.4	服务备件库存分布优化	212

8.4 汽车服务备件库存管理与控制 ……214

8.4.1	汽车备件的分类管理	215
8.4.2	汽车备件库存模型	216
8.4.3	汽车备件库存控制策略	217
8.4.4	汽车备件库存预测与控制途径	219
8.4.5	主机厂售后零件物流管理实践	221

单元 9　汽车生产物流管理信息化 ……225

9.1 企业信息化与供应链管理 ……226

9.1.1	企业信息化	227

9.1.2 基于供应链管理信息化集成模式 ... 231

9.2 生产物流管理信息系统 ... 233
9.2.1 ERP 管理系统 ... 234
9.2.2 产品生命周期管理系统 ... 239
9.2.3 生产过程执行管理系统 ... 242
9.2.4 仓储管理系统 ... 246

9.3 汽车生产物流工程信息化实践 ... 250
9.3.1 汽车主机厂物流模式介绍 ... 252
9.3.2 主机厂生产物流管理系统 ... 253

单元 10 汽车生产物流工程管理常用工具 ... 257

10.1 约束理论 ... 258
10.1.1 约束理论体系的构成与要点 ... 258
10.1.2 约束理论的思想方法与工具 ... 260
10.1.3 约束理论的核心及关键技术 ... 261

10.2 工业工程（IE） ... 262
10.2.1 IE 主要内容与 IE 意识 ... 263
10.2.2 IE 在生产物流工程领域中的实践 ... 264
10.2.3 IE 在汽车企业物料仓库布局中的实践 ... 266

10.3 JIT 理论 ... 268
10.3.1 JIT 基本理论和实施手段 ... 270
10.3.2 JIT 准时制物流管理 ... 273

10.4 持续改善理论 ... 275
10.4.1 Kaizen 理论基础 ... 276
10.4.2 科学有效地开展 Kaizen 活动 ... 277
10.4.3 持续改善方法在汽车制造企业的应用 ... 280

参考文献 ... 283

单元 1
汽车物流管理认知

单元概述

现代物流是一种融信息技术、装备技术等高新技术为一体的先进组织方式和管理技术。尽管我国的制造企业物流管理与服务近年来发展迅速,取得了长足的进步,尤其是以汽车制造企业为代表的工业制造业物流水平得到较大提升,但我国制造业物流发展仍然处于初级阶段,粗放式经营的格局尚未从根本上改变,地区之间和行业之间物流发展水平极不平衡。目前我国制造业物流管理存在的主要问题如下:

1)企业对物流服务的认识不够全面和深刻。
2)企业物流设施布局规划不够合理,物流装备标准化有待提升。
3)企业物流管理机构设置与部门间协调有待改进。
4)管理手段与物流信息化程度偏低。
5)企业专业物流人才比较稀缺。

物流作为一种新型的管理技术,涉及的领域极其广阔,这就要求物流管理人员不但要熟悉企业内各物流环节,而且要精通物流管理知识和各种物流作业技术,既要掌握企业内物流操作技能,又要熟悉向外延伸的整条供应链运作情况。本单元将系统地对物流与物流管理、现代汽车制造业物流管理内容和原理及其最新发展趋势进行介绍。

单元目标

1. 能力目标
1)能够系统描述汽车制造生产物流管理内容。
2)能够全面描述物流标准化的作用。
3)能够掌握汽车物流标准化体系的构成。

2. 知识目标
1)了解物流的基本功能要素。
2)掌握汽车物流内容与特点。
3)掌握汽车物流管理基本内容。
4)了解汽车物流管理新特征。

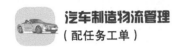

1.1 物流与物流管理

物流成为"第三利润源"

1."第一利润源"——资源领域

人类生产最初是靠对廉价原材料、燃料的掠夺性开采和利用获得利润,其后是依靠科技进步,减少物质资源消耗、综合利用乃至大量人工合成资源来获得高额利润。这种降低物质资源消耗获得利润的方式是以先进的科学技术为条件的。因此,通过进一步开发"第一利润源"获得利润的方式,受到了科学技术发展程度的限制。

2."第二利润源"——人力领域

人力领域的利润最初是靠廉价劳动力,其后是依靠科技进步提高劳动生产率,降低人力消耗,或采用机械化、自动化来降低劳动耗用,从而降低成本、增加利润,形成"第二利润源"。劳动生产率的提高,劳动消耗的降低,也受到科学技术的极大制约。随着生产的机械化、自动化程度不断提高,生产工艺过程日趋程序化、规范化,使"第二利润源"的潜力越来越小,获取利润也越来越困难。

3."第三利润源"——物流领域

在前两个利润源潜力越来越小的情况下,物流领域的潜力逐渐被人重视。有关统计表明,在美国,产品的制造成本已不足总成本的10%,产品的加工时间只占总时间的5%,而储存、搬运、运输、销售、包装等物流环节已经占据制造成本和作业时间的绝大部分。物流继降低物质消耗、提高劳动生产率之后,成为使企业获得利润的"第三利润源"。通过物流的合理化降低物流成本,已经成为企业提高竞争力的重要手段。

通过熟悉此案例信息,提前了解和思考物流管理的主要内容包含哪些方面。

1)能描述物流的基本功能要素。
2)能准确把握物流管理的基本内容。

1.1.1 物流概述

1. 物流的基本概念

2001年8月1日实施的中华人民共和国国家标准《物流术语》（GB/T 18354—2001）[一]将物流定义为"物品从供应地向接收地的实体流动过程。根据实际需要，将运输、储存、装卸、搬运、包装、流通加工、配送、信息处理等基本功能进行有机结合。"

（1）"物"的概念

物流中的"物"是指一切可以进行物理性位置移动的物质资料和服务。物质资料包括物资、物料和货物，服务包括货物代理和网络服务。

（2）"流"的概念

物流中的"流"是物的实体位移，包括短距离的搬运、长距离的运输和全球集散。

2. 物流的经济价值

（1）时间价值

物从供应者到需要者之间有一段时间差，改变这一时间差创造的价值是时间价值。

时间价值通过物流活动获得的形式有以下三种：

1）缩短时间创造价值。物流着重研究的一个课题就是如何采取技术的、管理的、系统的方法来尽量缩短物流的宏观时间和有针对性地缩短微观物流时间，从而取得较高的时间价值。

2）弥补时间差创造价值。经济社会中，需要和供应普遍地存在着时间差，物流以科学的、系统的方法弥补和改变这种时间差，以实现其"时间价值"。

3）延长时间差创造价值。在某些具体物流活动中，存在人为地延长物流时间来创造价值的现象，例如，配合待机销售的物流便是通过有意识地延长物流时间，增加时间差来创造价值的。

（2）场所价值

物从供应者到需求者之间有一段空间差，改变这一场所的差别创造的价值叫作"场所价值"。物流创造场所价值是由现代社会产业结构和社会分工所决定的，主要原因是供应和需求之间存在空间差。商品在不同地理位置有不同的价值，通过物流将商品由低价值区转到高价值区，便可获得价值差，即场所价值。

场所价值有以下三种形式：

1）从集中生产场所流入分散需求场所创造价值。

2）从分散生产场所流入集中需求场所创造价值。

3）从甲地生产流入乙地需求创造场所价值。

（3）流通加工附加价值

有时，物流也可以创造流通加工附加价值。加工是生产领域常用的手段，并不是物流的本来职能。但是，现代物流的一个重要特点，是根据自己的优势从事一定的补充性加工活动，也称为流通加工活动。这种加工活动不是创造商品主要实体，形成商品主要功能和使用价值，而是带有完善、补充、增加性质的加工活动，这种活动必然会形成劳动对象的附加价值。

3. 物流的功能要素

物流的功能要素是为了创造时间价值、场所价值和流通加工附加价值而进行的物流作业活动，包括以下几类。

[一] 现行标准编号为 GB/T 18354—2021。

（1）包装

无论是产品还是材料，在搬运输送以前都要加以某种程度的包装，保证物品完好地运送到用户手中。因此包装是生产的终点，同时也是社会物流的起点。

（2）装卸、搬运

装卸、搬运是指在同一地域范围内进行的、以改变物的存放状态和空间位置为主要内容和目的的活动，包括装上、卸下、移送、拣选、分类、堆垛、入库、出库等环节。装卸、搬运是伴随运输和仓储而产生的必要的物流活动，但是和运输产生空间价值、仓储产生时间价值不同，其本身并不产生任何价值。物流的主要环节，如运输和仓储等是靠装卸、搬运活动连接起来的，物流活动其他各个阶段的转换是要通过装卸、搬运连接起来的。

（3）运输

运输是对物资进行较长距离的空间移动。物流部门通过运输解决物资在生产地点和需要地点之间的空间距离问题，从而创造商品的空间效益，实现其使用价值，以满足社会需要。运输是物流的中心环节之一，可以说是物流最重要的一个功能。运输在经济上的作用是扩大了经济作用范围和在一定的经济范围内促进物价的平均化。现代化大生产的发展，使社会分工越来越细，区域之间的物资交换更加频繁，促进了运输业的发展，产业的发展也同时促进了运输技术的革新和运输水平的提高。反过来说，运输手段的发达也为产业发展创造了便利条件。

（4）仓储

仓储在物流系统中起着缓冲、调节和平衡的作用。仓储的目的是克服产品生产与消费在时间上的差异，使物资产生时间上的效果。它的内容包括储存、管理、保养、维护等活动。产品从生产领域进入消费领域之前，需要在流通领域停留一定时间，这就形成了商品储存。在生产过程中，原材料、燃料、备品备件和半成品也需要在相应的生产环节之间有一定的储备，作为生产环节之间的缓冲，以保证生产的连续进行。

（5）流通加工

在流通过程中辅助性的加工活动称为流通加工。流通与加工的概念本属于不同范畴。加工是改变物质的形状和性质，形成一定产品的活动；而流通则是改变物质的空间状态与时间状态。流通加工的目的是弥补生产过程加工不足，更有效地满足用户或本企业的需要，使产需双方更好地衔接。将这些加工活动放在物流过程中完成而成为物流的一个组成部分。流通加工是生产加工在流通领域中的延伸。

（6）配送

配送是面向城市内、区域内、短距离、多频率的商品送达服务。与运输功能相比，配送又具有自身的基本特点，如配送中心到连锁店、用户等的物品搭配及空间位移均可称为配送。

（7）信息

物流活动进行中必要的信息称为物流信息。所谓信息，是指用符号传送的，能够反映事物内涵的知识、资料（包括文字、图像、数据、语言、声音等）的报道。信息是事物的内容、形式及其发展变化的反映。因此，物流信息和运输、仓储等各个环节都有密切关系，在物流活动中起着神经系统的作用。加强物流信息的研究才能使物流成为一个有机系统，而不是各个孤立的活动，只有及时收集和传输有关信息，才能使物流通畅化、定量化。

4. 物流概念的产生

1901年，格罗威尔在美国政府的《工业委员会关于农场产品配送的报告》中，第一次论述了对农产品配送成本产生影响的各种因素，揭开了人们对物流认识的序幕。

1918年，英国联合利华公司的利费哈姆勋爵成立了"即时送货股份有限公司"，公司的宗旨是，在全国范围内把商品及时送到批发商、零售商以及用户的手中。

1921年，美国经济学家阿奇·萧在《市场流通中的若干问题》一书中提出"物流是与创造需求不同的一个问题"，销售过程的物流指的是时间和空间的转移，并提到"物资经过时间或空间的转移，会产生附加价值"。此时的物流指的是销售过程中的物流，是为了配合销售而进行的相关运输与仓储活动，即实体配送。

1935年，美国销售协会对当时还称为实体配送的物流概念进行了定义："实体配送是指包含于销售之中的物质资料和服务在从生产地点到消费地点流动的过程中，所伴随的种种经济活动。"这个概念是有关物流的最早定义，它将物流看成是销售过程中的一个环节，从属于销售，强调了与产品销售有关的输出物流，没有包括输入物流环节。

上述是物流发展的早期阶段。在这一阶段里，人们从有利于商品销售的愿望出发，探讨如何进行物资的配给和怎样加强对物资分布过程的合理化管理，其核心部分就是物流被看成是市场的延伸。

第二次世界大战后的几十年间，西方经济进入大量生产与销售时期，后勤管理的理念和方法开始被引入工业部门和商业部门，被人们称为"工业后勤"和"商业后勤"。实体配送的概念也逐渐被物流取代。物流包含生产领域的原材料采购、生产过程中的物料搬运与厂内物流、流通过程中的物流或销售物流。

5. 物流概念演变

在20世纪50~70年代，人们研究的对象主要是狭义的物流，是与商品销售有关的物流活动，是实物流通过程中的商品实体运动，因此对于物流概念通常采用的是Physical Distribution（PD）一词。1963年，美国物流管理协会对物流管理的定义是"为计划、执行和控制原材料、在制品库存及制成品从起源地到消费地的有效率的流动而进行的两种或多种活动的集成。这些活动包括顾客服务、需求预测、交通、库存控制、物料搬运、订货处理、零件及服务支持、工厂及仓库选址、采购、包装、退货处理、废弃物回收、运输、仓储管理。"但是实体配送表达的领域较为狭窄，物流的概念更宽广、连贯和整体。军事后勤为部队和战争服务，工业后勤为制造业的生产和经营服务，商业后勤为商业运行和顾客服务。总之，物流的核心理念是服务。基于上述认识，美国物流管理协会对物流定义进行了修订，将1963年定义中的"原材料、在制品、制成品"修改为"货物、服务"。这大大拓展了物流的内涵与外延，既包括生产物流，也包括服务物流。1985年，美国物流管理协会将物流定义为"以满足客户需求为目的，对货物、服务以及相关信息从供应地到消费地的高效率、低成本流动和储存而进行的计划、实施和控制过程。"物品流动也完成了从实体配送向现代物流的转变。

随着市场竞争的加剧和企业运营理念的变化，人们对物流的认识进一步深入。1998年，美国物流管理协会对物流的最新定义是"物流是供应链流程的一部分，是为了满足客户需要而对货物、服务及相关信息从原产地到消费地的高效率、高效益的正向和反向流动及储存进行的计划、实施与控制过程。"这一新定义不仅把物流纳入了企业间互动协作关系的管理范畴，而且要求企业在更广阔的背景上来考虑自身的物流运作：不仅要考虑自己的客户，而且要考虑自己的供应商；不仅要考虑到客户的客户，而且要考虑到供应商的供应商；不仅要致力于降低某项具体物流作业的成本，而且要考虑使整个供应链运作的总成本最低。该定义反映了随着供应链管理思想的出现，美国物流界对物流的认识更加深入，强调物流是供应链的一部分，并从"反向物流"（也称为"回收物流"或"逆向物流"）角度进一步拓展了物流的内涵与外延。广义物流的概念如图1-1所示。

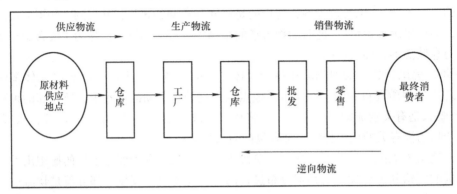

图1-1　广义物流的概念

1.1.2　物流管理

1. 物流管理概述

物流管理（Logistics Management）是指在社会再生产过程中，根据物质资料实体流动的规律，应用管理的基本原理和科学方法，对物流活动进行计划、组织、指挥、协调、控制和监督，使各项物流活动实现最佳的协调与配合，以降低物流成本，提高物流效率和经济效益。现代物流管理是建立在系统论、信息论和控制论的基础上的。

（1）现代物流管理的特点

1）以实现客户满意为第一目标。

2）以企业整体最优为目的。

3）以信息为中心。

4）重效率更重效果。

（2）物流管理的原则

1）在总体上，坚持物流合理化的原则，就是在兼顾成本与服务的前提下，对物流系统的构成要素进行调整改进，实现物流系统整体优化。

2）在宏观上，除了完善支撑要素建设外，还需要政府以及有关专业组织的规划和指导。

3）在微观上，除了实现供应链的整体最优管理目标外，还要实现服务的专业化和增值化。现代物流管理的永恒主题是成本和服务，即在削减物流成本的基础上，努力提升物流增值性服务。

4）在服务上，具体表现为7R原则，即适合的质量（Right Quality）、适合的数量（Right Quantity）、适合的时间（Right Time）、适合的地点（Right Place）、优良的印象（Right Impression）、适当的价格（Right Price）和适合的商品（Right Commodity），即为客户提供上述七个方面的恰当服务。

2. 物流管理的基本内容

（1）物流作业管理

物流作业管理是指对物流活动或功能要素的管理，主要包括运输与配送管理、仓储与物料管理、包装管理、装卸搬运管理、流通加工管理、物流信息管理等。

（2）物流战略管理

物流战略管理（Logistics Strategy Management）是对企业的物流活动实行的总体性管理，是企业制定、实施、控制和评价物流战略的一系列管理决策与行动，其核心问题是使企业的物流活动与环境相适应，以实现物流的长期、可持续发展。

（3）物流成本管理

物流成本管理是指有关物流成本方面的一切管理工作的总称，即对物流成本所进行的计划、组织、指挥、监督和调控。物流成本管理的主要内容包括物流成本核算、物流成本预测、物流成本计划、物流成本决策、物流成本分析、物流成本控制等。

（4）物流服务管理

所谓物流服务，是指物流企业或企业的物流部门从处理客户订货开始，直至商品送交客户过程中，为满足客户的要求，有效地完成商品供应、减轻客户的物流作业负荷所进行的全部活动。

（5）物流组织与人力资源管理

物流组织是指专门从事物流经营和管理活动的组织机构，既包括企业内部的物流管理和运作部门、企业间的物流联盟组织，也包括从事物流及其中介服务的部门、企业以及政府物流管理机构。

（6）供应链管理

供应链管理（Supply Chain Management）是用系统的观点通过对供应链中的物流、信息流和资金流进行设计、规划、控制与优化，以寻求建立供、产、销企业以及客户间的战略合作伙伴关系，最大限度地减少内耗与浪费，实现供应链整体效率的最优化，并保证供应链成员取得相应的绩效和利益，来满足顾客需求的整个管理过程。

3. 物流管理的基本任务与目标

广泛采用现代物流的组织方式和现代物流技术，提高物流合理化水平，降低物流成本，提供优质的物流服务，成为现代物流管理的基本出发点。

也就是说，物流管理最基本的目标就是以最低的成本向用户提供满意的物流服务。

实施物流管理的目的，就是要在尽可能最低的总成本条件下实现既定的客户服务水平，即寻求服务优势和成本优势的一种动态平衡，并由此创造企业在竞争中的战略优势。根据这个目标，物流管理要解决的基本问题，简单地说，就是把合适的产品以合适的数量、合适的价格在合适的时间、合适的地点提供给客户。

物流管理强调运用系统方法解决问题。现代物流通常被认为是由运输、存储、包装、装卸、流通加工、配送和信息诸环节构成的。各环节原本都有各自的功能、利益和观念。系统方法就是利用现代管理方法和现代技术，使各个环节共享总体信息，把所有环节作为一个一体化的系统来进行组织和管理，以使系统能够在尽可能低的总成本条件下，提供有竞争优势的客户服务。系统方法认为，系统的效益并不是它们各个局部环节效益的简单相加。系统方法意味着，对于出现的某一个方面的问题，要对全部的影响因素进行分析和评价。从这一思想出发，物流系统并不是简单地追求在各个环节上各自的最低成本，因为物流各环节的效益之间存在相互影响、相互制约的倾向，存在着交替易损的关系。比如过分强调包装材料的节约，就可能因其易于破损造成运输和装卸费用的上升。因此，系统方法强调要进行总成本分析，以及避免次佳效应和成本权衡应用的分析，以达到总成本最低，同时满足既定的客户服务水平的目的。

4. 物流管理的发展经历

物流管理的发展经历了配送管理、物流管理和供应链管理三个层次。物流管理起源于第二次世界大战中军队输送物资装备所发展出来的储运模式和技术。在战后这些技术被广泛应用于工业界，极大地提高了企业的运作效率，为企业赢得更多客户。当时的物流管理主要针对企业的配送部分，即在成品生产出来后，如何快速而高效地经过配送中心把产品送达客户，并尽可能维持最低的库存量。美国物流管理协会那时叫作实物配送管理协会，而加拿大供应链与物流管理协会则叫作加拿大实物配送管理协会。在这个初级阶段，物流管理只是在既定数量的成品生产出来后，被动地去迎合客户需求，将产品运到客户指定的地点，并在运输的领域内去实现资源最优化使用，合理设置各配送中心的库存量。准确地说，这个阶段物流管理并未真正出现，有的只是运输管理、仓储管理和库存管理。物流经理的职位当时也不存在，有的只是运输经理或仓库经理。

现代意义上的物流管理出现在20世纪80年代。人们发现利用跨职能的流程管理的方式去观察、分析和解决企业经营中的问题非常有效。通过分析物料从原材料运到工厂、流经生产线上每个工作站、产出成品、再运送到配送中心、最后交付给客户的整个流通过程，企业可以消除很多看似高效率却实际上降低了整体效率的局部优化行为。因为每个职能部门都想尽可能地利用其产能，没有留下任何富余，一旦需求增加，则处处成为瓶颈，导致整个流程的中断。又比如运输部作为一个独立的职能部门，总是想方设法地降低其运输成本，但若其因此而将一笔必须加快的订单交付海运而不是空运，这虽然省下了运费，却失去了客户，导致整体的失利。因此，传统的垂直职能管理已不适应现代大规模工业化生产，而横向的物流管理却可以综合管理每一个流程上的不同职能，以取得整体最优化的协同作用。

在这个阶段，物流管理的范围扩展到除运输外的需求预测、采购、生产计划、存货管理、配送与客户服务等，以系统化管理企业的运作，达到整体效益的最大化。高德拉特所著的《目标》一书风靡全球制造业界，其精髓就是从生产流程的角度来管理生产。相应地，美国实物配送管理协会在20世纪80年代中期改名为美国物流管理协会，而加拿大实物配送管理协会则在1992年改名为加拿大物流管理协会（2000年又更名为加拿大供应链与物流管理协会）。

一个典型的制造企业，其需求预测、原材料采购和运输环节通常叫作进向物流，原材料在工厂内部工序间的流通环节叫作生产物流，而配送与客户服务环节叫作出向物流。物流管理的关键则是系统管理从原材料、在制品到成品的整个流程，以保证在最低的存货条件下，物料畅通地买进、运入、加工、运出并交付到客户手中。对于有着高效物流管理企业的股东而言，这意味着以最少的资本做出最大的生意，产生最大的投资回报。

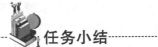
任务小结

1）物流定义是物品从供应地向接收地的实体流动过程。根据实际需要，将运输、储存、装卸、搬运、包装、流通加工、配送、信息处理等基本功能进行有机结合。物流的经济价值包括时间价值、场所价值、流通加工附加价值。

单元 1
汽车物流管理认知

2)物流管理（Logistics Management）是指在社会再生产过程中，根据物质资料实体流动的规律，应用管理的基本原理和科学方法，对物流活动进行计划、组织、指挥、协调、控制和监督，使各项物流活动实现最佳的协调与配合，以降低物流成本，提高物流效率和经济效益。

1.2 汽车制造业物流管理

 任务引入

汽车生产物流管理

广义的汽车生产物流管理涉及的内容包括厂址的选择、工厂总平面空间布置、供货入厂物流、设备布置、工艺流程设计、生产过程的时间及空间组织、出厂物流、售后备件物流、回收逆向物流。

狭义的汽车生产物流管理也称厂区物流工程（车间物流工程），一般指在企业的原料、外购件投入生产后，经过下料、发料，再运送到各加工点和储存点，以在制品的形态，从一个生产单位流入另一个生产单位，按照规定的工艺进行加工、储存，借助一定的运输装置，在某个点内流转，又从某个点流出，始终体现着物料实物形态的流转过程。物料投入生产后即形成并随着时间进程不断改变自己的实物形态（如加工、装配、储存、搬运、等待等状态），这一过程贯穿生产全过程和整个企业。

根据此案例信息，尝试描述汽车生产物流管理的主要内容包含哪些方面。

学习目标

1)准确把握汽车物流管理的内容。
2)能够全面描述物流标准化的作用。
3)能够掌握汽车物流标准化体系的构成。

1.2.1 汽车物流

1. 汽车物流概述

汽车物流是以最小的总费用，按用户的需求，将汽车零部件、备件、整车从供给地向需求地转移的过程，主要包括运输、储存、包装、装卸、配送、流通加工、信息处理等相关活动。《中国汽车物流研究》将汽车物流按业务流程分为两个阶段，第一阶段为采购物流和生产物流，指上游供应商向汽车生

视频
汽车物流

9

产厂商提供汽车零部件、生产材料到仓库，生产厂商完成汽车制造的流程；第二阶段为出厂物流和回收物流，包括产成品汽车分销与销售、汽车销售领域的金融和保险服务、日常的汽车维修和保养服务所需售后备件物流、汽车废弃件回收的逆向物流等。

汽车物流按业务流程可分为四大部分：供应过程中的零部件配送、运输物流，生产过程中的储存、搬运物流，整车与备件销售储存及运输物流，废弃物回收处理物流，如图1-2所示。供应物流是指上游供应商向整车厂提供汽车零部件、生产材料、辅料到仓库入口的流程。生产物流主要发生在企业的内部，即指从仓库入口到生产线消耗点，再到成品车库的入口前的物流。整车与备件销售物流指从成品车库、备件库入口到经销商入口之间的物流。

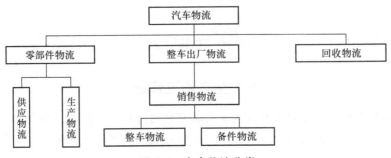

图1-2 汽车物流分类

2. 汽车生产制造物流的内容

要明确汽车生产中的物流，就必须将其与汽车销售中的整车物流区分开来。汽车生产中的物流主要指的是将零部件配送到生产现场，也可以称为零部件物流，它与整车生产成本密切相关。

（1）汽车生产中的物流过程

在汽车生产物流过程中，存在几个关键环节：零部件厂商、入厂检验、仓库和生产现场。零部件由零部件厂商生产并装箱，通过汽车、火车等交通工具将其送至整车厂。零部件在入厂检验处卸货，同时对零件的材料、数量以及包装形式根据供货单进行核对。核对无误后，运入仓库存储。仓库根据先进先出的原则，在收到生产现场的需求后，通过叉车或其他运输工具即时将零件配送到适当的工位。同时，将生产现场的空箱装车后运回零部件厂商。这样就形成了一个零部件的环流，整个过程如图1-3所示。如何以最低成本保证这一环流的顺畅运行就成为汽车生产物流工作的关键。

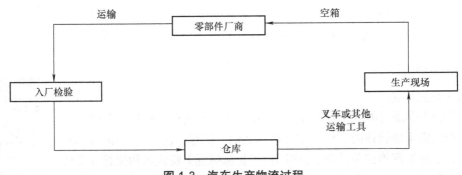

图1-3 汽车生产物流过程

（2）汽车生产中物流的核心环节

很明显，在生产过程中一切都是围绕生产这个核心运转的，如图1-4所示。因而，物流系统的关键也是围绕生产环节展开。如在装配环节中，物流的关键在于如何使工人能够在最短时间内方便地寻找到所需装配的零件并将其最方便地装配到整车上。为了达到这一目标，就必须合理规划搬运设备数量、零件放置位置等问题。为了保证生产的顺畅进行，则必须将零部件材料按时按量准确地运送到确定的工位，这就提出了在物料准备方面的要求。在这一环节，物料必须明确分类标示并放置到规定的物料架上。然而，物料并不会自动进入生产现场，因而就必须建立整套有效的物料调度系统。为了与零部件厂商进行物料衔接的交流，就产生了零件仓库这一内外部交流环节。这个环节主要负责零部件的装卸与分装。当然，为了使整个系统顺畅运行，运输车辆的安排以及与零部件厂商的物流系统的衔接都是必不可少的。由此可见，在汽车企业中，一个成功的物流系统，绝不是只关注到任何一个单一环节，而应该考虑到整个系统的各个方面。任何环节的不稳定，都将对整个系统产生巨大的影响，从而给生产造成重大损失。

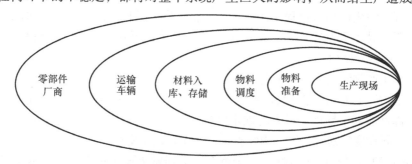

图1-4　汽车生产中物流的核心环节

（3）对保证物流系统正常运行至关重要的信息流

为了保证生产系统的正常运行，在物料流的背后还存在着一个信息流，它贯穿于整个生产过程的各个环节中。以德国大众集团为例，大众集团的每个零部件都拥有多张信息卡。首先是供货卡，它主要运用于同各个零部件厂商之间信息的交流，卡上记载着零件数量、零件标识、零件号、供货厂商以及包装形式等信息，由零部件厂商负责在装车时贴在每个集装箱上。这样，当零件运到整车厂卸货时，整车厂就可以方便地核对零件的数量了。此外，各种零部件还有各自的信息卡。这张信息卡贴在物料架上，此信息卡包括物料架中零件名称、零件数量和零件编号等信息，并且在信息卡的左侧还有条形码。每次当一个物料架用完时，就可以通过扫描条形码将零件需求信息输送到物料流中的其他各个环节，使各环节根据相应的工作进程为零部件的供给做准备。

（4）汽车生产物流中的零件分类

由于汽车生产中的零件比较复杂，不同的零件在物流各环节中的状态也各不相同。以德国大众公司为例，德国大众公司根据零部件的不同将物料架主要分为小规模分装零件物料架、小规模分装通用件物料架和货物篮三类。

1）小规模分装零件。这类零件主要是指每辆车都必须安装的一些专用汽车的零部件，如蓄电池。这类零件本身体积较大，由零部件厂家做成模块后运输到整车厂。在物流过程中，这类零件由零部件厂商制造后，直接根据整车厂生产中的物料架安放零件。当这类零件运到仓库后，不需要再重新分装，可以直接送到所需工位。

2）小规模分装通用件。这类零件是一些起固定作用的通用件，如垫片、螺栓等。这类零件由零部件厂商生产后，装入一个较大的集装箱运到整车厂。由整车厂人员在仓库内进行分类装入生产时所需要的物料架中，然后送到所需工位。

3）货物篮零件。这类零件是一些比较复杂、规格较多的零件，如内、外部装饰件。这类零件由于形式比较复杂，在生产过程中，前后两辆车往往选用不同的零件。为了避免选用时产生错误并减少生产时间，这类零件由零部件厂商生产后运入仓库，由物流人员根据每辆车的不同需求装入货物篮。货物篮放在整车的车身上，随同整车通过各个工位进行安装。

通过以上的各种分类，可以将物流的成本降到较低水平，同时也减小了生产过程中发生错误的概率，缩短了生产时间。

3. 汽车生产过程的物流控制

（1）合理组织汽车生产物流的基本要求

汽车生产物流区别于其他物流系统的最显著的特点是，它和整个汽车企业生产紧密联系在一起。只有合理组织生产物流过程，才有可能使整车生产过程始终处于最佳状态。如果物流过程的组织水平低，达不到基本要求，即使生产条件、设备再好，也不可能顺利完成生产过程，更谈不上取得较高的经济效益。

合理的汽车生产物流的基本要求包括以下几方面：

1）整车生产物流过程的连续性。汽车企业生产是一道工序接一道工序地往下进行的，因此要求各种零部件能够顺畅地、最省时地走完各工序，直至装配成成品车。每个工序的不正常停工都会造成不同程度的物流阻塞，影响整个汽车企业的正常生产。

2）整车生产物流过程的平行性。一个汽车企业通常需要多种系统总成或部件的装配，每个总成都包含多种零部件，在装配生产时，将各零件分配在各个车间的各工序上生产，因此，要求各支流平行移动，如果一个支流发生问题，整个物流都会受到影响。

3）整车生产物流过程的节奏性。整车生产物流过程的节奏性是指成品车在生产过程的各阶段，从零部件出库到装配完成入库，都能保证按计划有节奏或均衡地进行，要求在相同的时间间隔内生产大致匹配数量的部件或系统总成，均衡地完成生产任务。

4）整车生产物流过程的比例性。组成成品车的各零部件的物流量是不同的，有一定比例，因此形成了物流过程的比例性。

（2）汽车生产物流控制的内容

汽车生产物流控制的内容包括生产进度管理、在制品库存控制、偏差的测定和处理等。

1）生产进度管理。物流控制的核心是进度控制，即各种零部件在生产过程中的流入、流出控制以及物流量的控制。

2）在制品库存控制。这主要是指在整车生产过程中对在制品进行静态、动态控制以及占有量的控制。在制品控制包括在制品实物控制和信息控制。有效控制在制品库存，对及时完成作业计划和减少库存积压均有重要意义。

3）偏差的测定和处理。在作业过程中，要按预定时间及顺序检测执行计划的结果，掌握计划量与实际量的差距，根据发生差距的原因、内容及严重程度，采取不同的处理方法。首先，要预测差距的发生，事先规划消除差距的措施，如动用库存、组织外协等；其次，为及时调整产生差距的生产计划，要及时将差距的信息向生产计划部门反馈；再次，为了使本期计划不做或少做修改，将差距的信息向计划部门反馈，作为下期调整的依据。

1.2.2 汽车物流管理

制造企业的物流管理系统由三部分构成：物资管理、生产过程物流（又叫制造支持）和实物配送。这三个部分依次贯通，构成企业完整的物流过程。物资管理主要涉及与企业供应有关的内容，包括供应商的选择、订货模式的决定、采购订单作业、生产物料计划等内容。它是企业向内物流，又被称作供应物流。生产过程物流主要指制造过程中原材料、半成品等的储存，以及在仓库与生产车间之间、生产车间内部流水线之间和不同工位之间的流动，又称企业内部物流。实物配送主要是指企业产成品的向外流动，包括运输、仓储、配送计划、货物交付、售后服务等内容，是企业的向外物流。实物配送与营销活动的联系密切，又被称作营销物流。具体而言，汽车制造企业的物流管理可以归纳为五个方面：运输管理、存货管理、设施构建、物料处理以及信息与通信。

1. 运输管理

（1）企业自营运输／委托外部运输公司经营的决策

企业需要决策究竟是采用自有车队还是委托外部运输公司代为运输（简称委外）。采用自有车队可以实现较好的控制，但是，自有车队需要占用企业投资，且管理成本会上升。采用委外经营可以省下建设车队的投资，但是企业对外部承运人的控制能力会低于对自有车队的控制，且由自有转向外包会带来企业间的交易成本。因此，需要从总成本角度进行比较后再决策。

（2）运输方式的选择

企业可以选用的运输方式有多种，常用的有空运、水运、铁路运输、公路运输和管道运输。除管道运输较为特殊，主要用于运送液体和气体物质以外，其他四种运输方式之间基本可以通用。运输方式不同，运输的速度和运输成本也各不相同。企业需要比较不同运输方式对运输成本、存货成本、仓储成本的不同影响做出选择。随着竞争的激烈化和存货成本对企业造成的压力日益上升，存货成本的削减对企业来说变得非常重要。因此，在选择运输方式时，越来越多企业开始关注运输的速度与质量。

（3）向内运输与向外运输的整合

一般企业都会同时存在向内运输和向外运输两种物流。如何将这两种物流结合起来，实现内外运输的整合，是减低空车行驶率、降低运输成本的一个重要领域。而这种整合，需要采购部门与销售部门的协调运作。如果企业设立了综合物流部，将物流作业整合起来，则运输上的协调可以较为便利地得到实现。

（4）国际运输管理

如果货物需要实现跨国界的转移，就要安排国际运输。相比于国内运输而言，国际运输要复杂得多。首先，需要涉及进出口的手续，包括通关、商检等；其次，运输距离大大增加，运输的时间和成本也大大增加；最后，很少企业可以凭借自身资源完成货物的跨国流动，因此，对于国际运输，一般企业都是采取委外方式，这就涉及承运人的选择与管理问题。

2. 存货管理

（1）采购

采购是企业存货的根源，采购政策会直接影响企业的存货水平。采购的成本与质量也会直接影响企业的存货成本与质量。因此采购部门应与生产和销售部门保持密切的联系，确保生产和销售需要的存货可以实现充分的供应，同时基于需要的采购也可以避免存货水平的过度上升。

（2）原材料存货管理、半成品存货管理、产成品存货管理

企业存货形态多种多样，除原材料、半成品和产成品存货外，还包括生产、办公耗材存货等。但前三种是存货管理关注的主要领域。存货管理包括存货结构管理、存货水平管理、存货补给管理、存货流动速率控制等。存货管理是企业物流管理最重要的内容。

（3）服务与零部件支持

存货管理除了对与企业生产、经营活动相关的物品管理，还包括对与产品售后服务相关的零配件与维修保养材料的计划与管理。例如汽车厂在根据生产需要制造发动机时，还要根据所生产的车辆总量按一定比例生产出车辆维修、更换所需的发动机或发动机零配件，投放到维修系统中去。

3. 设施构建

（1）厂房、仓库与配送中心的选址

厂房、仓库、配送中心等设施，是物流系统中的结点，是运输活动的起点或终点。这些设施的数量和选址会直接影响点与点之间的运输距离，从而对运输成本和到达时间产生决定性影响。因此，物流结点的选址也是物流管理中一个非常重要的内容。由于它涉及企业的长远投资，一般属于企业的战略性物流决策。

（2）厂房、仓库与配送中心的建造

在进行厂房、仓库与配送中心建造时，需要根据生产、储存和物料移动的特点以及所处理货物的特性和土地、建造成本进行综合决策。

4. 物料处理

（1）包装

产品包装分为内包装和外包装。内包装又称销售包装，主要目的是吸引消费者的注意力，刺激购买欲望以及便于消费者购买和使用。外包装又称运输包装，主要目的是保护货物和便于搬运。物流所关注的是后者。包装方式会对产品的搬运与储存产生直接影响，因此，把包装放在物料处理中进行讨论。包装的成组化对于产品的搬运效率与存放空间的有效利用起着重要影响。

（2）物料搬运

物料搬运指物料在设施内部的短距离位移活动。物料搬运的效率取决于库房的构造以及物料搬运系统的效率。

（3）挽救与丢弃处理

这是指对于库房中的受损物料或过时、过期物料的处理。恰当的挽救措施可以使受损物料重新具有价值。而对于由于损坏或过时、过期而无法挽救的物料也需要根据有关规定进行妥善的丢弃处置。

5. 信息与通信

涉及与物流相关的信息系统作业主要包括以下几个方面。

（1）需求预测

需求预测是企业经营活动的先导。准确、及时的预测可以减少企业的缺货情况并降低企业的安全库存水平。如果需求预测可以百分之百准确，企业就没有必要准备安全库存。市场是瞬息万变的，完全准确的预测几乎是不可能的，因此企业不得不持有一定数量的超量库存以应付不时之需。但是预测精度的提高可以帮助企业降低安全库存的需要量，从而降低存货成本。以

往企业的需求预测多是由营销部门来完成,往往所获得的预测数据只是营销部门希望达到的销售目标。现在,有些企业开始由物流部门来承担需求预测工作,因为物流部门是直接与市场和客户接触的部门,当货物由物流部门手中流向客户手中的时候,物流部门所捕捉到的销售点信息(point-of-sales information)是市场需求的最真实反映。

(2)订单作业

订单作业指的是企业接受客户订单并按照客户订单要求将货物送达客户手中的过程。订单作业效率与效果直接影响到客户能否在指定时间和地点收到所需的完好状态的货物。企业订单作业是由物流部门来完成的。物流部门的作业人员收到客户订单以后会进行客户资信度的检查和库存水平与地点的盘查,随后向属下的仓库发出发货指令并联络内部车队或外部承运人。仓库收到指令后,会按照订单要求进行货物拣选和包装。最后,车队或外部承运人将订单货物交付到客户手中。在上述整个过程中都离不开信息的流动,如客户订单的传送、客户资信记录的检查、库存点与库存水平状态的查询以及仓库、车队的信息作业等。此外,还有越来越多的客户要求供应商提供订单状态即时查询等。

(3)制造资源计划

制造资源计划指企业完成制造过程所需的各种资源的需求计划。由于企业制造涉及物料、机器设备、人力、资金等多种资源的投入,计算起来相当复杂。目前企业通常采用计算机软件辅助进行。常用的软件有 MPR 系统、ERP 系统等。

1.2.3 汽车物流标准化

1. 什么是物流标准化

物流标准化是指在运输、配送、包装、装卸、保管、流通加工、资源回收及信息管理等环节中,对重复性事物和概念通过制定、发布和实施各类标准,达到协调统一,以获得最佳秩序和社会效益。物流标准化包括以下三个方面的含义:

1)从物流系统的整体出发,制定其各子系统的设施、设备、专用工具等的技术标准,以及业务工作标准。

2)研究各子系统技术标准和业务工作标准的配合性,按配合性要求,统一整个物流系统的标准。

3)研究物流系统与相关其他系统的配合性,谋求物流大系统的标准统一。

以上三个方面是分别从不同的物流层次上考虑将物流实现标准化。要实现物流系统与其他相关系统的沟通和交流,在物流系统和其他系统之间建立通用的标准,首先要在物流系统内部建立物流系统自身的标准,而整个物流系统的标准的建立又必然包括物流各个子系统的标准。因此,物流要实现最终的标准化必然要实现以上三个方面的标准化。

2. 物流标准化的主要特点

物流标准化的主要特点有以下几方面:

1)物流标准化系统属于二次系统,或称后标准化系统。

这是由于物流及物流管理思想诞生较晚,组成物流大系统的各个分系统,在没有归入物流系统之前,早已分别实现了本系统的标准化,并且经多年的应用、不断发展和巩固已很难改变。在推行物流标准化时,必须以此为依据,个别情况固然可将有关旧标准化体系推翻,按物流系统所提出的要求重建新的标准化系统,这就必然从适应及协调角度建立新的物流标准化系统,

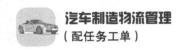

而不可能全部创新。

2)物流标准化要求体现科学性、民主性和经济性。

科学性是要体现现代科技成果,以科学实验为基础。在物流中,则还要求与物流的现代化(包括现代技术及管理)相适应,要求能将现代科技成果联结成物流大系统。否则,尽管各种具体的硬技术标准化水平颇高,十分先进,若不能与系统协调,单项技术再高也是空的,甚至还起相反作用。民主性指标准的制定采用协商一致的办法,广泛考虑各种现实条件,广泛听取意见,使标准更具权威,易于贯彻执行。经济性是标准化主要目的之一,也是标准生命力如何的决定因素。物流过程不像深加工那样引起产品的大幅度增值,即使通过流通加工等方式,增值也是有限的,因此,物流费用多开支一分,就要影响到一分效益。但是,物流过程又必须大量投入消耗,如果不注重标准的经济性,片面强调反映现代科技水平,片面顺从物流习惯及现状,引起物流成本的增加,自然会使标准失去生命力。

3)物流标准化具有较强的国际性。

全球化采购和销售正变得越来越普及,而这又最终靠国际物流来完成。因此,我国的物流标准化从运输工具、包装、装卸搬运工具到流通加工等都要与国际物流标准相一致,积极采用国际标准,完善国内标准体系,提高运输效率,缩短交货期限,保证物流质量。这样有利于降低成本,提高企业竞争力。

3. 物流标准化的形式

(1)简化

简化是指在一定范围内缩减物流标准化对象的类型数目,使之在一定时间内满足一般需要,例如,托盘标准主要为欧标规格和日标规格两种。如果对产品生产的多样化趋势不加限制地任其发展,就会出现多余、无用和低功能产品品种,造成社会资源和生产力的极大浪费。

(2)统一化

统一化是指把同类事物的若干表现形式归并为一种或限定在一个范围内。统一化的目的是消除混乱。物流标准化要求对各种编码、符号、代号、标志、名称、单位以及包装运输中机具的品种规格系列和使用特性等实现统一。

(3)系列化

系列化是指按照用途和结构把同类型产品归并在一起,使产品品种典型化;又把同类型的产品的主要参数、尺寸,按优先数理论合理分级,以协调同类产品和配套产品及包装之间的关系。系列化是使某一类产品的系统结构、功能标准化形成最佳形式。系列化是改善物流、促进物流技术发展最为明智而有效的方法。比如按 ISO 标准制造的集装箱系列,可广泛适用于各类货物,大大提高了运输能力,还为计算船舶载运量、港口码头吞吐量和公路与桥梁的载荷能力等提供了依据。

(4)通用化

通用化是指在互相独立的系统中,选择与确定具有功能互换性或尺寸互换性的子系统或功能单元的标准化形式,互换性是通用化的前提。通用程度越高,对市场的适应性越强。

(5)组合化

组合化是按照标准化原则,设计制造若干组通用性较强的单元,再根据需要进行合拼的标准化形式。对于物品编码系统和相应的计算机程序同样可通过组合化使之更加合理。

4. 物流标准化的分类

根据物流系统的构成要素及功能，物流标准大致可分为三大类：

1）物流作为一个整体系统，其间的配合应有统一的标准。

这些标准主要有专业计量单位标准、物流基础模数尺寸标准、物流建筑基础模数尺寸、集装模数尺寸、物流专业名词标准、物流核算和统计标准等。

2）大的物流系统又分为许多子系统，子系统中也要制定一定的技术标准。

子系统技术标准包括：运输车船标准；作业车辆（指叉车、台车、手车等）标准；传输机具（如起重机、传送机、提升机等）标准；仓库技术标准；站场技术标准；包装、托盘、集装箱标准；货架、储罐标准等。

3）工作标准及作业规范，是指对各项工作制定的统一要求及规范化规定。

其内容很多，如岗位责任及权限范围、岗位交接程序及作业流程、车船运行时刻表、物流设施与建筑等的检查验收规范等。

5. 物流标准化的重要性

只有实现了物流标准化，才能在国际经济一体化的条件下有效地实施物流系统的科学管理，加快物流系统建设，促进物流系统与国际系统和其他系统的衔接，有效地降低物流费用，提高物流系统的经济效益和社会效益。物流标准化的重要性具体体现在：

1）物流标准化是实现物流管理现代化的重要手段和必要条件。

物料从厂商的原料供应、产品生产，经市场流通到消费环节，再到回收再生，是一个综合的大系统。由于社会分工日益细化，物流系统的高度社会化显得更加重要。为了实现整个物流系统的高度协调统一，提高物流系统管理水平，必须在物流系统的各个环节制定标准，并严格贯彻执行。在我国，以往同一物品在生产领域和流通领域的名称和计算方法互不统一，严重影响了我国的物资流通，国家标准《全国主要产品分类与代码》的发布，使全国物品名称及其标识代码有了统一依据和标准，有利于建立全国性的经济联系，为物流系统的信息交换提供了便利条件。2001年出版发行的《物流术语》是国内物流的第一个基础性的标准。

2）物流标准化是物流产品的质量保证。

物流活动的根本任务是将工厂生产的合格产品保质保量并及时地送到用户手中。物流标准化对运输、保管、配送、包装、装卸等各个子系统都制定了相应标准，形成了物流质量保证体系，只要严格执行这些标准，就能将合格的物品送到用户手中。

3）物流标准化是降低物流成本、提高物流效益的有效措施。

物流的高度标准化可以加快物流过程中运输、装卸的速度，降低保管费用，减少中间损失，提高工作效率，因而可获得直接或间接的物流效益，否则就会造成经济损失。我国铁路与公路在使用集装箱统一标准之前，运输转换时要"倒箱"，全国"倒箱"数量很高，为此损失巨大。

4）物流标准化是我国物流企业进军国际物流市场的通行证。

物流标准化已是全球物流企业提高国际竞争力的有力武器。我国物流企业在物流标准化方面仍十分落后，面临加入WTO带来的物流国际化挑战，实现物流标准的国际化已成为我国物流企业开展国际竞争的必备资格和条件。

5）物流标准化是消除贸易壁垒、促进国际贸易发展的重要保障。

在国际经济交往中，各国或地区标准不统一是重要的技术贸易壁垒，严重影响国家进出口贸易的发展。因此，要使国际贸易更快发展，必须在运输、保管、配送、包装、装卸、信息，甚至资金结算等方面采用国际标准，实现国际物流标准统一化。

6. 物流标准化涉及的方面

1）物流设施标准化：托盘标准化、集装箱标准化等。

2）物流作业标准化：包装标准化、装卸/搬运标准化、运输作业标准化、存储标准化等。

3）物流信息标准化：EDI/XML标准电子报文标准化、物流单元编码标准化、物流节点编码标准化、物流单证编码标准化、物流设施与装备编码标准化、物流作业编码标准化。

7. 汽车物流标准化体系

汽车物流零部件的品种多，尺寸和其他物理特性差异大。为优化汽车物流体系，实现包装、运输、仓储和装配线供应的一体化，发达国家的汽车物流行业通常都会采用标准化和专业化的物料容器具，这不仅能实现搬运技术和仓储的机械化、运输装卸的合理化，同时对产品的质量保证也是至关重要的。而中国汽车物流行业在物料容器具的使用方面与国外相比仍存在很大的差距。为优化运载车辆的空间利用率，干线运输通常采用纸箱包装，这就意味着装卸车是以人工操作为主；而各个整车装配线上要求物料采用物料容器具，因此需要在中间库对纸箱包装的零部件、配件进行改包装作业。这一过程不仅造成很高的劳工成本，同时对零件的质量也会带来不良影响。目前，虽然个别整车生产厂在推广物料容器具的使用，但是由于各个厂家的标准不统一，同一种物料向不同的整车生产厂供货时需要采用不同的物料容器具，这不仅导致供应商投资的巨大浪费，同时也使得推广工作难以开展。

另外，在中国汽车物流供应链管理中，尚未实现贯穿始终的信息条码系统，虽然大多数整车生产厂都采用条码技术来实现物流信息的收集和管理工作，但大都仍停留在独家推广的阶段。由于没有实现从供应商到整车装配线"一个标签"贯穿始终的方案，各个供应链上的物流信息采集成本高，实时性低，系统性差。此外，汽车物流供应链上各企业之间的信息传递方式和编码也应当逐步走向标准化、统一化和规范化，无论是采用电子数据交换（EDI）技术还是采用因特网（internet）方式，标准的编码系统将会促进汽车物流和供应链的信息化进程。

由此可见，通过供应链整合，建立高效供应链管理信息系统是中国汽车物流行业的当务之急。要实现整个汽车产业链集成的优势，必须实现供应链上下游之间的合作。不仅零部件企业与整车厂的合作可以使中国汽车工业飞速发展，零部件企业之间的合作更可以使整车厂的竞争力得到更好的释放。

强劲的汽车需求促进了汽车制造业的发展，汽车制造业的发展又推动了汽车服务业的发展，这为我国汽车物流标准化的发展提供了良好的机遇。

随着大型汽车制造企业物流业务外包规模的加大，国内专业化物流服务公司和商业企业物流配送中心也不断发展壮大；随着汽车制造企业对提高其供应链整体效益的企业需求的日益迫切和清晰，对汽车物流标准化的期待也愈加迫切。

在经济全球一体化的今天，我国的物流国际化是必然的趋势。实现我国物流系统与国际物流系统顺利接轨，提升物流与供应链管理效率与效益，关键在于物流标准化，其标准化体系框架如图1-5所示。

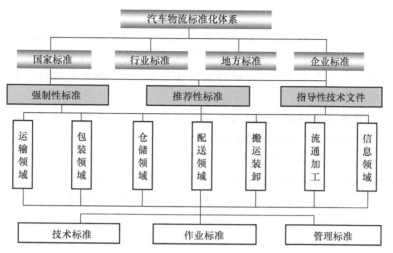

图 1-5 汽车物流标准化体系框架

 任务小结

  汽车制造企业的物流管理系统由三部分构成：物资管理、生产过程物流（制造支持）和实物配送。这三个部分依次贯通，构成企业完整的物流过程。物资管理主要涉及与企业供应有关的内容，包括供应商的选择、订货模式的决定、采购订单作业、生产物料计划等内容。它是企业向内物流，又被称作供应物流。生产过程物流主要指制造过程中原材料、半成品等的储存，以及在仓库与生产车间之间、生产车间内部流水线之间和不同工位之间的流动，又称企业内部物流。实物配送主要是指企业产成品的向外流动，包括运输、仓储、配送计划、货物交付、售后服务等内容，是企业的向外物流。实物配送与营销活动的联系密切，又被称作营销物流。具体而言，汽车制造企业的物流管理可以归纳为五个方面：运输管理、存货管理、设施构建、物料处理以及信息与通信。

  物流标准化是指在运输、配送、包装、装卸、保管、流通加工、资源回收及信息管理等环节中，对重复性事物和概念通过制定、发布和实施各类标准，达到协调统一，以获得最佳秩序和社会效益。汽车物流标准化体系包括三大部分：技术标准、作业标准、管理标准。

1.3 汽车工业物流管理的新特征

 任务引入

  汽车工业在我国国民经济发展中扮演着支柱产业的角色，物流产业也在我国国民经济中扮演着基础产业的角色。以汽车工业为先导，按投入产出的关联关系，形成了一系列的产业，通过物流产业将这些产业链接为产业群。从生产的角度看，汽车是装配型产品，由

数以万计（1万~2万件）的零部件组装而成。对于一个整车生产厂来说，一辆汽车的零部件主要可分为车身、发动机、变速器及其他零部件。汽车产品的特殊性及汽车制造业供应链物流的特点也决定了汽车工业供应链的复杂性与独特性。汽车物流与供应链新的发展趋势正在形成并发挥作用。

如今，汽车物流行业仍要面对错综复杂的经济形势和艰巨繁重的结构调整任务，伴随着整个汽车行业的调整，汽车物流也进入到一个调整期。在"物流强国"建设的新时代背景下，汽车物流行业需要明确发展新方向、打造物流服务新模式、孕育科技发展新动能、强化产业融合新生态、打开国际物流新局面，加快从物流环节向供应链物流全链条延伸拓展，形成跨行业、跨领域、跨国界的汽车物流供应链体系，打造高质量汽车物流服务新体系，迎接新时代汽车产业发展的新要求。

通过熟悉此案例信息，尝试运用互联网等手段查询当前汽车工业物流呈现的主要特征有哪些。

学习目标

1）能全面把握制造业与物流业两业联动发展趋势。
2）准确理解订单拉动生产（BTO）。

1.3.1 制造与物流两业联动深度融合

1. 两业联动发展日益明显

随着我国市场经济行为的大范围渗透、市场机制的逐步完善和产业结构的调整升级，汽车制造业和现代物流业的互动关系越来越密切。信息技术的不断发展，也使物流业迅速成为在全球具有巨大潜力和发展空间的新兴服务产业，并成为衡量一个国家或地区经济发展水平、产业发展环境和企业竞争力的重要标志之一。

当前，我国汽车物流企业围绕主机厂的物流服务链条已经相对成熟，是先进制造业与现代物流业深度融合的典范。下一阶段，汽车物流行业将会不断创新物流服务模式，延伸扩张以主机厂为核心的服务链条，逐步从零部件供应服务延伸到汽车销售服务，再到汽车后市场服务，形成汽车物流全产业链生态圈，从单一环节、单一模式的服务上升到全流程解决方案，打造全方位、多功能、高质量的现代供应链服务体系。

在国内汽车企业中，合资品牌占了绝大多数。组成整车的零部件成千上万，而汽车的核心零部件多为进口件，采购渠道遍及全球。随着供应链管理的深入人心和自主品牌发展的突飞猛进，我国已经成为全球汽车零部件的制造采购基地，物流活动遍及全世界。汽车国际物流服务升级，汽车物流行业服务已经不再局限于国内物流服务，已经向国际业务服务拓展，积极布局和拓展国际市场，对推动行业发展起到了至关重要的作用。2019年，汽车产销分别完成2572.1万辆和2576.9万辆，产销量继续蝉联全球第一，国内汽车保有量已超过3.5亿辆，如此可观的市场需求，将极大地促进汽车制造业和汽车物流服务业的联动发展。

我国汽车工业产值已经超过了80846亿元人民币，按照社会平均物流成本约占总成本14%的水平估算，汽车物流总额为11000亿元人民币。汽车企业经营战略要求其物流与供应链的战略定位必须以提高企业内部供应链与外部供应链所有资源（供应商、分销商）协同运作的综合效率，实现对"以主机厂为核心"的供应链整体的精益敏捷管理和严密控制为宗旨；以集成供应链的整体优势来降低物流运作和管理的综合成本并规避风险，在物畅其流的过程中，促使价值链的逐级增值。如果物流成本降低1个百分点，就会获得800亿元人民币的收益。

2. 我国汽车产业集群的分布特征为汽车物流服务需求创造了巨大的空间

1）生产基地布局高度集中。在空间分布上看，生产基地集中于华北、长江中下游流域以及东南沿海城市。从订单总量来看，生产厂家可以分为京津、辽吉、长江和两广四条线，这四条线的产量占到了总产量的80%。

2）零部件生产基地以整车制造企业为轴心。零部件生产基地分布在汽车整车企业所在的主要省市及周边地区，而非汽车整车生产地区的汽车零部件制造企业较少。汽车零部件产业基本形成了以整车制造为轴心的空间布局，即集中分布在上海、广州、长春、武汉、京津、重庆六大产业圈，产业规模在我国汽车零部件生产中占绝对主体地位。

3）供应链体系呈现高度的垂直分布式结构，形成以整车厂为利益中心，汽车零部件厂被动配合或者在中心厂周边组建仓库的空间布局；另一方面，由于目前的汽车工业高度纵向一体化，整车厂往往都有自己配套的零部件生产厂，使得汽车产业的供应链集群效应更为明显。

4）汽车消费市场的区域分布呈扩散和下沉的特征，即向二三线城市转移、向中西部地区转移的趋势。销售重心自沿海发达地区、中心城市向中小城市和西部地区辐射，整车销售网络布局下沉到这些城市。从销售总量来看，销售市场比生产厂家的分布还要分散，广东、山东、浙江、江苏、北京、河北、四川、上海、河南、辽宁十省市的销量占全国总销量的64%，其他都相对较小并比较均衡，全国各地遍布。总体呈现了全国各省市的汽车产销量都不均衡的局面，由此造成流入、流出的流量差异。产销的不均衡预示着运输流量的不均衡，而由于一定时期内销售的不均衡性，区域内运输商的多元化，使整体市场内的运输更难以统筹兼顾，这就进一步扩大了运输的不均衡性，运输强度必然持续走高，这是由资源分布和现阶段的经济结构决定的。资源分布越不均匀，运输强度越高，而我国是资源分布很不均匀的国家。

5）公路运输竞争力提升。仅就乘用车运输业务而言，按年均10%~20%比例的增长速度计算，将形成巨大的需求空间，使越来越多的汽车制造企业将其物流与供应链管理的战略定位为"集成精敏战略"。具体来说，就是将采购、生产、销售和服务过程中的所有物流活动有机地集成起来，并对之进行系统性优化；对市场预测、订单需求、计划供应、国产化推进、制造工艺流程、生产组织模式、物流运作与管理等过程进行集成分析，并对其进行系统化的协调和提升。集成精敏战略的目标就是使物流与供应链系统更具柔性、更易持续改进、更能适应市场需求的动态变化，使企业更加具有市场竞争力。

可以这样说，汽车制造业的高速发展释放了汽车物流需求的巨大能量，而现代物流业的发展又推动了汽车制造业的改造升级和快速发展。汽车制造业的发展历程，也是其物流与供应链的发展历程。

1.3.2　订单拉动生产（BTO）

全球汽车行业普遍存在着产能过剩、产销率显著下降的问题。美国汽车经销商的整车平均库存大约为 40 天的产量，欧洲汽车经销商的整车平均库存大约为 8 周的产量，我国汽车行业产能过剩率约为 25%。另一方面，市场趋于成熟，消费者趋于理性，传统的面对库存（BTS）预测推动的生产方式已经不能适应激烈的全球竞争环境，汽车行业面临着前所未有的困境。

BTS 模式基于"准确预测"的假设，但是这个假设并不符合或不完全符合我国汽车市场的真实情况。于是，因预测失真造成了企业的盲目生产和盲目扩大产能的行为。

当前，企业面临着"3C"（顾客、竞争、变化）的外部环境，顾客需求越来越个性化，在市场全球化、技术更新速度加快的背景下，竞争更加激烈。汽车行业也不例外，各汽车制造企业在成本、质量、服务上呈现同化的趋势，而在买方市场环境下顾客需求正日趋多样化，"以顾客为中心"的企业管理要求企业能够对顾客的多样化需求做出快速的响应，速度在很大程度上决定了竞争优势。在这种情况下，只依靠一个企业来对顾客进行快速响应是不现实也不经济的，从而要求企业善于利用外部资源和公共资源，联合相关企业来共同满足顾客的需求，进而形成新的组织形式——供应链。供应链模式与生产模式密切相关，供应链管理战略也要与生产模式相适应，只有这样，企业才能从供应链管理的过程中实现预定的战略目标。

随着全球经济一体化进程的加快，市场竞争正在由企业之间的竞争转向企业在供应链之间的竞争。如何提高供应链的整体竞争优势是企业普遍关心的问题。供应链管理的精髓就在于企业间的合作，供应链上成员企业战略合作伙伴的选择必须建立在对供应链内外环境详细分析的基础之上，根据不同的环境选择不同的合作方式，使链上的每个企业都集中自身有限的资源于核心业务，从而最大限度地发挥企业自身的优势，最终提高供应链的整体优势。因此，从理论上研究汽车企业供应链管理理论，构建汽车企业精益供应链体系及其绩效评价体系，对于更加有效地指导我国企业，特别是汽车企业的物流供应链管理实践具有积极的意义。

随着竞争环境和竞争方式的改变，汽车生产模式的演变趋势愈加明朗，从面向库存到面向订单的演变已经开始。两种模式都需要进一步深化研究，并适时地做出演变，这是企业制胜的保证。而生产模式的转换也不能"一蹴而就"，需要逐渐过渡。面向库存的生产模式需要优化，需要针对生产周期，从三个方面进行深入、系统的思考：商务与生产合同制、库存系数研究和整车出库均衡化的订单制生产方式（Build to Order，BTO；订单制生产方式，以客户需求订单拉动生产）。

在优化的过程中，应重点关注业务流程再造、延伸到销售商的需求管理、产品定义／物料清单（BOM）的优化、以产品特征为单元进行计划管理、实现用户个性化订单和预计交付日期的可靠性和产能协调。

1.3.3 汽车物流管理精益化

据统计，整个制造业的物流总额占社会物流总额的比重超过了 75%。汽车制造业物流需求正在随着汽车及其服务需求的快速增长而迅速变大，高速增长的我国汽车制造业正在越来越深入地伴随着汽车物流业的迅猛发展。

物流业务的范围已经从过去单一的运输和仓储拓展到采购、生产、销售、服务和逆向物流等领域，企业物流的目标已经从过去单纯降低库存、提高运输效率提升为通过集成优化，降低物流综合成本和提高企业运作效率；物流管理已经从过去的粗放型模式演变为以关键绩效指标为依据的精细化模式；客户对物流服务速度的要求已经出现了从过去的大约式精确到以小时为单位来衡量满意度的变化。如此演变和进步，给建立适应企业经营战略的物流运作模式提出了新的课题。

制造企业是其供应链的管理者,核心企业要根据供应链管理的需要,与战略合作伙伴一起,以满足顾客需求为宗旨,不断修正和设计供应链的内外结构及业务流程,组合资源要素。也就是说,对外通过业务外包实现企业外环资源的综合利用,对内则集中优势资源对主营业务进行提升,以供应链的优势支持企业保持和扩大持久竞争力。

对以"主机厂"为龙头特征的汽车企业物流与供应链而言,其运作模式的建立必须综合思考以下主要因素:

1)充分认识物流工艺和物流系统运作的特点及其重要性,将产品规划、工业化规划、供应商布局、工厂设计、物流节点选址、制造工艺、物流运作及管理视为一个完整系统来研究。

2)充分关注几个协调,营造和谐物流。这几个协调包括:物流运作模式与工业化目标的协调;商务需求与制造工艺及物流准备周期的协调;生产计划柔性与执行过程刚性的协调;在制品整车流按预定顺序生产与零件流配送的协调;国产化推进和供应保障的协调;工艺更改启动与零件断点管理的协调;成本、期限和质量的协调。

3)充分考虑物流的规模效应。它包括物流节点设施的选址和布局、社会物流资源的综合利用、供应链结构、地区经济和国民性特征、地理位置、标准化程度以及相关法律法规等。

4)充分利用社会物流资源,剥离管理和业务,控制管理环节,外包非主营业务,提高物流业务产业化和社会化程度,企业物流与社会物流联营形成资源共享格局。

越来越惨烈的行业竞争,使汽车制造企业在不得不越来越关注自身成本控制的同时,对供应链的成本控制诉求也日渐强烈,于是,汽车制造企业之间供应链竞争的时代便如期而至。都说物流是企业的"第三利润源泉",而开发这个利润源泉的基础就必须让隐藏在"冰山下"的成本面貌透明化,必须对物流与供应链实施精益化管理,这已经成为共识。

汽车制造企业的物流和供应链管理能力在企业经营战略中的关键地位已经确立。因此,各类企业对物流成本的管理和绩效评价的关注必然与日俱增,大家不约而同地迫切希望能够找到可以量化企业物流成本的途径和方法,并予以标准化、持续化。

各汽车制造企业希望通过建立一整套适应于本企业经营战略目标和管理模式的物流系统绩效评价体系,使企业在切实掌握自身物流和供应链管理环节的物流总成本的基础上,识别主要矛盾,开展物流与供应链持续改善行动;在优化业务流程的过程中,改善运作模式、利用先进技术和手段来实现对物流和供应链进行精益化动态管理的目的,以降低成本、提高效率和效益来加强企业的竞争力。同时,也希望能够通过行业协会,建立相关方法、标准和指标体系。借助规范、科学的指标体系和方法,能够便于企业实施"标杆管理",也为全行业及社会物流成本分析部门提供一套科学的物流统计方法和计算模式。

令人欣喜的是,有些企业正在进行该领域的项目研究和实践:以系统观点和系统工程的方法作为指导方针,建立项目研究目标和工作模式,以项目管理的方式推进和实施;以企业经营战略为项目研究基础,建立与之相适应的物流运作模式,从而确立物流与供应链系统的战略和战术方案,创建符合企业经营战略和管理模式的物流关键绩效指标体系。

1.3.4 汽车物流行业整合与业务流程重组

随着金融风暴的蔓延,汽车市场的竞争更加激烈。成本和效益的双重压力迫使企业不得不

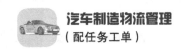

注重向管理要效益。

随着汽车价格的不断下降，原材料价格、人力资源成本的不断上升，汽车制造企业更加关注通过供应链管理来降低成本，不可避免地会将一部分压力转移至第三方物流服务商，致使已经面临能源涨价压力的物流服务商不堪重负。在这样的压力下，国内资源雄厚、专业化水平高的大型汽车物流企业兼并中小规模的物流企业、导入外部资本、实现资源整合已经势在必行。

管理的特点就是关注过程，即流程。如今，现代物流与供应链管理的理念正在逐步深入人心，物流新技术和新的管理工具不断推出，为物流业务流程重组打造了坚实的基础和应用环境。

在流程有序和均衡中"提速"；在简单和快捷的基础上设计流向，保证"高效"；在促进规模形成的过程中，保证供应链实现"增值"。

业务流程重组需要企业的信息系统进行适应性演变，而系统的演变又会对规范物流和供应链管理的业务流程、运作效率和管理精益化起到促进作用。通过提升信息系统在生产计划、零部件供应、生产过程跟踪控制、库存管理、线边在制品控制、工业资源分析、选装件管理和信息自动采集技术方面的流程优化和功能拓展，在信息和流程集成的基础上有效发挥信息系统对物流业务流程的指导作用。

重组后的业务流程借助新的信息支持系统和自动化数据采集技术，能够及时和准确地提供对企业决策有帮助的信息，提高决策的科学性和可行性。

1.3.5 汽车制造与物流服务共同提升

物流业务外包的原则是掌控管理，尽可能外包一切可以外包的操作业务，在外包非核心业务的过程中，追求形成规模效应，培育社会化和专业化程度。

物流业务外包的目的是期望通过获得更好的物流服务品质、附加的增值服务和资源整合来进一步降低企业物流系统综合费用，提高物流效率，使企业物流的综合成本最低。

在现阶段，很多汽车制造企业已经将能够外包的所有物流操作业务都进行了外包，它包括了外部供应链的上游零部件中间库的保管和包装更换业务、内部供应链的冲压车间板料配送业务、焊装车间和总装车间线边配送业务，以及外部供应链的新车和备件的仓储、包装、干线运输和城市配送业务等。

但是在外包实践的过程中，也给汽车制造企业带来了一些困惑，如成本并未降低、质量水平下滑、期限控制未见精准、供应链管理水平没有循环提升。如此一来，汽车制造企业对汽车物流服务业的信心产生了动摇。汽车消费市场需求的不断上升，促进了汽车制造业的规模发展；汽车制造业规模的发展需要外包业务，而外包需求的快速增长，必然会促进汽车物流服务业的发展。同时，汽车制造公司会越来越注重对社会物流资源的综合利用，会越来越注重对物流服务商的培训，通过对物流服务商在组织、人员、流程和设施等方面的优化整合，提高其自身各类资源的利用率和社会资源的综合利用率，与物流服务商建立一种相互依托、相互促进、协调共进的战略合作伙伴关系。

总而言之，根据市场竞争的需要和汽车制造业发展的要求，汽车物流业的管理及业务范围必将迅速扩大，需求将会涉及整个供应链的全方位管理和运作。新的物流业务领域逼迫汽车制造企业要毫不懈怠地积极研讨和采取新的策略，以便应对挑战。

毫无疑问，制造业和物流业联动发展必将是一种新的经济发展模式，新的经济发展机遇已经展现。在各级政府、专业界、企业界的共同努力下，在新的历史时期，新的经济发展需求必将为地区经济发展和企业经营发展开拓新的利润空间。

1.3.6 科技创新持续带来新动能

技术创新仍是近10年来汽车物流行业关注的热点，从行业技术创新方向来看，主要有三个特点。一是自动化、智能化、数据化、信息化的应用成为企业主要创新方向，无人车、无人机、无人仓等项目在行业内逐步应用，上汽通用等企业利用整车自动驳运（AGV）实现了整车无人转运，减少人工成本，提高效率，一汽物流开展了零部件自动化、立体仓库、自动驾驶等先进物流科技技术，开展了自动泊车系统实验；二是装备工具、包装等物流器具的优化和改善能够有力降本增效，在零部件物流领域，不断优化物流器具，如料架、汽车行李架、周转箱等，通过小的装备细节改进，持续优化物流服务，不断降本增效；三是基于新技术的供应链管理、物流金融服务在不断升级，区块链技术、云技术、大数据等互联网新技术在供应链管理中不断应用，中都物流通过合作，上线了集物流、结算与供应链金融三大服务于一体的区块链+汽车供应链服务平台。这些新技术与新装备的创新和应用给汽车物流行业发展注入了新的活力。

千千万万的中国民众，通过"淘宝"了解了电子商务，体会了电子商务带来的便捷，并随电子商务的广泛应用而改变了生活方式。电子商务在促进经济发展方式转变、保持经济创新活力等方面发挥着越来越重要的作用，传统的三维体系借助电子商务的普及让时间与空间得到集成，逐渐形成了四维体系。四维体系给人类社会带来了巨大的生机和活力，经济社会与人文社会正在发生根本性变革。

电子商务在改变零售业格局的同时，正在向所有领域渗透，正成为中国经济的支柱产业。大众消费行为带来企业发展模式的变革。虽然电子商务不会改变经济运行机制，但是电子商务会促使所有领域改变传统的经营模式。

拓展阅读

> 毋庸置疑，电子商务正以一种前所未有的速度，深刻地改变着汽车经营环境和市场运作模式。汽车企业可以比以往任何时候更直接地面向顾客终端 [企业对客户（BtoC）]、更及时地联络供应商和企业客户 [企业对企业（BtoB）]、更密切地关注员工和企业内部进程 [内部商务（IB）]。

毫无疑问，线上传播、线下体验、数据库营销和物流配送的四位一体化电商辅助实体物流的创新模式将逐渐成为汽车销售及后市场服务的主流。

物流是贯穿经济发展和社会生活全局的重要活动，是电子商务发展的基础，没有实体物流的强大保障，电子商务就是"水上浮萍"。对汽车企业而言，强大的汽车物流保障体系是企业发展的主干根基，发达的电子商务是企业发展的神经网络，打造电子商务与实体物流协同发展的汽车物流供应链新模式将是汽车企业的发展方向与新的利润源泉。

随着新一轮产业变革和技术革命深入推进，科技创新正成为汽车物流行业的强大引擎。近几年，汽车物流企业的发展重点之一就是利用新技术、新装备、新平台不断提高物流服务质量，通过培育科技发展新动能，使物联网、云计算、大数据、人工智能、区块链等现代信息技术与汽车物流产业不断深度融合，深化"互联网+"物流服务新模式、新业态，逐步实现数字化管理、协同化服务、平台化运作，打造汽车行业智慧物流新高地，科技创新与技术应用将会是汽车物流行业持续发展的重点。

【拓展案例分析】

装配过程中的精益理念——标准化作业

生产线作业的装配过程质量保证能力将直接影响到产品车的最终质量。对于手工操作占较大比例的总装车间来说，如何规范工人的操作步骤，在生产过程中实现标准化作业，不仅决定着装配过程的质量，更反映了企业工艺管理水准的高低；在推行标准化的进程中，如何灵活运用可视化管理手段——看板制度，以充分调动起员工的主观能动性，将决定着生产过程中精益水平的高低。

1. 标准化作业

对于诞生在多元化文化环境中（中、美、德合资经营）的北京奔驰-戴姆勒-克莱斯勒汽车有限公司（以下简称BBDC）来说，如何吸取两大汽车强国先进的制造理念及管理理念，以此发展适合BBDC自身特点的制造及管理理念，并将其融入企业文化中，已经成为BBDC每名员工的目标。

产品的质量不是下线后检查出来的，而是在制造过程中一环扣一环、一步接一步装配出来的。冲压、焊装、喷漆车间可以依靠高精度的机器人来保证产品质量，自动化程度比较高，而对于手工化作业仍占较大比例的总装车间的装配过程来讲，唯有大力推行标准化作业的理念，并将标准化作业培养成每名生产者的习惯，方能保证下线产品车的质量。

为此，BBDC克莱斯勒总装车间充分利用生产线两旁每个工位的活动展板作为平台（图1-6），将标准化作业指导书、标准化作业要领书等文件展示给工人。总装车间还会利用岗前的培训、线上装配的强化、班前班后的总结会这些形式，潜移默化地将标准化意识渗透到每名员工的头脑中。最终做到总装车间的员工不论年龄大小、不论经验丰富与否，每个人完成的装配质量都是高标准的。在这个过程中，"标准化文件"起了关键性作用。

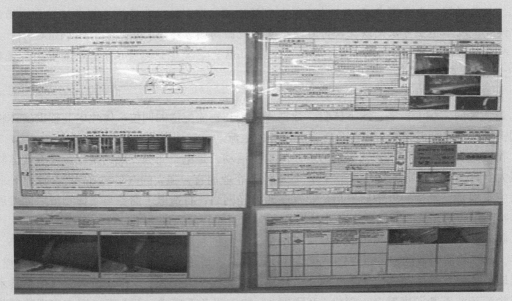

图1-6 活动展板平台

2. 标准化作业理念

标准化作业指导书、工艺卡及标准化作业要领书，这三套文件是标准化作业理念的产物，是推行装配过程标准化的法规性文件。

（1）标准化作业指导书（SWI）

标准化作业指导书是工位装配作业的纲领性文件，用于标明每个工位的装配过程所涉及的工艺卡，规范工人在装配过程中的行走路线。力求实现工人装配过程中操作步骤与行走路线最合理、最优化的组合。但SWI并未对工位装配过程中的每步操作进行详细描述，因此还需要工艺卡作为规范装配过程的说明性文件。

（2）工艺卡（PS）

作为装配过程中每步操作的说明书，工艺卡起到了规范工人装配步骤的作用，但由于形式的局限性，对于某些工位的关键项装配描述并不到位。因此北京奔驰-戴姆勒·克莱斯勒汽车有限公司（BBDC）引入标准化作业要领书，作为工艺卡的补充性文件，用于规范关键项的装配，起到强化装配过程标准化的作用。标准化作业要领书，就是针对后坐垫装配工艺卡描述不完善而制作的补充文件。

（3）标准化作业要领书（SOSS）

标准化作业要领书用于规范工艺卡内容未涉及的关键项装配过程。但此文件在戴姆勒-克莱斯勒的工艺文件体系内不存在。为此，BBDC参考克莱斯勒工艺文件中的JES（Job Element Sheet）及奔驰工艺文件中的工艺卡设计理念，融合德、美两国工艺管理的先进理念，并结合BBDC的生产特点，编制了适用于本土装配过程管理的标准化作业要领书，作为标准化管理的又一重要手段。

要领书中主要包括了三个项内容：作业情况概述；操作步骤描述、要领及原因解释；安全信息及质量事故案例。以下将着重介绍每部分的设计理念。

1）作业情况概述。这部分包括工段及班组信息、零件信息、工具信息、生产节拍信息及文件的适用时期、适用车型等基本信息。其中零件信息中除零件号外，还加入零件重量的信息，主要是从人机工程角度考虑零件重量对工人劳动强度产生的影响，并将其与每班产量联系起来，设定了劳动强度的4个等级。

对于劳动强度等级栏出现红色及黄色的工位，工艺需要考虑减少该工位的其他作业，或设计辅助机械装置等手段，来降低工人的劳动强度。这是标准化过程中"以人为本"思想的体现。

2）操作步骤描述、要领及原因解释。这部分是标准化作业要领书的核心部分，它由文字描述及图片组成。文字描述部分不仅对该装配的每一步操作做了详细说明，而且还告诉工人操作中的要领，及操作不到位可能会产生的后果。在操作描述下留有更改栏，此处是供工人提出合理化改进意见的。工人是装配过程的主体，在标准化进程中，不仅要求工人标准化操作，更重要的是充分调动起他们的主观能动性，使其参与到标准化的设计中来，这样由工人本人参与完成的标准化作业规范才更符合实际操作，更容易被他们接受。标准化的目的并非强迫工人接受，而是帮助工人规范操作，形成标准化操作的习惯。

考虑到文字说明的抽象性及局限性，除文字描述外，标准化作业要领书特别加入大量针对装配细节的照片，这样不但可以很好地配合文字，将装配中关键步骤的要点完全展示出来，还能使文件更加简明直观、容易理解。

3）安全信息及质量事故案例。安全信息主要是用于统一工人装配过程中的着装、所使用工具等。这些同样是从工人安全考虑，避免由于未正确穿戴工作服或未正确选用工具而对工人造成伤害。质量事故案例信息将产品投产以来出现的质量问题展示出来，起到强化装配过程中质量意识的目的，并再次强调了标准化操作对于装配中"过程质量保证"的重要性。

标准化作业要领书也是精益生产理念中"一页纸报告"的一种表现形式。文件采用清晰的栏目设计、简明的语言描述，传递给工人丰富的信息。SWI、工艺卡及标准化作业要领书三份文件，构成装配过程中标准化操作实施的坚实文件基础，是新入职员工标准化教育的必读文件。

3. 生产线平衡管理

标准化的装配过程为生产线平衡管理（以下简称为"线平衡管理"）提供了可靠的数据，依据SWI而绘制的生产线平衡墙，将模块化的装配理念引入线平衡管理。工艺人员可以根据生产线平衡墙反映出的工位间作业时间上的差距，灵活拆分每个工位的作业模块，移入工作量不饱满的工位，实现可视化的线平衡管理模式。

4. 结语

BBDC克莱斯勒总装车间在推行标准化装配的进程中，不仅提高了每个工位的效率，避免了由于不科学走动、不规范操作等因素引起的低效率现象，而且在生产线标准化装配的基础上，为实现模块化装配管理的理念奠定了基础。借助模块化装配管理理念，可以将生产线各工位的情况，通过柱状图的形式完整、直观地反映给工艺管理人员，为工艺人员实现生产线的平衡设计提供了有力的数据支持。

任务小结

汽车工业物流管理新特征：当前，我国汽车物流企业围绕主机厂的物流服务链条已经相对成熟，是先进制造业与现代物流业深度融合的典范；BTO（Build to Order）即订单制生产方式，以客户需求订单拉动生产；汽车物流管理精益化发展；汽车物流行业整合与业务流程重组；科技创新为汽车生产和汽车物流产业持续带来新动能。

单元 2
汽车制造业生产计划与控制

单元概述

  汽车制造业企业生产计划是关于企业生产运作系统总体方面的计划,是指导企业计划期生产活动的纲领性方案。计划工作是管理的首要职能,生产计划是组织企业开展生产活动的基本依据,也是生产运作管理的核心内容。生产计划直接影响企业生产是否能够顺利进行,关系现有资源的合理利用、社会需求的满足、经济效益的取得和企业战略目标的实现。通过本单元的学习,达成如下主要学习目标:

单元目标

1. 能力目标
1)能够知晓汽车制造企业生产计划的含义和构成。
2)能够掌握生产计划编制的常用方法,解决企业生产计划问题。
3)能够掌握生产计划管理与控制的策略。

2. 知识目标
1)生产计划与汽车制造业生产计划的构成。
2)主要生产计划编制方法。
3)汽车企业生产计划管理与控制的主要内容与策略。

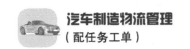

2.1 汽车制造企业生产计划

福特流水生产线的奇迹

1903年，亨利·福特创立了福特汽车公司，1908年生产出世界上第一辆T型轿车。当时，同类产品市场价为2600美元，福特给T型轿车定价为850美元。为了实现这一目标，福特开始着手改革公司内部的生产线及作业方式，实施持续改进，在占地面积为1.12km²的新厂中，福特应用创新理念和反向思维逻辑提出在汽车组装中，汽车底盘在传送带上以一定速度从一端向另一端前行，在前行中逐步装上发动机、操控系统、车厢、方向盘、仪表、车灯、车窗玻璃、车轮，这样一辆完整的车就组装成了。世界上第一条现代化流水生产线诞生了，流水生产使过去12.5h左右出一辆T型轿车，降到9min出一辆，生产效率大大提高。生产成本也大幅度降低，实现其定价850美元的目标。到20世纪20年代末，生产成本降低到每辆T型轿车仅为200多美元。

通过熟悉此案例信息，尝试运用互联网等手段查询福特公司汽车制造历史奇迹。

1）描述生产计划的概念。
2）掌握生产计划的构成。

计划管理是制造企业有效运作的火车头，也是企业的中枢大脑。计划的本质，就是协同各部门准确、稳定、快速地完成交付，兑现向客户做出的承诺。生产计划贯穿了价值创造的全过程：从概念到投产的设计过程、从订货到送货的信息流通处理过程、从原材料到产成品的物质转换过程以及全生命周期的支持和服务过程，涉及每一个部门，每一个人。

2.1.1 生产计划的含义

生产计划就是企业为了生产出符合市场需要或顾客要求的产品，所确定的在什么时候生产、在哪个车间生产以及如何生产的总体计划。企业的生产计划是根据销售计划制订的，它又是企业制订物资供应计划、设备管理计划和生产作业计划的主要依据。

制造业生产计划工作的主要内容包括：调查和预测社会对产品的需求、核定企业的生产能力、确定目标、制定策略、选择计划方法、正确制订生产计划、库存计划、生产进度计划和计划工作程序，以及计划的实施与控制工作。

生产计划的主要指标有品种、产量、质量、产值和出产期。

1）品种指标。它是企业在计划期内生产的产品品名、型号、规格和种类数。确定品种指标是编制生产计划的主要问题。

2）产量指标。它是企业在计划期内出产的合格产品的数量。产量指标是企业进行供产销平衡和编制生产计划、组织日常生产的重要依据。

3）质量指标。它是企业在计划期内产品质量应达到的水平，常采用统计指标来衡量，如一等品率、废品率等。

4）产值指标。它是用货币表示的产量指标，能综合反映企业生产经营活动成果，以便于不同行业比较。根据具体内容与作用不同，分为商品产值、总产值与净产值三种。

5）出产期。它是为了保证按期交货确定的产品出产期限。

2.1.2 生产计划的构成

汽车制造企业的生产计划一般来说可由三部分构成：综合生产计划、主生产计划和物料需求计划。

1. 综合生产计划

综合生产计划是在一定的计划区域内，以生产计划期内成本最小化为目标，用已知每个时段的需求预测数量，确定不同时段的产品生产数量、生产中的库存量和需要的员工总数。总生产计划建立在企业生产战略和总体生产能力计划的基础之上，决定了企业的主生产计划和以后的具体作业计划的制订。

综合生产计划并不具体制订每一品种的生产数量、生产时间、每一车间和人员的具体工作任务，而是按照以下的方式对产品、时间和人员作综合安排。

1）产品。按照产品的需求特征、加工特性、所需人员和设备的相似性等，将产品综合为几大系列，根据产品系列来制订综合生产计划。

2）时间。综合生产计划的计划期通常是1年（有些生产周期较长的产品，如大型设备等，可能是2年、3年或5年），因此有些企业也把综合生产计划称为年度生产计划或年度生产大纲。在该计划期内，使用的计划时间单位是月、双月或季。

3）人员。综合生产计划可用几种不同方式来考虑人员安排问题，例如按照产品系列分别考虑生产各系列产品对人员的要求，或将人员根据产品的工艺特点和人员所需的技能水平分组等。综合生产计划中对人员的考虑还包括因产品需求变化引起的人员需求数量变动时，决定是采取加班还是扩大聘用等策略。表2-1 为 K 公司的综合生产计划。

表2-1　K公司的综合生产计划

	1月	2月	3月
A 系列产品产量/台	1000	1500	3000
B 系列产品产量/台	4000	4000	4000
总工时/min	3250	3400	3750

2. 主生产计划

主生产计划（Master Production Schedule，MPS）确定每一具体的最终产品在每一具体时间段内的生产数量。这里的最终产品，是指对于企业来说最终完成、要出厂的生产成品，它可以是直接用于消费的消费产品,也可以是其他企业使用的部件或配件。主生产计划通常以周为单位,在有些情况下,也可能是月、旬或天。表 2-1 中的 A 系列产品分为 A1 型、A2 型、A3 型三个型号,根据表 2-1 的综合生产计划所制订的主生产计划见表 2-2。

表 2-2 K 公司的主生产计划

	1月				2月				3月			
周次	1	2	3	4	5	6	7	8	9	10	11	12
A1 型产量 / 台		120		120		150		150		300		300
A2 型产量 / 台	150	150	150	150	250	250	250	250	500	500	500	500
A3 型产量 / 台	80		80		100		100		200		200	
月产量 / 台	1000				1500				3000			

3. 物料需求计划

在主生产计划确定之后,为了能顺利实施,就要确保计划产量所需的全部物料(原材料、零件、部件等)以及其他资源在需要的时候能供应上。物料需求计划(Material Requirement Planning,MRP)就是生产所需的原材料、零件和部件的生产和采购计划:外购什么、生产什么、什么物料必须在什么时候订货或开始生产,数量是多少等。

物料需求计划要解决的是在按主生产计划进行生产的过程中对相关物料的需求问题,而不是对这些物料的独立的、随机的需求问题。这种相关需求的计划和管理比独立需求要复杂得多,对于一个企业来说也十分重要。这是因为只要在物料需求计划中漏掉或延误一个零件,就会导致整个产品的生产不能完成或延误。

综合生产计划、主生产计划以及物料需求计划之间的关系如图 2-1 所示。

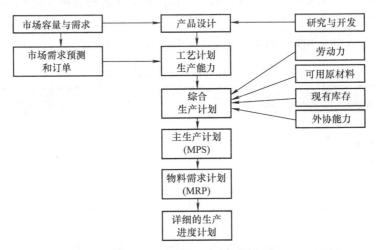

图 2-1 各生产计划之间的关系

单元 2 汽车制造业生产计划与控制

任务小结

本任务主要对生产计划的含义进行了介绍,并对汽车制造业生产计划的构成进行了介绍,同时简要对比分析了传统生产计划与供应链条件下生产计划的区别。

2.2 生产计划编制方法

任务引入

丰田生产计划

丰田汽车公司利用平准化综合生产计划建立年度生产计划,表明制造和销售汽车的数量。日本平准化的秘诀是均衡生产。通过生产系统进行排序,总生产计划被转化为月计划和日计划。这一过程实际上就是提前两个月确定要生产的汽车型号和数量;提前一个月得到详细计划,将这些数量提供给分销商和供应商,这样他们能够安排生产以满足丰田的需要,然后将对不同型号汽车的需求转化为日生产计划。

例如,某月要生产 8000 辆 A 型号汽车、6000 辆 B 型号汽车、4000 辆 C 型号汽车和 2000 辆 D 型号汽车,如果我们假定生产线每月运作 20 天,这样他们的日产量就分别为 400 辆、300 辆、200 辆和 100 辆。进一步分解,按一天两班制工作(960min),每 9.6min 的产量为 4 辆 A 型车、3 辆 B 型车、2 辆 C 型车和 1 辆 D 型车。

熟悉此案例信息,尝试运用互联网等手段查询丰田公司在汽车行业广为流传的优秀经验有哪些。

学习目标

1)能学会 1~2 种生产计划编制的方法。
2)会用优化方法编制生产计划。

2.2.1 甘特图法

甘特图(图 2-2)是作业排序中最常用的一种工具,最早由亨利·劳伦斯·甘特(Henry Laurence Gantt,1861—1919)于 1917 年提出。这种方法是基于作业排序的目的,将活动与时间联系起来的最早尝试之一。甘特图具有简单、醒目和便于编制等特点,在企业管理工作中被广泛应用。甘特图按反映的内容不同,可分为计划图表、负荷图表、机器闲置图表、人员闲置图表和进度表等五种形式。在甘特图中,横轴方向表示时间,纵轴方向并列机器设备名称、操作人员和编号等。图表内以线条、数字、文字代号等来表示计划（实际）所需时间，计划（实际）产量，计划（实际）开工或完工时间等。

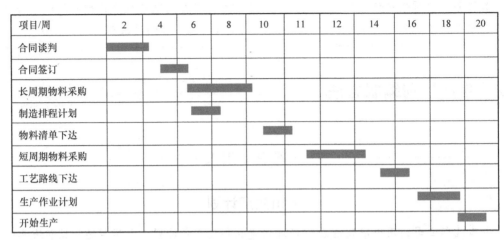

图 2-2　企业采购与生产计划甘特图

2.2.2　滚动计划法

滚动计划法根据一定时期计划的执行情况，考虑企业内外环境条件的变化调整和修订出来的计划，并相应将计划期顺延一个时期，把近期计划和长期计划结合起来的一种编制计划的方法。在计划编制过程中，尤其是编制长期计划时，为了能准确地预测影响计划执行的各种因素，可以采取近细远粗的办法，近期计划订得较细、较具体，远期计划订得较粗、较概略。在一个计划期终了时，根据上期计划执行的结果和产生条件，市场需求的变化，对原订计划进行必要的调整和修订，并将计划期顺序向前推进一期，如此不断滚动、不断延伸。例如，某企业在 2005 年底制订了 2006—2010 年的五年计划，如采用滚动计划法，到 2006 年底，根据当年计划完成的实际情况和客观条件的变化，对原订的五年计划进行必要的调整，在此基础上再编制 2007—2011 年的五年计划。其后依此类推。

可见，滚动式计划法能够根据变化了的组织环境及时调整和修正组织计划，体现了计划的动态适应性。而且，它可使中长期计划与年度计划紧紧地衔接起来。

滚动计划法既可用于编制长期计划，也可用于编制年度、季度生产计划和月度生产作业计划。不同计划的滚动期不一样，一般长期计划按年滚动；年度计划按季滚动；月度计划按旬滚动。

2.2.3　分层编制法

对于一般的制造业企业来说，其组织结构可分为不同的层次，较常见的是三级模式：工厂级、车间级、班组（工作地）级。相应在企业的实际生产计划中，分层式生产计划通常也分为三个层次：高层计划、中层计划、低层计划，即厂级生产计划、车间级生产计划和班组级作业计划。有时也用产品级生产计划、零件级生产计划和工序级作业计划表示三级 HPP。尽管还有其他分层方法，但三级 HPP 是最为常见的。因为三级 HPP 既与制造企业组织结构的层次相吻合，也与产品的结构和工艺相对应，比较符合企业管理的习惯。三级 HPP 的总体结构如图 2-3

所示。

产品生产计划主要确定各种产品在计划期内各时间阶段的出产数量，在满足客户需求的情况下使总生产费用最小。产品生产计划覆盖的时间范围通常为 1 年。产品生产计划生成后，将其分解为零件组生产计划，确定出每种产品中各零件组的生产数量。零件组的生产数量必须与产品生产计划的要求一致。对零件组生产计划进一步分解，形成单个零件的生产作业计划。需要指出的是，不同层次的生产计划，其计划期的长短是不同的，其内容见表 2-3。

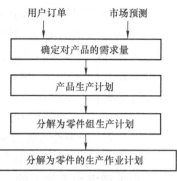

图 2-3 三级 HPP 的总体结构

表 2-3 计划分层及相应内容

计划层次	计划内容	更新周期 / 计划期
高层	根据用户订货和市场预测制定长期（通常是 1 年）生产计划，常用的方法有 APP、MPS 等	月或周 / 年
中间层次	根据 MPS 生成产品和部件装配计划、零件需求计划，常用的方法有 MRP 等	周 / 月
低层	根据 MRP 生成车间内部工序级生产作业计划	日 / 周

2.2.4 最优生产技术

最优生产技术（Optimized Production Technology，OPT）是一种计划与调度的工具。它是由以色列学者于 20 世纪 70 年代末首创的一种用于安排企业生产人力和物流调度的计划方法。OPT 的基本原理是：面对要生产的产品，找出影响生产进度的最薄弱环节，集中主要精力保证最薄弱环节满负荷工作，不至于影响生产进度，以缩短生产周期，降低在制品库存。在企业的生产过程中，限制整个生产系统生产效率最薄弱的环节称为关键资源。关键资源可以是人、工艺设备、运输设备、物料等。在关键资源上的加工工序称为关键工序，含有关键工序的零部件称为关键零部件。实现 OPT 的主要方法如下：

1）最大努力，保证关键资源的满负荷工作。
2）关键资源利用决定非关键资源的利用率。
3）对关键资源的前导工序和后续工序采取不同的计划方法。

OPT 计划编制方法分两个层次，首先编制生产单元中关键件的生产计划，在确定关键件生产进度的前提下，再编制生产单元中非关键件的生产计划。OPT 的实施分为以下五个步骤。

（1）估算零部件的交货期和工序交货期

估算零部件交货期和工序交货期的依据是主生产计划、产品结构信息、工艺路线及库存信息。在产品结构不复杂的情况下，可以利用 MRP 的处理逻辑估算零部件的交货期和工序交货期。

（2）平衡关键资源并确定关键资源

将零部件按类别分配到各个生产单元，核算各个生产单元各个生产设备的负荷，根据实际负荷和额定负荷进行能力分析，确定关键资源。分析方法如下：

1）按时间分段计算各生产设备的计划负荷。

2）设备额定能力为 A，计划负荷为 B，已下达的负荷为 C，则：

如果 $B/(A-C) \geqslant 1$，则表示该设备在计划期内有剩余能力，可以满足计划任务。

如果 $B/(A-C)<1$，则表示该设备在计划期内超负荷，应采取一定措施，保证计划任务的完成或调整主生产计划。

3）在能力平衡的前提下，将 $B/(A-C)$ 等于或接近1的设备定义为该生产单元的关键资源。$B/(A-C)$ 称为设备负荷率。

（3）确定关键工序及关键零部件

将在关键资源上加工的工序确定为关键工序，将含有关键工序的零部件确定为关键零部件。

（4）编制关键零部件的生产计划

1）对于每一台关键设备，从在该台设备上加工的全部关键工序中选出工序交货期最晚的工序，并确定该工序的开工日期和完工日期。

2）以上述工序的开工日期和完工日期为基准，根据在该台设备上加工的各关键工序的交货期的先后，按照有限能力计划法，由后往前倒排，初步确定各关键工序的开工日期和完工日期。

3）对于关键工序之前的一般工序，按拉动型的计划原则，以关键工序为基准由后往前倒排。

4）对于关键工序之后的一般工序，按推动型的计划原则，以关键工序为基准由前往后顺排。

5）当个别零件的最后完工日期超出计划规定的交货日期时，应调整零件在关键设备上的排列顺序，力求消除误工或尽可能减少误工。

6）如果计划的生产任务与已定的生产任务在关键设备上不衔接时，应调整关键设备上的时间顺序，从而使关键设备尽量不出现空闲时间。

（5）编制非关键零部件的生产计划

非关键零部件的生产计划编制应满足以下两个要求：

1）满足零件生产成套的需求。

2）平衡生产负荷和生产能力。

因此，非关键零部件的生产计划编制只需确定投产顺序和各周的生产清单。具体的投产日期和具体进度由日计划确定。

2.2.5 企业资源计划

企业资源计划（Enterprise Resource Planning，ERP）最早是由美国 Gartner 咨询公司在20世纪90年代初总结提出的概念。ERP 是一个面向供应链管理的管理信息集成，ERP 着眼于供应链的整体管理，将供应商、制造商、用户、协作厂家甚至竞争对手都纳入管理的资源之中，使业务流程更加紧密地集成在一起，进而提高对用户的响应速度。

ERP 系统生成生产计划的一般过程是，首先企业根据发展的需要与市场需求制订企业生产规划，根据生产规划制订主生产计划，同时进行生产能力与负荷分析。该过程主要是针对关键资源的能力与负荷的分析过程。只有通过对该过程的分析，才能达到主生产计划基本可靠的要求。其次根据主生产计划、企业的物料库存信息、产品结构清单等信息来制订物料需求计划。再次,由物料需求计划、产品生产工艺路线和车间各加工工序能力数据生成对能力的需求计划,通过对各加工工序能力的平衡,调整物料需求计划。如果这个阶段无法平衡能力,还有可能修改主生产计划。最后生成生产作业计划并按照平衡能力后的物料需求计划执行,并进行能力的控制,并根据作业执行结果反馈到计划层。

2.2.6 准时制生产

1. JIT 的基本思想和原则

准时制生产(JIT)的基本思想是,只在需要的时候,按需要的量,生产所需的产品,故又被称为准时制生产、适时生产方式、看板生产方式。JIT 的核心是零库存和快速应对市场变化。JIT 生产模式不断消除所有不增加产品价值的工作,因此,JIT 是一种减少浪费的经营哲学。

2. JIT 生产系统设计与计划技术

JIT 系统是建立在以系列生产管理技术的基础上,这些技术主要涉及以下五个方面:

1)设计易生产易装配的产品。JIT 方式的原则之一是产品设计满足市场需求,为适应市场多变的需求,产品范围应不断拓宽。当产品范围增加时,即使不能减少工艺过程,也要力求维持工艺过程不增加。具体采用的方法有:①模块化设计;②平台化设计,设计的产品尽量使用通用件、标准件;③简捷化设计;④设计时应考虑易实现生产自动化。图 2-4 是 JIT 生产模式图。

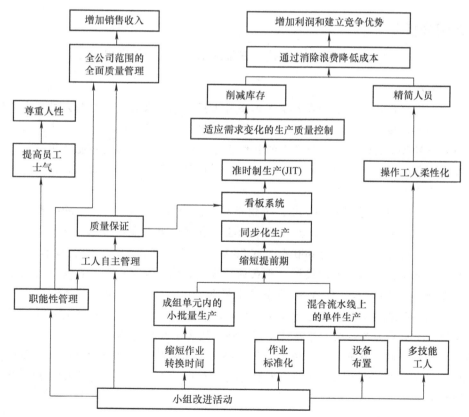

图 2-4 JIT 生产模式图

2）实现均衡生产。达到准时生产，其基础为均衡化生产，即平均制造产品，使物流在各作业之间、生产线之间、工序之间、工厂之间平稳、均衡地流动。为达到均衡化，在JIT中采用月计划、日计划，并根据需求的变化及时对计划进行调整。

3）缩短生产提前期。缩短生产提前期的主要好处为：能缩短产品交货期，改善用户服务，取得市场竞争优势；减少生产计划对预测的依赖，使计划展望期缩短，计划准确性提高；可以对市场预料不到的突然变化，做出快速反应。

4）合理利用生产资源。JIT生产资源合理利用的内容分为两个方面：一方面是劳动力柔性。当市场需求波动时，要求劳动力资源也做相应调整。如需求量增加不大时，由于操作人员具有多面手的技能，可能通过操作人员适当调整其操作，就可以适应短期内需求量的变化。另一方面是设备的柔性。在传统生产系统中，市场的多变需求与生产过程可能提供给市场的产品之间存在矛盾，生产厂家一般希望产品品种及数量变化尽量少。JIT方式试图克服上述矛盾，它在产品设计时就考虑加工问题，发展多功能设备使之能提供满足市场不同需求的加工能力。

5）质量控制与质量保证体系。在传统的生产系统中，都规定了可接受的废品百分数，用在制品库存来弥补不合格品和机器故障所引起的问题，以保证稳定生产。这种处理方法在JIT生产方式中是不能接受的，在JIT中，这不是揭露问题的本质和解决问题的方法，是治标不治本的方法。在JIT中强调全面质量控制（TQC），目标是消除不合格品，消除可能引起不合格品的根源，并想办法解决问题。

[拓展案例分析]

准时制生产模式在某汽车配套公司的应用

1. 企业概况

某汽车配套公司是为几家跨国大型汽车公司生产汽车线束的汽车配套公司，汽车线束主要由电线、端子、接头、机盒、套管、胶带等部分组成，为了使汽车安装方便，人们又重新把它组合成一种必要的形状，成为汽车的神经血管，担任着传递信息和能量的工作。最近随着汽车工业的急速发展，发动机的控制、空调、刮水器、音响、安全装置等各种体系都变得高功能化、多功能化。

公司的方针：认真学习贯彻TPS、争创世界一流企业。全公司共有2600人左右，设有端子、护套等部品公司和电线加工厂。线束的生产包括两大部分：铆压和组立装配，即公司的前、后工程制造部。前工程有600人，有28台全自动铆压设备（瑞士、日本产）和30多台半自动铆压设备，包括端子铆接机、开点机、熔接钉机、连接钉机、自动下线机等；后工程为线束装配，有1000人，设有30多条流水线和60块固定板装配，是将铆压生产的各种单线、复合线按照线路图的要求进行装配。公司约有30多个类型、100多种产品，是一个典型的多品种、小批量加工行业，原材料及部品种类较多（2000余种）。

面对当今严酷的生存和发展环境的挑战，公司开始吸收精益生产的思想，本着认真学习贯彻TPS，争创世界一流企业的方针，积极推行准时制生产，以适应急剧变化和动荡不定的未来市场的需要。

推行准时制生产的理由如下：

1）外部环境的迫切要求。随着汽车工业的发展，竞争的激烈，汽车的产品周期在缩短，正在朝着品种多、花样多、功能强，以满足不同层次的客户需求，顾客——世界知名跨国汽车公司先后提出了减少库存、缩小加工批量，提高制造系统的柔性，以便对应市场的需求，对于配套带来了极大的挑战。

2）内部自身的不足。原有的生产组织是面向库存式的生产，每种品种集中投产，批量较大，制造周期相对较长。以前所有的返销日本凯美瑞工厂的线束，每周会在固定的时间传真不同车型的生产计划，同时每周向日本发一次货；国内丰田厂每周会给两次生产计划，发两次货，相对加工批量较大，生产比较容易组织。为了适应市场多变的需求，减少在库，丰田公司首先提出要求采用"1-4-2"看板循环模式运作，即每天丰田会向所有配套厂商发送四次加工指令，同时取两次货，每月向配套厂商提供 $N+2$ 月生产预示，凯美瑞工厂也从以前的每周一次计划，一次发货改为每天一次生产计划，每两天发一次货。由于现有的生产组织形式，造成生产周期很难得到有效的控制，经常出现顺延交货的现象，引起了客户的极大抱怨。为应对客户的需求，提高生产及各相关职能部门的运作效率，公司管理层决定对现有的生产方式进行变革，逐步导入准时制生产方式。

2. 准时制生产在该公司的具体应用

（1）优化生产过程、推行看板管理

首先将丰田系列的产品改为看板拉动式生产，以便对应每天接收四次生产指令，发两次货的需求。根据所有车型线束的BOM，将国内丰田厂与日本凯美瑞工厂两大系列的线束，依照丰田的 $N+2$ 月内产量需求，和返销的中长期计划预示，并按照不同设备的加工性能，重新分配生产能力，并设立为专有设备和通用设备；分析所有线束的BOM，依照线色、线径、线长、端子、所穿防水栓及部品等将每一颗单线、复线分类，分为全共用、准共用和专用线材，除长周期的加工线材外，全部采用共用化投产；出货管理科从丰田物流公司手中收取加工指示信息，每天四次，分别是6点、12点、18点、24点。然后每隔一次取上次数量的货。

成品库接收到信息后，输机并打印出发货指示书、标签。用读码器读取看板条码，把数据输入电脑，并更换成公司的加工看板和看板明细书，根据看板明细书，发行生产指示看板，并按品种分类，按组立线（固定板合起来）分开，装入到后工程流水线组立的看板存放箱中，把确认无误的看板和下回的纳受领书装入看板保管箱，流水线的排产人员依据各流水线在制品线材的库存情况，按照线路图的要求收集铆压加工指示书（线卡），送至铆压车间，同时打印物料需求明细至各部门进行备料，并依照每日各流水线排产计划，标明送料时间和频次，同时给中间库收线人员打印出收线明细表，铆压车间每天组织两次投产，制造出来的单、复线附带着线卡，由中间库人员负责收齐直接送至各流水线的每个上线工位后，取下线卡放置线卡存放箱。在此过程各阶段都有严格的时间限制。图2-5所示为看板流程图。

生产组织形式也从原有的工艺专业化组织改为按产品加工对象专业化与工艺专业化相结合的方式，对于加工周期较长或生产能力受制约的工序按生产预示的需求，设定临时"蓄水池"（在制品库存），由于期量标准不同，此种线材在投产前需到生产部门更换看板，丰田的生产指令看板直接通过成品库下达到组立装配线，装配线根据不同车型的线束回路要求，将所有的回路卡（往返移动的看板，该看板卡指明了加工参数、数量、工序过程、所需设备及总装配线的地址等）收集齐全，传递给前序铆压车间，按照固定的生产时间，直接投入生产，大大减少了生产准备时间。

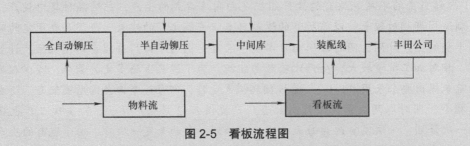

图2-5　看板流程图

（2）专人配送模具、端子、防水栓等部品（实行送料制和看板取料）

由于车型较多，相应的线束的线色、线径、线长、端子、所穿防水栓及附加部品也相应较多，共计约2000多种，现场所使用的铆压模具约600多套，仅丰田系列就有300套左右，加之批量变小，给资财、模具的供应带来很多问题，经常出现混、缺、丢物料，造成极大的浪费，材料的消耗率随之上升。因此在材料的供应上也根据准时制的三个必要的原则：必要的时间、必要的数量、必要的品种，从原有的组长领料改为资财送料。

首先，公司将所有的物料实行分流管理，共分为四个流：一流物料为线材、端子；二流物料为防水栓、热缩管等；三流物料为各种护套；四流物料为卡子、喉箍等部品。每流物料都有各自的看板数、收容数及回收、发放频率的精确要求。第四流物料还设有专门的物流配送人员从外库每两小时一次，按单品种数量要求，直接送往30多条组立流水线。

生产指令单（线卡）从组立装配线到铆压车间时，立即将物料卡片填写好放入看板存放箱，公司的资财人员会按指定要求的时间和数量即时配送至机台或现场存放处，大大提高了作业效率。

600套模具也设有两个专有辅助人员定时送达和收回，同时所有模具架位中都明确了模具的去向和在机台的使用时间，各机台的作业人员依据手中的看板卡每半小时填写模具需求单注明型号、时间等信息放入指定看板箱。在机台处都设有专门的架位，注明"已用模具""待用模具""故障模具"，大大减少了加工过程中的寻找、等待时间，提高了作业效率。

（3）提高设备利用率——缩短切换时间（模具、端子、防水栓工装）

由于汽车线束是一个典型的多品种、小批量加工行业，生产过程中各种物料、模具的切换次数多，公司每天仅模具的切换最多可达600次/25台，产量为60万件，包括电线和端子的切换可达千余次左右，每天约有40%的时间设备处于切换中，设备利用率（机器运行效率）低，生产准备及辅助时间过长，员工的作业差错率高，造成生产周期很难得到有效的控制。因此，作业更换时间的缩短，就成了实现生产同步化的关键问题。必须通过改善作业方法、改善工夹具、提高作业人员的切换速度以及开发小型简易设备等来缩短切换时间。典型的切换包括如下动作：更换端子、更换电线、卸下已用模具、检查待用模具状态（钳口、送料爪有无严重磨损；止退片、退料爪有无变形、折断）、安装导料装置、安装并锁紧模具、更换防水栓工装、装卸刀架、调整刀具间距、输入加工信息、加工首件、调整高度值、确认拉拔力和线长、开始批量加工。公司应用了 IE 工程中的 ECRS 分析和 SMED 快速切换技术，对整个切换过程进行了全方位的改善。

1）分析内部、外部时间，确定增值、非增值动作。首先，分析切换过程中的每一个动作，通过大量循环往复的测试并记录时间，确定哪些工作必须在停机时进行，哪些可在运行中进行，确定哪些动作可以减少、省略，将内部时间尽最大限度向外部时间转化。

将刀具的调整转化为外部调整。线束需切断和剥皮，是需要五片刀具固定在刀架上进行，不同的线径和剥皮长度需要不同的刀具间隙，以前的调整是在停机时进行，由于没有足够的刀具和刀架，加之作业速度慢，非常影响切换速度。依此内部时间向外部时间转化原则，购置了足够的刀具和刀架，并根据不同的线径和剥皮长度在设备切换之前将间隙调整好，设备停止后直接更换，只需装卸刀架的时间，提高了切换速度。

将导料装置的安装时间转化为外部时间。端子的铆压会产生碎片，须有导料装置从模具中排出，以免损坏钳口。每个机台只有必要的几个导料装置，当更换模具时根据模具的类型安装导料槽、盖。为减少切换时间，将所有模具依照加工类型配备导料装置。

增加检验设备和辅助人员。确认拉拔力使用专用设备测量，加工首件后必须检测拉拔力，合格后方可生产。由于没有足够的设备（30 台加工设备，只有 2 台检测拉拔力仪器），换型后经常出现等待检测结果，增加 3 台仪器后，大大缩短了检验员的移动距离和检测时间。

2）缩短调整时间。

通过对作业人员和检验人员的技能培训和技术比武，提高了切换的技能和速度。公司根据近期产量的要求，每周每班次至少安排一台全自动铆压机器对当班所有主操作进行各类型切换的技能培训，对于典型的切换 IE 人员将记录切换时间，进行评比，对前几名的人员进行奖励。同时，住友电装公司每两年将在全球的线束公司举行"奥林匹克技能大赛"以促进和提高员工的作业技能。

3）经常性、习惯性动作的标准化。

对于装卸模具、更换端子、检验动作等切换过程中的所有动作，IE 人员都逐一做了标准化，并用目视化图片直接张贴在各加工机台，以提高动作的效率，减少时间的浪费。

3. 目前准时制生产应用的补充

（1）看板运作部分

由于加工指示书（看板）在铆压车间经由工序较多，先后经由机器铆压、手工铆压、线材开点、连接钉、抵抗熔接、手工穿着部品、防水处理等，由于工序内各种不良原因造成数量差异无法及时补充，会影响在铆压车间的加工周期。建议增加专人补充线材，既可保证不被打散批量，同一批次的产品同时结批。

由于产品设计变更及工艺调整等因素使得加工指示书（看板）更换时间较长，即投产准备时间过长，严格控制新品及设计变更的计划进度，以确保足够的生产准备时间。

由于每种产品的加工指示书（看板）的张数不一，且工艺流程不同，在投产准备时经常有漏投产现象。建议采用计算机系统管理投产或更加目视化的辅助工具。

（2）工厂内物流部分

由于线材在铆压车间的物流比较乱，有的经过全自动铆压直接可去中间库，称为A类线材；有的则需自动铆压机进行一端铆压，另一端需半自动铆压或有其他的后续作业，称为B类线材。虽然A类、B类线材在投产时间上有区分，但由于线材的种类、数量较多，在28台自动铆压设备上无法平行收齐，A类、B类线材会出现混合作业，经常发生线材丢失，无法进行后续作业。但补充加工后，中间库结批时，丢失的线材又出现了，造成时间、材料、工时的浪费较大。建议在自动铆压车间内部设B类线材的专职物流人员，并用具体的收线明细进行跟踪。

（3）员工技能方面

虽已采用多技能的作业人员培训系统，但在实际工作中人员相对较固定，不利于提高人员的作业技能，而且对于人员岗位的变化较随意，对于变化点的跟踪确认缺乏系统的管理，质量隐患较大。建议完善员工各阶段教育机制、调岗审批等制度，采用目视化较强的变化点管理看板或采用听觉的效果（工厂内播音系统）强化变化点的管理，提高质量意识。

任务小结

本任务简要介绍了主要生产计划编制方法：甘特图法、滚动计划法、OPT、ERP和JIT，有助于读者更好地进行生产计划的编制。

2.3 生产计划管理与控制的内容与策略

某日系汽车企业的精益生产

精益生产的核心在于通过实现准时制生产，降低库存、节约运行成本，而且要在整个过程中实现这一目标，因此要在质量、成本等方面与供应商进行充分的协调。进入中国的日本汽车企业，基本是保持了精益生产的运行模式，尤其是在中国保持了企业之间特殊的合作关系。该公司与供应商在各方面的协调，主要是由生产计划体系、物料采购计划，以及对应的控制过程来实现的。其中，生产计划体系由年度计划、月度计划、周计划以及日程计划构成，计算精度详细到每班、每小时；物料的采购计划基本是依据月度计划确定的，因此零部件的外购分为国内和国外两部分，采购的提前期大不相同，所以在年度计划确定后，就将其发送给相关的供应商，这样供应商作为年度需求的初步依据，可以做出年度总的产能安排。在此基础上，月度计划确定后，再次发给供应商作为采购的预计数量，供应商会据此安排短期生产计划；在周计划确定后，作为确定的采购数量再次发送给供应商，供应商将按此计划根据每日的日程进度准时送货。在上述计划体系中，月度生产计划是起核心作用的，一般要提前3个月制订的，因为在海外调运的物料提前期较长，要求3个月之前发给供应商。但每次制订3个月的计划，采取滚动式计划编制方法，根据营销部门给出的后3个月的预测及订单数据，在3个月之前制订一个季度分月的生产计划，到第1个月到来前再次发送确定的月度计划；在此基础上每周再根据订单的变更数据确定周生产计划及确定的采购信息，而且要提前2周用电子采购系统传递给供应商。

熟悉案例，思考该公司如何进行生产计划的管理与控制。

1）能描述生产计划管理与控制的内容。
2）能掌握生产计划管理与控制的策略。

2.3.1 生产计划管理与控制的内容

供应链环境下的汽车制造企业生产物流控制和传统的企业生产控制模式不同。供应链管理环境下需要更多的协调机制（企业内部和企业之间的协调），体现了供应链的战略伙伴关系原则。供应链环境下的生产计划管理与控制包括如下几个方面的内容。

1. 生产进度控制

生产进度控制的目的在于依据生产作业计划，检查零部件的投入和出产数量、出产时间和配套性，保证产品能准时装配出厂。供应链环境下的进度控制与传统生产模式的进度控制不同，因为许多产品是协作生产和转包的业务，和传统的企业内部的进度控制比较说，其控制的难度更大，必须建立一种有效的跟踪机制进行生产进度信息的跟踪和反馈。生产进度控制在供应链管理中有重要作用，因此必须研究解决供应链企业之间的信息跟踪机制和快速反应机制。

2. 供应链的生产节奏控制

供应链的同步化计划需要解决供应链企业之间的生产同步化问题，只有各供应链企业之间以及企业内部各部门之间保持步调一致时，供应链的同步化才能实现。供应链形成的准时生产系统，要求上游企业准时为下游企业提供必需的零部件。如果供应链中任何一个企业不能准时交货，都会导致供应链不稳定或中断（Breakdown），导致供应链对用户的响应性下降，因此严格控制供应链的生产节奏对供应链的敏捷性是十分重要的。

3. 提前期管理

基于时间的竞争是20世纪90年代出现的一种新的竞争策略，具体到企业的运作层，主要体现为提前期的管理，这是实现QR、ECR策略的重要内容。供应链环境下的生产控制中，提前期管理是实现快速响应用户需求的有效途径。缩小提前期，提高交货期的准时性是保证供应链获得柔性和敏捷性的关键。缺乏对供应商不确定性有效控制是供应链提前期管理中的一大难点，因此，建立有效的供应提前期的管理模式和交货期的设置系统是供应链提前期管理中值得研究的问题。

4. 库存控制和在制品管理

库存在应付需求不确定性时有其积极的作用，但是库存又是一种资源浪费。在供应链管理模式下，通过实施多级、多点、多方管理库存的策略，对提高供应链环境下的库存管理水平、降低制造成本有着重要意义。这种库存管理模式涉及的部门不仅仅是企业内部。基于JIT的供应与采购、供应商管理库存、联合库存管理等是供应链库存管理的新方法，对降低库存都有重要作用。因此，建立供应链管理环境下的库存控制体系和运作模式对提高供应链的库存管理水平有重要作用，是供应链企业生产控制的重要手段。

2.3.2 生产计划管理与控制策略

采用什么样的策略来具体实施战略是非常重要的。战略实施是以行动为向导的，选择什么样的策略来支持供应链战略至关重要，策略是战略的必要条件，策略执行得越好，就越有可能完成既定的战略目标。生产计划与控制作为供应链战略的核心内容，企业如何选择策略和策略组合来支持战略成为实施供应链战略成败的关键因素之一。

1. 柔性策略

柔性是指企业接受改变订货规格、交货时间或订货数量的能力，对于那些置身于迅速变化的或不确定性很高的市场的运作系统尤为重要。柔性实际上是对承诺的一种完善。承诺是企业对合作伙伴的保证，只有在这基础上企业间才能具有基本的信任，合作伙伴也因此获得了相对稳定的需求信息。然而，承诺的下达在时间上超前于承诺本身付诸实施的时间，因此，尽管承诺方一般来讲都尽力使承诺与未来的实际情况接近，误差却是难以避免。柔性的提出为承诺方缓解了这一矛盾，使承诺方有可能修正原有的承诺。可见，承诺与柔性是供应合同签订的关键要素。

企业完成一份订单不能脱离上游企业的支持，因此，在编制生产计划时要尽可能借助外部资源，有必要考虑如何利用上游企业的生产能力。任何企业在现有的技术水平和组织条件下都具有一个最大的生产能力，但最大的生产能力并不等于最优生产负荷。在上下游企业间稳定的供应关系形成后，上游企业从自身利益出发，更希望所有与之相关的下游企业在同一时期的总需求与自身的生产能力相匹配。上游企业的这种对生产负荷量的期望可以通过合同、协议等形式反映出来，即上游企业提供给每一个相关下游企业一定的生产能力，并允许一定程度上的浮动。这样，在下游企业编制生产计划时就必须考虑到上游企业的这一能力上的约束。

在通常的概念中，能力平衡只是一种分析生产任务与生产能力之间差距的手段，再根据能力平衡的结果对计划进行修正。在供应链管理下制订生产计划过程中，能力平衡发挥了以下作用：

1）为修正主生产计划和投入出产计划提供依据，这也是能力平衡的传统作用。

2）能力平衡是进行外包决策和零部件（原材料）急件外购的决策依据。

3）在主生产计划和投入出产计划中所使用的上游企业能力数据，反映了其在合作中所愿意承担的生产负荷，可以为供应链管理的高效运作提供保证。

4）在信息技术的支持下，对本企业和上游企业的能力状态的实时更新使生产计划具有较高的可行性。

显而易见，让生产能力在近期进行大幅度调整并不是一件非常容易的事。有些人甚至认为生产能力是能够调整的。事实上，生产能力具备一定的柔性，企业能够通过一定的手段调整生产能力的柔性。尽管有些方法并不适用于某些类型的企业，比较通用的方法如下：

1）利用闲暇时间和增加工作时间。
2）改变劳动力规模。
3）寻求合作伙伴的合作。
4）加强全球协调与合作。

通过增加生产能力的柔性策略，对于客户订单的变化，制造企业能够以更快速的响应来满足客户需求，主动占据市场。当然，生产能力是有限的计划能力，生产能力的柔性也是有限度的，任何以无限能力为假设的计划系统，必然会造成整个供应链运行混乱，成本增加，反过来降低了供应链的反应能力。

2. 敏捷策略

敏捷是使一个组织对由产量和品种变化造成的市场需求变化做出快速响应的能力。持续不断的变化对于每一个企业的供应链管理人员来讲都是太普遍的现象。当今变化的速度、范围和不可预知性在今天的竞争环境中，对于大多数企业形成了巨大的压力和挑战。敏捷意味着对大范围的、不可预知的商业环境的变化采取快速响应的策略和与之相应的运作方式。对供应链管理的重要部分，生产计划和控制采用敏捷策略是必要的。敏捷代表着企业的一种业务能力，其中包含了组织结构、信息系统、物流过程等，更重要的是，它是一种思维模式。为了实现敏捷的供应链管理，延迟技术在生产领域被广泛应用，也就是维持通用形式的库存，即等待最后装配或分销的标准成品。在所有的敏捷策略中它是一个非常重要的因素。延迟制造或称推迟配置，是基于寻求采用通用平台、部件或模块进行产品设计的原则，但将最终产品装配或客户化过程，推到市场的目标和用户需求都十分清晰后再进行。延迟策略对生产计划与控制的效率和准确性都有很大的影响，主要表现在以下方面：

1）对于通用件的预测比对最终产品的预测要容易，使生产计划的安排更具有准确性。平稳的生产计划无疑会提高生产能力的利用率，使生产成本大大降低。

2）由于库存的都是一些通用件，意味着用同样的部件、模块或平台可以做合成多品种的产品。组装时间的缩短，使对客户订单的反应时间缩短，无疑提高了计划的执行速度。

3）延迟技术使库存可以维持在一个普通的水平，库存的品种数较少，因此整体库存较低，有利于生产计划的有效控制。

汽车底盘 VIN 的确认和打刻由过去在焊装车间操作改为在总装车间车辆下线前打刻，是为了敏捷应对销售市场变化，是在汽车企业实行最典型的案例之一。

某日系汽车企业在物料的准时供货、运送方面推行准时供货体系的，将采购的物料分为大件和小件两大类，大件物料直接送到生产线边，如车轮、座椅、玻璃等，基本是每小时送一次货，目标为 30min 供货 1 次，努力实现线边；对于中小型物料设置工厂的物料中心（DCC），由供应商送入 DCC，然后从 DCC 准时向生产线供货，在到达 DCC 之前的运费及费用由供应商负责，但实际的采购价格是包括这部分费用的，这几年供应已经逐步外包，会更进一步降低。

由于该公司在投入生产的初始阶段采取的是"保持市场饥饿"的营销策略，所以需求与生产之间的差异很小，在 2004 年以前基本没有，但在 2004 年之后这种差异发生了，主要是以下四个原因：①水灾等自然灾害导致中断；②电力供应的问题导致供应商不能及时供货；③库存的增加，生产计划的变更；④供应商发生系统、设备故障。而且今后也仍然会有此类问题发生，这是协调面临的新课题。目前该企业的做法是与供应商共同分担差异产生的风险。例如，双方以季度计划为基本的契约数量，保证生产与销售的稳定，但如果因为需求变化、生产调整等影响因素而发生费用时，双方就共同分担，即该公司会尽量保证供应商的利益。

对于质量的协调，在产品研发和设计时，供应商的技术人员就参与，共同协调确定所承担的构件质量要求（设计阶段质量控制），同时，在生产过程中，出现质量问题时，该企业并不是马上中止供货关系，而是派工程技术人员帮助供应商一起解决质量问题。实际上该企业的技术及管理人员经常与供应商一起协作，对质量、技术、管理等问题提出解决方案，实质是通过长期培养供应商的能力来保证产品质量。

对于购买价格（成本）的协调，该公司的做法与日本企业的惯例是一致的。从产品设计阶段开始，依据对产品、构件的价值分析，通过与供应商的协商，确定一个产量阶段的基本价格，在车型持续生产过程中会不断地调整，一般为每年再调整一次，但都是在与供应商协商的基础上调整的，根据每年原料价格、产品销售价格变化等因素，调整下降的幅度会有不同。个别情况，如原料价格上涨等，可以随时协商调整，一般会双方共同承担。

对于产能的协调，该公司一般要求供应商跟随自己生产能力的增加而扩大生产供货能力，不轻易改变或增加供应商，因此在它扩大产能的同时会提前通知供应商，要求随之增加产能，如在2004年该公司产能从12万辆扩大到24万辆时，也要求供应商要追加投资和扩大供货能力，并不是采取增加其他供应商的策略。此时虽然供应商要承担专用资产投入的风险，但由于有长期合作与信任关系的保证，供应商一般会积极响应。

（1）生产计划和控制的合作策略

供应链管理基于"竞争 - 合作 - 协调"机制，以分布式企业集成合作和协调为保证。企业的决策不再局限于个别的企业框架中，各个企业相互独立又相互依存。在供应链环境下，企业的决策必然要相互合作。高效的供应链计划的合作涉及供应链的各个方面：

1）合作设计。在一些拥有复杂设备的行业，供应链上的企业采用合作设计的方式来开发新产品。

2）供应商合作。核心企业和供应商的紧密合作涉及运作的每个细节，确保从供应商处所得到的关键部件万无一失。

3）物流合作。供应链上的企业与第三方物流的广泛合作，使企业实现了获取服务的最大化和服务成本的最小化。

4）顾客合作。为了真实的市场信息，企业与分销商、客户建立紧密的合作关系，共同编制的需求计划更具有可行性。

供应链上企业的角色也不断在变化，企业不再只是单一的角色，一个企业往往担任多种身份，因此企业彼此之间能够相互理解，在考虑共同利益的基础上更快、更好地合作，以达到多赢的局面，提高整个供应链的竞争优势。

（2）生产计划和控制的流程优化策略

1）生产计划和控制在企业内部的流程优化。生产计划和控制在企业内部的流程优化是企业为了适应供应链合作的需要，企业内部各部门之间进行流程改进，以实现生产计划和控制的信息共享。

2）生产计划和控制在企业之间的流程优化。执行计划实际上是以某种方式联系起来的过程，供应链中，整个过程不单跨越了内部部门，更是跨越了企业、行业甚至国家。因此，企业之间的流程优化对于生产计划和控制完成的质量和效率意义更加重大。

（3）生产计划和控制的信息共享策略

供应链上企业生产计划决策信息的来源不再限于一个企业内部，还有来自供应链上不同的企业，在这样一个开放的环境中，信息在供应链中快捷有效的传递，各企业围绕客户需求这个主线，时刻保持步调一致，保证彼此计划之间的一致性，减少了因信息失真而导致生产与实际需求不符现象的发生，使同一供应链上的企业间有效地协同合作与控制，快速响应市场需求变化。

企业之间进行协同合作，围绕客户需求进行生产，离不开信息的实时反馈。信息的实时反馈使企业生产与供求关系同步进行，消除不确定性对供应链的影响，保证上下游企业生产的协调一致。企业将客户的需求信息转化为企业的订单信息，企业内部以及供应链上其他企业的一切经营活动就都围绕这个订单进行。信息的实时反馈，贯穿于供应链上各个企业的各个生产环节，通过信息的实时反馈让企业在生产计划与控制过程中对自己的订单进行全面监督与协调检查，有效地计划订单的完成日期和完成工作量度，并对订单进行跟踪监控。企业将各个环节中得到的信息随时随地传送到网络中，集成到公共的信息平台与其他企业进行共享，相关企业则可以根据波动的信息进行一定范围内的生产计划调整。事后分析订单完成情况，对计划进行比较分析，并进行有效的、切实可行的改进措施。信息实时反馈通过对企业生产计划和控制中的适时跟踪，保证了上下游企业所需要的适时计划信息，并保持生产计划的有效性。生产控制系统必须建立信息适时反馈机制，才能实现面向客户的数据搜集，生产计划才能够获得必要的信息以实现面向用户的适时计划。

任务小结

本任务主要介绍了供应链管理环境下的汽车企业生产计划管理与控制的主要内容与策略，有助于读者从供应链层面了解汽车行业生产计划与控制管理的概念与相关工具方法。

单元 3
汽车生产工厂选址与物流布局

单元概述

  工厂选址是在多种约束条件、多种目标要求下的一个复杂决策过程。合理的工厂选址可以产生相当的社会经济效益，对社会经济发展有深远的影响。工厂选址是一个多学科、多层次综合的系统工程，是一项涉及面广（涉及城市规划学、建筑学、经济学、社会学、环境学、地理学、心理学、法学、史学等多学科的知识）、技术经济复杂、政策性很强的工作。

  汽车生产物流是汽车生产系统中至关重要的一环，而汽车生产物流的合理性与汽车生产系统的设计有着直接的重要关系，尤其是汽车生产系统中的精益布局规划，它包括汽车工厂总平面布置、车间内部作业单位平面布置及生产线设备布置等。汽车制造系统的结构形成了汽车工厂的静态空间结构布局，影响着汽车生产过程。因此，汽车工厂布局的最优化实质上是汽车制造系统结构的最优化。通过本单元的学习，达成如下主要学习目标：

单元目标

1. 能力目标
1) 能够熟悉影响设施选址的因素。
2) 能够掌握汽车生产工厂选址的理论与方法，解决工厂选址问题。
3) 能够运用工厂布局规划的原则进行工厂与车间等单位的布局规划。

2. 知识目标
1) 汽车生产工厂选址的主要方法。
2) 工厂布局规划的方法与程序。

单元 3 汽车生产工厂选址与物流布局

3.1 汽车生产工厂选址

任务引入

如何平息企业选址风波

某城市拟建一个物流配中心，主要为4家大企业（由东到西分别为A、B、C、D）服务，这4家企业每天生产量分别为120t、50t、60t和70t。政府主管部门在征询意见时，A企业说我产量最多，应靠近我厂建配送中心，最好在我厂附近建；B企业说，应靠近我们，虽然A产量最多，但我们三个厂产量之和比A多，且我们之间距离较近，仅为1km，A距离我们最近的B企业有6km，建在A处，距离我们三个厂太远，不经济；C企业比较随和，提出折中方案，实在不行，就取中间吧；D企业说，中间看似公平，但不够科学，既然我们4家企业恰巧在一条公路边上，那就取重心处建厂最合适。最后，选在B处建配送中心，其余3家意见很大，提出质疑。

熟悉案例，请思考B工厂每天生产量最小，为何建在B工厂而不建在重心处？你能平息这场风波吗？

学习目标

1）能描述影响汽车生产工厂选址的主要因素。
2）能掌握工厂选址的主要方法。

工厂选址要建立在充分了解特定区域土地自然资源的基础之上，依据相应的法律法规，建立长远发展的规划模型，同时建立产业结构模型、地区生产力布局模型、能源需求模型、交通运输分析以及环境评价模型，对各重要指标进行经济计量分析预测，最后以"工业规划的多目标优化模型"作为工厂选址问题的核心，统一各模型之间的联系，形成一套完整的数据传输利用系统。

3.1.1 影响选址的主要因素

1. 选址规划的三个阶段

场址选择决定企业物流网络构成，它不仅影响企业物流能力，而且还影响企业实际物流营运效率与成本，对企业来说是非常重要的物流战略规划问题。其规划程序分为三个阶段，即准备阶段、地区选择阶段和具体地点选择阶段，如图3-1所示。

（1）准备阶段

准备阶段的主要工作是对选址目标提出要求，并提出选址所需要的技术经济指标。这些要求主要包括产品、生产规模、运输条件、需要的物料和人力资源等，以及相应于各种要求的各

类技术经济指标,如每年需要的供电量、运输量、用水量等。

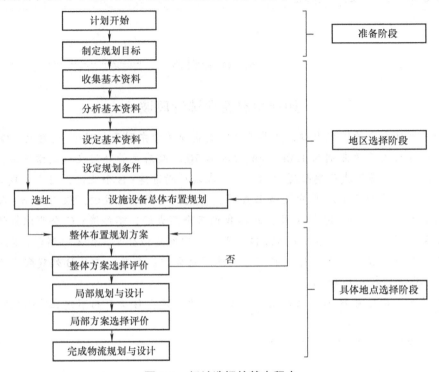

图 3-1　场址选择的基本程序

（2）地区选择阶段

主要为调查研究和收集资料,如走访主管部门和地区规划部门征询选址意见,在可供选择的地区内调查社会、经济、资源、气象、运输、环境等条件,对候选地区进行分析比较,提出对地区选择的初步意见。

（3）具体地点选择阶段

具体地点选择阶段要对地区内若干候选地址进行深入调查和勘测,查阅当地有关气象、地质、地震、水文等部门调查和研究历史统计资料,收集供电、通信、给排水、交通运输等资料,研究运输线路以及公用管线的连接问题,收集当地有关建筑施工费用、地方税制、运输费用等各种经济资料,经研究和比较后提出数个候选场址。

2. 选址的影响因素

（1）地区选择应考虑的因素

场址地区选择主要是考虑宏观的因素。一般而言,地区选择主要考虑以下因素:目标市场情况、供应商分布、交通条件、土地条件、自然条件、政策条件等。

1）销售目标市场及客户分布。选址时首先要考虑的就是目标市场所服务客户的分布,不论是制造业还是服务业,设施的地理位置一定要和客户接近,越近越好。要考虑地区对产品和服务的需求情况,消费水平要和产品及其服务相适应。因为如果产销两地接近,则运输成本减少,从而会大大降低总成本。

2）资源市场及供应商分布条件。在工业设施选址中,不同的制造行业对资源有不同的要求,工厂场址地区选择中应考虑主要原材料、燃料、动力、水资源、供应商分布等资源条件。

3）交通条件。地址的选择宜紧邻重要的运输通路，以利运输配送作业的进行。考核交通方便程度的条件有高速公路、国道、铁路、快速道路、港口交通限制规定等几种。

4）土地条件。土地与地形必须符合相关法令规章及都市规划，尽量选在物流园区、工业园区或经济开发区。另外，还要考虑土地的价格、未来增值情况，以及土地征用、拆迁、平整等费用，不同的选址所花的费用也不相同。

5）自然条件。要考虑湿度、盐分、降雨量、台风、地震、河川等自然条件。

6）人力资源条件。在仓储配送作业中，最主要的资源需求为人力资源，因此必须考虑工人的来源、技术水平、工作习惯、工资水平等因素。

7）社会环境与政策条件。政策条件包括企业是否可获得低地价及减免税收等优惠政策，城市规划（土地开发、道路建设计划）如何，地区产业政策如何等。

8）其他基础设施。除交通便利条件外，道路、邮电通信、动力、燃料管线等基础设施的影响也很大。

（2）对具体地点位置的影响因素

除了考虑上述因素外，在实际决定物流设施具体地点所在位置时，还需考虑下列因素：

1）城市的大小。城市的大小将影响交通运输、员工的招聘、劳务设施的利用、工资水平、地价等诸多因素。

2）与外部的衔接。对于特定区域内可用的运输方式必须进行调查，如与主要道路的连接是否顺畅等。

3）场址周边自然地理环境。主要考虑场址地点的地形、地貌、土壤情况、风向及地下水等。

4）居民的态度。决定特定区域时，附近居民的接受程度将影响土地的取得、员工的雇用及企业形象等问题。

总之，从地区选择到具体地点的选择，影响选址的因素有很多，归纳起来，可将这些因素分为与产品成本有直接关系的成本因素以及与成本因素无关的非成本因素两大类。这些因素的分类见表3-1，可作为选址考虑的主要指标。

表3-1 选址时需考虑的成本因素和非成本因素

成本因素	非成本因素
① 原料供应及成本	① 地区政府政策
② 动力、能源的供应及成本	② 政治环境
③ 水资源及其供应	③ 环境保护要求
④ 劳工成本	④ 气候和地理环境
⑤ 产品运至分销点成本	⑤ 文化习俗
⑥ 零配件产品从供应点运来成本	⑥ 城市规划和社区情况
⑦ 建筑和土地成本	⑦ 发展机会
⑧ 税率、利率和保险	⑧ 同一地区的竞争对手
⑨ 资本市场和流动资金	⑨ 地区的教育服务
⑩ 各类服务及维修费用	⑩ 供应、合作环

3.1.2 工厂选址的主要方法

工厂选址问题已经形成了多种求解方法，大致可分为定性和定量两类：定性的方法主要是结合层次分析法和模糊综合法对各方案进行指标评价，找出最优选址，定性方法有专家打分法、Delphi法等；定量的常用方法包括松弛算法和启发式算法以及两者的结合。

线性松弛算法和拉格朗日松弛算法的基本原理是：将造成问题的约束吸收到目标函数中，并使得目标函数依旧保持线性，由此使得问题易于求解。一些组合优化问题在现有的约束条件下很难求得最优解，但在原问题减少某些约束后，求解问题的难度就大大减少，达到在较短时间内求得减少约束后问题的最优解。由于拉格朗日松弛算法的实现比较简单且有较好的性质，因此它不仅可以用来评价算法的效果，同时也可以用在其他算法中，提高算法的效率。拉格朗日算法主要包括次梯度算法和拉格朗日松弛启发式算法。它们两个的主要应用是给出混合整数规划问题的下界和构造基于拉格朗日松弛的启发式算法。

在介绍启发式算法之前，先介绍状态空间搜索。状态空间搜索就是将问题求解过程表现为从初始状态到目标状态寻找路径的过程。由于求解问题的过程中分支有很多，主要是求解过程中求解条件的不确定性、不完备性造成的，这使得求解的路径很多，这些路径构成了一个图，这个图就是状态空间。问题的求解就是在图中找到一条从开始到目标的路，寻找的过程叫作搜索。常用的状态空间搜索有深探法（深度优先搜索法）和广探法（广度优先搜索法）。深探法是按照一定的顺序查找完一个分支，再查找另一分支，直到找到目标为止。广探法是从初始状态按某种顺序一层一层往下找，直到找到目标为止。这两种搜索方式的缺陷在于都是在一个给定的状态空间穷举。这在状态空间不大的情况下是很合适的算法，但是在空间很大又不可预测的情况下就不可取了。这就要用到启发式搜索。

启发式搜索就是指在状态空间中对每一个要搜索的位置按照某种方式进行评估，得到最优的位置，再从这个位置进行搜索，直到达到目标。这样可以省略大量的无谓的搜索路径，提高效率。不同的位置评估方式，得到不同的算法。常用的启发式算法包括禁忌搜索、遗传算法、进化算法、模拟退火算法、蚁群算法、人工神经网络等。

下面重点介绍分级加权平分法、新重心法和线性规划法。

1. 分级加权评分法

分级加权评分法也叫因素赋值法，其步骤分为如下四步：

第一步，针对设施选择的基本要求和特点列出需要考虑的各种因素。

第二步，按照各因素的相对重要程度，分别规定相应的权重。一般可由有经验的专业人员完成这项工作。

第三步，对每个备选方案进行审查，按照最佳、较好、一般、最差四种等级，规定相应的等级系数分别为4、3、2、1，从而确定每个因素在各备选方案中的排队等级数。

第四步，把每个因素在各方案中的排队等级数与该因素权数相乘，得出各因素的评分值，再把每个方案所有因素的评分值相加，即可求得各方案的总评分值，该评分值表明了各个备选方案的相对优劣程度。总分数最高者为最佳方案。

例如，某低息信用卡银行正在为其信用卡运营公司选址，已经筛选出了两个备选地址，公司的管理层已经根据下列标准相对于公司选址决策的重要程度，赋予了每个标准一个权重，给出了两个备选地址的每个因素的评分值。

下面计算出了每个因素的加权分以及每个备选地址的总得分，见表3-2。

表 3-2　每个因素的加权得分

因素	权重	A 地评分	B 地评分	A 地加权分	B 地加权分
15mile（1mile=1.6km）内受教育的劳动力的人数	20	60	75	1200	1500
可能兼职的人数（学生）	10	45	20	450	200
离电信基础设施距离	25	80	90	2000	2250
离高等教育机构距离	5	50	35	250	175
生活成本指数	15	85	80	1275	1200
人文环境	10	65	40	650	400
犯罪率	15	95	90	1425	1350
总分	100			7250	7075

根据因素评分法，总分最高的 A 地应被选中。因素评分法涉及非常多的定量化分析，使用表格，可以使管理层很方便地看到调整各种因素权重时对选址决策的影响。

需要指出的是，尽管本例中的因素权重总分是 100，但这并不是一个必要条件。真正重要的是，因素的权重值必须真正反映出选址时每个因素之间的相对重要性。如果因素对选址决策同等重要，那么就应赋予同样的权重。因此，在比较评估各备选地址方案的优劣时，赋予因素的权重的实际值并没有相对值有意义。当然，为了方便计算，也可以对权重进行归一化处理。

2. 新重心法

当运输费用占总费用的比例较大，并且多种原材料由各个现有设施供应时，可用重心法来选择新设施场址，使所选的场址位置距各原材料供应点的距离与供应量、运费率之积的总和为最小。因为该方法中设施位置用坐标描述，所以也叫坐标法。

（1）新型智能重心法具体原理

智能重心法是利用现代最新信息技术（GPS 坐标拾取系统），结合传统重心法合理内核，测算物流仓配中心位置从而使物流运输成本最优的一种方法。

传统重心法将运输成本作为核心的选址决策依据，给定供应点和需求点的坐标，以及节点之间的货物运量，把物流成本看成运输距离和运输数量的线形函数，则优化的重心点到各点之间的总运输成本最低。此种方法利用地图确定各点的位置，并将一坐标重叠在地图上确定各点的大致位置。

新型智能重心法汲取了传统方法中的重心法、坐标法等网络选址的合理内涵，同时采用最新 GPS 精准定位技术和互联网动态实时优势，使得选址优化更加科学、精准和具有动态适应性。就是在一个网络中有 N 个需求点，在这些需求点中随机确定一个重心，利用迭代法得到最优解，使得所有需求点到这个重心的距离最短。它属于一种数理模拟技术，该方法将物流系统中的需求点和业务点假定是分布在某一平面范围内的物流要素，各点的需求量和业务量则设定为货物的重量，物体系统的重心作为物流网点的最优设置点，利用求解物体系统重心的方法来确定物流网点的位置。

新型智能重心法首先要可以在 GPS 坐标拾取系统中找出各个地点的位置，目的在于确定各点的相对距离。坐标系采用最新的 GPS（坐标拾取系统）建立。在国际通用选址方法中，通常采用经度（x 轴）和纬度（y 轴）建立坐标。然后，根据各点在坐标系中的横纵坐标值求出运输成本最优（最低）的位置坐标 x 和 y。

新型重心法计算公式（x，y）如下：

$$x = \sum_{i=1}^{n} x_i Q_i / \sum_{i=1}^{n} Q_i \qquad y = \sum_{i=1}^{n} y_i Q_i / \sum_{i=1}^{n} Q_i$$

式中　　x——重心点的 x 轴坐标值（GPS 坐标拾取系统经度系数）；

y——重心点的 y 轴坐标值（GPS 坐标拾取系统纬度系数）；

x_i——第 i 个地点的 x 坐标；

y_i——第 i 个地点的 y 坐标；

Q_i——运送至第 i 个地点或自第 i 个供应基地运出的货物量；

n——为运送目的地或货源供应基地数目（网点数量）。

最后，选择求出的重心点坐标值（经度坐标，纬度坐标）对应的地点作为要布置物流仓配设施的最优地点。

（2）智能重心法具体实施过程

第一步：确定每一个客户（网点）的经纬度坐标和货运量。使用百度坐标拾取系统确定客户坐标（http://www.jiajumi.com/shitu.html 或 http://api.map.baidu.com/lbsapi/getpoint/index.html）。

第二步：计算重心的经纬度坐标。

第三步：选择坐标系统页面中的"坐标反查" 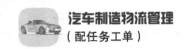（点击方框中）。

第四步：在搜索栏中输入重心坐标（注意选取英文输入法），点击"百度一下"。可以得到重心点的具体位置。

实践提示：企业运用新型重心法确定最佳选址实践中，可以通过 GPS 坐标拾取系统确定每个客户（业务点）的经纬度坐标值，同时，通过输入具体的经纬度坐标也可以反查每个业务点所在的具体位置。

（3）具体案例应用分析演示

以乐马士公司（长沙）枢纽中心 2018 年 6 月至 8 月部分网点统计表（表 3-3）为样本进行分析。本例测算以 Q 为价值形态。

表 3-3　乐马士长沙枢纽中心 2018 年 6 月至 8 月部分网点统计表

网点	201806		201807		201808	
	基本运费	总金额	基本运费	总金额	基本运费	总金额
黄花机场营业部	2430	2480	3500	3500	4700	4700
乐马快线	203589	478046	148466	344733	58102	129549
醴陵市营业部	150951.1	153362.1	140879.5	143546.5	131695.5	134533.5
浏阳营业部	63632.5	64302.5	64397	64838	14405	14565
浏阳镇头营业部	14705	14705	9005	9005	1300	1880
浏阳营业部	63632.5	64302.5	64397	64838	14405	14565
浏阳镇头营业部	14705	14705	9005	9005	1300	1880

单元 3 汽车生产工厂选址与物流布局

第一步：确定每一个待测算网点的经纬度坐标及其物流运输业务量（统一测算单位和测算周期）。

1）统计四个网点的季度物流（运输）业务总量及其坐标系统，详见表 3-4。

表 3-4　四个网点的季度物流（运输）业务总量及其坐标系统

网点	201806 物流服务总额	201807 物流服务总额	201808 物流服务总额	6月至8月 季度物流服务总额	百度坐标拾取系统数据	
					经度 x	纬度 y
黄花机场营业部	2480	3500	4700	10680	113.21855	28.181905
乐马快线	478046	344733	129549	952328	113.04303	28.146931
醴陵市营业部	153362	143546	134533	431441	113.49703	27.64617
浏阳营业部	64302	64838	14565	143705	113.3923	28.21418

2）如图 3-2 所示，打开坐标拾取系统界面，更换到相关省、市、自治区下的具体城市。

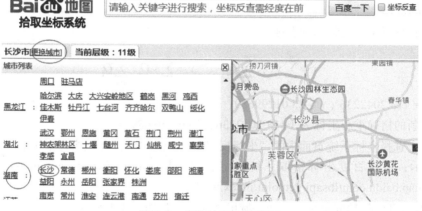

图 3-2　坐标拾取系统界面

3）输入网点地址，即可在地图上实时精准找到地址位置和坐标系数，即可复制到计算表格（经度为 x，纬度为 y），如图 3-3 所示。

图 3-3　坐标拾取

4）求出四个网点的 $\sum xQ$、$\sum yQ$、$\sum Q$，详见表3-5。

表3-5　四个网点的 $\sum xQ$、$\sum yQ$、$\sum Q$ 值

网点	6月至8月季度物流服务总额 Q	经度 x	纬度 y	xQ	yQ
黄花机场营业部	10680	113.21855	28.181905	1209174.1	300982.7454
乐马快线	952328	113.04303	28.146931	107654043	26805110.51
醴陵市营业部	431441	113.49703	27.64617	48967272	11927691.23
浏阳营业部	143705	113.3923	28.21418	16295040	4054518.737
$\sum$, $i=4$	1538154			174125529	43088303.22
	$\sum Q_i$			$\sum x_i Q_i$	$\sum y_i Q_i$

第二步：计算重心的经纬度坐标。

$$x = \sum_{i=1}^{n} x_i Q_i / \sum_{i=1}^{n} Q_i \qquad y = \sum_{i=1}^{n} y_i Q_i / \sum_{i=1}^{n} Q_i$$

得出 $x = 113.2042236$；$y = 28.01299689$

即输出新的精确重心坐标为（113.2042236，28.01299689）

第三步：选择坐标系统页面中的"坐标反查 百度一下 ☑坐标反查"（点击方框中）。

1）提示：使用百度坐标拾取系统确定客户坐标（http：//www.jiajumi.com/shitu.html 或 http：//api.map.baidu.com/lbsapi/getpoint/index.html）。

2）打开百度坐标拾取系统，并切换城市到长沙市，如图3-4所示。

图3-4　坐标拾取系统图界面切换

3）选择坐标系统页面中的"坐标反查"（点击方框中），如图 3-5 所示。

图 3-5　坐标拾取系统坐标反查

4）在搜索栏中输入重心坐标（注意选取英文输入法）点击"百度一下"，可以得到重心的具体位置。

第四步：点击"百度一下"，可以得到精确重心的具体位置。

由 GPS 坐标拾取系统显示我们得出最佳配送地址位于长株高速和沪昆高速交接的东北区的横冲附近。

3. 线性规划法

对设施选址问题，总是希望各种费用的总和最小。采用线性规划法，可以求得使总费用最小的设施数目、生产能力及产品的最佳销售量等。

设 x_{ij} 为第 j 个销售区域对第 i 个工厂的产品需求量，c_{ij} 为工厂元生产单位产品并运到销售区域 j 的总费用，包括进厂物料运费、人工费、出厂物料运费、公用设施费、原材料费、库存成本费、场地费用、税金、各种管理费用等；a_i 为工厂 i 的生产能力，b_j 为销售区域 j 的总需求量；m 为工厂数，n 为销售区域数，Z 为总费用。则该问题的线性规划模型为

$$Z_{\min} = \sum_{i=1}^{m} \sum_{j=1}^{n} c_{ij} x_{ij}$$

条件

$$\sum_{j=1}^{n} x_{ij} = a_i (i=1,2,\cdots,m)(生产能力约束)$$

$$\sum_{i=1}^{m} x_{ij} = b_j (j=1,2,\cdots,n)(需求约束)$$

$x_{ij} \geq 0$ (非负约束)

利用表上作业法求解该模型，可确定最佳的运输及分销方式，以便得到最低成本的优化选址方案。

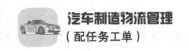

3.1.3 汽车工厂选址实践

丰田选址太仓

1. 区位优势

（1）地理优势

太仓东濒长江，南临上海，西面和北面与江苏昆山、常熟接壤。至上海、苏州市中心均为 50km 左右，到上海虹桥机场仅 0.5h 车程，1h 可达浦东国际机场。太仓交通便捷，航运发达。境内每 100km² 拥有高等级公路 41.6km，密度列江苏省首位。随着宁太高速公路、苏昆太高速公路、锡太一级公路的建成通车，全市各镇驶上高速公路用时均不超过 15min。太仓港距吴淞口仅 20km，是距长江入海口最近的港口。太仓拥有长江岸线 38.8km，其中可建万吨级以上泊位的深水岸线 25.5km，岸线平直，边滩稳定，终年不淤不冻，深水区开阔稳定，能满足 5 万 t 远洋船原地回转的要求。随着长江口航道整治工程的推进，第 3、第 4 代集装箱船舶可全天候直达港口，堪称长江下游地区最佳港址之一。目前，太仓港已建成大小泊位 16 个，开辟了国际、国内 14 条航线，形成了以近洋外贸集装箱运输为主的特色。太仓的市场辐射可达整个长江角洲、华东地区，乃至长江流域，可为中外客商提供巨大商机。

（2）交通优势

1）陆运优势。

太仓交通发达，流通便捷，境内已形成了"四横三纵"的高等级公路框架。每 100km² 拥有高等级公路 41.6km，密度在全国县级市中处于领先地位。交通网络已经形成"四横三纵"的格局：锡太一级公路、新港公路、苏昆太高速公路、339 省道及其支线为"四横"；沿江高速公路、沪浮璜公路、204 国道为"三纵"，保证境内各地 15min 均可上高速公路，0.5h 可达上海虹桥机场，1h 可达浦东国际机场。

规划的格局为"七横六纵九连接"。六纵：由西向东依次为 204 国道复线、204 国道、沿江高速公路、陆璜公路、沪浮璜公路、滨江大道；七横：由南向北依次为浏昆公路、339 省道、苏昆太高速公路、新港公路、双浮公路、224 省道、直时公路；九连接：疏港高速公路、通港高速公路、锡太一级公路、太蓬公路、太沙公路、岳鹿公路、鹿北公路、新牌九公路、璜北公路。

2）港口优势。

太仓港是江苏省第一外贸大港，形成了以近洋外贸集装箱运输为主的特色。太仓港是国家一类口岸和国家海关总署正式批准的集装箱中转港，也是江苏省重点建设的"江苏第一港"，更是国家交通部、国家发改委明确的上海国际航运中心的重要组成部分。太仓港是距长江入海口最近的港口。太仓江岸线平直，边滩稳定，终年不淤不冻，深水区开阔稳定，堪称长江下游地区最佳港址之一。按照太仓港总体布局规划，可规划建设 61 个万吨级以上泊位，设计吞吐能力超亿吨，集装箱吞吐能力 770 万标箱，经组合调整，实际吞吐能力可达 1200 万标箱。江苏省委省政府、苏州市委市政府明确提出，将太仓港建成江苏第一外贸大港、亿吨大港、集装箱干线港。

（3）产业优势

太仓经济开发区产业特色是进区的德资企业以精密机械加工、汽车配件制造、新型建筑材料为主体产业，产业优势十分明显，技术含量普遍较高。如生产用于汽车工业和精密制造工业的滚针轴承、用于发动机配气系统的液压挺杆的舍弗勒公司，生产气（液）压缸冲压设备、金属板连接技术及设备的托克斯冲压技术公司，生产新型建筑紧固件系列的慧鱼公司，拥有基础、金属零件加工技术的通快公司，生产电子控制系统的科络普公司，这些公司产品和技术水平均居国际同行业领先地位，其产品主要用于满足国内市场需要，部分产品出口东南亚。

（4）环境优势

太仓经济开发区具备了健全的管理服务功能，区内的海关、国检、工商、税务等服务机构一应俱全，太仓市行政审批中心和开发区的一站式、一体化服务便捷高效。五星级酒店、商贸服务区、物流中心、学校、医院等社会服务设施全部到位。城市绿化覆盖率达41%，气候宜人，社会和谐，人文、人居环境优良。

（5）基础优势

太仓经济开发区基础设施完善，宽阔整洁的开发大道连通四方，供电、供水、供热、污水处理等配套设施齐全，为进区企业提供了良好的建设发展条件。已接通来自中国华东电网的上海、江苏和本市电厂的五路电源，电力资源充沛。30km^{2}建成区已成为投资的福地。

（6）与嘉定地区比较

1）太仓和嘉定最近的港口是太仓港，丰田把厂建在嘉定不如建在太仓，在太仓有良好的政策和充足的土地资源。同时太仓的地价较嘉定便宜一些，有着良好的地理优势。

2）太仓还是沿江高速公路和沿海高速公路的交叉地，还有204国道、338和339省道在此经过。交通非常便利，有利于企业迅速发展。

3）通过苏通长江大桥，可以向苏中、苏北地区辐射，有着良好的销售优势，扩大所销售范围，巩固消费市场。

2. 资源优势

（1）人才资源

太仓市大力实施人才强市战略，完善人才服务体系，全力支持、帮助外资企业吸收本地和外地的优秀大学生和高中级管理、技术人才，并每年无偿组织相关企业赴上海、西安、武汉等城市招聘专业技术、管理等人才。

在德国范围内开展人才招聘计划并举办人才招聘会，支持和帮助太仓企业在德国吸纳人才。

太仓健雄职业技术学院是一所年轻的公办全日制普通高等学校，定位为培养一线应用技术人才，2004年由太仓工业学院、太仓师范学校和太仓电大三校合并升格而成，为纪念"太仓的女儿"、物理女王——吴健雄而命名为"太仓健雄职业技术学院"。

（2）企业资源

进区德资企业生产、销售两旺，企业在区内的发展信心倍增。前期进区的德资企业中90%以上已经完成增资扩产，企业规模正在逐步扩大。这体现出德资企业对投资太仓经济开发区的高度信心，体现出在太仓德资企业取得了良好的投资汇报，也体现出德国企业进一步拓展中国及亚太市场的战略发展思路。如舍弗勒（中国）有限公司、克恩里伯斯（太仓）有限公司、太仓托克斯冲压技术有限公司、慧鱼（太仓）建筑锚栓有限公司、太仓安德烈·斯蒂尔动力工具有限公司、迪美斯（太仓）窗型材有限公司、瑞好聚合物（太仓）有限公司等企业都完成了第三甚至第四、第五期的增资扩产，并从租房办厂到置地建业，进一步向企业发展的深度和广度拓展。

（3）劳动力资源

截至2008年3月中旬，太仓为下岗、失业、待业和剩余劳动力提供各类就业岗位1292个，其中成交录用 1090 个，劳动力就业步入良性循环轨道。

2009 年以来，本市劳动就业部门抓住发展契机，优化资源组合，积极完善劳动力市场，提供全程配套服务。

3. 市政府优惠政策

太仓工商局推出服务外资企业年检十项新举措：

1）允许特定企业先年检再变更。对于企业生产经营受国际金融危机影响，需要调整经营方向、办理增资、增项等变更登记的，开辟"绿色通道"，除经营范围涉及前置许可外，允许企业先年检再变更。

2）允许停业 6 个月以上特定企业先通过年检。对于受国际金融危机影响企业成立后超过 6 个月未开业或者开业后自行停业连续 6 个月以上的企业，依企业申请允许通过年检。

3）鼓励企业以股权换融资。大力支持重点产业发展，对于股权权能完整、出资有困难的企业，积极支持其以股权出资、出资抵押等多种方式解决资金短缺、融资困难问题。

4）积极推行网上年检。减少企业年检往返次数，提高年检工作效率。除国家规定收取的年检费 50 元外，一律不准搭车收费。

5）放宽年检申报期限。因企业经营需要，年检法定期限内企业无法参加年检的，凭企业申请，经批准，延期时间可以由法定的 1 个月延长至 3 个月。

6）放宽外资出资期限。对于 2008 年 7 月 1 日以后出资期限到期、无违法记录的企业，因资金紧缺无法按期缴付出资的，依企业申请，允许逾期出资期限至 2009 年底。

7）逾期未办理年检企业首次不罚。对新设立企业首次逾期未办理年检且未申请延期的，提醒企业限期办理年检，对限期内企业来办理年检的免于处罚。

8）拟吊销企业涉及职工安置问题暂不予吊销。对列入吊销企业名单的外资企业，因涉及职工安置等问题确需保留主体资格的，经批准，实行企业主体资格延续制度，可以暂不吊销企业营业执照。

9）减少对企业上门检查。除涉及前置许可的重点、热点行业、举报投诉案件外，免予日常检查，只进行法定年检的书式审查。

10）税收优惠与补贴。具体如下：

① 税收政策：对符合条件的入驻企业给予的优惠政策有，企业交纳的，按税额的 12% 奖励；交纳的企业所得税，按税额的 25% 奖励；缴纳的营业税，按税额的 30%~70% 奖励。根据企业主要业务，给予不同年限的全额或减半奖励。境外货物进入保税物流中心给予保税；境内货物进入保税物流中心视同出口离境，立即退税。

② 税金补贴：企业租用保税物流中心管委会提供的办公用房和仓库、堆场的前三年给予租金 40% 的补贴，后两年给予 20% 的补贴。

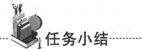

本任务分析了影响汽车生产工厂选址的主要因素，对工厂选址主要方法，包括分级加权平分法、新重心法和线性规划法进行了重点介绍，并举例说明。

3.2 汽车生产物流布局规划

任务引入

汽车焊装生产线规划及布置

焊装工艺作为汽车行业四大工艺之一，其重要性不言而喻，其肩负着车身成型、为整车提供支撑框架的重要使命，除了要保证外观造型之外，还必须保证总装所有零部件安装点的精度，故其工艺远比其他三大工艺复杂，生产线的规划及布置不仅需从精度保证、生产效率、配送物流、仓储存放诸多方面权衡考虑，也受限于厂房面积及结构、涂装连廊等现有条件。没有十全十美的布置方案，只有当前最合适的布置方案。

作为四大工艺中最复杂的工艺，生产线规划及布置概括起来主要从几个步骤着手：
1）产能计算及节拍确定。
2）主线输送方式选择。
3）工序拆分及工位数量确定。
4）侧围总成配送方式。
5）总拼工位结构方式。
6）物流仓储规划。
7）平面布置及仿真验证。

1. 产能计算及节拍确定

规划第一步，必须有市场部及公司战略规划部门输入的年产能要求，根据产能要求计算出生产节拍及单工位作业时间，作为工序拆分及工位数量确定的主要数据，其计算方法如下：

1）生产节拍（JPH）——每小时生产台数。
2）生产天数——365个自然天数，扣除国家法定节假日及双休日，年生产天数大致按251天计算。
3）每天生产时间——单班生产时间8h、双班16h、三班22.5 h计算。
4）设备开动率——设备有效开动比例，焊装车间设备开动率规划时一般设定为90%。

2. 主线输送方式选择

主线输送方式决定了输送时间及效率，决定了工位的有效作业时间，是工序拆分及工位数量确定的依据。主线输送方式目前常用的有往复杆输送、滚床滑橇输送、随行夹具输送三种方式，具体选用哪种方式需结合效率、节拍、成本综合考虑。

（1）往复杆输送

1）优点：价格低廉，输送可靠，占地面积小。
2）缺点：输送效率较低，一般往复杆的输送时间达到28s（含举升、输送、下降、回退动作），只能直线输送，如工位数较多是只能分段布置，输送精度较差，需配合定位夹具使用。
3）适用范围：一般用于低节拍、工位数量相对较少的生产线，如输送工位超过10个不建议选用。

（2）滚床滑橇输送

1）优点：价格适中，输送可靠，输送效率较高（输送时间可达到16s左右），输送不受距离限制，可任意转弯、布置灵活。

2）缺点：需考虑空滑橇的回转方式及布置，会占用较多布置空间，动力滚床成本较高，输送精度较差，需配合定位夹具使用。

3）适用范围：适用于节拍较高、工位数较多的生产线，目前汽车行业使用最为广泛。

（3）随行夹具输送

1）优点：输送效率最高，定位精度高，输送机构与定位夹具功能合一，不需要额外增加定位夹具，减少了升降时间，输送时间可达8s。

2）缺点：单个输送随行夹具成本高，同时仍需动力滚床定位精度要求高，需考虑空滑橇的回转方式及布置，占用较多布置空间。

3）适用范围：适用于50JPH以上超高节拍的焊装线布置。

3. 工序拆分及工位数确定

设计部门输入整体产品机构及图样、工艺路线，界定焊装工艺内容，再拆分工艺到单个工位，需遵循以下原则：

1）点焊一般按平均每个焊点3s作业时间进行综合测算。

2）弧焊由于烟尘排放、工作效率较低，需尽量集中布置，避免分散。

3）装件、取件、夹具夹紧与打开可根据过往经验设定作业时间。

4）单工位有效工作时间+输送时间不得大于工位作业时间。

5）需考虑输送布置中的工位损失。

4. 侧围总成输送方式

侧围总成大部分属于A级外观面，对表面质量要求高，故其输送方式需综合考虑输送效率、是否需要库存、侧围线的布置区域等因素确定，可分为单侧围输送和双侧围配套输送两种。

（1）单侧围输送

1）优点：成本低，抓具与输送一体，无须单独设置吊具及抓手。

2）缺点：①只能一个总成输送工作完成后才能返回输送下一个总成，节拍较低；②无缓冲库存，当侧围线出现异常时会直接影响整条生产线停线，无缓冲余地；③侧围输送后需配合翻转夹具使用。

3）适用范围：适用与节拍相对较低的焊装线，且侧围线需布置在主线两侧，总拼工位必须配合翻转夹具使用。

（2）双侧围配套输送

1）优点：输送效率高，可灵活制定缓冲库存，且不受输送距离限制，可总拼工位夹具方式可灵活选用。

2）缺点：需配合自动抓手或抓件机器人使用，成本高。

3）适用范围：适用于高节拍生产线，针对车间面积大，侧围线距离主线较远时。

5. 总拼工位结构方式

总拼工位机构方式需结合侧围输送方式考虑，其主要受场地、生产车型种类限制，常用的有翻转滑台和可切换柔性滑台、背扣式三种。

（1）翻转滑台

通过翻转夹具将侧围从水平翻转90°，利用滑台拼装侧围，该方式可与侧围输送方式配合单侧围输送方式使用，不用预装侧围，直接拼焊，但效率偏低，不适合高节拍生产线。

（2）可切换柔性滑台

可切换柔性滑台主要由滑台基座、可切换夹具两部分组成，夹具可以整体切换，通过切换生产不同平台车型，生产效率较高，但由于两侧滑台庞大，无法预装侧围，需额外增加预装工位。

（3）背扣式

背扣式在顶部设置转动铰链机构连接两侧夹具，往下旋转后扣在侧围上定位焊接，其主要的优势是生产效率高，但柔性差，只能生产单一车型，且必须增加预装工位，如果单一车型产量高的情况下采用较多。

总拼工位的形式多样，不限于以上三种形式，可根据实际情况因地制宜，选择总拼方案，只要保证车身精度与效率兼顾，适合当前形式需求即可。但不管哪一种方案，都必须制定合适长宽高三维尺寸要求，为同步工程及平面布置提供数据输入。

6. 物流仓储规划

物流仓储规划应结合工艺布置、生产节拍综合考虑，大致应遵循以下原则：

1）仓储区域大小应满足基本库存要求。基本库存一般不少于2h消耗量，应根据零件总数、零件工位器具尺寸、装框数量计算仓储区域面积，确保面积不小于2h库存需求面积。

2）仓储区域应靠近在车间物流门及厂区物流通道。

3）结合物流效率与场地节约性考虑，焊装线之间的物流通道宽度一般为3m左右。

4）所有需要装件的工位均需预留物流通道，保证配送空间。

5）物流方向不能与车身整体流向相反。

7. 平面布置及仿真验证

平面布置应结合厂房结构以及前面确定的工位数量、侧围输送方式、总拼工位三维尺寸数据等进行布置及仿真模拟，以验证厂房结构及工艺规划的可行性。具体过程中应注意以下事项：

1）所有需要装配零件的工位两侧均需布置物流通道及配送空间。

2）根据侧围配送方式，单侧围配送需保证侧围线布置在主线两侧，否则无法实现侧围配送。

3）应避开厂房钢结构，避免钢结构立柱在工位中间或者物流通道中间。

4）所有夹具、设备、工位器具、厂房结构等均按1：1实际尺寸布置。

5）受厂房结构限制，需要转弯时，需充分考虑由此损失的作业工位，因为旋转滚床工位是无法作业的。

6）线体宽度应结合作业空间、工位器具摆放空间、夹具及设备尺寸综合考虑。

7）前舱、地板、门总成等分件焊接的区域，应尽量靠近其总成上线的位置。

8）所有布置完成后，应充分检查是否存在干涉区域，如存在即时调整布置。

根据此案例，尝试思考汽车生产物流布局主要影响因素有哪些。

学习目标

1）能够运用工厂布局规划的原则进行工厂与车间等单位的布局规划。
2）能掌握工厂布局规划的方法与程序。

　　汽车制造系统要完成由原材料到产品的转变过程，其目标在于使生产效率达到最高的程度。在转变过程中，原材料经过运输、储存、加工、装配形成产品，产品再经过储存、运输，最终到达用户手中，形成了汽车生产过程的物流。为了减少汽车企业内部生产物流量，缩短储存时间，提高系统生产效率，就需要通过最优的工厂布局，建立一条顺畅的物流线路，或者采用加工中心，实现工序集中，减少运输次数，缩短物流距离；成组搬运，直接减少搬运次数；确定最优的运输路线和运输速度，建成一条连续短捷的运输路线，减少运输中的停顿、路线交叉和倒流现象。

3.2.1 工厂布局规划的目标与原则

1. 工厂精益布局规划的目标

1）简化加工或作业过程。
2）有效地利用设备、空间、能源和人力资源。
3）最大限度地减少物料搬运。
4）缩短生产作业周期。
5）力求投资最低。
6）为职工提供方便、舒适、安全和职业卫生的条件。

2. 工厂总平面布置原则

1）满足生产要求，工艺流程合理。工厂总体应满足生产要求，减少物流量，同时重视各部门之间的关系密切程度。具体规划模式有两种：

① 按功能划分厂区，即将工厂的各部门按生产性质、卫生、防火与运输要求的相似性，将工厂划分为若干功能区段。这种模式的优点是各区域功能明确，相互干扰少，环境条件好，但这种模式难以满足工艺流程和物流合理化的要求。

② 采用系统设计模式，即按各部门之间物流与非物流相互关系的密切程度进行系统布置，因此可以避免物料搬运路线的往返交叉，节省搬运时间与费用，最终达到增加经济效益的目的。

2）适应工厂内外运输要求，线路短捷顺直。工厂总平面布置要与工厂内部运输方式相适应。根据生产产品产量特点，可以采用公路运输、带式运输等，根据选定的运输方式、运输设备及技术要求等，合理地确定运输线路及与之有关的部门的位置。厂内道路承担着物料运输、人流输送、消防通道的任务，还具有划分厂区的功能。道路系统的布置对厂区绿化美化、排水设施布置、工程铺设也有重大影响。工厂内部运输方式、道路布局等应与厂外运输方式相适应，这也是工厂总平面布置应给予重视的问题。

3）合理用地。节约用地是我国的一项基本国策。工业企业建设中，在确保生产和安全的前提下，应合理地节约建设用地。在工厂总平面布置时可以采取如下措施：

① 根据运输、防火、安全、卫生、绿化等要求，合理确定通道宽度以及各部门建筑物之间的距离，力求总体布局紧凑合理。

② 在满足生产工艺要求的前提下，将联系密切的生产厂房进行合并，建成联合厂房。此外，可以采用多层建筑或适宜的建筑物外形。

③ 适应预留发展用地。

4）充分注意防火、防爆、防振与防噪声。安全生产是工厂布局首先要考虑的问题，在某些危险部门之间应有适当的防火、防爆间距。振动会影响精密作业车间的生产，因此精密车间必须远离振源或采用必要的隔振措施。噪声不仅影响工作，而且还会摧残人的身体健康，因此在工厂总平面布置时要考虑防噪声问题。一可以采取隔声措施，降低噪声源发出的噪声级；二可以采取使人员多的部门远离噪声源等方法。

5）利用气候等自然条件，减小环境污染。生产中产生的有害烟雾和粉尘会严重影响工作人员的身体健康，并会造成环境污染。进行工厂总平面布置前，必须了解当地全年各季节风向的分布和变化转换规律，利用风向变化规律避免空气污染。另外，建筑物的朝向也是工厂总平面布置时应注意的问题，特别是日照、采光和自然通风要求较高的建筑物，更应注意这个问题。此外还应充分利用地形、地貌、地质条件，考虑建筑群体的空间组织和造型，注意美学效果，考虑建筑施工的便利条件。

3. 车间布置设计的原则

1）确定设备布置形式。根据车间的生产纲领，分析产品-产量关系，确定生产类型是大量生产、成批生产还是单件生产，由此决定车间设备布置形式是采用流水线式，或是成组单元式，还是机群式等。

2）满足工艺流程要求。车间布置应保证工艺流程顺畅、物料搬运方便，减少或避免往返交叉物流现象。

3）实行定置管理，确保工作环境整洁、安全。车间布置时，除对主要生产设备安排适当位置外，还需要对其他所有组成部分，包括在制品暂存地、废品废料存放地、检验实验用地、工人工作地、通道、辅助部门如办公室、生活卫生设施等安排出合理的位置，确保工作环境整洁及生产安全。

4）选择适当的建筑形式。根据工艺流程要求及产品特点，配备适当等级的起重运输设备，进一步确定建筑物高度、跨度、柱距及外形。此外还应注意采光、照明、通风、采暖、防尘、防噪声，并应使布置具备适当的柔性，以适应生产的变化。

3.2.2 工厂布局规划的方法与程序

1. 工厂精益布局规划的方法

精益布局就是以企业生产系统的空间静态结构（布局）为研究对象，从企业动态结构和物流状况分析出发，探讨企业平面布置设计目标、设计原则，着重研究设计方法与设计程序（步骤），使企业人力、财力、物力和物流、人流、信息流得到最合理、最经济、最有效的配置和安排，从根本上提高企业的生产效益，达到以最少的投入获得最大效益的目的。常用的方法如下：

1）摆样法。该方法是最早的布局方法，它利用二维平面比例模拟方法，按一定比例制成的样片在同一比例的平面图上表示设施系统的组成、设施、设备或活动，通过相互关系分析，调整样片位置可得到较好的布置方案。该项方法适用于较简单的布局设计，对复杂的系统就不能十分准确，而且花费时间较多。

2）数学模型法。运用运筹学、系统工程中模型优化技术（如线性规划、随机规划、多目标规划、运输问题等）研究最优布局方案，提供系统布置的精确性和效率。但是数学模型的求解很困难，可以利用计算机的强大功能，帮助人们解决设施布置的复杂任务，为设施新建和重新布置提供强有力的支持和帮助。计算机辅助求解的布置方法很多，可分为两大类：

① 构建型：这类方法根据 SLP 理论由物流、非物流信息出发，逐一对设施进行布置决策，从无到有，生成平面布置图，如 CORELAP、ALDEP。

② 改进型：这种方法对初始布置方案进行改进，交换待布置部门的位置，寻找一个成本最小的布置方案，如 CRAFT、MULTIPLE。

3）图解法。该方法产生于 20 世纪 50 年代，有螺旋规划法、简化布置规划以及运输行程图等。其优点在于将摆样法与数学模型法结合起来应用，但现在实践中应用得较少。

4）SLP 法。该方法是最具代表性的布局方法，它使工厂布置设计从定性阶段发展到定量阶段，是当前布局设计的主流方法。

2. 系统布置设计（SLP）流程模式

依照缪瑟提出的系统布置设计（SLP）思想，系统布置设计程序一般经过下列步骤，如图 3-6 所示。

1）准备原始资料。在系统布置设计开始时，首先必须明确给出原始资料——基本要素，同时也需要对作业单位的划分情况进行分析，通过分解与合并，得到最佳的作业单位划分状况。所有这些均作为系统布置设计的原始资料。

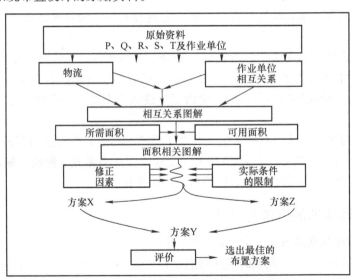

图 3-6 SLP 设计程序模式图

2）物流分析与作业单位相互关系分析。针对物流中心、配送中心，物流分析是布置设计中最重要的方面。另针对某些以生产流程为主的工厂，物料移动是工艺过程的主要部分时，如一般的机械制造厂，物流分析是布置设计中最重要的方面；对某些辅助服务部门或某些物流量小的工厂来说，各作业单位之间的相互关系（非物流联系）对布置设计就显得更重要了。介于上述两者之间的情况，则需要综合考虑作业单位之间物流与非物流的相互关系。

作业单位间的物流分析的结果，可以用物流强度等级及物流相关表来表示；作业单位非物流的相互关系可以用量化的关系密级及相互关系来表示。在需要综合考虑作业单位间物流与非物流的相互关系时，可以采用简单加权的方法将物流相关表及作业单位间相互关系表综合成综合相互关系表。

3）绘制作业单位位置相关图。根据物流相关表与作业单位相互关系表，考虑每对作业单位间相互关系等级的高或低，决定两作业单位相对位置的远或近，得出各作业单位之间的相对位置关系，有些资料上也称之为拓扑关系。这时并未考虑各作业单位具体的占地面积，从而得到的仅是作业单位相对位置，称为位置相关图。

4）作业单位占地面积计算。各作业单位所需占地面积与设备、人员、通道及辅助装置等有关，计算出的面积应与可用面积相适应。

5）绘制作业单位面积相关图。把各作业单位占地面积附加到作业单位位置相关图上，就形成了作业单位面积相关图。

6）修正。作业单位面积相关图只是一个原始布置图，还需要根据其他因素进行调整和修正。此时需要考虑的修正因素包括物品搬运方式、操作方式、储存周期等，同时还需要考虑实际限制条件，如成本、安全和职工倾向等方面是否允许。

考虑了各种修正因素和实际限制条件以后，对面积图进行调整，得出数个有价值的可行设施布置方案。

7）方案评价与择优。针对前面得到的数个方案，需要进行技术、费用及其他因素评价，通过对各方案的比较评价，选出或修正设计方案，得到布置方案图。

依照上述说明可以看出，系统布置设计（SLP）是一种采用严密的系统分析手段及规范的系统设计步骤的布置设计方法，具有很强的实践性。在总体规划阶段的设施总体区位布置和详细规划设计阶段的各作业区域的设备布置，均可采用系统布置设计 SLP 程序。

3. 利用 SLP 法进行工厂平面布置设计

当物流各功能区域之间存在大量物流时，就要以物流为主来考虑其相互关系，可以利用物流相关表进行平面布局规划。通常在布局规划中，各功能区域间除了物流联系外，还有人际、工作事务、行政事务等的活动，尤其是在行政、服务、事业等各种单位中，都存在人和工作的联系。这些联系都可以表示为各种单位之间的关系，也可以称为非物流关系。通过单位之间活动的频繁程度可以说明单位之间关系是密切或者疏远。这种对单位之间密切程度的分析称为作业单位相互关系分析。根据单位之间关系密切程度进行布局规划。

制造业的很多企业中，各生产作业单位间存在大量物流关系，而各辅助部门都为非物流关系，因此在系统化布局规划中，必须将各功能区域间的物流关系和非物流关系进行综合，综合后的相互关系即称为综合相互关系。此时就应该从各功能区域间综合相互关系出发，设计出作业单位的合理布局。

SLP 法是通过以下步骤进行平面布局规划的：

1）通过物流分析，在物流合理化的基础上求得各作业单位间的物流量及其相互关系。

2）确定各作业单位间非物流关系相互影响因素及等级，并做出作业单位相互关系表。

3）确定物流和非物流相互关系的相对重要性。通常这一相对重要性比值 $m:n$ 不应超过 1:3～3:1。如比值大于 3:1，就意味着物流关系占主要地位，设施布置只考虑物流就可以；当比值小于1:3时,说明物流的影响很小,设施布置只考虑非物流相互关系即可。现实情况下按照物流和非物流相互关系的相对重要性,将比值 $m:n$ 取为 3:1,2:1,1:1,1:2,1:3,此比值称为加权值。

4)量化物流强度等级和非物流的密切程度等级。通常这些量化的数值取为 A=4,E=3,I=2,O=1,U=0,X=-1。

5)计算量化后的作业单位相互关系。设任意两个作业单位分别为 A_i 和 A_j,其物流强度相互关系等级为 MR_{ij},非物流的相互关系密切程度等级为 NR_{ij},则作业单位 A_i 和 A_j 之间的综合相互关系密切程度 CR_{ij} 为

$$CR_{ij} = mMR + nNR$$

6)综合相互关系等级划分。CR 是一个量化值,必须划分成一定的等级才能建立起符号化的作业单位综合相互关系表。综合相互关系的等级划分也同样为 A、E、I、O、U、X,各级间 CR 值逐步递减,同时,各作业单位的配对数也要符合常规的比例。表 3-6 给出综合相互关系的等级划分及常规比例。

应该说明的是将物流和非物流关系进行综合时,应该注意 X 级关系的处理任何一级物流强度与 X 级非物流关系密切级综合时,不应超过 O 级。对于某些绝不能靠在一起的作业单位间的相互关系,可定为 XX 级,如为了防火和安全等原因。

表 3-6 综合相互关系的等级划分及常规比例

关系密切程度等级	符号	作业单位配对比例
绝对必要靠近	A	1%~3%
特别重要靠近	E	2%~5%
重要	I	3%~8%
一般	O	5%~15%
不重要	U	20%~85%
不希望靠近	X	0~10%

7)根据经验和实际约束情况,调整综合相互关系表。
8)绘制作业单位位置相关图。
9)根据可用面积及其他影响、限制、修正因素等绘制作业单位面积相关图。

至此,规划出数个可行的功能区域布局规划方案,再进行技术、费用及他因素评价,选出或修正布局方案,得到最佳规划方案。

任务小结

本任务主要对工厂布局规划的目标与原则进行了介绍,并对工厂布局规划的方法与程序进行了介绍,同时就整个汽车生产物流布局规划进行了简述介绍。

单元 4
汽车车间物流工程管理

单元概述

在中国由制造大国向制造强国迈进和经济进一步融入全球化的进程中,物流是至关重要的。无论是仓库、配送中心、港口、码头等社会物流设施,还是汽车制造企业的车间物流,都要进行合理的规划设计与配置,并改进、优化日常运作,才能达到现代物流的要求——低成本、高效率、高效益、高质量地实现物料与产品的移动。在这一物流过程中,仅仅停留在物流管理的层面上是远远不够的,它应该是管理与设计并重。本单元侧重从工程技术角度来研究物流系统的设计、实现和运行等问题,它涉及从汽车车间物流运作模式规划到设计、实施,再到运行和管理的全过程。

通过本单元的学习,主要达成如下学习目标:

单元目标

1. 能力目标

1)能够描述汽车车间物流过程、物流设计主要影响因素。
2)能够掌握汽车四大车间物流运作模式。
3)能掌握车间物流布局规划的主要思路。
4)能掌握汽车车间物流功能区、上线规划的具体方法。
5)能掌握汽车车间物流设施设备规划的具体方法。

2. 知识目标

1)汽车车间物流过程及设计主要影响因素。
2)汽车四大车间物流运作的具体模式。
3)汽车车间物流布局规划的主要思路。
4)汽车车间物流功能区、上线、物流设施设备等规划具体方法。

4.1 汽车车间物流工程概要

汽车制造工厂的物流规划

物流规划分为入厂物流、仓库物流、生产物流、出厂物流、包装规划等内容。

入厂物流：主要规划零部件从供应商运输到厂的模式，是采用传统的供应商供货模式，还是采用自取货或第三方物流取货的模式。常见的入场物流模式有 JIT 看板模式、JIS 看板模式、VMI 仓储配送模式、Milk Run 模式、Cross Docking 模式、直供上线模式等。具体模式的选择及所采用的包装形式、运输车辆、运输路径等内容需结合零部件、供应商等相关信息规划确认。

仓库物流：主要规划工厂仓库及相应的信息流和实物流，包括仓库的选址、仓库到车间的物流路径、仓库里面的功能分区、设备设施的规划、人员需求方案、投资和操作成本估算、基本作业流程、信息系统规划等内容。

生产物流：规划生产车间里面的物流，包括配送模式、线边缓存区、车间物流路径、线边设备设施、上线方式等内容。

出厂物流：成品通过何种运输方式、何种频次运送到客户指定的收货地点，出口货物还涉及报关和口岸操作。

物流规划同时包含包装的规划，即针对不同产品规划对应的包装器具。

汽车零部件品类繁多，尺寸差异大，价值不一，如何根据生产需求规划合适的物流模式、库存时间、存储面积、配送路线、物流设备投入等是极其重要的内容。

根据该任务引入浅谈汽车制造工厂物流规划的主要内容及范围。

1）能描述汽车车间物流主要内容及过程。
2）能描述汽车车间物流设计的主要影响因素。

4.1.1 汽车车间物流范畴

汽车车间物流是指在工厂范围内，生产资料如零件、原材料、辅助材料、在制品及厂区成品在仓库、生产线等区域实际发生的物流活动的统称。常见的物流活动包含生产资料的入库、在库管理、出库、上线、线上生产流转、容器返空等。汽车车间物流主要是指冲压车间、焊装车间、涂装车间、总装车间四大工艺车间的零件流。如果按零件供应商属性分类，则物流范畴包含了国产件物流、KD 件物流以及自制件物流等。汽车车间物流具体涉及作业流程及作业内容如图 4-1 所示。

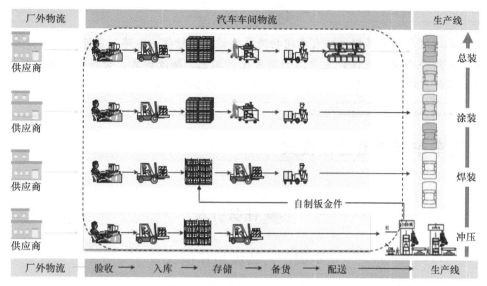

图 4-1 汽车车间物流主要涉及作业流程及作业内容

4.1.2 汽车车间物流设计主要影响因素

厂内物流影响因素一般有以下几点：

1）生产计划。稳定的排产以及高效的顺序执行率会很大程度上均衡物流作业量，便于物流作业；反之，作业波动大导致平准性差。

2）生产工艺。目前生产线基本为混线生产，节拍快。高柔性、高节拍的生产方式决定了物流的高效、高品质的应对机制。

3）信息传递模式。信息传递模式一定程度上决定了生产与物流各环节的衔接效率与质量，如精准的物料信息拉动相比模糊的线边巡视而言，优势更明显。

4）物流模式。零部件物流模式是指依据零件自身属性、消耗属性等因素决定的一种物流方式，比如同步供给、内同步、SPS 集配、线边集中存储等，合理的厂内零部件物流模式对优化物流作业、线边装配、车间面积等起到较为关键的作用。其次，依据部分零部件特性，供应商采取如采取 inside、onsite 模式实现同期化生产配送同样较大程度上提升了物流效率。

5）工艺布局。线体形状、线体长度、线体分布、通道宽度、生产线与物流区域的位置关系等工艺布局的合理化可较大程度上提升厂内物流作业的便利性；反之较大程度影响物流作业。

6）仓库布局。仓库布局与生产线整体保持就近原则。站台、物流门、仓库内部大、小件库位及其他相关内容的合理设置极大影响物流作业的效率。

7）作业流程与作业方式。作业流程受物流模式影响，零部件从站台卸货到上线，流程越简洁物流效率越高。另外需选择合适的作业方式，如单、双边卡车卸货、AGV 上线配送等。

8）物流自动化。物流自动化覆盖率越高，自动化设备运用越广（如自动立库、AGV、悬链、辊道等），物流作业效率、作业品质则越高。

总体而言，根据生产线需求，厂内物流作业满足五项原则：在准确的时间内（准时）将零

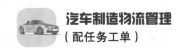

件保质（准质）、保量（准量与种类）地送到准确的消耗点（准点）。

本任务通过介绍汽车制造四大车间物流主要过程（验收、入库、存储、备货、上线等）与范畴，并结合车间物流设计主要影响因素生产工艺、物流模式、仓库布局等，概括出车间内物流设计五项原则，有效加深对物流规划设计的整体了解。

4.2 汽车车间物流运作模式

丰田厂内物流运作模式

以丰田汽车为例，介绍日系厂内物流的运作流程，具体如下：

1）货车卸货场：根据物流时刻进行卸货的地方。

2）进度吸收链（P-lane）：根据生产线的进度、多回小批量拉进来。P-lane 的作用和目的包括：

① 按生产进度供给，防止厂内部品的溢出和欠品。

② 分割功能，根据分割链实施小批量的供给。

③ 吸收外物和厂内的进度差，实现稳定的部品供给并减少机材数。

3）PC 投货准备区：按照看板路径将零件搬入到 PC 货架、根据生产线的进度投入保证在库标准化。

① P-lane 搬入：部品检收完毕后，P-lane 搬入人员根据检收搬出进度管理棚和检收搬出指示卡上的信息（作业开始时间，检收场位置）开始作业。作业时按照托盘标签上的 P-lane# 搬入到 P-lane 相应的分割链，同时将托盘标签撕下插入分割链旁的托盘标签邮筒，用于检查 P-lane 搬出时该链部品是否已全部到齐。

② P-lane 搬出：P-lane 搬出人员根据生产进度电子显示板上显示的搬出链号进行该链部品的搬出。

③ P-lane 订单的平准化。

4）PC 仓库：为防止机能、生产变更对应。

5）组件存放区：根据线进度、用多回小批量向场内的部品搬入。

6）向生产线供给：在后补充的多回小批量供给。

7）空箱整理区：按工程分别回收的空箱的进行供应商种类区别。

8）顺序配货场：由于大物部品的顺序供给缩小线侧的空间根据该任务引入浅谈汽车制造工厂物流规划的主要内容及范围。

根据了解该任务引入，通过互联网查询丰田厂内物流管理的具体过程或要点相关资料。

单元 4
汽车车间物流工程管理

学习目标

1）能描述四大车间物流运作模式。
2）能描述总装车间相对其他车间物流设计主要差异。

4.2.1 冲压车间物流

1. 冲压车间物流运作模式

汽车车体钣金件一般由主机厂冲压车间自制，整体运作模式如图 4-2 所示。

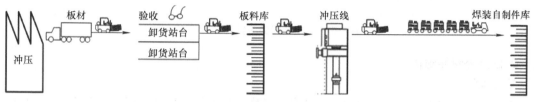

图 4-2　冲压车间物流整体运作模式

2. 信息流

以某主机厂为例，根据冲压生产计划打印零件标签，下线装完件并完成入库后，扫描台车标签以完成系统入库作业，主要信息流如图 4-3 所示。

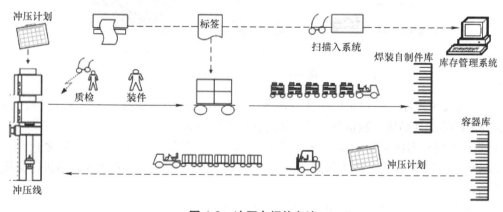

图 4-3　冲压车间信息流

4.2.2 焊装车间物流

1. 焊装车间物流运作模式

以某主机厂为例，其焊装车间物流整体运作模式如图 4-4 所示。

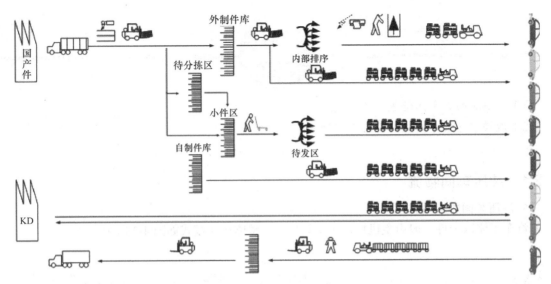

图 4-4 焊装车间物流整体运作模式

2. 国产外制件到货

站台验收

入库验收是对入库部品的数量、零件号、名称、包装状态、供应商、生产日期、到厂时间等信息进行确认并扫描入库。

1）零部件到货状态。零部件到货状态主要分为整托到货、混托到货、铁质容器到货，如图 4-5 所示。

整托　　　　　混托　　　　铁质容器

图 4-5 零部件到货形态

2）验收入库管控。验收是供应商资产到主机厂资产的分割交接点，因此在接收入库前，须保证完好的零部件品质、数量等。其具体的管控要点如下：

① 确认单据与实物一致：逐条核对接收单与标签的一致性，防止验收环节异常。

② 验收入库交接确认：贵重物品、重点件由于价值高、影响大，在入库环节进行交接，形成二次确认。

③ 签收接收单：待部品全部卸货完成，无异常再进行签收。

④ 扫描确认：为预防一次性单据过多造成扫描遗漏，限制每次扫描的交货单数量，且采取画笔标记，并做二次确认的动作。

3）验收异常种类。验收过程中常见异常主要有以下几个方面：

① 数量异常：指到货数量（箱数与 SNP 数）与交货单据、实物标签、混载标签等标注的数量不符。

② 堆放异常：指到货部品未按标准堆码，造成的"大压小"或"重压轻"、堆垛不稳、同

种部品未集中放置、倾斜倒塌以及混载标签遮挡造成的验收无法清点数量等异常。

③ 包装异常：指容器包装发生了破损、变形、进水，以及违规使用木托盘和纸包装到货等异常。

④ 部品标签异常：指部品包装标签掉落、标签信息与实物不符、标签张贴不规范、标签被涂改等异常。

⑤ 混载标签异常：指混载部品无混载标签、混载标签信息与实物不符、手写混载标签、混载标签张贴不规范、混载标签被涂改等异常。

⑥ 单据异常：指交货单与接收单信息与实际交货信息不符、单据被涂改或被他人签字、条码无法扫描等异常。

⑦ 其他异常：其他以上未说明的异常。

3. 入库存储

（1）入库分拣

零部件验收后，叉车入库，对于混托需到指定分拣区域，然后入定置料位；整托（或铁料架）直接入定置库位。具体内容及要求如下：

1）叉车卸货作业期间，确保货车两侧飞翼不同时展开，且其他无关人员需与卸货叉车保持 2m 作业距离。

2）叉取部品时，确保部品顶部低于货柜车顶，避免因碰撞造成部品品质不良。

3）叉车库内转运时，叉脚高度升到 20~40cm 处，行驶速度低于 5km/h，对部品超出视线情况要倒车行驶。

4）部品堆垛时，确保铁质料架四角定位要准确，整托部品大不压小、重不压轻原则，并按一料一位进行摆放。

（2）库内存储

焊装内、外制件存储均以地面库的方式一料一位定置存放。

1）存储原则。根据产品的不同性质，存储要求条件不同，进行分库、分区、分类存储。

① 分库：焊装外制件与自制件分库存储（或称分区），外制件库与自制件库。

② 分区：如大件区、小件区，胶箱件与铁质容器件分区放置，或按生产线属性划分不同区。

③ 分类存储：比如差异件、重保件、危险品等分类存储。

④ 安全堆垛：限高 4.5m；满足先进先出原则。

2）存储要求。确保防尘、防锈、防潮、防湿等措施，经常对库存的物料进行检查。

① 库存期间四勤：勤检查存储量是否合理；勤检查物料是否保证先进先出，且按批次先后顺序发放；勤检查物料质量是否在保质期内；勤检查系统出入与扫描情况，有无漏出货、多出货、错出货、漏扫描等情况。

② 在库期间五保持：保持通风透气，走道畅通无阻，易放易取；保持清洁干净，物料无灰尘及杂物垃圾；保持物料放置上下有序，下重上轻，摆放合理；保持存储物料的质量，发现不良品及时分离；保持物料标识明显，合格品与不合格品分库存放，易燃材料、危险原料与普通材料分库隔离存放。

③ 危险品库的防护要求：危险品独立存储、独立分库，严禁危险品与其他普通材料混合存放；加强危险品、危险品库标识管理，以警示安全，做好库内、库外的环境和卫生，防范危险源出现。

3）消防保护措施。仓库内所有消防设施的配备是仓储物资的安全保障，各班组要对本班作业场所的消防设施进行日点检和清洁；任何人不得损坏和破坏，不得挪作他用。

各班组要保持本班作业场所的消防通道畅通无阻，不得在消防通道内堆放部品或杂物。

作业过程中发生损坏或撞倒消防器材时，要及时向安全员和部门领导汇报，尽快通知花都工厂安技环保科补充或更换消防器材。

4. 拣选及配送

（1）整体模式

按照生产线需求备货并通过牵引车或 AGV 完成配送作业。配送信息的传递通常采取巡线方式或空箱看板方式，整体作业模式如图 4-6 所示。

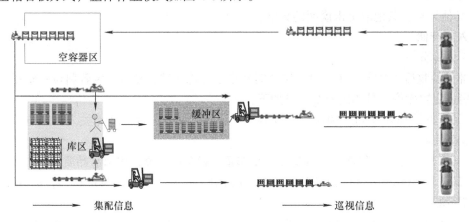

图 4-6 拣选及配送整体作业模式

1）零件备货管理。国产件按生产线需求巡视，备货作业员根据配送作业员提供零部件线边需求信息，进行零部件备货作业。一般国产件部品的存放期不应超过规定天数，对于超期的异常部品，备货人员需及时向班组管理人员反映，班组管理人员需对该类部品进行管理并及时反馈。

备货上台车零部件按车型类别整齐摆放，且标签统一朝外，并对备货零部件二次确认后在标签处进行标记确认后打包。

备货上台车零部件堆垛高度不得超过 1.5m，禁止上重下轻，防止零部件歪斜倾倒、压坏变形等不良现象发生。

零部件备货过程中，要轻拿轻放，并遵守"先进先出"原则，严禁踩、坐、扔装有部品的容器。

2）零件配送管理。对已备货完毕的零部件，配送作业员按照时间段将零部件送到线边指定消耗点。

配送投料时零件标签统一朝外，并核对部品的零件编号与线边料架零件号码，对信息一致的零部件标签打钩确认。

配送作业员对配送上线零部件进行跟踪，以随时掌握当天所有备货配送零部件的数量。

对送到生产线的零部件严格按照工位器具的容量进行摆放，严禁多投、错投。

配送作业员对回收容器装载零件或辅材进行确认，防止部品返出，并将空容器拉回指定空容器整理区域。

牵引车线边配送时，牵引台车总长度不得超过 12m，且牵引车速度小于 5km/h。

零部件投料、空容器回收过程中，要轻拿轻放，严禁踩、坐、扔装有部品的容器。

（2）MINOMI

为满足线边取件的人机工程需求，MINOMI 是指对大件采取的转包或转包排序的一种物流模式。转包后的容器与线边固定工位器具可无缝对接，以实现轻松对接上线，轻松取件装配的功能。具体 MINOMI 模式如图 4-7 所示。

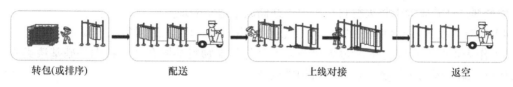

图 4-7　MINOMI 模式

MINOMI 零件特点描述：

1）零件自身装置可悬挂。

2）单个零件重量符合人机工程作业要求。

3）零件外形常见为长条状形态，其长度与宽度符合单人取件作业。

5. 容器返空

容器返空主要包含线边容器返空到库内以及库内容器返回到中转物流中心或供应商。在返空打包前需对容器进行清理并按中转仓或供应商分类打包成托，同时由人工或系统生成返空标签，并做容器出库。

4.2.3　涂装车间物流

涂装车间物流相比冲压车间物流、焊装车间物流、总装车间物流而言，因为涉及零件类别少、体积小，物流运作相对较简单。

1. 涂装车间的物流要求

涂装工艺设计中的物流包括产品的生产工件物流和各种材料、物料及废物的物流。生产工件物流应选择运行路线短且尽量避免运行路线交叉。对于多层分区布置应尽量减少产品升降和往返次数。各工序应布置合理、衔接良好，且各工位布置要紧凑。各种材料、物料及废物的物流应使运输路线短、尽量不通过生产操作区，存放场地尽量靠近使用位置。选用的物流运输设备或工具应经济可靠。

大型、多层涂装车间的生产物流输送为立体交叉的形式，涉及机械化设备的类型较多，需相关专业配合多次才能完成。通常大型涂装车间内的机械化输送距离长达 6~7km，车身由涂装车间入口运行到涂装车间出口所需的时间，基本型乘用车为 6.5~7h，双色乘用车、多功能车（MPV）和运动型多用途车（SUV）等达到 9~9.5h。

涂装车间的各种物流要做到便捷、顺畅，涂装产品、涂装材料、设备维修和废物输送等物流不能相互干涉。根据生产组织需要，有相应的工序间安排产品的排空、缓冲、编组输送线，使不合格产品可随时就近下线，返回打磨返修。另外，应尽量缩短产品的物流路程。切忌按涂装工序罗列生产物流顺序，导致其他物料运输被忽略。

2. 涂装材料储存

涂装材料储存安全注意事项重点有以下几项：

1) 按可燃性不同，参照有关法规分类储存。
2) 储存地（漆库）应备有完善的防火及灭火装备，并应考虑在此区域内装设自动喷水系统，以提供对火灾的防护。漆库应具有良好的排风通风设施，换气量每小时不应小于 20 次，可监视及连通空气的出入气流。
3) 在涂装现场存放的漆料数量以足供 1 个工作日的需求为限。厂房内最多存放 50L 的漆料及稀释剂，且需放置于防火材料箱柜内，并储放于适宜的地点。
4) 所有存放漆料或稀释剂的容器，除正在使用的外，均需保持紧盖。
5) 作为聚酯涂料固化剂的过氧化合物不可与其他物料共同存放。特别是硝基漆类必须避免与抹布、硝基漆的干打磨灰屑及有机物质接触。

4.2.4 总装车间物流

1. 总装车间物流运作模式

总装生产是整车生产制造环节当中的最后一道工艺，生产流程长、工艺复杂、零部件种类繁多，因此其物流过程也是汽车车间物流当中最为复杂的。具体物流运作模式如图 4-8 所示。

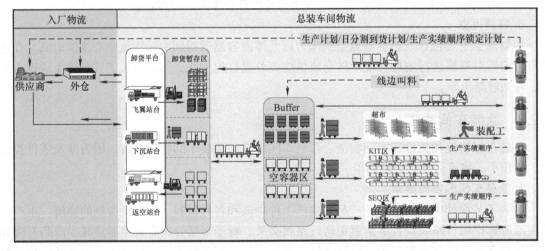

图 4-8 总装车间物流运作模式

2. 国产外制件到货

部分内容在焊装车间物流章节已论述，这里主要说明 JIS 到货模式以及 Onsite 到货模式。

（1）JIS 到货模式

JIS 模式是指供应商依据工厂生产实绩的顺位计划安排零部件生产或备货从而实现与主机厂生产同期化的一种物流模式，常见的有轮胎、座椅、保险杠等。相比其他物流模式的零件到货后采取入库验收后结算的方式，JIS 类零件到货后可不做验收并采取下线结算的方式。

（2）Onsite 到货模式

Onsite 模式是指主机厂以产品委外的方式由供应商在车间建设生产线并实现同期化生产及供应上线的模式，一般对于一些大件的总成模块采用该类模式，如顶篷、仪表，甚至包含前、后悬架总成等。这类模式下与主机厂做下线结算是常用的结算方式。

3. 库内存储

总装车间零部件存储内容与焊装车间类似，此处不再赘述。

4. 备货与上线

依据备货信息指示完成零件分拣并配送上线。一般是通过巡线模式或由系统根据线边生产实绩消耗产生配送信息指示从而拉动仓库端备料及配送作业。

5. SPS 成套配送

总装车间物流的 SPS（Set Parts Supply）配货方式来源于丰田生产方式在汽车行业的引入。目前这种物流模式在全球各地汽车工厂的应用非常普遍。SPS 模式就是按单台套分拣及配送货物的方式，同时通过控制器与软件的控制，使用灯号与数字显示作为辅助工具，将正确的拣选信息反映在电子设备上，引领拣货人员正确、快速、轻松地完成拣货工作。该方式可以降低拣货错误率，加快拣货速度，免除传统作业的不便与浪费，节省人力资源及人员培训时间和培训费用。它是一种将零件供应给装配者的一种物流模式，最大的特点就是把配料和装配完全分离，从而使得生产作业稳定、效率提高，设备投资减少、物流搬运减少。

SPS 模式有以下作业要求：

1）SPS 备货时，按指示灯进行备货，并遵守先拍灯后取件操作，将零件放入指定料盒。
2）对备货的每一箱部品首件零件进行确认，以防止错配、错配。
3）SPS 备货时需轻拿轻放，防止零件二次刮伤而造成品质不良。
4）回收空箱时确认是否有剩余件遗留，以避免零件返出。
5）当班生产线启动前，确认交接班 SPS 料架上零部件与料架标牌是否相符。
6）对本岗位贵重物品与供给人员交接、线边管理、重保批次号码记录。

6. KD 件物流

KD 件指国外进口零件，一般与国件分开存储，其整体作业模式与国产件均有一定差异。

1）验收。KD 件验收需叉车掏箱后暂存验收区，抽检或目视检查无异常后扫描到货清单做系统入库，无须逐箱扫描。
2）分拣入库。由于 KD 件混托比例相对较高，标准件普遍采用斜坡料架存储，因此到货后需先分拣，再按料位存储，其他无须分拣零件直接叉车入库。
3）备货出库。KD 件的备货出库与国产件备货出库流程基本相同。
4）供给上线。
5）容器返空。

7. 其他管理内容

（1）贵重物品库管理

1）贵重物品库设置专人管理，门口必须设立标识，禁止无关人员随意进出。管理员有权阻止无关人员进出，对于工作需要进入的人员必须经过班长同意，在入库登记簿上登记，在管理员的陪同下进出，下班或休息时间必须保证贵重物品库紧锁状态。
2）贵重物品库管理员对库内零部件每一次入库及出库信息都要进行账务记录（贵重物品每日到货登记表、实物出入账簿），主要包含出库零部件名称、数量、时间及交接对象等，并做签字确认。
3）安排专门人员负责贵重物品线边管理，交接班时作业员必须面对面交接，同时必须有铁笼密闭管理，无生产、休假等必须保持紧闭状态。

（2）重保批次零件管理

1）定期检查各种重保件的管理，发现没有按规定储存及搬运的，应当场进行指正，并对其本人或班组进行考核。

2）定期检查仓储条件是否对关键部品、重保部品的储存有影响，是否符合相关规定。

3）各种重保零件要按照部品重保批次号或生产日期号的先后顺序向生产车间投放。

4）同一重保批次号或生产日期号的部品应连续向生产车间投放，不得将两种或两种以上的重保批次号或生产日期号的部品交叉或混合投放。

（3）差异件管理

1）作业班组自主管控差异件，制作差异件管理看板。定期更新差异件清单，并组织员工进行差异件培训学习；新员工上岗前需通过差异件辨识技能测评。

2）仓库内差异件应进行分区域存放，以降低误备货概率。供给投料前对投料的差异件进行逐箱确认，并在零部件标签上做二次确认画线标识，防止错投料。

3）针对班组自主管控差异件，可反馈对应管理部门，要求供应商对差异件到货包装类型、包装颜色、标签信息或标签颜色等进行改善，以便于差异件管理。

（4）部品的盘点

1）为了更好利用库存物资，掌握库存物料储存状态，组织好生产，提高资金利用率，根据物料的用途需进行定期或不定期盘点。其中高价值部品月度定期盘点一次，到货状态不稳定部品每日盘点，对于易损件、专用件采取不定期抽查。

2）其他物料盘点低值易耗品、维修配件类等物料每年度末进行一次盘点。

3）部门根据生产情况，对库存零部件按照一定顺序安排日常循环盘点。

4）年终盘点由公司统一安排盘点时间。

8. 标识管理

（1）状态标识的设置

1）KD 件包装箱上所贴的标识有车辆变速器形式（手动或自动）、批次号、箱号，转运或开箱时以确认批次号为准；配件内包装纸箱上，有配件的英文名称、配件编号和数量，检配与备货上线时，以该配件编号为准。

2）国产仓库划分为"待检区""合格品区""不合格品区"。

（2）国产零部件的待检和已检的状态标识

1）现行车的部品不用待检，可以直接存放在合格品区内或投放到生产车间。

2）试装件、初装部品放置在待检区，检验后完毕，合格部品贴上"合格品"标识卡，并从待检区转到合格品区，对不合格部品存放在不合格品区存放。

3）生产线上产生的、经品质处鉴定不能使用的部品，贴"报废品"标识卡，视为永久性报废件。

（3）标识管理

1）对于有可追溯性的标识，下序必须保持、移植或记录上序的状态标识。

2）标识不清或无标识的产品在未经检验或试验前，不得投入生产，应重新进行检验或试验。

3）保持产品标识的完整性和正确性，任何人不得随便贴挂或移动部品标识。

**任务小结**

本任务通过介绍汽车制造四大车间各车间具体物流运作模式,其中总装为汽车制造的最后一道工艺,工艺繁杂且涉及零部件最多,因此其物流作业也是整个厂车间内物流中最为复杂的。通过本任务的学习,可以全面了解汽车车间物流运作全过程,为汽车车间物流规划奠定了初步基础。

4.3 汽车车间物流规划原则

**任务引入**

浅谈汽车车身车间的物流规划布局

1. 概述

汽车行业的物流贯穿整个工厂及各个车间的设计,包含外部物流和生产物流(内部物流)。

1)外部物流即整个工厂乃至一个公司的物流,包含人流、物料路线和班车路线等。

2)内部物流指:原材料、外购件投入生产后,经过下料、发料,运送到各加工点和存储点,以在制品的形态,从一个生产单位(仓库)流入另一个生产单位,按照规定的工艺过程进行加工、储存,借助一定的运输装置,在某个点内流转,又从某个点内流出,始终体现着物料实物形态的流转过程。

2. 车身车间内部物流

车身车间的生产物流分为以下几部分:外部车辆将零件运输至车间存储区、零件配送至工位、工位间输送、二级分总成至总成的输送、白车身到涂装的机械化。车身车间平面规划思路基本相同。主要的特点如下:

1)平面布局规划的思路主要是以物流为导向,物流量比较大的三级小总成在一个区域内集中焊接,焊接区域靠近物流配送区。

2)工位间的物流:大件和重件的搬运采用机器人,轻件采用简易吊具,使投资合理、均衡。

3)为了防止中小分总成工序人工作业造成的供应迟误,通过将中小分总成工序与大总成分离、独立、大岛化,来提高工作效率,确保和维持高开工率。

通过以上分析,可以看出物流在车身车间的重要性,物流是保证生产线生产顺畅的重要因素,在车间厂房设计时充分考虑车间存储区的位置,整条生产线的工艺布局,主线、调整线在哪侧,办公区域不要在西侧和北侧,调整线远离办公区域,涂装车间的位置决定了机械化的输送位置。总之,物流是一个车间的灵魂,节拍快、产量大的生产线物流必须顺畅。

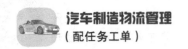

根据了解该任务引入，通过互联网等方式查询汽车车间物流规划的主要原则与方法等相关资料。

学习目标

1）能描述汽车车间物流布局规划的主要思路。
2）能描述汽车车间物流功能区、上线、物流设施设备等规划具体方法。

4.3.1 布局规划思路

1. 布局规划设计的流程

布局总体规划设计包括五个阶段：计划筹备与准备阶段、系统规划设计阶段、方案评估决策阶段、局部规划设计阶段、计划执行阶段，前三个阶段和厂区规划建设同时进行，物流规划中更多的是进行局部规划设计，具体设计流程如图 4-9 所示。

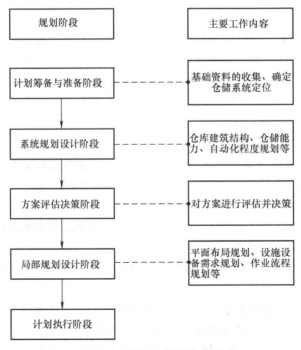

图 4-9 布局规划设计流程

2. 布局规划基本原则

仓库平面布局规划应坚持以下基本原则：
1）零部件和作业的流动保持一个方向。
2）零部件及作业尽量减少交叉：仓库的出和入要分开，空箱和满箱要分开。

3）尽量移动最短的距离：各功能区域衔接合理。
4）柔性地应对变化：考虑预留区域。
5）考虑安全因素：车辆路线和人作业区域的分开、大小件的分离。
6）面积需求追求集约化：提高物流频次降低库存。

3. 布局设计

（1）基本资料的准备

基本资料包括：零部件 PFEP（Plan for each part）表单、外物流路线图、产线布局图、工厂仓库建筑平面图等。

（2）区域划分

以总装车间物流区规划为例，仓库一般设置在总装车间内，且位于库区进货大门一侧。按照功能划分，车间仓库包含卸货区、验收暂存区、排序区、SPS 拣料区、空器具暂存区；按照大件、小件区分的原则，又可以分为大件器具区、小件流利货架区，流利货架的布局优先按照车间工程顺序进行排布。

（3）面积计算

根据物料的外形尺寸或包装尺寸分别堆放在地面上、托盘上或货架上得到的实际占地面积，把各种物料实际占地面积加起来除以面积利用系数即得仓库总面积。

实用面积 = 仓库总面积 − 外墙 / 内柱 / 间隔墙 / 固定设施所占面积 − 通道 / 垛距 / 墙距所占面积 − 作业场地面积

面积利用系数的选用参照表 4-1。

表 4-1 面积利用系数

存储形式	最低面积利用系数	最高面积利用系数
托盘式货架	0.25	0.3
地面堆垛	0.45	0.6
托盘平置	0.4	0.5
混合存储	0.35	0.4

1）大件器具需求计算。确定最高高度（作业安全性考虑）和码放宽度计算间口：

器具码放层数 = rounddown（最高码放高度 / 器具高度 H）

垛数 = roundup（在库器具数 / 器具码放层数）

间口数量 = roundup（垛数 × 器具宽度 / 码放宽度）

2）流利货架需求计算

间口数量 = roundup（箱数 × 周转箱宽 / 流利条长度）

一组货架的间口数量 = rounddown（流利条宽度 / 周转箱长）× 货架层数货架组数

= roundup（间口数量 / 一组货架的间口数量）

面积计算在得出器具存放区域的间口数量、流利货架的需求数量，结合器具尺寸、流利货架尺寸，计算每一个小区域的面积。

（4）通道设计

按照仓库通道作用划分，一般可以分为主要通道、一般通道、人行通道。其中主通道设计为双向车道。通道设计参照下列标准：

1）库房内主要通道应根据库房宽度、物流门宽度进行考虑，一般为4.0~6.0m。

2）在人工操作区域内通道的宽度一般为1.5~1.7m。

3）在手推车搬运作业区域内通道的宽度一般为2.0~2.5m。

4）在叉车作业货区内通道的宽度一般为3.2~4.2m，具体宽度应根据车辆选型和作业区域进行设定。例如，高架存储区选用高位叉车可设置通道宽度为3.3m。

5）人行通道的宽度一般为0.8m或1.0m。

6）消防栓、灭火器所在区域的物流通道宽度不能小于4.0m，且消防设施不能被以任何形式阻碍。

7）其他要求：垛与墙、柱间距不小于0.3m，垛距之间一般为0.5~1m。间距的设置既是为了保证零件存储的通风条件，也是零件保管工作的安全通道。

4.3.2 功能区规划

仓库功能区大体可分为两类：主物流功能区与辅助物流功能区。

1. 主物流功能区

（1）雨棚区

雨棚区为仓库围墙的外延区域，其主要功能为载货汽车到货的收、发及部分货物存储、空容器整理及存储功能，避免雨淋日晒，保证零部件品质。以某厂为例，雨棚区大体布局如图4-10所示。

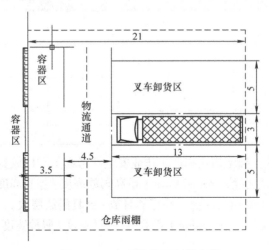

图4-10 车间物流区雨棚布局

雨棚下的物流装卸平台是承接零部件货车运输到仓库存储的中转作业平台，平台式样受作业方式、地理环境等因素影响，常见的厂内零部件物流平台及作业要求具体见以下说明。

1）飞翼平台：双边卸货如图4-11所示，单边卸货如图4-12所示。

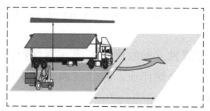

要求：
货车需求：常见为9.6m飞翼车
货车位：13m×3m
雨棚高度≥5m
雨棚宽度≥20m
货车双边叉车作业区宽度≥5m

图4-11　飞翼平台双边卸货

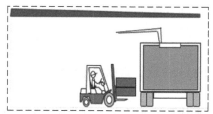

要求：
货车需求：常见为9.6m飞翼车
货车位：13m×3m
雨棚高度≥5m
雨棚宽度≥13m
叉车作业区宽度≥5m

图4-12　飞翼平台单边卸货

2）下沉式装卸平台如图4-13所示。

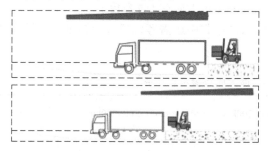

要求
货车要求：厢式车
下沉高度：1.4m
雨棚外沿宽度(相对平台)：≥3m
叉车作业区宽度≥3m
作业方式：人工或叉车后入掏箱

图4-13　下沉式装卸平台

3）抬高式装卸平台：仓库与站台保持平齐，如图4-14所示。

接力站台高度：1.4m
斜坡地面投影长度：12m
作业方式：人工或叉车后入掏箱

图4-14　抬高式装卸平台

4）车位需求数量。车位需求数量受到货量、货车式样、作业方式等因素影响。以飞翼平台为例，表4-2为飞翼平台装卸模式下常见货车装载货量及对应装卸时间表：

表4-2　常见货车装载货量及对应装卸时间表

装载货车式样	装车货量/m³	装卸时间/(min/车)
9.6m	35	45
12.5m	50	60
17.5m	110	240

车位数量 = roundup（小时货量 /35m³ × 装卸时间）/（60min）/ 车位负荷率

（2）验收区

验收是货物资产交接转移的分界点，设置独立验收区域，完成零件到货状态、数量等信息确认后，再安排入库分拣、存储作业。验收区面积大小受车位、作业方式、零件包装状态等因素影响。

（3）分拣区

国产中、小件常伴有混托到货，入库位前需做拆包分拣，再按料位存储，KD 中、小件的情况相同，因此需设分拣区。其分拣区的位置设定依据需求分散设置或者集中设置。

（4）存储区

依据存储需求分地面库区、高位库、小料架库区、重保件库区等。

1）库存量的设定：

订货批量 = 平均日消耗量 × 提前期 = 平均日消耗量 ×（订货提前期 + 在途运输时间）

最小库存 = 安全库存 = 平均日消耗量 × 在途运输时间，同时需考虑气候条件

最大库存 = 安全库存 + 订货批量

在库箱数 = roundup（最大库存 / 收容数）

表 4-3 为最大库存参考理论值，实际运作过程中还需考虑经济运输批量，综合考虑确定最大存储量。

表 4-3 最大库存参考理论值

距离	10km（含）以下	10~50km（含）	50~100km（含）	100~200km（含）	200~300km（含）	300~500km（含）	500~1000km（含）	1000km 以上
存储量	2h	3h	4h	1 天	2 天	3 天	4 天	5 天

2）库位数量计算。根据供应商不同的包装类型，可定义存储方式为货架存储或者地面堆垛。

货架存储货位数 = roundup（最大库存数 / 包装收容数 / 单托包装数）

其中，单托包装数根据包装的尺寸对应其码放标准确定。

地面堆垛存储货位数 = roundup（最大库存数 / 包装收容数 / 单托包装数 / 堆垛层数）

地面库面积 = 库存量需求（托或架）/ 安全层数 × 投影面积 / 面积系数

料架库区面积 = 库存量需求（最小包装）/ 料架存储能力 × 料架投影面积 / 面积系数

（5）备料区

按上线需求做备货，大件一般在料位附件的通道上完成备货作业并整包装上线；小件则需折托，按需求包装量上线，因此需专设作业区域，其功能主要为拆包区、散件暂存、待上线暂存等。

（6）待发区

待发区指供给上线前的牵引车等待配送区，一般常见待发区紧临备货区设置，或者依实现面积情况不设待发区，而是充分利用物流通道满足等待发车的作业需求。

（7）容器整理区

中、小件需设置专用容器整理区，主要做容器折叠、部分内衬物清理、区分供应商胶箱打托等作业。大件容器在线边空满置换后，由配送人员完成折叠作业，因此大件可不设置容器整理区。容器整理区依实际需求可设置在库内，亦可设置在雨棚区，主要考虑与容器存储区距离靠近。

（8）容器存储区

为了便于货车返空容器，常见情况下空容器存储区常设于雨棚下，依据到货情况按供应商区分（如直送工厂零件）、按物流商区分（如经中转库，工厂处不需要供应商）等。

（9）主物流功能区整体规划要求

1）依据进、出库物流量大小，合理规划卸货车位需求。

2）作业距离最短：仓区与生产现场靠近（或与生产需求的生产线靠近），通道顺畅。

3）确定功能区需求及面积大小。

4）在对应生产线或SPS布局的情况下，依据对应生产线的消耗速率，部品消耗由快到慢，从物流门方向依次向SPS区域进行布局，如大体积快消耗件应该靠近物流门存储，如图4-15所示。

5）按包装形态分类：台车大件与胶箱等中小件分开存储；特殊零件单独划分区域，分类存储。

6）料位设置：根据存储周期及存储量的多少，合理设置料位库深，增加仓库利用率。

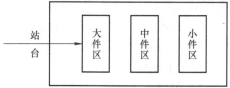

图4-15 主物流功能区布局思路

7）物流通道：物流通道的设置可保持与物流门的开口纵深一致，便于物流作业以及增加美观度；其宽度设置至少为4.5m，依实际调整；考虑未来物流自动化5m亦更为合适。

2. 主要辅助功能区

（1）质检区

质检区是主机厂对零部件到货做品质抽检而设定的专用区域。

（2）废次品存放区

到货验收、质检发现的不良品以及工厂实际生产中由于工废、料废产生的残次品等需集中区域存储，该区域一般设置在非主要物流作业区。

（3）充电间

充电间的设置用于满足仓库内牵引车、叉车、AGV的充电需求。其设置需考虑以下几项主要因素：通风、防静电、防腐、防水、防爆。充电位数量是实际在用设备数量和备用充电位数量之各，充电位面积大小受设备吨位影响。常见的为地面单层充电间、双层立库充电间等。

（4）办公区

依据实际需求及物流人员组织架构等情况设立办公区，一般包含收发货办公室、更衣室、综合办公室以及会议室等。办公区一般设置在雨棚或者仓库边角区域。

（5）设备（器具）维修间

设备维修间一般设置在仓库或雨棚角落处，避免与办公室、高频物流作业区靠近。

（6）辅助功能区布局要求

1）区域标识化：物流门、料位、办公室等设置标识。

2）测定安全存量、最低存量并设置标识。

3）确定物流通道、人行通道、仓库限高等，用油漆或美纹胶在地面标明库区、通道和通道走向等。

4）须考虑仓库安全因素，明确规定消防器材所在位置、消防通道和消防门的位置、救生措施等。

5）仓库相关物流门区域，须张贴"仓库平面图"，反映该仓库所在的地理位置、周边环境、库区、各类通道、门、窗等内容。

4.3.3 上线规划

1. 上线规划内容与规划原则

（1）上线规划内容

1）生产工艺确定后，根据每种零件的适用车型以及外形特征，完成其供线模式的定义以及线边布置方案（每种物料线旁放多少）。

2）根据总装工艺布局方案、零件供线模式、线边布置方案、零件包装收容数及单耗，明确共用一辆牵引车供线的零部件组合方案。

3）根据零件确定的存储位置以及供线共用牵引车的组合方案，完成供线路线的制定，并模拟运作，看看是否有交叉，对于有交叉且存在危险的路线进行调整。

（2）上线规划原则

1）保障生产原则：物料配送应及时、准确，保障生产不停线。

2）降低线边库存原则：尽可能降低线边库存，保证生产现场 5S 良好。

3）作业效率原则：在规划配送模式和配送路线时，应考虑到员工配送的效率。

4）配送路线固定原则：为保证人员安全和配送效率，要固化配送路线并实现零交叉。

5）信息化、自动化、智能化原则：应充分利用 AGV、PTL、MES、WMS、SAP 等自动设备和信息系统，实现物料需求的信息化数据交换，保证物料信息的实时性和准确性，实现配送自动化、信息化、智能化。

2. 上线模式

上线物流模式定义为看板、SPS、排序。

1）看板：即通过纸质看板、电子看板、按灯、满箱换空箱等方式来拉动配送的供线模式，适用于一般通用件。即单一车型生产时，不同配置车型的通用件；多车型共线生产时，不同车型、不同配置的通用件。

2）SPS（Set Parts Supply）：即成套配送，将一条生产线连续多个工位生产所需的零部件放在一辆 SPS 料车上，随对应生产车辆同步行进，SPS 料车内零件全部装完后撤出生产线的配送模式。适用于体积较小、装配工位较集中的颜色件、多品种件等专用件。目前 SPS 配送会配合 AGV 和 PTL 一起实施，通过自动化以提升效率、降低成本。

3）排序：即将同一种零部件按照生产车序排列至排序料架上，送至线边的配送模式，适用于体积较大、装配工位较分散，无法采用 SPS 供线的颜色件、多品种件等专用件。

3. SPS 规划

（1）前置时间规划

SPS 扫描点设置在从 PBS 向总装输送车身固定车序的那一时点，通过 MES 从扫描点获得的车身信息，转化为 SPS 捡配单，拣配人员拿到捡配单后按单拣货或者将拣配单信息扫入 PTL

拣配系统，按灯指示进行捡配操作，拣配完成后放在固定位置等待配送人员配送上线，整个过程有一定的响应需求时间。

响应需求时间 = 扫描时间 +（拣配时间 + 配送时间）× 安全系数

因实际执行过程中，可能存在意外而导致时间延长，所以在计算响应需求时间的时候乘以一个安全系数，以保障规划的安全性，一般安全系数可选择 1.15。

1）如果是新基地规划，需按照上线第一工位执行 SPS 供线进行固定车序点的规划，即：实际时间 =（固定车序点至悬链结束点的车位数 − 一次扫描车辆数）× 悬链行进节拍，且实际时间不小于相应需求时间，来计算固定车序点至悬链结束点的车位数，以此规划固定车序点。

2）如果是老基地推进 SPS 供线模式，在选择 SPS 供线的零件时，除了需要遵照以上原则外，还需考虑实际时间与响应需求时间的大小关系：

实际时间 =（固定车序点至悬链结束点的车位数 − 一次扫描车辆数）× 悬链行进节拍 + 计划执行 SPS 的第一个工位数 × 生产节拍，当实际执行时间大于响应需求时间，则可实施；当实际执行时间小于相应需求时间，则不可实施。

（2）SPS 区规划

SPS 作业模示如图 4-16 所示。

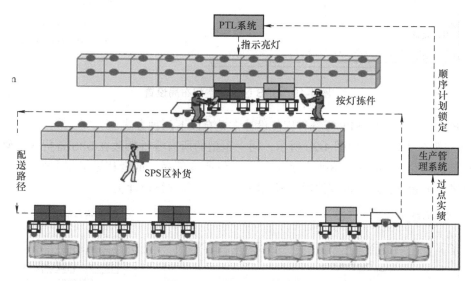

图 4-16 SPS 作业模式图

SPS 规划主要包含以下几个方面：

1）场地选择：最佳设置地点为总装线旁，内部区域规划应包含供货放置区、物料拣配区、空车放置区、电子信息交付区、待发区。常见有以下几种布局方式：

① 集中设置，如图 4-17 所示。

② 近线化设置，如图 4-18 所示。

③ 立体纵向空间布局式，如图 4-19 所示。

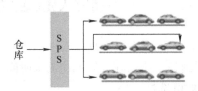

图 4-17　SPS 区集中设置

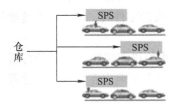

图 4-18　SPS 区近线化设置

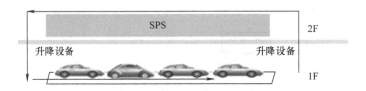

图 4-19　SPS 区纵向空间布局设置

2）SPS 区库位规划。SPS 零部件库位设计常见有以下两种方式：

① 按车型分类摆放，如图 4-20 所示。同一车型的所有零件摆放在 SPS 备货区一侧；各侧内部品按装配部位集约配置（SPS 料盒装同一工位所有部品，或者相近工位多个部品；SPS 料盒中的料格尽可能以相近工位零件近距离顺序放置为原则进行设计）。

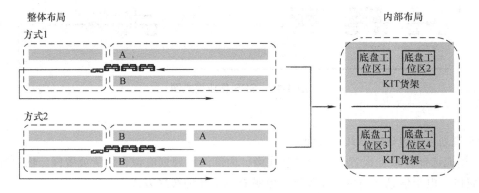

图 4-20　SPS 区按车型分类摆放

其特点如下：

整体布局：货架与车型同时切换，整体拣配距离减少。

内部布局：依装配工位，货架部品近距放置，SPS 拣货与线上装配可通过目视，确认是否作业完成。

② 按零件派生分类摆放，如图 4-21 所示。所有车型同种类零件摆放一起（如 A1、B1、C1）；同时各种类按装配部位集约配置（SPS 料盒装同一工位所有部品，或者相近工位多个部品；SPS 料盒中的料格尽可能以相近工位零件近距离顺序放置为原则进行设计。

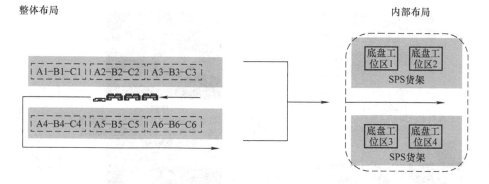

图 4-21　SPS 区按零件派生分类摆放

其特点如下：
每个拣配员作业内容涉及所有车型，利于工作均匀分配，但车型多时，总体增加了行走距离；如果没有 PTL 系统指示拣货，同区域同种类零件多，增加了选择的难度。

（3）SPS 料车设计

SPS 料车规划设计需综合考虑以下几个方面因素：拣件顺序与装配顺序、每种零件唯一拣件接触点、每种派生件唯一共用库位、所有零件处于最优人机工作作业区域、所有零件均可视、保障料车装载率、保障料车整体平衡性等，如图 4-22 所示。

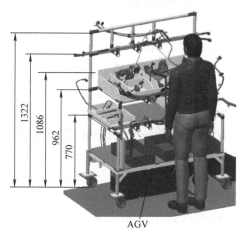

图 4-22　料车设计示意

（4）拣料系统：PTL 防错亮灯拣货系统

① 实施原理：依据流水线上车辆顺序，依次自动通过生产管理号获取生产系统中该管理号对应的车辆配置信息和零部件清单，在料架上进行正确及时亮灯指示，指导操作人员拣货，确认拣货完毕后保存。

② 主要功能：拣货提示功能、库存预警及管理功能、拣货数据查询功能、报表分析统计功能等。

（5）SPS作业流程

SPS作业流程如图4-23所示。

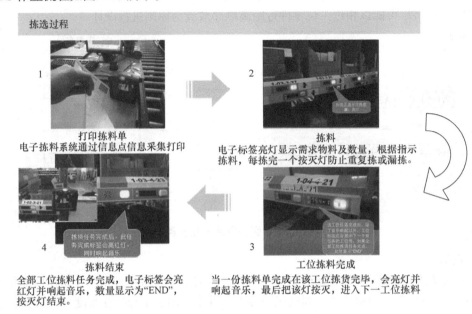

图 4-23　SPS 作业流程

4. 排序模式

1）单一车型生产时，不同配置车型的专用件。
2）多车型混线生产时，不同车型的专用件。
3）质量稳定的零部件。
4）排序扫描点同SPS扫描点相同，因此同样存在一个响应需求时间。

$$响应需求时间 = 扫描时间 + （捡配排序时间 + 配送时间）\times 安全系数$$

因实际执行过程中，可能存在意外而导致时间延长，所以在计算响应需求时间的时候乘以一个安全系数，以保障规划的安全性，一般安全系数可选择1.15。

① 如果是新基地规划，需按照上线第一工位执行排序供线进行固定车序点的规划，即：实际时间 =（固定车序点至悬链结束点的车位数 − 一次扫描车辆数）× 悬链行进节拍，且实际时间不小于相应需求时间，来计算固定车序点至悬链结束点的车位数，以此规划固定车序点。

这里需要注意的是，当排序供线与SPS供线规划并存的时候，需要比较两种供线方式计算的固定车序点至悬链结束点的车位数的大小，取大值。

② 如果是老基地推进排序供线模式，在选择排序供线的零件时，除了需要遵照以上原则外，还需考虑实际时间与响应需求时间的大小关系：

实际时间 =（固定车序点至悬链结束点的车位数 − 一次扫描车辆数）× 悬链行进节拍 + 计划执行排序的工位数 × 生产节拍，当实际执行时间大于响应需求时间，则可实施；当实际执行时间小于相应需求时间，则不可实施。

5. 定义线边库存

1）线边安全库存：配送时间 × 生产节拍 × 单车用量，且满足整箱。
2）线边最大库存：不超过线边库位最大存放量，且满足整箱。

6. 计算配送间隔时间

配送间隔时间 =（线边最大库存 − 线边安全库存）/ 单车用量 / 生产节拍，舍位取整。

7. 计算配送看板收容数

1）一次补货量 = 线边最大库存 − 线边最低库存。
2）看板收容数。对于看板供线以及配套供线，均是采用在 MES 系统中定义一次补货量或者安全库存，当累计消耗达到一次补货量或者线边库存消耗到安全库存时触发生成补货看板，无论何种触发方式，其看板收容数的计算方式如下：

看板收容数 = 一次补货量 / 包装收容数

对于 SPS 供线和排序供线，其拣配单容量的确定受以下因素影响：工位器具的设计需符合人力工程学，方便拿取，因此工位器具的收容数会受到影响，进而影响拣配单的容量；拣配单如果容量过大，势必须增加拣配时间，这样会造成实际时间可能会大于响应需求时间，进而需平衡拣配单的容量。

8. 规划上线路线

1）邻近工位的，且配送间隔时间呈倍数关系的零部件可一起配送。
2）每条路线每次配送量不能超过牵引车的额定载量。
3）每条路线每次配送牵引的台车不能超过拐弯允许的最大牵引数。

9. 制作上线设备

上线设备主要由厂内周转平板台车、牵引车组成，其中周转台车的投入需结合入厂零部件的容器规格，牵引车的技术要求及需求数量详见本任务章节 4.3.5 部分内容。

10. 验证配送路线

完成上线路线的规划后，需按照设计的路线以及装载量、生产节拍进行模拟运作，看看在运作过程中是否有路线交叉的情况，对于有交叉且存在危险的路线进行调整。

11. 配送工具选择

将物料 /SPS 料车配送上线可以选择人工配送、叉车配送、牵引车配送、子母车配送、AGV 配送，机械化和自动化程度由低到高，从目前行业发展来看，优选 AGV 自动化配送，以缓解人工成本压力、提升配送准确率，如图 4-24 所示。

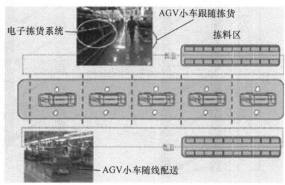

图 4-24 SPS AGV 自动上线

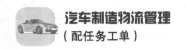

4.3.4 物流设施规划

物流设施规划即根据已确定的仓库各个区域面积,完成高位货架、滑动料架的需求数量的确定;结合上线路线方案、零件容器规格、生产节拍等数据分析,完成厂内周转台车需求及规格的确定;根据各主机厂物料存储、转运的特点,货架一般分为几种通用类型,详见表4-4。

表4-4 货架类型

货架型号	主要结构	主要分类	一般用途	单层载重/kg
高位货架（托盘货架）	立柱+横梁+隔板	重型、次重型	托盘单元存放、大件存放	2000
超市货架（流利货架）	立柱+横梁+流利条	轻型	备料、分拣物流存放	500
线棒货架（流利货架）	线棒+流利条	轻型	生产线边、分拣区物料存放	200
阁楼货架（隔板货架）	立柱+横梁+层板	次重型、轻型	小件物料存放	1000

1. 高位货架

1）货架示样如图4-25所示。

图4-25 高位货架

2）结构示样如图4-26所示。

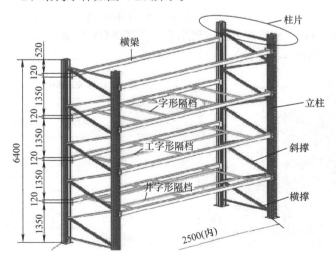

单元内尺寸/mm	存储单元/mm
2500×1000×1350	1200×1000×1150

图4-26 高位货架结构

① 货架统一形式：横梁式货架。
② 货架规格为：$L2500$（内）$\times W1000 \times H1350$。
③ 货架承载：均载 2000kg/ 层，极限载荷不低于 2300kg/ 层。
④ 地面要求：平整度：每 3m 为 10mm；不均匀沉降：1/1000；承载能力：$5t/m^2$。

3）高位货架货位计算：

订货批量 = 平均日消耗量 × 提前期 = 平均日消耗量 ×（订货提前期 + 在途运输时间）

最小库存 = 安全库存 = 平均日消耗量 × 在途运输时间，同时需考虑气候条件。

最大库存 = 安全库存 + 订货批量

货架存储货位数 = roundup（最大库存数 / 包装收容数 / 单托包装数），单托包装数根据包装的尺寸对应其码放标准确定。

计算出来的库位数量可以作为高位货架规划建设的存储单元数量。

2. 超市货架

1）货架示样如图 4-27 所示。

图 4-27　超市货架

2）结构示样如图 4-28 所示。

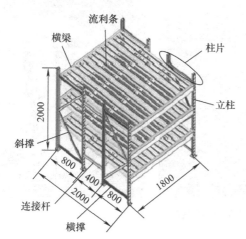

单元内尺寸/mm	存储单元/mm
2000×1800×2500	600×400

图 4-28　超市货架结构

3）超市货架需求计算：

$$间口数量 = roundup（箱数 \times 周转箱宽 / 流利条长度）$$

一组货架的间口数量 =rounddown（流利条宽度/周转箱长）× 货架层数货架组数

$$= roundup（间口数量 / 一组货架的间口数量）$$

4）超市货架排布原则：

① 为了方便投料和取出，零件投入料架一般以周转箱长侧面向投料人员。

② 在周转箱投入后，两层货架中间的间隙大于 15cm，两个间口间空隙大于 5cm。

③ 相对重的零件放置中下层，相对轻的零件放置中上层。

④ 流利货架的布局优先按照车间工程顺序进行排布。

5）超市货架整体布局：

① 超市货架对称排列，高对高，低对低，保证投入取出互不干涉。

② 按照车间工程、配送路线进行排列，保证每个通道作业人员不超过 2 人。

布局如图 4-29 所示。

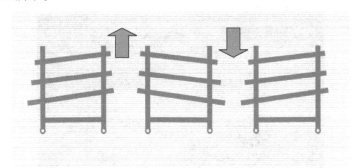

图 4-29　超市货架布局示意

3. 线棒货架

1）线棒货架如图 4-30 所示。

 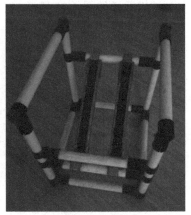

图 4-30　线棒货架

2）结构：线棒货架由线棒、流利条等组成，其参数见表 4-5。

表 4-5 线棒货架材料规格

序号	部件名称	材料参数
1	线棒	标准件
2	流利条	同超市货架
3	连接件	标准件

3)需求测算。线棒货架和超市货架都属于流利条货架,其结构、存储方式基本一样,线棒货架的需求计算、排布原则、整体布局参考上述的超市货架。

4.3.5 物流设备规划

物流设备通指在生产过程中,为提高物流效率、优化物流活动过程中所使用的相关设备,包括物料装卸、搬运、转移、存储、送料等。常用的物流设备包括物流叉车、物流牵引车、物流托盘车等。

1)物流叉车:主要用于物料装卸、搬运、存储、转移等活动,常见于库房区域。

2)物流牵引车:主要用于生产线物料补充、物料转移等活动,常见于生产线、库房区域。

3)物流托盘车:主要用于入库、短距离物料转运活动,因转运效率、操作灵活性高而常用于物流行业。

常见设备如图 4-31 所示。

图 4-31 常见物流设备

1. 电动叉车

1)技术参数见表 4-6。

表 4-6 电动叉车技术参数

序号	项目	技术要求
1	承载能力	2000kg/3000kg
2	最大提升高度	≥ 3000mm
3	动力形式	蓄电池/48V700A·h(原装)
4	蓄电池效率	≥ 1 年(8 小时工作制)
5	电量支持连续工作时间	≥ 6h
6	智能充电器充电时间	≤ 6h

（续）

序号	项目	技术要求
7	操作方式	坐式、电力/液力转向
8	电机类型	交流
9	牙叉长度	1800mm
10	货叉间距（最大–最小）	≥1000mm–240mm（可调）
11	标准挡货架	有
12	牙叉侧移	有
13	前照灯/转向灯/倒车灯/倒车蜂鸣器	有
14	安全护顶架高度	≥2000mm
15	轮胎	实心轮胎（耐磨型）
16	雨雪天气下的室外作业	适合，带防雨棚，风窗玻璃
17	满负荷爬坡度（中途可前进）	≥15%
18	备用蓄电池	1组（蓄电池/48V700A·h）
19	最小回转半径（车体最外部）	≤2100mm
20	充电器	外置/380V
21	最大行驶速度	≤10km/h
22	驾驶室	有，坐式
23	消防	达到国家安全标准，配灭火器
24	控制系统	数字控制
25	门架系统	2级门架，回收高度≤2100mm
26	蓄电池品牌	原装进口蓄电池
27	仪器仪表	带电量、工作小时、故障代码等显示

2）需求量测算。叉车与固定式作业设备不同，是流动的短距离托盘搬运设备，而且一次只能搬运最多两个托盘。叉车在仓库中主要用于两个环节：卸货入库环节、部分大件的上线配送环节。这两个环节由于区域不同，作业性质不同，一般不能交叉作业。因此只要分别计算这两个环节需要的叉车数量，进行加总就是总的需求数量。

① 确定周期时间内总的作业量（下面以周期时间为1个班10h为例），即一天内平均到货的零部件总量，以托为单位。

② 确定周期时间内的作业次数：

作业次数 = 周期时间内总的作业量/作业批量

③ 确定周期时间内总的作业时间：

总的作业时间 = 叉车每次作业用时 × 作业次数

④ 确定周期时间内叉车可供作业时间，即扣除中间吃饭休息、等待、故障停机、维修维护时间。

⑤ 计算叉车需求数量

Qty = 总的作业时间/单台叉车可供作业时间 × （1+宽放系数）

单元 4
汽车车间物流工程管理

2. 电动牵引车

1）技术参数见表 4-7。

表 4-7 电动牵引车技术参数

序号	项目	技术要求
1	承载能力	2000kg/3000kg
2	动力形式及额定容量	≥蓄电池 / 24～280V/A·h（进口原装）
3	驾驶方式	坐式
4	操作方式	电力 / 机械助力转向
5	额定牵引力	≥ 2000N
6	轮胎类型	实心轮胎（耐磨型）
7	行驶速度，满载 / 空载	≤ 10km/h
8	爬坡能力，满载 / 空载	≥ 15%
9	前照灯 / 转向灯 / 倒车灯 / 倒车蜂鸣器	有
10	行车制动	液力作用于前后轮 / 交流再生制动
11	适合雨雪天气下的室外作业	适合
12	驱动电机功率	≥ 2.2kW
13	电量支持连续工作时间	≥ 6h
14	电脑智能充电器充电时间	≤ 4h
15	备用蓄电池	1组≥蓄电池 /24~280V/A·h
16	最小回转半径（车体最外部）	≤ 1500mm
17	充电器	外置 /380V
18	充电器输入、输出功率	≥ 3.8kW
19	消防	达到国家安全标准，配灭火器
20	控制系统	数字控制
21	仪器仪表	带电量、工作小时、故障代码等显示
22	牵引挂钩	后置式、灵活方便、高度可调节
23	蓄电池	原装进口蓄电池

2）需求数量计算。牵引车主要用于生产线零部件的配送，是多批次、小批量的配送，涉及配送路线的规划，因此牵引车需求数量的计算和叉车有所区别，但基本思路是一致的。

① 基本参数的确定。牵引车额定载量：由牵引车技术参数和现场安全确定，确定配送批量；配送循环时间是通过标准化作业，现场测时。

② 确定周期时间内总的物料需求量（下面以周期时间为 1 个班 10h 为例）：JPH × 用量 × 生产时间 / 包装收容数，以周转箱为单位。

③ 确定周期时间内的配送次数：

配送次数 = 周期时间内总的配送量 / 配送批量

④ 确定周期时间内总的配送耗时：

$$总的配送耗时 = 配送循环时间 \times 配送次数$$

⑤ 确定周期时间内牵引车可供作业时间，即扣除中间吃饭休息、等待、故障停机、维修维护时间。

⑥ 计算牵引车需求数量：

$$Qty = 总的配送耗时 / 单台牵引车可供作业时间 \times (1 + 宽放系数)$$

任务小结

本任务介绍汽车车间物流设计总体布局的主要思路，以及汽车车间物流功能区、上线、物流设施设备等规划具体考量因素、设计参数与方法。通过本任务的学习，可以有效了解汽车车间物流工程管理具体内容和推进方法。

单元 5
订购与供应物流管理

单元概述

　　订购是指根据生产、测试、销售等计划需求，按照零件采购规则向供应商释放订单、物流需求计划等指示，指导供应商组织原材料、生产、交付及结算的零件采购过程，是供应物流管理的首要条件。

　　供应物流是指为生产企业提供原材料、零件或其他物品时，物品在提供者与需求者之间的实体流动；是指包括原材料等一切生产物资的采购、进货运输、仓储、库存管理、用料管理和供应管理，也称为原材料采购物流或入厂（场）物流。它是生产物流系统中相对独立性较强的子系统，与生产系统、财务系统等生产企业各部门以及企业外部的资源市场、运输部门有密切的联系。供应物流是企业为保证生产节奏，不断组织原材料、零件、燃料、辅助材料等供应的物流活动，这种活动对企业生产的正常、高效率进行发挥着保障作用。

　　通过学习订购与供应物流管理的相关知识，建立物流管理的全局意识，掌握订购与供应物流管理方法和工具，打好零件物流管理的基础。通过本单元的学习，达成如下目标：

单元目标

1. 能力目标
1）掌握物料需求计划的计算方法。
2）掌握零件到货规则设定的因素及各因素的含义。

2. 知识目标
1）了解订购管理的组织结构发展、主要内容及订购方式。
2）了解推动方式和拉动方式的特点及 MRP 的基本原理。
3）了解国产零件订购与进口零件订购的区别。
4）了解车型切换时订购管理的关键内容。

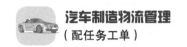

5.1 订购管理概述

中国半导体材料的供应现状

半导体是信息产业的基石,中国的产业增速快于全球平均增速。半导体在经济领域和科技领域都具有至关重要的作用,从全球看已经历两次大范围产业转移,中国正承接全球半导体第三次转移浪潮。在过去几十年中,中国凭借低廉的劳动力成本和庞大的下游消费市场,获取了部分发达国家的半导体封测/制造业务,并有效带动了上游IC设计业的发展,集成电路市场规模逐步提升,近年来半导体销售额占全球比重持续增长。

晶圆厂建厂潮加速了中国半导体材料行业发展。半导体材料行业位于半导体产业链上游,是半导体产业链中细分领域最多的环节,细分子行业多达上百个。按大类划分,半导体材料主要包括晶圆制造材料和半导体封装材料。在国家鼓励半导体材料国产化的政策影响下,中国半导体材料厂商不断提升半导体产品的技术水平和研发水平,逐步推进半导体材料国产化进程,半导体材料市场持续增长。据SEMI统计,2017—2020年,全球62座新投产的晶圆厂中有26座来自中国大陆地区,占比超过40%,成为增速最快的地区。

核心材料进口依赖度大,替代空间广阔。半导体核心材料技术壁垒极高,中国大陆地区绝大部分产品自给率较低,市场被美国、日本、欧洲、韩国和中国台湾地区等国家和地区的厂商所垄断。以占比最大的晶圆制造材料——硅片为例,前五大厂商份额占比超过90%,其中前3名中的日本信越化学、SUMCO和中国台湾地区环球晶圆合计占据全球67%份额(2018年数据,SEMI),中国大陆地区企业以沪硅产业、立昂微为代表,距国际领先水平仍存在较大差距;而在格局相对分散的封装基板领域,前七大厂商占比也接近70%,主要被中国台湾地区、日本和韩国厂商占据。中国大陆地区半导体材料企业仅在部分领域已实现自产自销,目前在靶材、电子特气、CMP抛光材料等细分产品已经取得较大突破,各主要细分领域替代空间广阔。

根据此案例,分析汽车制造企业订购管理需要考虑的因素,并尝试提出解决方案。

1)能描述订购的概念及主要考虑因素。
2)能掌握订购管理的主要内容。

5.1.1 汽车制造订购管理的相关概述

订购管理是供应链管理的重要内容之一,为主机厂的生产提供了物资保障。从纵向的供应链体系看,它为上游的供应商与主机厂的合作架起一座交流桥梁,加强了生产需求与物资供应的联系;从横向的企业层面看,它是供应链物流系统中独立性较强的子系统,且和企业生产系统、财务系统等生产企业部门以及企业外部的资源市场、运输部门有密切的联系。

当整个公司制定了下一阶段的销售计划后，生产计划管理员就会根据此计划，并结合工厂的产能、供应商的供应能力等制定主生产计划（MPS），物料管理员则会根据产品物料管理清单（PBOM）分解出需要购买的零件清单，再进一步根据已有库存、安全库存设定要求、提前期等规则制定详细的订购清单。订购管理就是对于订购什么、订购多少、向谁订购、什么时候到货、零件送往哪里、以什么样的方式进行送货等进行管理。简单地说，订购管理的核心思想就是通过对零件 3W2H（When，Where，Who，How，How much）的管理，在适当的时间，要求适当的供应商，将数量适当、价格适当、质量适当的产品送到适当的收货地点，确保生产所需的物料供应的管理过程。此外，随着当下主流的精益管理思想的普遍运用，供应链整体成本的最优也是订购管理的重要指标。

供应链的物流系统主要分为供应物流（入厂物流）、生产物流（厂内物流）和销售物流（厂外物流），订购管理（供应物流）在供应链物流体系中的位置如图 5-1 所示。

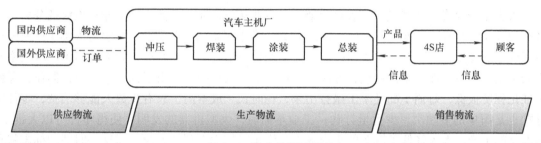

图 5-1　供应链物流系统

零件订购管理非常关键，若零件订购不足，无法满足生产需求和市场需求，会造成顾客流失；订购过多，则造成库存积压，占用仓库面积和流动资金，加大管理难度，易成为呆料。在满足生产所需要零件的同时又能最大限度地降低订购及管理成本，是每个汽车主机厂订购管理努力的方向。

5.1.2　订购管理的组织架构发展

随着物流管理的发展，订购管理的组织架构及职责也发生变化。传统订购管理的组织架构如图 5-2 所示。从图 5-2 可以看到，过去物流订购管理关注的是成品生产出来后，去满足顾客的需求，考虑更多的是库存和运输资源最优化，不考虑材料供应和生产与销售的联动，从现代物流管理的观点来看就是关注点比较窄。

图 5-2　传统订购管理的组织架构

而现代物流管理则关注整体供应链条上的各个环节，既考虑外部从供应商运到工厂，也关注生产线流动库存、半成品库存、成品库存和各配送中心库存，最后交付给客户。从整个流程上去考虑并改善，实现整体的最优。尽管这对现代大规模工业化生产来说是个复杂的工程，但信息化的快速发展给物流管理提供了便利，使得订购管理可以取得整体最优化。新型的订购管理组织架构如图 5-3 所示。

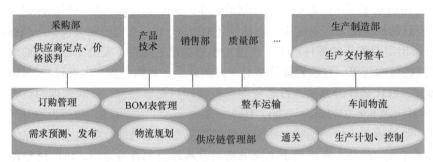

图 5-3　新型的订购管理组织架构

5.1.3　订购模式与生产模式的关系

人类生产模式的发展经历了农耕时期、畜牧业从农耕业的分离、手工业从农耕的分离，在经历的漫长而缓慢的发展与摸索后，19 世纪初，发生了新的工业革命，标志着人类生产模式出现了巨大的变化，大型自动化机器的规模化生产代替单件的手中制造，大大提高了生产效率和降低了生产成本。在汽车行业里，此次工业革命前，汽车的生产由于都是手工单件制作，零件标准化程度极低，每辆车都是手工敲打出来，耗时长、成本高、只有少数人能够消费，零件的订购也是简单的多频次、少批量订购；工业革命后，大型机器的发明，使得零件可以大批量、标准化的生产，大大降低了汽车的生产成本，汽车的使用得到了普及，而这一时期的标志就是福特汽车公司生产的 T 型车。福特汽车公司也因此成为当时全球最大的汽车生产商，与此同时通用、克莱斯勒等汽车企业也应用这一生产模式而成为享誉全球的汽车制造厂。与此生产方式对应的零件订购方式有经济批量订购法等。订购模式与生产模式的发展如图 5-4 所示。

图 5-4　订购模式与生产模式的发展

福特 T 型车那个时代的市场需求特点是市场需求稳定、需求量大。随着经济的发展，人们的需求越来越趋于个性化和多样化，福特的标准化、批量的生产模式已经不能满足市场的需求。穷则思变，丰田汽车公司的精益生产模式顺应了市场需求的变化，其在汽车行业的地位逐渐超过了欧美的规模化生产模式并成为各大主机厂模仿的对象和行业的领头羊。丰田精益生产模式满足了市场的个性化需求的同时又使整体的成本得到了极大程度的降低。在精益生产模式下，小批量的订购方式无法达到规模经济效应，而大批量的订购又不能满足个性化的市场需求，对所有零件整齐划一的订购模式注定是会被优秀的市场角逐者甩在后面。经济、高效的订购方式绝对不是简单粗暴的，而是精益求精的。适应精益生产模式的零件订购方式是根据零件的不同属性，采取不同的订购方式，对属性相类似的零件采取类似的订购方式。这些属性包括零件材质、零件尺寸、零件功能、零件包装、供应商距离、供应商产能、企业管理水平等。

总之，订购模式与生产模式是紧密相关的。生产模式需要与之相应的订购模式来实现，订购模式需随着生产模式的发展而相应的调整。

5.1.4 准时制生产对供应物流管理的要求

准时制生产（Just in Time，JIT）在1953年由丰田公司的副总裁大野耐一提出，是由丰田汽车公司创立的一种独特的生产方式，指企业生产系统的各个环节、工序只在需要的时候，按需要的量，生产出所需要的产品。

1. 零件管理实现"零"库存

JIT生产是将"获取最大利润"作为企业经营的最终目标，将"降低成本"作为基本目标。而要达到以上目标，基本的准则就是实现"零库存"。"零库存"并不意味着没有库存，而是不懈地降低库存量，减少一切可能的浪费。任何一个生产企业，没有库存意味着无法生存。只不过"零库存"要求的库存量很低，周转很快，并且还要通过利用供应商库存减低主机厂的库存，即供应商管理库存（Vender Managed Inventory，VMI）模式。它是指直到第三方物流公司将零件送到主机厂之前，物权属原材料供应商，生产企业并不用承担库存成本，只需根据生产线的情况及时订购，库存成本由原材料供应商承担。在向供应商订购零件的时候既需要考虑毛需求量、安全库存及各种风险，同时需要考虑零件在工厂库存的最高值与最低值。

2. 密切跟踪零件到货，确保到货准时率

到货准时率即零件按照订单设定的日期和时间点到货。JIT生产模式要求到货的数量在满足需求的同时保留尽可能低的库存量。在低库存的情况下，如果零件不能准时到货，则会有缺件风险，因而到货准时率是JIT生产的基本保障。主机厂到货准时率的高低决定了JIT生产可否顺利进行。

3. 缩短运输配送时间

供应商工厂、第三方物流仓库位置要尽量靠近主机厂，以缩短运输配送时间，减少物流资源投入（如物流车辆、零件包装等），达到提高物流效率、节省物流成本的目的。

4. 主机厂与供应商信息高度共享

主机厂与供应商必须具备强大的信息系统，能够即时与供应链上下游企业进行信息共享，并实现自身信息系统与供应商信息系统、生产企业ERP系统的链接，从而整合为完整的供应链信息系统。

5. 供应商与第三方物流高效率、高水平的管理系统

物流要对成千上万种零件进行高效、精确的管理，要有强大的库存管理系统对整个物流过程进行管控，基本采用VMI方式保证主机厂的"零库存"，并能够按照主机厂的指令，在很短的时间内，准确完成订单要求的配送工作。由于零件品种繁多、价值较高、时间紧张，拣货配送工作必须要求供应商或物流商具备较高的管理操作水平和信息技术手段。

5.1.5 供应物流管理的主要内容

供应物流管理主要包括到货准时率管理、不良品管理、到货异常管理、零件设变管理、特殊零件管理、供应链库存管理、关键绩效指标法及供应商关系管理等几方面的内容。

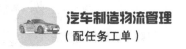

1. 到货准时率管理

到货准时率的管理，是指通过订单的正确下发、到货跟踪的管理，确保主机厂向供应商订购的零件不仅在时间上，而且在数量上根据订单的要求到货。例如：某长沙的汽车主机厂，在 2013 年 3 月 5 日向位于广州的一家供应商下发 A 零件 1000 件的订单需求，要求供应商在 3 月 14 日 14：00 送到，那么从到货准时率管理的角度来，供应商应该在 3 月 14 日 14：00 点前后的半个小时内送到，如果是在 13：30 前到货，就是提前了，主机厂可以不收货，供应商的车辆需要排队等候；如果是在 14：30 以后到货，明显就是延迟了。提前到货和延迟到货一样会影响主机厂对供应商的评价。

随着主机厂的生产模式与物流模式的不断发展，精益的思想需要贯彻在整个供应链的各项环节各项业务当中。主机厂为了提高整体的运营效率，降低成本，会提前将各个环节都预先规划好，当所有的供应商都按照主机厂规划的时间和数量交付时，主机厂的入厂物流就实现了该模式下的物流成本最优。而实际的情况并非如此，同样是上面的例子，从广州到长沙的路程大约 700km，一般货车需要行驶 15h 才能到达，但是运输过程中可能会发生各种风险使供应商需要更长的时间，导致 20h 才能到达。风险情况很多，如高速上发生车祸，遭遇大雾天气、雨雪天气，驾驶员人为失误等。不同的供应商的管理水平和服务态度，以及遇到突发的情况，都会影响供应商的准时到货。如果供应商的到货提前了，可以等候，但是如果延迟了，就可能导致生产缺件，生产的延迟会影响到整车的正常产出，从而可能影响到向销售店的派车进度，进而影响到终端客户的提车速度。主机厂进行到货准时率的管理，一方面可以尽可能地避免供应商到货延迟对主机厂生产的影响，另一方面也是帮助供应商提高管理水平，从而提高整个供应链的效率。

2. 不良品管理

不良品就是我们通常说的劣质品，也就是质量不达标的产品。不良品可能发生在物流与生产的各个环节，如收货验收、在库存储、生产线上装车流动、整车运输到销售店、整车销售给最终顾客后。如果零件的不良发生在零件收货后整车运出工厂前，一般由生产部门来进行管理，如果零件的不良发生在整车已经出厂，到达销售店或者已经销售给最终端的消费者，则由销售部门专门负责售后的组织来进行管理。

（1）不良品的判定

当不良品被发现后，由质量部来最终判定其是否不良，责任方是谁。质量部有强大的系统知识库根据对零件质量的评定标准，比如从外观、尺寸、功能、与图样符合情况、零件是否最新状况等方面对零件的质量状况进行判定。在进行责任判定的时候有时候会比较棘手，因为我们可以看到的是零件不良的事实，却看不到零件不良产生的过程与发生环节。不管是作为物料供应商还是物流供应商，都可能会从自身的经济利益和声誉考虑，尽量撇清自己的责任，这就给责任判定人为造成巨大的阻碍。在责任判定时，尤其是涉及较多零件不良，损失金额较大时，往往会牵涉到多方进行详细的调查、取证。在没有确凿证据明确责任方的情况下，一般由主机厂根据现实的情况判定由相关责任方共同按一定的比例来承担责任。

不良品根据责任方来划分可以分为供应商责任和主机厂责任。

一般来说，供应商责任指的是直接物料供应的供应商；如果主机厂实施了取货，涉及第三方物流运输商，那么供应商责任还可以划分为直接物料供应商责任和物流供应商责任。如果不良品是由供应商原因造成的，主机厂会向供应商进行索赔，由供应商承担损失。如果是由于主机厂自己原因造成的,比如装配工人在装配后视镜时没有拿好,零件摔在地上造成了不良,就应该由主机厂承担损失,向供应商发出零件补充订购的需求。

(2)不良品的报废处理

当不良品被发现的那一刻,它就应该被特殊管理起来——隔离。一般生产车间会划定特定的区域专门放置不良品,并有专门且显著的标识。这样做的目的在于将不良品与良品进行区分管理,以免混在良品里错装上车;其次,方便后续主机厂或供应商对问题件进行原因分析、返修等简单的操作;再次,当不良品产生被判定为供应商责任的时候,主机厂会要求供应商重新送良品来替换此不良品,那么此不良品就是主机厂不予付费的供应商的资产,主机厂需对此资产进行管理,以便供应商返回。通常主机厂会规定,供应商需要在不良品判定的一定期限内,比如一周以内,将不良品返回,如果供应商不愿意返回,不良品也可以在主机厂进行报废。

(3)为什么做不良品管理

不良品在众多主机厂的零件管理范畴都是一个重点和难点课题。不良品的产生会减少良品零件的库存数量。一般情况下,不良品由于发生频率少、数量少,往往容易被相关人员所忽视,当不良品累积到濒临缺件的数量还未处理时,将影响到生产。

(4)不良品管理

供应链管理(SCM)领域对不良品的管理与质量(QA)领域对不良品的管理职责与方式不同。QA对不良品管理,关注的是"质"的方面,重在分析零件发生品质问题的原因,以提出改善零件不良的解决措施,尤其是大批量的、长时间的不良品的产生,质量部可能不仅需要分析不良品样件,还需要通过各种实验来验证。SCM对于不良品的管理,关注的是"量"的方面,注重的是数量,根据不良品发生的数量和频次,判断是否会影响到生产,催促供应商及时补件;同时对于一些情节较严重的不良现象,会持续关注不良品问题的解决进度和处理办法,以对未来的影响做出判定,并根据影响程度及时与生产计划等相关领域寻求解决办法以减少损失。

3. 到货异常管理

为了使供应商交付零件时可以正常、高效地收货,以及在后续流转到车间线边时可以正确地被识别、使用,主机厂会对供应商到货时的包装、标签等做严格的要求,例如会要求供应商送货时使用可回收包装,正确地粘贴标签,使用规定尺寸的运输车辆。几种常见的物流交付异常类型如下。

(1)标签与实物不符

在一般情况下,一个包装贴一张标签,标签上有各种信息,如零件号、设计变更号、零件名称、供应商名称、车型代号、纳期(要求到货的日期)以及包含以上所有信息的条形码等。标签与实物不符可能是数量不符,标签上写的是10个,实际包装里只装了8个;标签上零件描述与实物不符,标签上写的是左前门玻璃,实际包装里装的是右前门玻璃;标签上零件状态描述与实物不符,如发动机隔热板发生了设计变更后,增加了一个小卡子,相应的设计变更号由001变成002,订单下发的是002状态的零件,但是供应商送过来的零件却是没有增加卡子的零件。

与标签相关的异常还有未贴标签、标签格式不符合要求,每家供应商都有自己统一的标签格式,主机厂有上百家这样的供应商,为统一标准,方便管理,主机厂会设定统一的标签格式。此外,还有标签粘贴位置不正确(例如:标签应贴在包装的外侧以便查看,但有些供应商会将标签贴在包装上面)等。

(2) 包装不符合要求

包装的尺寸、材料、内衬及零件在容器内的摆放方式在项目前期就已经确定，有些供应商由于包装容器采购不足就可能无法满足供货需要而采用临时替代的纸包装、木托盘。另外，如果包装破损、灰尘太多，以及包装箱内进水等一切不符合之前签订标准和对零件质量造成风险的情况都属于包装异常。

(3) 车辆不符合要求

主机厂对于送货车辆的要求一般是 9.6m 或 12.5m 的厢式车或者飞翼车，以确保运输质量，以及遇到特殊天气情况正常运行。有些物流公司为节约成本，或者临时调度问题，采用一些不符合运输标准的敞篷车或者尺寸不符合要求的车辆，甚至有重大安全隐患的车辆。车辆不符合要求还体现在装载不符合正常要求，如货物堆垛超过了车辆本身的高度。

4. 零件设变管理

零件设变是指零件在车型开发及量产阶段的设计变更管理。车型的设计不是一蹴而就的，而是需要在实际的装车中来证实它的严密和可行，因而在车型的开发阶段（在主机厂叫作新车型阶段或者试生产阶段），通过小批量的试做车辆进行各种测试以验证设计的合理及正确性。车型设计不合理可能在未来的市场中发生安全、不舒适、操作不敏捷等各种问题，因而质量、工程设计环节试图在未出工厂的车辆上发现任何可能的问题点，尽可能将设计问题在新车型未进入市场前解决掉，因此新车型阶段的设计变更会比较频繁。车型量产后，尤其是量产前期也可能有比较多的设计变更，因为车型刚刚上市，并接受市场的考验，总会有大大小小的设计变更产生。有的时候，设计变更可能是零件发生了设计问题，也有可能是为了节约成本，改善生产工艺。

零件设计变更管理在订购领域最重要的管理点在于管理零件设变切换的时间。由于经济、市场等原因，主机厂不可能停下生产，等设计变更确定和验证可行了才重新恢复生产。当某零件发生设计变更需求的时候，主机厂和供应商同时都在不停地生产，那么什么时候摈弃旧状态的零件，用新设计的零件替代呢？这里需要考虑多种因素，不是说换就换那么简单。一方面需要考虑供应商的库存情况，因为供应商会根据主机厂的生产计划提前准备原材料和成品库存，立即切换将导致旧状态物料的报废，造成零件或原材料成本损失；另一方面也需要考虑设计变更的紧急性。比如，某车型在市场上反馈一个很严重的安全问题，驻车制动踏板不灵，那么新状态的零件需要立即切换。零件设计变更管理执行方式见表 5-1。

表 5-1 零件设计变更管理执行方式

设变等级	重要程度	紧急程度	设变执行方式
A	高	高	立即切换为新件，不考虑旧件或原材料的损失
B	高/中	中/低	自然切换，先消耗完旧件库存，再使用新件
C	低	低	不涉及零件变化，不存在新旧件切换的问题

5. 特殊零件管理

(1) 子级零件

从研发和生产的角度，汽车是由不同层级的各类零件组成的，我们将汽车零件拆解，可以发现很多零件的层级关系。一级零件是主机厂为制造汽车直接订购和装配零件；二级零件是用来制造一级件的零件，也就是零件的零件；相应的三级件即用来制造二级零件的零件。为方便归纳，我们将零件的零件统称为子级零件。

举个例子，汽车的保险杠（一级零件）由车灯、保险杠饰板、格栅饰条、雷达、电线等二级零件组成，车灯由灯泡、电线、车灯外壳等三级零件组，灯泡由灯丝、玻璃壳体、灯头等四级零件组成。在汽车生产的过程中，采购、供应物流不仅要关注一级零件的供应，还需要了解把握二级、三级等子级零件的行业动态。2020年第四季度起，半导体行业内的涨价函满天飞，从上游的晶圆代工制造、封装测试厂商，到瑞萨、恩智浦、意法半导体等芯片大厂都在发涨价甚至断供通知。目前全球芯片出现短缺现象，已经威胁到了汽车、智能手机、笔记本电脑等产品的生产，全球各大汽车制造商都受到汽车芯片短缺的影响，短期内无好转迹象。随着汽车行业新四化的发展，以集成电路芯片为代表的子级零件对汽车制造、供应物流的影响越发凸显，由于市场需求大于供应能力，且在短期内暂无好转迹象，为保障生产供应，满足消费者需求，供应物流领域采用了很多特殊措施，比如寻找可替代的零件或方案、增加零件库存、根据供应能力调整生产计划、寻找可供应的新供应商、实施集团化统一的零件采购与分配等。

（2）辅料

辅料是指对车辆生产或性能起到辅助作用的材料，如焊装车间的各种胶，涂装车间的涂料、清漆磷化剂，总装车间的清洗液、变速器油等。它们不像一般的零件，如外饰件、内饰件、电子件、金属件等有十分明确的用量，采用常规的包装。辅料与其他零件的主要区别在于：辅料的用量往往浮动较大，订购的时候需要特殊考虑一定的损耗比例。例如，焊装车间的某一桶胶，熟练工可能生产100辆车，而新手可能生产80辆车用光了；而其他的普通零件，如100个左后视镜不多不少可以装100辆车。辅料一般保质期较短，订购的时候需要考虑这一点不能订购得太多，以免过期造成浪费。

（3）紧固件

紧固件是指螺栓、螺母等用于车身、零件之间固定作用的一类小型零件，单件成本较低，在汽车生产环节用到的种类较多、用量较大，需要考虑一定的损耗。

（4）其他

还有一些如贴纸、标签、热熔胶条、电池等特殊材料，需要保管在一定温度、湿度条件下，订购和管理时须特别管控。电动车区别于传统汽车的核心技术——三电系统，包括电驱动系统、电池系统、电控系统，其零件价格高、管理要求（如温度、湿度、通风、消防等）高，且现阶段此类零件的产量和品质还不稳定，迭代、设变的频率高，因而其订购和管理的重要程度可见一斑。

6. 供应链库存管理

传统意义下的库存是指存放在仓库中的物品，是指像蓄水池中的水一样暂时派不上用场的备用品。从现代的意义上理解，库存是指供应链中一切闲置的、用于未来的、有经济价值的资源。从更广泛的意义而言，除了物品，其他各种资源如人力、机器、资金、信息等，都有闲置状态，也就都有库存。资源的闲置就是库存，与这种资源是否存放在仓库中没有关系，与资源是否处于运动状态也没有关系。库存是一个重要的供应链驱动要素，库存的改变会在很大程度上影响供应链整体的盈利水平和响应能力，库存在供应链中具有十分重要的作用和意义。

全球制造和经济一体化促使了企业间竞争的不断加剧，并逐渐由同行业单个企业间的竞争演变为由一系列上下游合作伙伴企业构成的供应链之间的竞争。因此在供应链竞争的前提下，零件订购管理所需要考虑的因素，不只是本企业的需求和已有库存之间的关系，而是需要考虑整个供应链的库存水平（库存水平就是库存量，可以用数量表示，也可用金额表示，一般"库存水平"是指一定时期的平均数量或总额），包括供应商端原材料、半成品、成品库存水平，以及本企业原材料、成品库存及销售店成品的库存。例如，有些主机厂将自身的库存水平设定得很低，却要求周边的供应商的中转库设立大量的原材料库存，导致供应商成本的增加，最终损失的是整条供应链的竞争力。

7. 关键绩效指标法及供应商关系管理

关键绩效指标法（Key Performance Indicator，KPI）是把对绩效的评估简化为对几个关键指标的考核，将关键指标当作评估标准，把供应商的供货绩效与关键指标做出比较的评估方法。关键指标必须符合SMART原则：具体性、衡量性、可达性、现实性、时限性。

1）S代表具体（Specific），指绩效考核要切中特定的工作指标，不能笼统。

2）M代表可度量（Measurable），指绩效指标是数量化或者行为化的，验证这些绩效指标的数据或者信息是可以获得的。

3）A代表可实现（Attainable），指绩效指标在付出努力的情况下可以实现，避免设立过高或过低的目标。

4）R代表相关性（Relevant），是指年度经营目标的设定必须与预算责任单位的职责紧密相关，它是预算管理部门、预算执行部门和公司管理层经过反复分析、研究、协商的结果，必须经过他们的共同认可和承诺。

5）T代表有时限（Time-based），注重完成绩效指标的特定期限。

一般供应商的KPI管理会从品质（Quality）、成本（Cost）、交期（Delivery）、士气（Morale）、安全（Safety）五个方面以月为单位进行考核。KPI管理是管理供需双方就目标及如何实现的过程，以及增强供应商成功地达到目标的管理方法。它不单纯是给供应商的供货表现给出一个评价，而是结合本企业的需求向供应商提出要求，指出当月表现欠缺的方面及供应商需要努力的方向。更多的是主机厂向供应商提出问题点，要求供应商去改善，以更加接近供应链的整体目标和最大效益。

供应商关系管理（Supplier Relationship Management，SRM）正如客户关系管理（Customer Relationship Management，CRM）是用来改善与客户的关系一样，SRM是用来改善与供应链上游供应商的关系的，它是一种致力于实现与供应商建立和维持长久、紧密伙伴关系的管理思想和软件技术的解决方案。它是旨在改善企业与供应商之间关系的新型管理机制，实施于围绕企业采购业务相关的领域，目标是通过与供应商建立长期、紧密的业务关系，并通过对双方资源和竞争优势的整合来共同开拓市场，扩大市场需求和份额，降低产品前期的高额成本，实现双赢的企业管理模式。虽然主机厂与供应商是客户与卖方的关系，但是主机厂的顺利生产离不开供应商高效、及时、准确的产品供应，汽车的组装完成离不开任何一个零件，哪怕是一个螺母。汽车主机厂和供应商之间更多的是相互配合、相互理解、共同合作的长久的战略关系。

5.1.6 汽车行业的采购方式

1. 传统的采购方法

汽车行业的供应链中，主机厂与供应商都是长期合作的战略合作伙伴关系，汽车行业的采购方式不同于大部分其他行业的订购方式，一些常见传统的采购方法包括九种：

（1）采购订单（Purchase Order）

采购订单是由采购员编制的书面合同文件，旨在描述采购的所有条款和条件。对于日常采购而言，最经常使用的是标准采购订单表格，详细说明单一或者复合物品的要求。一般使用由多部分组成的排出表格，向所有相关内部客户提供该订单的副本。

（2）合同（Contract）

合同是依法可执行的书面或者口头协议（Agreement）。采购时间表超过1年的时候，使用合同。

（3）意向书（Letter of Intent）

可以在采购员与供应商之间使用意向书，从而确认与未来的采购活动有关的某些协议。意向书可以作为临时采购订单或者合同，而且提供了更加突出的协议特征的即时文件。意向书是签约前文件，被用来达成初步协议，需要进一步谈判，以发展成决定性合同。意向书的目的是在签发更加完整的采购订单或者合同以前，赢得与供应商进行约定的时间。

（4）寄售（Consignment）

有时供应商愿意把他们的库存放入客户的仓库。一般而言，供应商寄售给采购员的商品是在使用时才付费的。这种寄售库存系统是在采购与供应企业之间分享库存以及搬运成本的方式。供应商负担货物资金，采购员提供储存空间以及承担库存相关费用加搬运费、仓储费等。

（5）总订单（Blanket Po）

总订单是以预先确定的价格在预先确定的时间内或者以在市场或者其他条件下确定的价格，为了某些货物或者服务而向供应商下的定期约定（通常1年以上）。这种做法旨在减少小订单的数量，利用短期发货满足需求量要求。当应用该方法的时候，采购企业向供应商下采购订单，指出将被采购的产品或者服务，以适当衡量单位存在的产品或者服务的成本以及采购的其他应用条款和条件。采购企业随后依据总采购订单，签发材料发货单或者申请单，其规定了在特定时期内将被交付的数量。材料发货单一般是重复的而且定期的需求（如每周或者每月）。

（6）系统合同

该订购类型经常涉及办公用品或者维护、修理和运行物品的采购。系统合同的突出特征是在采购员和供应商操作之间的高度结合，促成双方库存总量的整体下降。合同本身经常授权采购企业所指定（一般来自于使用部门）的职员向供应商下订单，购买在合同有效期内需要的特定材料。这是以发货单表格的形式完成，其设计通常是为了使供应商能够用它来选择库存以及订单汇总，也是通过行程安排和交付指令来完成的。只有在仔细分析研究以后，采购员与供应商才能签订这种合同。当供应商收到发货单的时候，供应商必须能够提供特定质量和数量的材料。而且供应商必须有来自于采购员在需求前准确且详细的使用评估，所以供应商能够相应调整产量以及自己的采购计划，从而满足需求。在一些出版物中，本系统经常被称为"零库存采购"。

（7）电话订购或传真订购

对于较小价值的订单而言，通过电话、传真或者电子邮件的形式下订单可能更恰当。通过减少正式书面采购订单的签发，大幅度减少了行政管理成本。对于利用排号方式的申请单系统而言，可以把申请单号码用作采购订单号码。其他系统向采购员整批发出采购订单号码，以供通过电话或者电子邮件订购。

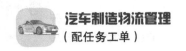

（8）电子订购系统

电子订购系统中，采购员以电子形式向供应商进行订购。这可以通过计算机相互连接完成，如今该连接包括安全的互联网连接。

（9）零库存购买或库存系统

零库存购买或库存系统技术有时被称为"即时采购"，将准时交付的责任转移给供应商。提供给采购员的有利条件可以包括减少的库存投资、减少的仓库空间、更好的库存周转、较低价格引起的采购费用节省以及简化的文本工作。

2. 传统采购方式的不足

传统的采购流程的不足主要体现在以下几个方面。

（1）重视销售，轻视采购

采购和销售是企业价值链中两个重要的战略因素，多数企业重视如何将产品销售出去，忽视对采购环节的管理。采购部门与其他部门相互独立，缺乏有效的协调。

（2）竞争过度，合作不足

采购管理中的误区之一仍表现为企业过分看重价格、过多竞争，缺乏从长远发展的角度培养与供应商的战略合作伙伴关系，合作不足。供需双方信息不对称，采购活动盲目性强。采购部门和供应商之间缺乏有效的沟通，互相封锁相关供需方面的信息。

（3）新产品开发创新缺乏供应商参与

多数企业认为新产品开发创新是制造商的事情，供应商往往只是按规格送样，从而不能有效利用供应商的创新力和智慧，创新缓慢，产品开发成本高，周期长。但同步开发的方式已改变这种状态。

（4）采购成本管理能力弱

目前，多数企业采购成本管理的方法基本上还是依靠价格比较，采用一些先进的方法如成本分析、成本管理的企业还非常少，没有形成采购成本数据库（Cost Table），无法对采购品种进行分类管理。

（5）对供应商没有进行科学的管理

传统的采购流程中尚未形成供应商的评估体系、供应商激励机制和淘汰机制等，供应商的选择只是根据价格，没有科学的管理。

3. 汽车行业的订购方式

汽车行业里主机厂一般与供应商签订长期的框架合同，在大的框架合同协议下，主机厂会根据生产计划需求，按照一定的周期和数量规则，通过订购系统向供应商发出订单需求，供应商按照约定的到货规则提前准备原材料和相应的人员，并根据订购系统里的订单交货。一般情况下，主机厂与供应商签订的订购合同有效期是1年，而实际上合同上除价格以外的条款基本不变，除非任意一方在1年到期前提出异议，1年的有效期主要是为方便根据市场情况的变化调整价格而设定的。主机厂与供应商在某个车型上的合作，时间期限很显然是大于1年的，一般合作的期限会直到合作的车型停产，除非此期间供应商有重大的失误，或者与主机厂的关系破裂，或者主机厂可以找到更低价的产品供应商而替换供应商的成本远远低于使用目前的供应商等，这样的情况在主机厂里是鲜见的。

单元 5
订购与供应物流管理

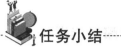
任务小结

订购管理为上游供应商的供应及主机厂的生产需求建立了沟通的桥梁,为主机厂生产提供了必要的物质保障。准时制的生产和物流模式旨在消除一切浪费,将生产和物流领域的各个活动环节做到精益求精,这既是行业发展的最新趋势,也是行业竞争企业追求最大效益的必然结果。

5.2 国产零件订购管理

任务引入

丰田拉动式生产模式的由来

20世纪中期日本的汽车市场非常小且不稳定,但对产品种类的需求却较多。在当时,丰田公司面临着产品质量不稳定,交货期长,总装车型品种多、批量小,生产过程中的库存量极大等各种问题。丰田高层为了解决汽车制造生产中的问题,便开始在世界范围内寻找合适的方式去优化相应的生产流程。在一次机缘巧合中,丰田公司发现美国超市里面有着这样的特点:

1)货架上每种物品的数量通常是有标准的。
2)顾客买走所需的物品,商场便会定时进行补充。
3)供应商会根据物品消耗情况给商场运来新的货物。
4)没有多余的空间储存过多的物品。
5)超级市场中的物品容易过期变质。

这种管理方式与汽车制造方式有一定的相似性。这时,丰田公司就开始思考,如果把美国超市里面的商品当成汽车零件的话,那是否可以解决现在汽车生产中存在的问题呢?

经过研究后,丰田公司发明了拉动式生产方式(或准时制生产方式JIT、看板生产方式),即在需要的时间,按需要的品种,按需要的数量,生产所需要的产品。通过拉动式生产方式,丰田一跃成为日本汽车厂家领头羊。

根据此案例,分析拉动式生产模式的优势与劣势,拉动式生产适合在哪些企业、行业中运用。

学习目标

1)能掌握推动战略与拉动战略的特点。
2)能掌握到货规则设定的主要因素。

5.2.1 推动式和拉动式供应战略的选择

1. 供应的种类

按照供应方式来划分,可分为推动式(PUSH)供应和拉动式(PULL)供应。

(1)推动式供应

推动式供应是以主机厂为核心企业,根据产品的生产和库存情况,有计划地把商品推销给客户,其驱动力源于供应链上游供应商的生产。其模式如图 5-5 所示。在这种供应方式下,供应链上各节点比较松散,追求降低物理功能成本,是卖方市场下供应方式的一种表现。由于不了解客户需求变化,这种运作方式的库存成本高,对市场变化反应迟钝。在主机厂里表现为主机厂的年度战略目标、年度销售计划和长期的月度计划,也可以理解为,是指主机厂在未接到终端客户或者销售店的订单对未来需求的预测。

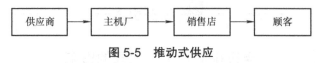

图 5-5 推动式供应

(2)拉动式供应

拉动式供应是以客户为中心,比较关注客户需求的变化,并根据客户需求组织生产,如图 5-6 所示。在这种运作方式下,供应链各节点集成度较高,有时为了满足客户差异化需求,不惜追加供应链成本,是买方市场下供应方式的一种表现。这种运作方式对供应链整体素质要求较高,从发展趋势来看,拉动式供应是汽车行业发展的主流。例如,主机厂会结合上半年的销售情况和市场反应,对下半年的计划做总量的调整,根据市场的销售情况或未交付的客户订单对近一两个月的生产计划做出比较精细的调整,甚至紧急的调整近一周的某一车型的需求订单。

图 5-6 拉动式供应

2. 推动战略与拉动战略的特点

现实生活中完全采取推动战略或者完全采取拉动战略的并不多见。这是因为单纯的推动或拉动战略虽然各有优点,但也存在缺陷。

(1)推动战略的特点及缺陷

推动式供应,生产和分销的决策都是根据长期预测的结果做出的。准确地说,主机厂是利用从零售商处获得的订单进行需求预测。事实上主机厂从零售商和仓库那里获取订单的变动性要比顾客实际需求的变动大得多,这就是通常所说的牛鞭效应,这种现象会使主机厂的计划和管理工作变得很困难。例如,主机厂不清楚应当如何确定它的生产能力,如果根据最大需求确定,就意味着大多数时间里主机厂必须承担高昂的资源闲置成本;如果根据平均需求确定生产能力,在需求高峰时期需要寻找昂贵的补充资源。同样,对运输能力的确定也面临这样的问题:到底是以最高需求还是以平均需求为准呢?因此推动式生产,经常会发现由于紧急的生产转换引起的运输成本增加、库存水平变高或生产成本上升的情况。

推动式供应对市场变化做出反应需要较长的时间,可能会导致一系列不良反应。比如在需求高峰时期,难以满足顾客需求,导致服务水平下降;当某些产品需求消失时,会使供应链产生大量的过时库存,甚至出现产品过时等现象。

（2）拉动战略的特点以及需要具备的条件

在拉动式供应中，生产和分销是由需求驱动的，这样生产和分销就能与真正的顾客需求而不是预测需求相协调。在一个真正的拉动式供应链中，企业不需要持有太多库存，只需要对订单做出反应。

拉动式供应有以下优点：

1）通过更好地预测零售商订单的到达情况，可以缩短提前期。

2）由于提前期缩短，零售商的库存可以相应减少。

3）由于提前期缩短，系统的变动性减小，尤其是制造商面临的变动性变小了。

4）由于变动性减小，制造商的库存水平将降低。

5）在一个拉动型的供应链中，系统的库存水平有了很大的下降，从而提高了资源利用率。

当然拉动供应也有缺陷。最突出的表现是由于拉动系统不可能提前较长一段时间做计划，因而生产和运输的规模优势也难以体现。

拉动式供应虽然具有许多优势，但要获得成功并非易事，需要具备相关条件：其一，必须有快速的信息传递机制，能够将顾客的需求信息（如销售点数据）及时传递给不同的供应链参与企业；其二，能够通过各种途径缩短提前期，如果提前期不太可能随着需求信息缩短时，拉动式系统是很难实现的。

（3）汽车行业推动与拉动供应的战略选择

在供应链的采购、库存等环节均希望能够实现"拉动"模型，即接到客户订单再进行采购、库存等生产组织，这样其需求就可以明确，以减少供应链中的库存和牛鞭效应的发生，但是这对大多数汽车企业来说是不可能实现的。精益生产模式运行最完美的丰田也不能完全实现拉动式供应和生产，因而在整个汽车行业，为了尽量实现向"拉动"模型发展，将拉动式与推动式相结合，形成推-拉结合式混合供应链，如图5-7所示。在推-拉结合式混合供应链中，零售终端对未来的需求给出预测计划，供应商以此计划准备原材料，并安排生产准备适当的库存，主机厂在尽可能短的时间根据近期市场的需求发给供应商订单需求。在没有接到订单前，企业生产只能期望于需求预测。

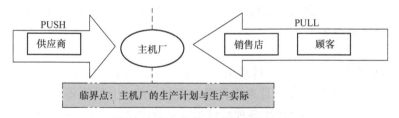

图5-7 推-拉结合式混合供应链

5.2.2 物料需求计划

1. 供应链的需求预测

（1）需求预测的作用

在各行业，接近于市场实际需求的需求预测非常的重要。一个接近市场实际需求的预测会给供应链带来丰厚的利润，而与实际市场需求相去甚远的预测会给供应链带来不可估量的损失。需求预测的作用大致可以分为两个方面：为战略决策提供参考和为供应链运作计划提供依据。

1）为供应链战略决策提供参考。供应链的战略决策对供应链中所有企业的生存和发展具有极其重要的意义，战略决策的前提条件是对市场当前和未来发展确实需要有一个明确的判断。企业管理者会时刻、紧密地根据目前市场的行情和分析以往的数据来判定未来的市场发展方向、客户需求等。比如，当前在售的车型 X 今年上半年的销售是 5 万辆，而且呈快速上升趋势，市场反馈情况越来越好，那么根据这样乐观的销售情况，决策者就可以在下半年考虑是否增加更多的广告投入，比原计划增加 20% 乃至 50% 的销售计划，制造部门会考虑是否需要增加生产班次由两班生产变成三班生产。在汽车主机厂乐观的需求预测的前提下，上游的供应商就要考虑是否需要扩大生产线、增加人员招聘才能够满足上升的需求。

2）为供应链运作计划提供依据。公司的各项业务都是基于预测的情况才能开展，比如生产方面有日程安排、库存管理、总体计划；营销方面有销售资源配置、促销、新产品开发；财务方面有生产线的投资和预算规划；人事方面有雇员计划、雇用、解雇。另外，预测的需求量直接决定的订购多少，预测结果最终会影响下游成品的库存量及上游原材料的库存缓急状态。

（2）需求预测的特点

1）预测通常是不准的。预测是根据以往销售数据和当前市场情况预测对未来的需求，而未来的变化总是充满着不确定性，因此预测与实际的误差是不可避免的，作为管理者而言，预测的目的之一在于降低对未来需求的不确定性，尽可能地减少误差。

2）长期预测通常没有短期预测精确。就比如天气预测，对于第二天的天气预测相对来说会比较准，而对于一年之后的天气预测仍然是科学界的难题。主机厂和供应商一般都会根据短期预测来安排近期的材料订购和生产计划，根据长期的预测考虑设备、产能、人员的满足度问题。

3）综合预测通常要比独立预测准确得多。综合预测可以结合上下游企业的预测数据，对独立预测的数据进行修正，因而更加可靠。

4）越靠近上游或距离客户越远，预测误差越大。这里说明的就是供应链订单中的"牛鞭效应"，需求量在从客户到供应链末端被主机厂放大，预测误差也就越来越大。

前面说到的供应链的需求预测是指对成品的需求、整车的需求，即主机厂将会接到多少辆车的订单，那么在接到订单之后，主机厂就需要考虑去购买多少零件，什么时候购买，购买什么样的零件，也就是物料需求计划。

2. 物料需求计划概述

美国生产与库存管理协会对物料需求计划的定义：物料需求计划就是依据主生产计划（MPS）、物料清单、库存记录和已订未交订单等资料，经由计算而得到各种相关（Dependent demand）物料的需求状况，同时提出各种新订单补充的建议，以及修正已开出订单的一种实用技术。

美国生产管理与计算机应用专家奥利弗·W. 怀特（Oliver W.Wight）和乔治·W. 普洛什（George W.Plosh）首先提出了物料需求计划。IBM 公司则首先在计算机上实现了 MRP 处理，并由美国生产与库存管理协会倡导而发展起来。它是一种企业管理软件，实现对企业的库存和生产的有效管理。物料需求计划是以物料计划人员或存货管理人员为核心的物料需求计划体系，它的涵盖范围仅仅为物料管理这一块。它根据总生产进度计划中规定的最终产品的交货日期，编制所构成最终产品的装配件、部件、零件的生产进度计划、对外的采购计划、对内的生产计划。通过计算物料需求量和需求时间，从而降低库存量。

MRP 通用计算公式：

净需求 = 毛需求 + 已分配量 + 安全库存 − 计划在途 − 实际在途 − 可用库存

3. 物料需求计划的基本原理

物料需求计划的基本原理就是由产品的交货期展开成零件的生产进度日程与原材料、外购件的需求数量和需求日期，即将产品出产计划转换成物料需求表，并为编制能力需求计划提供信息。其主要功能及运算工具见表 5-2，其应用逻辑如图 5-8 所示。

表 5-2　MRP 的主要功能及运算工具

处理的问题	所需的信息
生产什么？	切实可行的主生产计划（MPS）
要用到什么？	准确的物料清单（BOM）
已具备什么？	准确的物料库存数据
还缺什么？何时需要？	MRP 的计算结果（生产计划和采购计划）

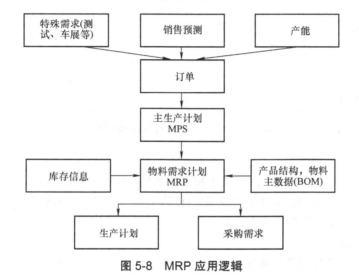

图 5-8　MRP 应用逻辑

5.2.3　零件到货规则设定

1. 到货规则设定

MRP 告诉我们需要什么、什么时候需要的信息。接下来就要针对不同的供应商、不同的零件的特点进行到货规则的设定。到货规则可以十分详细地指导供应商按要求向主机厂送货。到货规则的相关要素有订购周期、订购提前期、1 次订购量、到货提前期、到货方式（直供/非直供）、到货频次、最小订购批量、安全库存。生产计划及订单发布规则如图 5-9 所示。

（1）订购周期

订购周期是指主机厂两次发布订单的间隔时间，如图 5-9 所示。某主机厂每周二发布订单，那么订购周期就是 1 周。

（2）订购提前期

订购提前期是指主机厂发布订单至供应商到货的时间长度。这个时间长度也就是供应商在接到订单后生产备货并发送至主机厂的时间长度。图 5-9 中，某主机厂（W-3）周的周二发布订单,并要求供应商在(W-2)周的周四到货,那么此时的订购提前期就是 9 天(加上 2 天周末)。

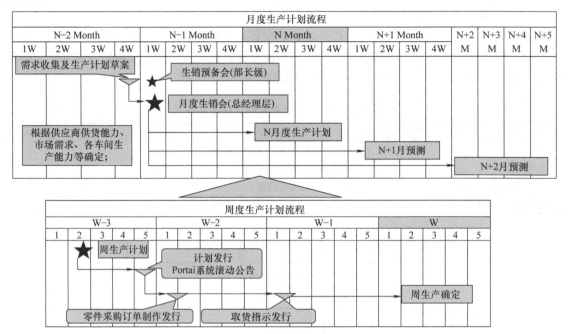

图 5-9　生产计划及订单发布规则

（3）1 次订购量

1 次订购量是指 1 次订货可以满足整车装车的数量。比如一辆车需要 2 个前制动盘,1 个天窗,那么订购 200 个前制动盘和 100 个天窗的订购量是一样的——100 辆车的订购量,因为它们都只能满足 100 辆车的装车需求。

（4）到货提前期

到货提前期是指零件到货距离实际需要使用该零件的时长。比如：周五要使用的零件在周三到货,那么提前期就是 2 天。

（5）到货方式

到货方式一般分为直供和非直供。直供是指供应商将货物从供应商的出货口直接送至主机厂的指定的收货口,直供的到货方式一般适用于离主机厂距离较近的供应商,运输时间在 10h 以内；非直供是指供应商将零件先大批量的送至离主机厂附近的中转仓库,然后再根据订单,较快频次的送至主机厂指定的收货地点,一般距离较远的供应商采用非直供的到货方式。

（6）到货频次

到货频次是指到货的频率,比较高频率的到货如 1 天到货 3 次,1 天到货 1 次,2 天到货 1 次；比较低频率的到货如 1 周到货 1 次,1 个月到货 1 次。到货频次一般取决于该供应商的货量和零件的大小。货量大的供应商到货频次高,体积大的零件到货频次较高。

（7）最小订购量

一般主机厂的订购以单位包装的收容数为最小订购量（Minimum Pack Quantity,MOQ）。比如外后视镜是用 800mm×600mm×340mm 的塑料可周转容器进行包装,1 箱装 12 个,那么订购就应该以 12 的倍数来订购。

（8）安全库存

安全库存是除了毛需求以外的订购量，用作备用库存以防不良品、到货延迟等以外情况产生而确保生产可以正常进行的库存量。

2. 汽车零件的基本构成及特点

根据表 5-3 所列汽车零件的构成，我们可以看出汽车零件具有以下特点。

（1）种类繁多

一般来说，主机厂需要为组装成一辆普通的轿车向一级供应商订购 2000 种左右的零件，这 2000 种左右的零件描述大约如表 5-3 所列，一般是总成零件。例如，门把手总成是其中的一种零件。而主机厂的一级供应商需要向其下属的供应商（二级供应商）订购几种到几千种零件，还是以门把手为例，生产门把手的供应商需要向二级供应商购买钢材、各种漆，制造漆的供应商还有它们的供应商（三级供应商）。门把手还是比较简单的零件总成，说到发电机、车身线束、座椅等大的总成，它们的子级零件种类就更多了。

表 5-3　汽车零件的构成

构成	零件名称
发动机配件	节气门体，发动机，发动机总成，油泵，散热器，滤清器……
传动系统配件	变速器、变速杆总成，减速器，传动轴凸缘，传动带……
制动系统配件	制动蹄、制动蹄销、制动调整臂，驻车制动器操作杆总成……
转向系统配件	主销，转向机，方向盘，转向机总成，转向拉杆，助力泵……
行驶系统配件	后桥，空气悬架系统，平衡块，桥壳，车架总成，轮台，前桥……
汽车灯具	装饰灯，前照灯、探照灯，吸顶灯，防雾灯，转向灯，应急灯……
汽车改装	轮胎打气泵，汽车顶架，汽车顶箱，挡泥板，排气管，节油器……
安全防盗	方向盘锁，车轮锁，防盗器，后视镜，ABS，倒车雷达，变速杆锁……
汽车内饰	汽车地毯（脚垫），方向盘套，方向盘助力球，窗帘、遮阳挡……
汽车外饰	轮毂盖，车身彩条贴纸，牌照架，晴雨挡……
综合配件	黏接剂、密封胶，随车工具，汽车弹簧，塑料件……
影音电器	胎压监视系统解码器，显示器，车载对讲机……
化工护理	冷却液，制动液，防冻液，润滑油……
车身及附件	刮水器，汽车玻璃，安全带，静电消除天线，静电带……
维修设备	钣金设备，净化系统，拆胎机，校正仪……
电动工具	电冲剪、热风枪，电动千斤顶，电动扳手……

（2）大小不一

体积小的零件如螺母、堵塞，一个规格为 300mm×200mm×120mm 的 3212 型小箱可以装 500 个，体积大的零件如门模块总成，需要约 10 个 3212 型小箱那么大的体积才可以装一个零件。

（3）零件性质多样化

汽车零件有各种各样的性质，化学件、金属件、电子件以及各种性能的集合。在订购不同性质的零件时需要结合零件的性质来设定安全库存和提前期。比如化学件，我们可以订购一个月的用量放在仓库，但是金属件制动盘就不行了，因为金属件会生锈。

（4）零件功能多样化

主机厂是整车组装厂，因而汽车所有的功能都体现在订购的零件里。例如，汽车底盘由传动系统、行驶系统、转向系统和制动系统四部分组成。底盘的作用是支承、安装汽车发动机及其各部件、总成，形成汽车的整体造型，并接受发动机的动力，使汽车产生运动，保证正常行驶。

（5）零件用量不一

一辆车对同一种零件的需求是一个，比如方向盘；有些是两个，比如前制动盘；还有些是 5 个，比如说轮胎；还有些是 20 个，比如说某种紧固螺栓。涂装车间用的涂料就是以千克或升为单位来计算用量了。

（6）零件价值相差甚远

不同零件的价值从几分钱到几千元不等，那么对零件的订购也是需要慎重考虑的。零件价值太大的如果订购太多，库存就会占用流动资金。

零件的最终订购实际就是针对每个零件进行到货规则相关要素（订购周期、订购批量、到货提前期、到货方式、到货频次、最小订购批量、安全库存）的设定。如何根据不同的零件特点设定不同的到货规则，表 5-4 所列是一个常规的经验做法，不是绝对的，实际在订购的时候需要考虑多方面的因素。

3. 常规的零件订购规则

以上对于到货规则设定因素的分析和零件特点的归类，为零件订购规则的设定奠定了基础。零件的订购规则需要根据每个零件的不同属性量身定制，表 5-4 分析和总结了常规的做法。

表 5-4 零件订购规则

考虑因素	订购规则
订购周期	一般情况下是 1 周，体积小、价值小的紧固件可能是 2 周或者 1 个月
1 次订购量	一般情况下 1 次订购量是 1 周的生产需求量，根据到货频次安排不同的日期到货，体积小、价值小的紧固件可能是 1 次订购 2 周或者 1 个月的用量
订购提前期	1~2 周
到货提前期	2h~10 天，距主机厂越近的供应商提前期越短
到货方式（非直供，直供）	与供应商远近及货量相关，货量大的又距离主机厂比较近的供应商一般以直供的方式到货；远距离的供应商一般无论货量多少都尽可能采用非直供的方式
到货频次	一般情况，远距离供应商到货频次低，近距离的供应商到货频次高
最小订购单元	包装容器的收容数
安全库存	易损件的安全库存设定较高，其他的较低；远距离供应商的安全库存设定较高，近距离的较低；价值低的零件安全库存设定低，价值高的较高

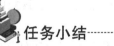

任务小结

从推动生产方式到拉动生产方式的发展，体现了以计划为导向到以客户需求为导向的供应链模式的转变，推 - 拉结合以拉动为主是目前汽车生产和供应链的主要战略模式。从主生产计划到物料需求计划的转变，告诉我们需求什么、需求多少。

单元 5
订购与供应物流管理

5.3 进口零件订购管理

 任务引入

贸易战对汽车行业的影响

2018年4月4日,美国政府发布了加征关税的商品清单,将对中国输美的1333项500亿美元的商品加征25%的关税。随后,中国政府迅速进行反制,对原产于美国的大豆等农产品、汽车、化工品、飞机等进口商品对等采取加征关税措施,税率为25%,涉及2017年中国自美国进口金额约500亿美元。具体实施日期将视美国政府对中国商品加征关税实施情况,由国务院关税税则委员会另行公布。作为中美贸易的重心之一,汽车行业自然对此十分敏感。可以肯定的是,中美贸易争端若继续升级,汽车市场必将承压,而具体到中国及美国汽车市场,以及其中的细分领域,影响则存在差异。根据中国方面公告所发布的"对美加征关税商品清单",美国生产排量超过1.5L的传统动力轿车/SUV/9座以下MPV,排量超过1.0L的插电式轿车/SUV/9座以下MPV、纯电动车、小于5t的汽油货车、变速器等汽车零件以及其他车型均在本次加征关税范围。

由此不难推断,如果中美贸易战真正打响,美国一些以进口形式进入中国的车型将受波及。中国汽车市场所受冲击有限,零件出口面临负面影响毋庸置疑,此次中美汽车贸易摩擦,对于两国汽车行业均产生了一定的不利影响,如若摩擦继续升级,双方所受影响也将继续加大。尽管此时开打贸易战对中国汽车行业整体的冲击不大,但却会对中国汽车零件的出口带来一定的负面影响。相关数据显示,中国汽车零件25%左右都出口到美国,以车轮和轮胎为主,而美国的进口零件占比为7%,主要为传动系统、车身附件以及发动机零件等。而从目前来看,中国出口的汽车零件大多数来自于国外汽车零件企业进口原材料在中国生产后出口,如若汽车零件出口受阻,相关企业自然是压力不小。当然,相关零件企业面临的状况也不尽相同。相关研究机构指出,如若贸易战打响,海外业务营收占比较高且主要依赖出口,在海外没有生产基地的企业将受到较大的冲击,而那些虽然海外业务占比较大,但在海外设有工厂且逐渐将出口业务移至海外工厂生产的企业,则可以有效规避贸易战的风险。

根据此案例,分析为什么需要跨国采购,跨国采购还受哪些因素影响。

学习目标

1)能掌握库存设定原则。
2)能了解跨国采购的运输方式、主要贸易术语。

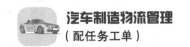

5.3.1 跨国采购概述

所谓跨国采购（Multinational Purchasing or Procurement）也称为全球采购，是指超越国界的、在一个或几个市场中购买产品、货物或服务的过程。它是指利用全球资源，在世界范围内寻找供应商，寻找质量最好、价格合理的产品。这种国际化采购可以使公司以有竞争力的方式进行管理，在全球市场上成功地运营。汽车零件的跨国采购是汽车零件采购的重要组成部分。

跨国采购是主机厂的战略决策，也是汽车行业普遍的趋势，其主要体现在以下几个方面。

1）全球采购作为公司重要的经营策略，以最少的资金采购质量最好、技术最先进、交货期最短的零件为"最佳采购原则"，全球采购已经成为世界汽车巨头提高竞争力的一条捷径，使企业间的优势互补，从而共同提升发展空间。

2）国产供应商竞争力不足。当前国际汽车企业开展质量、价格大战，中国零件企业起步晚，又分散、无序、缺乏竞争力，有的同样的产品在国内的价格是国际价格的几倍，因而国外技术含量高、质优价廉的配件就成为国内主机厂的首选。国内的主机厂要想与汽车巨头竞争，除了实行全球采购，已经别无选择。

3）汽车行业的集团效应。由于汽车行业已有一百多年的历史，国外比较成熟的汽车企业通过兼并、重组、收购等方式形成了包含多个汽车品牌和多个零件企业在内的跨国汽车集团。集团内部成员出于集团内部利益考虑，都会优先向集团内的企业进行采购活动。

4）国内汽车零件行业发展水平较低。国外汽车行业的发展已经十分成熟，而国内的发展只有几十年的历史，国外汽车技术水平、管理水平都处于领先地位，众多国外品牌建厂于中国无非是看中了中国低价的劳动力、土地、市场等资源，并且在与国内品牌合资、合作的过程中，牢牢地把握了核心技术和主动权。为了增加行业竞争优势，国内的主机厂不得不购买甚至高价进口国际优质的产品以武装自身的产品。

从表5-5可以看出，进口件的采购具有比国产件采购更多的风险。

表5-5 国产件与进口件的比较

	国产件	进口件
定义	由中国境内的供应商供应	由国外供应商供应
工厂地点	中国境内，或国外	国外
在途时间	境内运输时间短1～5天	15～60天
运输方式	公路、火车	海运、航空
风险（不确定性）	风险小，可控性大	风险大，可控性小
管理难度	相对简单，沟通即时，方便当面沟通	难度较大，沟通有时差、邮件、电话沟通

5.3.2 跨国采购的方式

跨国采购的方式分为两种，第一种是主机厂直接向国外供应商采购，第二种是主机厂通过集团资源的全球采购中心向国外供应商订购。第二种采购方式比第一种采购方式更有竞争力。当前世界主要的集团如美国的三大汽车公司福特、通用和克莱斯勒都有着上百年的历史，其旗下的子公司、合资公司及汽车零件的战略合作伙伴都遍布全球各大洲，汽车行业的全球化已经发展得十分成熟，当某子公司的新车型需要全球采购的时候，利用集团内部全球采购中心的资源及合作关系在零件供应地进行采购是汽车行业普遍实行的方法。通过全球的采购中心进行进口件的采购具体优势体现在以下方面：

1）采购中心与零件企业有更多的合作机会，利于建立长期的战略合作伙伴关系。
2）集中采购和规模采购，易于形成价格优势降低零件采购成本。
3）整合全球资源，可以更高效地找到合适的供应商资源，统一管理，降低采购管理成本。
4）在日常的订购管理中，国内的主机厂一般直接面对集团采购中心的采购和物流人员，而无须对应众多的国外供应商，沟通起来更轻松、快捷。

在跨国采购的过程中，不管是由主机厂直接向国外供应商采购，还是通过集团的采购中心订购都需要通过强大电子订购系统及视频会议、国际会议等沟通和信息共享的工具。

5.3.3 跨国采购的运输方式与库存设定

跨国采购与国产件采购最大的不同就是提前期比较长，手续较为复杂。进口件采购的流程比国产件复杂得多，主要运输方式有海洋运输、航空运输和铁路运输等。

海洋运输又称"国际海洋货物运输"，是国际物流中最主要的运输方式。它是指使用船舶通过海上航道在不同国家和地区的港口之间运送货物的一种方式，在国际货物运输中使用最广泛。企业大批量进口产品大多使用海运，适用于货量大、对时效要求不那么高的货物。一般需要做好进口计划，成本最低，是跨国采购最普遍的运输方式。由于海上运输的时间长，不确定性大，再加上清关所花费的时间，进口件的订购提前期一般在3个月以上。

航空运输是使用飞机、直升机及其他航空器运送人员、货物、邮件的一种运输方式，具有快速、机动的特点，是现代旅客运输，尤其是远程旅客运输的重要方式，为国际贸易中的贵重物品、鲜活货物和精密仪器运输所不可缺。航空运输的费用太高，一般不作为汽车行业常规的运输方式，而是仅仅作为紧急需求的不得已选择。

铁路运输是使用铁路列车运送货物的一种运输方式，其特点是运送量大、速度快，成本较低，一般又不受气候条件限制，适合于大宗、笨重货物的长途运输。中欧班列是指按照固定车次、线路等条件开行，往来于中国与欧洲及一带一路沿线各国的集装箱国际铁路联运班列。中欧班列以其运距短、速度快、安全性高的特征，以及安全快捷、绿色环保、受自然环境影响小的优势，已经成为国际物流中陆路运输的骨干方式。中欧班列物流组织日趋成熟，班列沿途国家经贸交往日趋活跃，国家间铁路、口岸、海关等部门的合作日趋密切，这些有利条件，为铁路进一步发挥国际物流骨干作用，在"一带一路"倡议中将丝绸之路从原先的"商贸路"变成产业和人口集聚的"经济带"起到重要作用。

由于零件订购的提前期长，库存水平也相对较高。库存水平的设定最低要求是，库存可用天数大于供应商最快响应天数。举个例子，如果主机厂通知欧洲的某供应商有紧急需求，该欧洲供应商以最快的速度准备好零件送达主机厂所需要的时间是15天，那么该进口零件的库存水平最低应该是15天，考虑到一些异常因素，比如航班延误、通关异常，一般这种情况库存水平设置在20天是比较合理的。而国产件的库存水平一般设置在1~5天，可见进口件的库存水平要比国产件多得多。

5.3.4 跨国采购的贸易术语

贸易术语（Trade Terms）也被称为价格术语（Price Terms），是在长期的国际贸易实践中产生的，用来表示成交价格的构成和交货条件，确定买卖双方风险、责任、费用划分等问题的专门用语。以下介绍一些常用贸易术语。

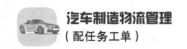

1. 工厂交货（EXW）

全称"EX Works（named place）"，即"工厂交货（指定地点）"。它指卖方负有在其所在地，即车间、工厂、仓库等把备妥的货物交付给买方的责任，但通常不负责将货物装上买方准备的车辆上或办理货物结关。买方承担自卖方的所在地将货物运至预期的目的地的全部费用和风险。本术语适用于任何运输方式。

2. 货交承运人（FCA）

全称"Free Carrier（named place）"，即"货物交承运人（指定地点）"。它指卖方应负责将其移交的货物，办理出关后，在指定的地点交付给买方指定的承运人照管。根据商业惯例，当卖方被要求与承运人通过签订合同进行协作时，在买方承担风险和费用的情况下，卖方可以照此办理。本术语适用于任何运输方式。

3. 船边交货（FAS）

全称"Free Alongside Ship（named port of shipment）"，即"船边交货（指定装运港）"。它指卖方在指定的装运港码头或驳船上把货物交至船边，从这时起买方须承担货物灭失或损坏的全部费用和风险，另外买方须办理出口结关手续。本术语适用于海运或内河运输。

4. 船上交货（FOB）

全称"Free on Board（named port of shipment）"，即"船上交货（指定装运港）"。它指卖方在指定的装运港把货物送过船舷后交付，货过船舷后买方须承担货物的全部费用、风险、灭失或损坏，另外要求卖方办理货物的出口结关手续。本术语适用于海运或内河运输。

5. 成本加运费（CFR）

全称"Cost and Freight（named port of shipment）"，即"成本加运费（指定目的港）"。它指卖方必须支付把货物运至指定目的港所需的开支和运费，但从货物交至船上甲板后，货物的风险、灭失或损坏以及发生事故后造成的额外开支，在货物越过指定港的船舷后，就由卖方转向买方负担，另外要求卖方办理货物的出口结关手续。本术语适用于海运或内河运输。

6. 成本、保险费加运费（CIF）

全称"Cost，Insurance and Freight（named port of shipment）"，即"成本、保险费加运费（指定目的港）"。它指卖方除负有与"成本加运费"术语相同的义务外，卖方还须办理货物在运输途中应由买方承担购货物灭失或损坏的海运保险并支付保险费。本术语适用于海运或内河运输。

7. 运费付至（CPT）

全称"Carriage Paid to（named place of destination）"，即"运费付至（指定目的地）"。本术语指卖方支付货物运至指定目的地的运费。关于货物灭失或损坏的风险以及货物交至承运人后发生事件所产生的任何额外费用，自货物已交付给承运人照管之时起，从卖方转由买方承担。另外，卖方须办理货物出口的结关手续。本术语适用于各种运输方式，包括多式联运。

8. 运费及保险费付至（CIP）

全称"Carriage and Insurance Paid to（named place of destination）"，即"运费及保险费付至（指定目的地）"。它指卖方除负有与"运费付至（指定目的地）"术语相同的义务外，卖方还须办理货物在运输途中应由买方承担的货物灭失或损坏风险的海运保险并支付保险费。本术语适用于任何运输方式。

9. 边境交货（DAF）

全称"Delivered at Frontier（named place）"，即"边境交货（指定地点）"。它指卖方承担

如下义务，将备妥的货物运至边境上的指定地点，办理货物出口结关手续，在毗邻国家海关关境前交货。本术语主要适用于通过铁路或公路运输的货物，也可用于其他运输方式。

10. 目的港船上交货（DES）

全称"Delivered Ex Ship（named port of destination）"，即"目的港船上交货（指定目的港）"。它指卖方履行如下义务，把备妥的货物，在指定目的港的船甲板上不办理货物进口结关手续的情况下，交给买方，故卖方须承担包括货物运至指定目的港的所有费用与风险。本术语只适用于海运或内河运输。

11. 目的港码头交货（DEQ）

全称"Delivered Ex Quay（Duty Paid）（named port of destination）"，即"目的港码头交货（关税已付）（指定目的港）"。本术语指卖方履行如下义务，将其备好的货物，在指定目的港的码头，办理进口结关后，交付给买方，而且卖方须承担所有风险和费用，包括关税、捐税和其他交货中出现的费用。本术语适用于海运或内河运输。

12. 未完税交货（DDU）

全称"Delivered Duty Unpaid（named place of destination）"，即"未完税交货（指定目的地）"。它指卖方将备好的货物，在进口国指定的地点交付，而且须承担货物运至指定地点的一切费用和风险（不包括关税、捐税及进口时应支付的其他官方费用），另外须承担办理海关手续的费用和风险。买方须承担因未能及时办理货物进口结关而引起的额外费用和风险。本术语适用于各种运输方式。

13. 完税后交货（DDP）

全称"Delivered Duty Paid（named place of destination）"，即"完税后交货（指定目的地）"。它是指卖方将备好的货物在进口国指定地点交付，而且承担将货物运至指定地点的一切费用和风险，并办理进口结关。本术语可适用于各种运输方式。

主机厂与进口卖方使用 CIF 协议较多，这样货物到达目的港后，主机厂需安排通关和陆运，这些业务是国产件订购所没有的。清关又称通关，是指进口货物、出口货物和转运货物进入或出口一国海关关境或国境必须向海关申报，办理海关规定的各项手续，履行各项法规规定的义务；只有在履行各项义务，办理海关申报、查验、征税、放行等手续后，货物才能放行，货主或申报人才能提货。清关所需的时间根据查验的程度不同需要 1~7 天的时间，缩短通关所需要的时间对于及时得到紧急零件尤其重要。

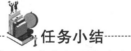

任务小结

> 汽车零件进口是主机厂提高竞争力，汽车行业全球发展的战略选择。跨国采购与国内采购的最大区别是订购提前期较长、库存水平设定较高。

5.4 车型停产与切换的订购管理

5.4.1 车型停产与切换的概述

近些年，中国汽车工业持续高速增长，各类新车型如雨后春笋般纷纷上市，汽车厂商不断

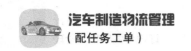

推出更具竞争力的新车型，这也意味着，市场上车型更新换代的速度加快，车型的市场生命周期缩短。车型停产（End of Production，EOP）是指主机厂停止某车型的生产，但是经销商可能还会有库存，市场上会有该停产车型的销售，售后也会继续保持。车型停车是一种正常现象，是各个汽车品牌都会遇到的问题，是汽车市场竞争优胜劣汰的必然结果，也是汽车生产商提高竞争力减少损失的一种重要手段。据调查，一般市场反响普通的一款车，市场生命周期在5年左右，市场反响差的车型有很多上市不久即宣告停产。

车辆停产大致有三种情况：一是该车型已有升级版，老车型随着时间、市场环境的变化，销量逐步下滑，为整合资源、保持竞争优势，只能让其退出市场；二是有些车型上市时由于定位不准确、外形过于个性化、成本控制不善等原因，始终无法赢得消费者的青睐，最终只能被市场淘汰；三是为了及时退出弱势领域以减少损失，选择自动退出市场。

5.4.2 车型停产与切换的零件订购管理

车型停产意味着在某一时刻这个车型不生产了，那么后续也就不需要再投入更多的零件了。这时做好零件订购的特殊管理工作，对于减少因为车型停产造成的库存损失极其重要。车型停产时的订购管理主要是控制零件的订购，使订购的总量与距离停产需求量基本相符，最完美的状态是，车型停止生产后主机厂和供应商除了必要的用于售后需求的库存不再留下任何呆滞库存。做好车型切换的库存管理关键要做到以下几点：

1）主机厂需要有一个至少提前半年的停产计划。
2）做好一级供应商、二三级供应商的库存调查与削减计划。
3）做好新旧车型切换的交替工作。

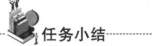

车型停产是汽车市场竞争优胜劣汰的必然结果，也是汽车生产商提高竞争力、减少损失的一种重要手段。车型停产与切换的时间较长，需要供应链各环节提前行动，尽可能地减少库存，降低损失。

5.5 入厂物流模式

快递的演变

从古至今，很多国家都有快递的悠久历史。公元前6世纪，也就是中国处在周王朝的时候，波斯帝国开辟了四通八达的驿道通信网。驿道就是古代陆地交通的主要通道，主要用于传输军用粮草物资、传递军令军情的通道。波斯帝国的驿道十分宽敞，沿途设有驿站，随时有信差准备好马匹待命，把波斯国王的命令传达到帝国各地，也会把各地的消息呈送到国王面前。有历史记载说，3000km的路程，7天信息就能到达。

单元 5
订购与供应物流管理

中国其实是世界上最早建立组织传递信息的国家之一,邮驿历史长达3000多年,我国最早的公文传递靠的是驿站,驿站主要就是供传递官府文书、军事情报的人或者来往的官员途中吃饭、睡觉、换马的场所。如果是传递紧急公文的时候就用快马,"千里马"也就是一个传说,实际上是不可能的,安禄山在范阳起兵叛乱的时候,唐玄宗在陕西临潼的华清池,两地相隔三千里,6天的时间他知道了这个消息。按照唐代的换算方法,基本上1天可以达到五百里,大约是现在的227km,这在当时已经是非常快的速度了。至于影视剧里看到的"八百里加急",可能差不多要两天的时间。

因为历史条件的限制,当时邮驿的速度和数量无法和现在相比,但是就组织的严密程度、运输信息系统的覆盖水平来说,完全不输现在的通信运输。驿站就和我们现在的邮政系统、高速路的服务区、货物中转站、物流中心等差不多一样了。

在乾隆年间的时候,一个山西人创建了镖局,那时候叫镖行,主要任务就是"收人钱财,保人免灾",也就是一个凭借武力,为客户运送财物或者保障人身安全的机构。随着这个行业的兴盛,他们承接的工作就越来越广泛,比如政府税收官银的运送和商业汇款业务等。这也算是古代快递业务的一种了。

如果说真正的快递企业的话,中国第一家快递企业出现于1980年,中国邮政开办了全球邮政特快专递业务,也就是EMS,随后很多世界快递巨头,如UPS、DHL等公司,先后和中国对外运输总公司签订合作协议,国际快递公司业务正式进入了中国市场。

根据此案例,思考快递为什么没有成为汽车行业入厂物流的主要方式,以及它们有什么差异和共同之处。

学习目标

1)能了解常见的入厂物流模式。
2)掌握取货物流的特点及优劣。

5.5.1 入厂物流模式概述

入厂物流从运输安排主导方来划分,可以分为送货物流和取货物流。送货物流是传统的入厂物流模式,由供应商根据主机厂的订单要求,选择适当的物流方式将零件送达主机厂指定地点。送货物流的产品价格里包含了运输费用。取货物流就是通过主机厂给供应商发订单,供应商按交货期和数量提前备好货,由主机厂委托的第三方物流公司按照设定的运输途径、运输方式从供应商指定的货点取货,运输至主机厂指定场所的一种采购运输方式。取货物流中,运输费用不计入产品采购价中,运输费用由主机厂支付。表5-6为送货制与取货制物流的比较。

常见的入厂物流模式见表5-7。

表 5-6　送货制物流与取货制物流的比较

内容		比较	
		送货制	取货制
信息传递	订购信息	传递到主机厂的交货要求	传递到供应商的交货要求
	订单完成信息反馈点	到达主机厂	取货后
	在途管理	供应商	主机厂
	验收作业	到货后交接验收	在取货点交接
	运输费	供应商	主机厂

表 5-7　常见入厂物流模式

JIS	JIS1	供应商按序生产，送至主机厂	供应商排序生产→主机厂收货→生产线
	JIS2	供应商在工厂排序，送至主机厂	供应商批量生产→排序→主机厂收货→生产线
	JIS3	供应商在物流仓库排序，送至主机厂	供应商批量生产→物流仓库→排序→主机厂收货→生产线
	JIS4	主机厂在车间排序	供应商批量生产→主机厂收货→排序→生产线
JIT	JIT1	供应商准时制送零件	供应商批量生产→主机厂收货→生产线
Indirect	IND1	零件在主机厂短期存放后上线	供应商批量生产→主机厂收货→缓存区→生产线
	IND2	零件在主机厂长时间存放后上线	供应商批量生产→主机厂收货→库存区→生产线
	IND3	零件送至物流仓库，送至主机厂	供应商批量生产→物流仓库→主机厂收货→生产线

5.5.2　取货物流

1. 取货物流的几种模式

根据精益生产理论，低库存可以减少仓储成本、物料积压时间、内部物料搬运成本，可以提高对零配件质量和供应商的绩效控制。但是低库存会增加组合运输的路径数量及频次、增加同一路径零件供应商的数量、增加运输成本。为解决这个矛盾，较为有效的循环取货的入厂物流管理模式被提出并加以应用。

取货的模式一般分为省内直取、省内循环取货、省外直取直送、省外循环取货、近距离同步物流，如图 5-10 所示。省内外直取同送货类似，最大的区别是承担运输的主体发生了变化。

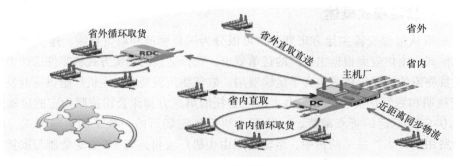

图 5-10　取货模式

循环取货主要是相对于送货物流而言，起源于英国北部的牧场，为解决牛奶运输问题而发明的一种闭合式运输系统，货车按照预先设计好的路线一次将装满牛奶的奶瓶运送到各家门口，待原路返回牛奶场时再将空奶瓶收集回去。之后逐渐发展为制造商用同一运输车辆从多个供应商处收取零配件的操作模式。具体的方法是：对于有些用量少的零件，而且是相近的供应商所生产的，为了不浪费运输车辆的运能，充分节约运输成本，每天固定的时刻，货车从制作企业工厂或者集货、配送中心出发，到第一个供应商处装上准备发运的原材料，然后按事先设计好的路线到第二家、第三家，以此类推，在预定的窗口时间内完成各供应商的取货，同时按照计划提取空箱、料架，再次抵达供应商处将其返还。一方面，是零件生产商省去了每天直接送零配件到生产线省去生产的运输费用，并省去了供应商空车返回的费用；另一方面，因为运输的频率增加了，很多原材料并不需要进入原材料仓库，发运货物少的供应商不必等到货物积满一货车再发运，所以保持了很低或接近于"零"的库存，减少资金占用；同时，与工厂生产合拍的运输计划既能保持工厂最小的库存又使得物料能够及时，较大程度地实现 JIT 供应。

取货计划是对未来取货的时间、频次、物流量进行设定。取货计划的模式有很多种，一种是按照生产计划投入进行取货，这种方式是物料推动生产的方式，另外一种是按照物料的消耗进行物料的拉动的方式。

对于长途运输而言，通过生产计划的需求进行物料的拉动是比较普遍的。因为供应商的距离远，通过实时的物料拉动的方式的话，风险特别大。只要遇到一点点交通堵塞或者雾霾雨雪等天气问题，就会导致物料的延误。所以需要根据生产计划，提前对物料进行拉动，规避风险。

对于近距离的供应商，因为运输距离比较近，如果通过生产计划进行物料的拉动，就会导致物料的堆积与呆滞，同时过多地在库滞留物料，也带来成本的增加。所以对于距离比较近的供应商，一般是按照物料消耗来拉动物料的方式进行取货。

对于短途而言，设定方式又有几种。目前物料拉动计划方式主要有以下几种：JIT-定时、JIT-定量、JIS-定量。其优劣方式见表 5-8。

2. 取货物流的特点

（1）统一的运输网络规划

传统的运输方式是各供应商分别建立各自的物流网络（图 5-11），而取货物流由主机厂统一规划物流运输网络（图 5-12）。

表 5-8 物料拉动计划方式的比较

模式 mode	JIT-定量（JIT-volume Fixed）	JIT-定时（JIT-time Fixed）	JIS-定量（JIT-fIIT-volume Fixed）
描述 Define	先设定物流批量（台套数单位），结合排序计划计算订购需求后，再根据生产进度指示到货的推拉结合模式	按照月度生产计划计算平均物流量后编制车次到货时刻表（Timeline），再根据时刻表计算各车次的订购需求的模式	根据 PAOFF 实绩生成顺序到货指示，结合生产进度后拉动到货的方式
生产进度差异的吸收方式	通过到货时间调整吸收进度差异。（定量不定时）	通过到货数量的调整吸收进度差异。（定时不定量）	通过到货时间调整吸收进度差异。（定量不定时）
优势 Strength	·车次装载效率可以保证，物流成本考虑有优势 ·对应生产进度调整的柔性较强 ·对厂内库存面积要求相对较低（进度差异通过到货时间吸收）	·对应生产计划结构调整的柔性较强 ·可以明确供应商出货窗口时间，供应商及物流商操作难度降低	·车次装载效率可以保证，物流成本考虑有优势 ·对应生产计划调整的柔性强 ·根据实际生产排序到货，库存面积可以进一步压缩

（续）

模式 mode	JIT-定量（IIT-volume Fixed）	JIT-定时（JIT-time Fixed）	JIS-定量（JIT-fIIT-volume Fixed）
劣势 Weakness	·不能明确供应商出货窗口时间，供应商及物流商操作难度增加 ·对应生产计划派生结构调整的柔性较弱	·车辆装载效率不能确保，物流成本考虑没有优势 ·对应生产进度调整的柔性较弱 ·对厂内库存面积要求相对较高 （进度差异需要通过到货数量吸收，进度反映前的零件到货需要现场面积吸收）	·不能明确供应商出货窗口时间
适用情况	·产量少，计划不稳定 ·供应商距离较近，配合度较好 ·厂内库存面积较小	·产量高，计划稳定，采用平准化排产方式 ·供应商距离较远，配合度较差 ·厂内库存面积较大	·供应商距离近，物流运作时间可以满足D点至装配工位的流动时间要求 ·配套零件是有车型区分的大零件

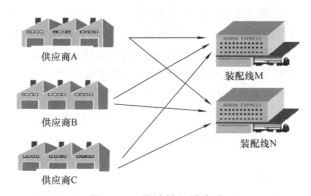

图 5-11　传统的运输方式

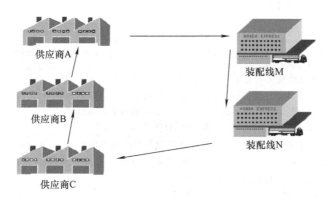

图 5-12　取货物流

（2）导入集配中心，提高运输效率

如图 5-13 所示，在供应商集中的区域选择合适的位置建立集配中心，取货车辆到供应商 A、B、C、D、E 处取货，短途运输将零件送至集配中心，再经过长途运输满载至装配工厂。

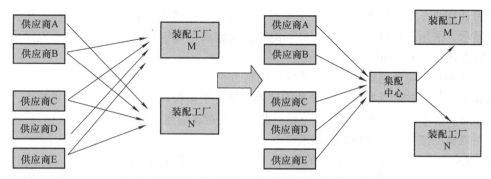

图 5-13 集配中心运作示意图

（3）多种运输方式并用

从图 5-13 的取货模式可以看出，取货物流采取更多样化的运输方式，将长途运输和短途配送结合起来，利于提高装载率、降低物流成本。

（4）包装容器的标准化

包装容器在最初设计的时候就限定了使用的规格范围，以便不同规格的包装箱可以进行单元化打包。

（5）承担运输的主体变化

汽车物流领域的最初的入场物流模式是送货物流，进而才是取货物流，送货物流是供应商与物流公司签订委托合同，由供应商委托物流公司送货给主机厂，供应商的产品报价包括运输费；取货制物流是由主机厂与物流公司签订委托合同，由主机厂委托物流公司去供应商出货点取货到主机厂的收货点。

（6）运输费用的剥离

运输费用剥离是指在取货的时候产品的价格没有包含运输费用，运输费用由主机厂支付给承担取货活动的物流商，如图 5-14 所示。

图 5-14 运输费用剥离

3. 取货物流的优劣分析

实施取货物流对整个供应链的发展有着重大意义。

（1）降低整体成本

循环取货方式是一个经过优化的物流网络，其特色是多频次、小批量、定时性。循环取货物流的优点在于，首先能优化运输网络，提高零件送货频次，降低运输成本及其他潜在成本，并为整个供应链提供更有效的库存控制。通过委托第三方物流公司运输，采用集配运输的方式，降低运输成本和降低采购者的库存量，可以有效地降低物流成本和降低库存资金积压。

上海通用汽车公司是我国较早运用多点自提这一方式的汽车生产商之一。据通用公司的财务分析显示，采用多点自提后，通用公司的零件运输成本每年可以节约数百万元人民币，与之前的运输方式相比下降30%。

（2）加强对供应商到货准时率和质量的控制力

实施取货物流能降低物流周转设备的使用数量，平衡物料接收，提高装卸货效率，减少物料直接搬运的需求，取消中间储存及堆垛。此外，它对运输商质量与配送绩效有很强的控制力。

（3）取货物流是行业发展趋势要求

取货物流由于其高效率低成本的优势，已经在国内外的汽车行业得到普及。国外对循环取货的应用研究较广，循环取货方法在国外汽车上游供应链中已经得到了广泛的应用。丰田汽车为实现JIT生产采用了多点自提供货模式，实现了高质量、高准确率的入场物流服务。福特汽车采用多点自提供货模式，其物流外包商TNT将送货时间压缩至3天，运输滞留时间减少80%，中转存货压缩了50%，仅1999年就为福特工厂净节约了3000万美元左右。国外的运作模式通常由第三方物流服务商设计路线和方案，然后由第三方物流服务商到不同的供应商处取货，再直接送到总装厂。国内的主要的主机厂，如上海大众、上海通用、福特、东风日产、广汽本田、广汽丰田等也都先后实施了取货物流。

不是所有的供应商和零件都适合取货，取货物流也有其弊端和限制。

循环取货不仅仅是汽车装配厂与供应商之间的一种物料运输方式，它涉及运输商、第三方物流、第四方物流、配送中心等各个环节，贯穿于整个供应物流过程之中，因此在各个环节都有其特别的条件和要求，对应用企业自身和外部实际情况的条件分析、各项资源安排的合理性也需要严格要求和论证，具体的运作规划、方法设计、模型开发、方案的实施等也都是根据不同的主机厂的实际情况量身定制的。

想象这样的场景：当物流公司的车辆到达供应商出货口，按计划是0.5h将空箱卸下，并将零件装上车，但是供应商由于部分容器不够而没有将出货的零件准备好，耽误了0.5h，车辆就必须等待，整个取货活动没有按照设定的时间线进行，后续的工作将受到影响。其他的原因导致取货不能正常进行，如物流公司取货车辆出现故障，备用车不够用，在车辆再次调度的时候耽误时间。

取货线路设计十分复杂，应对临时的、频繁的生产计划调整的难度较大。在实际运作中，由于生产过程中经常出现突发事件，生产计划调整无序，而其与供应商的协同合作程度不高，供应商的生产和供货计划跟不上，容易导致零件不能及时到位。

4. 实施取货物流的必要条件

在业内实施取货物流的主机厂和零件供应商不少，大部分都成功地达到了解决成本、提高效率的目的，但是也有失败的案例。成功实施取货物流有以下必要条件。

（1）容器的标准化

实现取货物流的前提条件是零件采用标准化的包装。因为只有包装标准化，才能快速准确地计算出每条线路货量的大小，最大程度提高运输车辆的装载效率，以及更好地保障零件的运输安全和质量。所以，实现取货物流的基础就是采用标准化的可循环使用的托盘与物流容器（金属与塑料）系统，并在路试过程中发现包装问题及缺陷，并进一步优化与改善，以期能够最好地契合量产阶段的供货需求。

实现汽车零件物流包装标准化给汽车生产企业带来的利益如下：降低供应链的物流成本；

提高入厂搬运与装卸的效率；保护环境。采用可循环标准包装，可以有效降低对木材的需求，减少供应链中的二氧化碳排放量。

标准化的内容主要体现在以下几个方面：

1）包装标准化。包装标准化，就是指容器的大小、尺寸（长、宽、高）的标准化，便于单元化包装。常见的包装箱尺寸匹配类型如图 5-15 所示。

序号	图片	编码	外尺寸/mm			参考内尺寸/mm			材质	备注
			长	宽	高	长	宽	高		
1		EU3212	300	200	120	265	165	110	抗冲击聚丙烯PP	设计使用寿命至少3年
2		EU4312	400	300	120	365	265	110		
3		EU4323	400	300	230	365	265	220		
4		EU6412	600	400	120	565	365	110		
5		EU6423	600	400	230	565	365	220		
6		EU6434	600	400	340	565	365	330		
7		EU8623	800	800	230	765	565	220		
8		EU8634	800	600	340	765	565	330		
9		EU12423	1200	400	230	1165	365	220		

图 5-15　欧标胶箱规格

2）装箱数量标准化。标准包装量为装配系数的整数倍，对于收容数包装大于 5 但小于 200 的零件（除螺母等细小零件和已选择最新尺寸容器外），需考虑零件日均消耗量的有关要求。螺母等小件包装优先选用 300mm×20mm×114mm 规格容器。最大包装量最好不超过 1 个月零件的消耗量。有效期零件、质量敏感件、贵重零件和关键零件等特殊零件，最多包装量最好不超过 5 天零件的消耗量。

3）包装托盘化。单个托盘高度不超过 1100mm，总重不超过 1000kg；零件混载时必须有混载标签，且重不压轻；托盘最顶层需是平面，不够箱数用空箱填充，但必须在该箱贴"空箱"标签；必须保证塑料箱标签在托盘外侧，以便目视；整托盘必须进行防尘防水处理，用打包带捆绑。

4）运输车辆标准化。物流车辆必须是符合国家道路运输安全规定的封闭厢式车辆，每辆车至少配备两个三角木，以确保卸货时的安全；运输车辆的尺寸以欧标托盘尺寸为基准，是符合各项运输标准的标准化物流车辆。

（2）物流量集中

取货前首先需要对供应商区域与物流量进行整体的分析与评估，货量集中的区域，才能实施取货，如果供应商分散物流量小，此种条件下，并不适合开展取货物流。

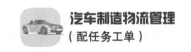

（3）供应商取货硬件、软件资质符合取货要求

供应商一方面指的是原材料供应商，另一方面指物流供应商。

原材料供应商资质主要体现的是供应商的地理位置，管理水平与配合度的情况。比如，某主机厂的绝大部分供应商都位于长江三角洲和珠江三角洲地区，有两家货量极少的供应商在西南地区，这两家供应商一个月的货量还装不满一辆 9.6m 的厢式车，这样的情况供应商以零担运输方式的成本会优于取货物流；供应商的管理水平与配合度直接关系到取货运营的效率和稳定。实施取货前，需对供应商取货的基本条件以及取货意向进行调查，检核供应商的资质是否符合取货的基本条件，实施取货前对于供应商的包装投入、运输现状、工厂大门、转弯半径、装卸货场地以及装卸平台、放置场、照明等资质一一确认，确保符合取货运输条件。

有实力雄厚的车队资源、丰富管理经验、成熟的取货物流操作经验的物流商是取货物流至关重要的条件。取货的所有的操作业务乃至前期取货的规划都由物流商来具体执行，物流商运营的效果代表了主机厂供应链的管理水平。物流供应商的资质是需要主机厂进行考量的。

（4）B/C 分析

成本是取货物流最主要的衡量标准，一般来说取货物流的实施，一方面可以提高物流品质，另一方面，取货物流的实施可以降低成本，是建立高效率、低成本物流体系的重要手段。

取货物流运行成熟的主机厂会在供应商定点开始就对大部分供应商施行取货物流，这部分供应商无须额外对物流费用进行报价。对于刚开始实施送货物流的主机厂，如果要实施取货物流，就需要由送货物流模式转变为取货物流模式，送货物流和取货物流之间的物流成本就需要做 B/C 分析，对于成本优于报价的供应商优先实施取货，同时进行费用的剥离。进行取货的 B/C 分析，就需要对于取货发生的成本费用与供应商物流费的报价进行对比分析，如果成本低于供应商报价，则可以实施取货；如果成本大于报价，除非取货可以极大地改善零件运输品质和降低停线风险，否则不宜实施取货物流。

5. 实施取货物流的步骤与方法

在实施取货制开始前，除了需要对取货的前提条件进行调查与核算外，还需要做如下准备。

（1）项目决策阶段的战略决策

现代物流管理是提高企业效益、更好地实现企业目标的一个关键的战略因素。现代化的物流管理提倡的是"高效率""低成本""快速反应"的理念，而取货物流则是能体现这一理念的快捷物流模式。

从汽车物流零件供应的战略上看，取货物流在库存控制、成本控制以及物流品质控制上明显优于送货物流，汽车供应链在设计之初就应该从战略上明确后期的入场模式，从企业决策层面就确立取货物流的方向性。取货物流在新型工厂进行规划的时候就应该纳入战略决策的范围。

（2）取货条件与供应商意向的调查

在完成企业决策层面上对于取货物流方向性的支持后，首先需要对现有供应链的取货条件，与供应商取货的意向进行调查分析。由于取货制物流确实有明显优于送货物流，国内大多数主机厂在零件的供应方面，均采取取货物流的模式，之前对于行业取货物流的调查已经阐述过，此处不再赘述。企业在取货物流实施前需要对每个供应商的取货条件进行检核，确保硬件条件与员工操作的软件条件均符合取货的要求。

（3）取货大日程的制定

当所有前期准备完成之后，取货物流的开展需要提前将工作明确到日程安排上，在所有开始工作之前是非常必要的工作,明确取货过程中各个项目以及项目的推进日期、责任人、日程,由谁需要在什么时间去完成什么工作。并且跟踪项目是否按照节点完成,检讨未完成的原因。

(4)零件开发阶段推行标准的可回收容器制作

包装是物流的基础。在项目开发阶段,零件设计完成后的开发阶段,容器包装形式就已经开始进行设计和试行。

(5)物流商的选择

取货制运营成熟的主机厂可以沿用已有的物流商,也可以重新招标,这个工作越早完成越好,以便进行线路的规划设计。首次推行取货制的主机厂一般都是以招标的形式选择物流商,招标的工作需要在取货正式运营的前6个月完成。

(6)成本的核算

成本的核算是一项巨大的工程,一般以供应商为单位进行核算而不是以零件为单位核算。成本核算结果具有取货优势的供应商将列入取货的清单,这项工作必须在路线规划以前完成。

(7)取货线路规划

路线的规划就是安排什么样的车按照什么样的顺序,去哪些供应商取货,各取多少,零件在车里如何摆放。所有的这些都是提前设定好的。线路规划的最终目的是在总的成本最低的情况下满足生产所需要的量和安全库存。

(8)系统支持

订单及取货指示的发布离不开系统的支持,取货相关系统应该在取货试运行前完成,并在取货试运行阶段进行试运行。

(9)取货试运行

取货试运行是正式实施取货前的非常必要的阶段,通过取货试运行可以发现许多准备工作可能存在的问题,并及早解决。取货试运行完成之后,就可以开始推行取货了。

6. 取货的实施与改善

(1)取货物流的验证

在完成所有的前期规划都完成后,取货就会进入运作验证阶段,取货的各项验证都完成后才可以正式实施。取货实施前的验证主要包括以下几个方面:

1)取货的线路验证。在完成取货规划后,实施前需要对规划的各条线路进行运输的验证,因为路况的不同,以及实际运输条件的不同,都有可能影响运输。同时取货线路的验证还包括运输是否顺畅、是否影响容器的返还、各个物流环节的交接等因素。这些都符合要求才能切换。

2)取货的装载验证。在线路验证的同时,根据实际的经验,偶尔由于部分铁质台车前后牵引具的影响,也会导致装载有差异。如果装载后期存在差异,需要重新调整取货批量,以达到高装载率,同时也能填满车厢,降低物流成本。

3)取货系统验证。取货订单离不开取货系统的支持,对于新兴实施取货制物流的公司,初期取货系统不一定会很稳定。在我们实施物流园取货时,系统经常会出现丢包、跳号等情况,再加上现场人员对于系统的操作不熟悉,也会出现订单频发的情况。因此在取货实施前,对于取货系统的验证也是必不可少的,取货系统需要提前进行设置,同时需要在测试环境中进行测试验证。

(2)到货跟踪

取货物流实施的过程中,需要对取货零件进行跟踪,外地供应商的取货需要通过 GPS 系统

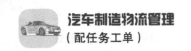

对于运输车辆进行实时监控，跟踪货物的及时到达。

对于物流园的供应商，由于供应商距离主机厂非常近，通常只有 1.5km 左右，不需要 GPS 实施监控，但是对于物流园的供应商大多都是采取 JIT 或者 JIS 的拉动模式对物料进行拉动，所以物料的到货必须具有准时性，否则就会导致生产线的停线。对于物料的跟踪，主要集中在物料的到货端，到货的零件需要及时扫描收货，这样收货记录里面就可以实时记录零件的到货准时率。

（3）取货异常统计与处理

取货刚开始运行时，首先需要对供应商进行取货的要求和说明，需要对供应商进行取货系统操作与日常运作的培训。在所有相关培训完成以后，供应商以及物流服务商需要形成相关的标准作业，以便取货的正常进行。

然而，即便准备工作都做完，在取货物流切换刚开始的一段时间，会出现以下三种异常：

1）系统异常。系统的不稳定运行时，可能出现 JIS 订单跳号、丢包等现象。

2）排序异常。供应商在排序的过程中，出现不同派生零件的混乱排序情况。

3）备货异常。供应商在接收订单后，没有及时安排备货，导致取货车辆在到达供应商处后，无货可取。

面对这些异常情况，需要及时记录以及对异常的排查与处理。每周对频发异常进行跟进处理，寻求从根源解决异常的发生。

（4）物流商服务水平考核

为了提升取货制 3PL 服务业务的运作水平以及提高 3PL 的运营品质和作业配合度，进而保障取货运输作业的效率、安全和规范，需要定期对物流商的服务水平进行检核，为此制定相关的考核评价体系。

评价方式：取货物流管理工程师对第三方物流供应商在物流供应、物流品质、日常管理等方面的记录作为考核评价依据，然后进行月度积分评价。

评价规则：根据具体的考核标准，定期对物流服务商进行评分，通过得分对物流服务商进行级别划定，KPI 评级每月进行一次，级别分为五个级别。

月度得分为 100 分的 3PL，评级为一级第三方物流，当月运输保证金以 103% 的比例进行返还；

月度得分为 95~100 分的第三方物流，评级为二级第三方物流，当月运输保证金以 102.5% 的比例进行返还；

月度得分为 85~95 分的第三方物流，评级为三级第三方物流，当月运输保证金以 100% 的比例进行返还；

月度得分为 70~85 分的第三方物流，评级为四级第三方物流，当月运输保证金以 98.5% 的比例进行返还；

月度得分小于 70 分的第三方物流，评级为五级第三方物流，当月运输保证金以 97% 的比例进行返还。

之所以设立奖惩管理细则，目的是通过加强监督和管理，正确、客观地评价物流服务商的工作绩效，整体运作能力，进而提升取货作业品质。

（5）线路改善与维护

取货线路设定完成以后，并非一成不变了，在零件产生新的设计变更的时候，取货线路需要随之对零件的相关信息进行更新,同时对应的系统中(UTE 系统、RTM 系统、Portal 系统)都需要对相关设变进行更新信息。

当新车型投入时,取货线路同时需要兼顾新旧车型的零件,此时之前确定的物流模式可能需要改变,原先单车型运输时是通过 JIT 拉动的模式,在新车型加入后,原来的模式就可能需要变更为 JIS 拉动。此时线路的规划与系统的设定就需要重新设计。

任务小结

取货物流是主机厂提高入厂物流效率,将供应风险管控延伸至供应商端的有效手段。选择入厂物流模式需要结合主机厂的生产方式、物流成本、零件特性等因素综合考虑。

单元 6
生产物流管理

单元概述

　　汽车产业是我国的重要支柱产业，汽车制造企业的生产物流已经引起行业的高度重视，零部件不断地离开上一个工序进入下一个工序，便会不断发生向前运动、向后运动、搬上搬下等物流活动，这不是独立的加工制造过程，而是将多个工序串联在一起的物流活动。据初步统计，生产过程中，物流活动时间占整个生产过程耗费时间的三分之一左右。因此，对汽车制造企业生产物流的有效管理，能够极大地节约企业生产时间和生产成本。

　　作为汽车行业的从业人员，有必要把握汽车制造生产物流的内容与模式、生产现场及生产物料管理的方法与步骤、生产库存管理及缺件管理的主要方法，达到生产物流管理提升的目标。通过本单元的学习，达成如下目标：

单元目标

1. 能力目标

1）能够描述汽车制造生产物流的内容与模式。
2）能够掌握生产选址与精益布局、车间物流设计与管理。
3）能掌握汽车制造生产现场管理。
4）能掌握汽车制造生产物料管理。
5）能掌握汽车生产库存管理与缺件管理。

2. 知识目标

1）汽车制造生产物流特点与模式。
2）5S 管理、定置管理方法与步骤。
3）盘点管理、不良品管理、新能源动力蓄电池管理主要方法。
4）库存管理、缺件管理主要方法。

6.1 生产物流概述

任务引入

某公司关于汽车制造业生产物流解决方案的探讨

汽车生产物流因零部件种类繁多、零部件的物流特性差异巨大,而被制造业界公认为系统最复杂、组织难度最大、物流管理最繁重的制造行业,而单元化工作是物流系统的基础工作,贯穿于物流的全过程。

对生产物流来讲,单元化的工作就是为所有的物料找到一种在当前物流系统中最合理的管理模式,也可以叫作零部件的物流解决方案,以下是解决方案的相关要素。

1. 零部件的物流特性

零部件的物流特性包括零部件的形状、大小、重量、安全要求等诸多要素。单元化包装的设计需综合考虑工作效率、体积、重量、搬运方式等因素。

2. 生产组织模式、生产工艺、生产节拍对零部件配送的要求

在汽车整车厂,车间不同,其生产组织模式就会不同。企业是组织拉动式生产,还是组织推动式生产,其物流管理模式是截然不同的。其次,生产工艺、节拍对单元化的容器也是有要求的,依据工艺及节拍需求,在配送能力有限的情况下,如何提升配送量且不影响取件装配的难度,是需要面临的课题。

3. 厂内物流环境对零部件配送的约束

厂内物流区厂房的建筑特性等决定了零部件的存储方式。不同的存储方式会有各不相同的单元化方式出现。厂内搬运设备的不同,同样也会很大程度地影响单元化的工作。

4. 第三方物流的能力对零部件配送的影响

零部件物流是通过主机厂自行管理,还是第三方物流公司管理,因其管理环节不同,对单元化工作的要求也不一样。例如,假设第三方物流公司的所在地在整车厂厂区外,零部件的管理和配送要经过货车运输,则货车运输的经济性就是重点考虑因素,单元化的工作必须与之相适应。

5. 外部物流环境制约着零部件物流解决方案的优化

整车厂的零部件的全球采购策略,使得零部件的供应商分布在全球,这给零部件的物流组织带来了巨大挑战,零部件的物流解决方案不得不呈现出多样性,陆、海、空全部出动,按照整车厂需求,源源不断地进入工厂预定工位的物料暂存区。

6. 整体物流方案的完整性、实施的彻底性及物流管理的水平

良好的物流体系需配套良好的管理机制,才能使整个物流系统的运作顺畅高效。

根据此案例,分析汽车制造企业生产物流的特点及方案制订的主要考量因素。

学习目标

1）能描述汽车制造生产物流概念及特点。
2）能描述汽车制造生产物流模式。

6.1.1 生产物流的概念

企业的生产物流活动是指在生产工艺中的物流活动。这种物流活动是与整个生产工艺过程伴生的，实际上已经构成了生产工艺过程的一部分。过去人们在研究生产活动时，主要关注一个又一个的生产加工过程，而忽视了将每一个生产加工过程串在一起，并且又与每一个生产加工过程同时出现的物流活动。例如，不断离开上一道工序，进入下一道工序，便会不断发生搬上搬下、向前运动、暂时停止等物流活动。实际上，一个生产周期，物流活动所用的时间远多于实际加工的时间。因此，企业生产物流研究的潜力，时间节约的潜力，劳动力节约的潜力是非常大的。

生产物流一般是指原材料、燃料、外购件投入生产后，经过下料、发料，运送到各加工点和存储点，以在制品的形态，从一个生产单位（仓库）流入另一个生产单位，按照规定的工艺过程进行加工、储存，借助一定的运输装置，在某个点内流转，又从某个点内流出，始终体现着物料实物形态的流转过程。

生产物流是企业物流的关键环节。从物流的范围分析，企业生产系统中物流的边界起于原材料、外购件的投入，止于成品仓库。它贯穿生产全过程，横跨整个企业（车间、工段），其流经的范围是全厂性的、全过程的。物料投入生产后即形成物流，并随着时间进程不断改变自己的实物形态（如加工、配送、储存、搬运、等待状态）和场所位置（各车间、工段、工作地、仓库）。

从物流属性分析，企业生产物流是指生产所需物料在时间和空间上的运动全过程，是生产系统的动态表现。换言之，物料经历生产系统各个生产阶段或工序的全部运动过程就是生产物流。

因此，生产物流是企业生产活动与物流活动的有机结合，对生产物流流程的优化设计离不开对企业生产因素的考虑，二者是不可分割的。生产物流的优化设计主要从三个方面入手：第一，生产流程对物流线路的影响；第二，生产能力对物流设施配备的要求；第三，生产节拍对物流量的影响。

企业生产物流的过程大体为原材料、零部件、燃料等辅助材料从企业仓库和企业的"门口"开始，进入生产线开始端，再进一步随生产加工过程各个环节运动，在运动过程中，本身被加工，同时产生一些废料、余料，直到生产加工终结，再运动至成品仓库便终结了企业生产物流过程。

汽车行业生产物流主要指对应冲压、焊接、涂装和总装四大车间的生产物流，它在汽车行业供应链中的位置如图6-1所示。

单元 6
生产物流管理

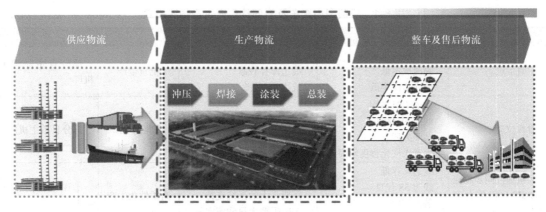

图6-1 生产物流在汽车行业供应链中的位置

6.1.2 汽车制造生产物流的特点

1. 实现价值的特点

汽车制造企业生产物流和社会物流的一个本质不同之处，即企业生产物流最本质的特点，主要不是实现时间价值和空间价值的经济活动，而是实现加工附加价值的经济活动。

企业生产物流一般是在企业的小范围内完成，当然，这不包括在全国或者世界范围内布局的大型企业。空间距离的变化不大，在企业内部的储存，和社会储存目的也不相同，这种储存是对生产的保证，而不是一种追求利润的独立功能，因此，时间价值不高。

企业生产物流伴随加工活动而发生，实现加工附加价值，也即实现企业主要目的。因此，虽然物流空间、时间价值潜力不高，但加工附加价值却很高。

2. 物流过程的特点

企业生产物流是一种工艺过程性物流，一旦企业生产工艺、生产装备及生产流程确定，企业生产物流就成了一种稳定性的物流，物流便成了工艺流程的重要组成部分。由于这种稳定性，企业生产物流的可控性、计划性便很强，一旦进入这一物流过程，选择性及可变性便很小。对物流的改进只能通过对工艺流程的优化，这方面和随机性很强的社会物流也有很大的不同。

3. 主要功能要素的特点

企业生产物流的主要功能要素也不同于社会物流。一般物流功能的主要要素是运输和储存，其他是作为辅助性或次要功能或强化性功能要素出现的。企业生产物流主要功能要素则是搬运活动。

许多生产企业的生产过程，实际上是物料不停的搬运过程，在不停的搬运过程中，物料得到了加工，改变了形态。

即使是配送企业和批发企业的企业内部物流，实际也是不断的搬运过程，通过搬运，商品完成了分货、拣选、配货工作，完成了大改小、小集大的换装工作，从而使商品形成了可配送或可批发的形态。

6.1.3 汽车生产物流模式简介

目前国内汽车及零部件厂商生产物流模式见表6-1。

表 6-1　目前国内汽车及零部件厂商生产物流模式

物流模式	优点	缺点	使用条件	代表企业
定时定点	物流操作难度低 物流成本低 配送错误率低	生产柔性化程度低 线边库存较高 线边 5S 较差	批量生产	部分自主品牌主机厂
看板拉动	物流工时平均 线边 5S 优良 装配方便 生产柔性化程度较高	物流成本相对较高 需要系统支持	平准化生产	部分日系主机厂
大量推行同步物流（JIT/JIS）和单台套配送（SPS）	线边库存低 线边 5S 优良 装配方便 生产柔性化程度高	物流成本最高 需要强大的系统支持 车间需要大量物流空间	高柔性化生产	丰田及部分欧美主机厂

任务小结

汽车行业生产物流主要指对应冲压、焊接、涂装和总装四大车间的生产物流。生产物流活动是指在生产工艺中的物流活动,这种物流活动贯穿于整个生产工艺过程中,实际上已经构成了生产工艺过程的一部分。

本任务对汽车制造生产物流及其与制造业其他企业生产物流的区别、汽车制造企业生产物流特点、汽车生产物流模式进行了系统的描述,为生产物流管理打下了必要的理论基础。

6.2　工艺流程与车间布局

某微型汽车厂生产物流分析和优化

众所周知,企业物流的合理化可以促进生产过程中资源配置的合理化、工艺流程的合理化,从而大大提高企业的竞争力。因此,进行企业物流体系研究有重要意义。

以下是对一家微型汽车厂进行的调查研究,并对所提出的生产企业物流体系的设计方法进行了实践运用。

1. 某微型汽车厂物流现状

某微型汽车厂生产的车型是微型的货车及面包车,其中以面包车为主,年产量为 10 万辆。主要生产车间是冲压车间、焊装车间、涂装车间和总装车间。除冲压车间生产的 11 种自制件外,其他均为外协件,其外协件的管理和整车的运输都外包给第三方物流公司。该物流公司租赁微型汽车厂厂区内的两个仓库作为配送中心。

2. 生产企业物流分析

目前该工厂物流存在的问题如下:

1）冲压车间的覆盖件储存位置不当，与生产区距离太近。
2）外协覆盖件储存不合理，与成品件位于同一个配送中心。
3）配送中心到总装车间的运输路线过远。
4）配送中心的物料装卸次数过多。

3. 企业物流优化原则及方法

企业物流优化的主要原则和方法如下：

1）近距离原则：物料流动距离短，可有效减少运输与装卸搬运量。
2）优先原则：彼此间物流量比较大的设施布置得近一些，流量小的设施与设备布置相对远些。
3）避免倒流原则：须最大化减少迂回和倒流现象。
4）合理提高物料活性指数，提高搬运机械化和自动化水平：物料活性指数是反映物料流动难易程度的指标，需尽量提高；物流自动化能够提高装卸搬运的质量和效率，应根据实际情况合理投入。

4. 具体优化措施

通过对厂内生产企业物流分析后，按照企业物流优化原则，从以下几个方面对该企业生产物流进行优化。

（1）优化配送中心到总装车间的运输路线

原来运输路线只能走总装车间的门进出，现在可以就近向生产线配送零部件。工位左侧的零件，即配送总装车间靠近门工位的零件料架车不需要两次穿越，可直接从门进出。这样不仅运输距离缩短了，也减少了危险性。

（2）企业物流信息的流通

厂内成立专门负责企业物流的部门管理生产企业物流的规划与运行。利用互联网技术同供应商端共享整个企业物流系统信息，从而使更多的零件实现 JIT 式配送。

根据此案例，分析企业生产物流优化的主要考量因素。

学习目标

1）能描述生产选址与精益布局。
2）能描述车间物流设计与管理。

6.2.1　汽车制造工艺流程

工艺流程是技术加工过程、化学反应过程与物流过程的统一体。在以往的工艺流程中，如果认真分析物料的运动，会发现有许多不合理的运动。例如，厂内起始仓库搬运路线不合理，搬运装卸次数过多；仓库对各车间的相对位置不合理；在工艺流程中物料过长的运动，迂回运动、相向运动等。这些问题都反映了工艺流程缺乏物流考虑。

汽车整车制造厂一般由冲压、焊接、涂装、总装四大生产工艺组成，大型的主机厂会根据企业发展需求设立发动机制造车间、树脂车间和模具加工车间。部分新能源汽车整车制造厂设有动力电池制造车间。在四大工艺车间中，总装车间和焊装车间内部物流规划含金量较高。如何实现内部物流和生产工艺的高效衔接，是汽车主机厂推进精益物流、降低生产成本的核心工作。其中，焊装车间多为金属件，形状差异大，易损伤，边角锋利，对包装容器的要求较高。冲压台车如侧围、顶篷、门板台车投资大，且台车外形大，对线边空间要求较高，需要叉车作业。总装车间涉及零部件种类多、派生多，包装规格差异大，需要根据零部件的实际情况采用不同的方式进行供件。比如说，对于派生较多的线束、灯、门模块、A/B/C柱饰件、顶篷、地毯等都需要做供应商排序或者车间内排序。因此，零件的分类和包装的规范就显得尤为关键。

工艺流程有两种典型的物流形式：

1）加工物固定，加工和制造操作处于物流状态。如建筑工程工艺、大型船舶制造等。

2）加工和制造的手段固定，被加工物处于物流状态。这种工艺形式是广泛存在的形式，如化学工业中许多在管道或反应釜中的化学反应过程，水泥工业中窑炉内物料不停运动完成高温热化学反应过程，高炉冶金过程，轧钢过程。更典型的是流水线装配机械、汽车、电视机等，都属于这种类型。

另外，还有被加工物及加工手段都在运动中完成加工的工艺流程。除去上述两类极端工艺流程外，许多工艺流程是两类的过渡形式，并具有两类的特点。

6.2.2 汽车制造工厂布置

工厂布置是指在工厂范围内，各生产手段的位置确定，各生产手段之间如何衔接和以何种方式实现这些生产手段。具体来讲，就是机械装备、仓库、厂房等生产手段和实现生产手段的建筑设施的位置确定。这是企业生产物流的前提条件，应当是企业生产物流活动的一个环节。在确定工厂布置时，单独考虑工艺流程是不够的，必须要考虑整个物流过程。汽车四大工艺车间布局以"人"字形或"L"形的布局较为常见。

工厂平面布置总的要求是要从系统的角度出发，整体优化，以达到物料运送最顺畅简捷、物料转运周期最短，并符合安全生产和工艺流程的要求，从而确保工厂空间被综合、充分、均衡、灵活地应用。目前，从车间多个方向去配送零件的方式越来越多地得到应用。进行工厂平面布置的程序如下：

1）对生产物流的分析。高效的物流就是能充分符合生产工艺和产量变化要求的物流系统，是连续、均匀、顺畅的，符合生产从最初工艺到成品完成的全部生产过程对物流的要求。

2）与活动范围有关联的分析。规划时除了考虑物流主体外，还需要结合实际情况来进行调整优化，以便满足物流要求的同时，不对其他关联人造成干涉。

3）绘制物流活动范围关联线图。

4）面积设定和功能区域关联图的绘制。

5）布局综合调整和方案评价。

常用的工厂平面布置方法有物料流向图法和物料运量图法。物料流向图法是指按照原材料、在制品及其他物资在生产过程中总的方向和运输量，通过绘制物料流向图来布置工厂的车间、设施和生产服务单位。一般要根据物料的流向，结合企业地形和厂区面积绘制物料流向图。物料运量图法是根据各个生产环节物料运输量的大小来进行企业总平面布置的方法。关联运输量较大的环节在布局时应该尽量靠近，以便达到总运输量降低。

 **拓展阅读**

某冲压车间生产自制侧围,由于工艺路线往复交叉,生产传递路线长达800m;车间精益生产主管"物流流程分析",对冲压机床布局和物流行走线路进行调整,加大改善车间物流布置,使生产流程缩短230m,节省搬运人力,电力等成本达53%。

 **任务小结**

工厂布局和车间布局本身是一个物流的配置问题,也是影响和决定生产物流的关键因素,好的工厂布局和车间布局对物流至关重要。

本任务对汽车制造工艺流程、工厂布置两者与生产物流紧密关联进行了一定分析,并对工艺流程的两种典型物流形式、工厂平面布置主要程序逐一介绍,有效增加工厂及车间布局的全局意识。

6.3 汽车制造生产现场管理

 **任务引入**

某汽车公司成功推行5S活动

某汽车零部件公司(以下简称为D公司),早在2004年就完成了5S的全面推行,取得了巨大的成绩。该公司由于行业特点,工作环境极容易惹尘。在5S活动推行之前,清洁活动只停留在表面,基本是由清洁工人代劳。5S活动后,全体员工对"清洁"两字有了深入的认识,每天都坚持5min清洁,有效地保持了环境的清洁。尤其是每月一次的部门之间的清洁活动竞赛,使全体员工更加认真地对待日常清洁。

1. 整理

档案附有清楚的标识,通过数字管理,方便查阅和取放。仓库和工场布料堆放限高1.8m,并做足安全措施。同时,制定了"必要品与不要品的判定基准"和"常用程度基准表",使员工都清楚如何判断和归位。

2. 整顿

厂房规范各物品的存放位置。样板房清楚陈列各类样品,并注明型号、名称和资料号。原材料和存货则按"先入先出"为原则,采用颜色管理,清晰显示了日期的先后。

3. 清扫

新购和加装自动巡回式清扫器,将尘埃控制在源头。机器每次进行例行维修的同时进行清理和清洁。

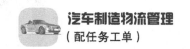

4. 清洁

运用看板管理，将业务员业绩图表化。为某些机器特制了一些透明外壳，防尘防污。设计了"每日清洁稽查表"，互相检查互相监督，将结果每日公布，促进改良性竞争。对油口、水槽、杂池、接口等特殊部位规定了清洁程度和清扫周期。

5. 素养

设备控制板面加装透明盖，便于透视且起到防护作用。每次下班，操作员均能自觉将透明防护盖盖好并保持干净。相邻工序的员工自觉互检互助，工作效率和品质逐渐提升。

D公司实施5S之所以会成功，首先是因为公司自上而下十分重视，对5S有一个清晰而正确的认识，将其与大扫除区分开来，认识更加深入。其次，D公司在5S的推行中处处都结合自身企业特色，制定标识、制度以及一些相关的检查表等。同时，还依据企业生产特点采用了巡回式清扫器，将污染堵在源头。而且，D公司还定期组织各种活动，提高了员工对5S的重视程度以及工作热情。因此，D公司推行5S的成功不是偶然的而是必然的，这些也正是值得其他企业借鉴的。

根据此案例，请列举5S活动推行与开展大扫除的主要区别有哪些方面。

学习目标

1）理解5S管理的内容，能将5S管理思想应用到日常学习和生活中。
2）理解定置管理的内容，能推进实施定置管理。
3）了解汽车生产物流中常用的物流设施及装备，从整体上把握各自应用场景。

6.3.1 生产现场5S管理

5S是指整理（Seiri）、整顿（Seiton）、清扫（Seiso）、清洁（Seiketsu）、素养（Shitsuke）五个项目，因日语的罗马拼音均是以"S"开头，所以简称5S。

5S起源于日本，是指在生产现场中对人员、机器、材料、方法等生产要素进行有效的管理，这是日本企业独特的一种管理办法。日本企业将5S运动作为管理工作的基础，推行各种品质的管理手法，产品品质得以迅速地提升，奠定了经济大国的地位。而在丰田公司的倡导推行下，5S对于塑造企业的形象、降低成本、准时交货、安全生产、高度的标准化、创造令人心旷神怡的工作场所、现场改善等方面发挥了巨大作用，逐渐被各国的管理界所认识。5S管理具体步骤如下。

1. 整理

1）定义：区分要与不要的物品，现场只保留必需的物品。

2）目的：①改善和增加作业面积；②现场无杂物，行道通畅，提高工作效率；③减少磕碰的机会，保障安全，提高质量；④消除管理上的混放、混料等差错事故；⑤有利于减少库存量，节约资金；⑥改变作风，提高工作情绪。

3）意义：把要与不要的人、事、物分开，再将不需要的人、事、物加以处理，对生产现场的现实摆放和停滞的各种物品进行分类，区分什么是现场需要的，什么是现场不需要的。其次，对于车间里各个工位或设备的前后、通道左右、厂房上下、工具箱内外，以及车间的各个死角，都要彻底搜寻和清理，达到现场无不用之物。

2. 整顿

1）定义：必需品依规定定位、定方法摆放整齐有序，明确标示。

2）目的：不浪费时间寻找物品，提高工作效率和产品质量，保障生产安全。

3）意义：把需要的人、事、物加以定量、定位。通过前一步整理后，对生产现场需要留下的物品进行科学合理的布置和摆放，以便用最快的速度取得所需之物，在最有效的规章、制度和最简洁的流程下完成作业。

3. 清扫

1）定义：清除现场内的脏污、清除作业区域的物料垃圾。

2）目的：清除"脏污"，保持现场干净、明亮。

3）意义：将工作场所的污垢去除，使异常的发生源很容易发现，是实施自主保养的第一步，主要是在提高设备稼动率。

4. 清洁

1）定义：将整理、整顿、清扫实施的做法制度化、规范化，维持其成果。

2）目的：认真维护并坚持整理、整顿、清扫的效果，使其保持最佳状态。

3）意义：通过对整理、整顿、清扫活动的坚持与深入，从而消除发生安全事故的根源。创造一个良好的工作环境，使职工能愉快地工作。

5. 素养

1）定义：人人按章操作、依规行事，养成良好的习惯，使每个人都成为有教养的人。

2）目的：提升"人的品质"，培养对任何工作都讲究、认真的人。

3）意义：努力提高员工的自身修养，使员工养成良好的工作、生活习惯和作风，让员工能通过实践5S获得人身境界的提升，与企业共同进步，是5S活动的核心。

5S是现场管理的基础，5S水平的高低，代表着管理者对现场管理认识的高低，这又决定了现场管理水平的高低。通过5S活动，从现场管理着手改进企业"体质"，则能起到事半功倍的效果。

6.3.2 定置管理

拓展阅读

> 定置管理起源于日本，由日本青木能率（工业工程学）研究所的文明生产倡导者青木龟男始创。后来，又由日本当代企业管理专家清水千里应用和发展了青木龟男的理论，于1982年总结和提炼成为定置管理这一新的科学管理方法，并编写出版了《定置管理入门》一书。以后这一方法在日本很多企业得以推广应用，都取得了明显效果。

1. 定置管理的定义和内容介绍

定置管理是对生产现场中人、物、场所三者之间关系进行科学的分析研究，使之达到最佳结合状态的一种科学管理方法。它以物在场所的科学定置为前提，以完善的信息系统为媒介，

以实现人和物的有效结合为目的，通过对生产现场的整理、整顿，把生产中不需要的物品清除掉，把需要的物品放在规定的位置，使之随手可得，促进生产现场管理文明化、科学化，达到高效优质、安全的生产效果。

（1）人与物的结合

人与物的结合有两种方式：直接结合和间接结合。所谓直接结合，又称亲密结合，是指当操作者需要某种物品时，能立即拿到手或者能得心应手地结合。比如，口袋里或者机器房的小工具等，这些物品当需要时能立即拿到手，并加以应用。所谓间接结合，是指人与物呈分离状态，为了使其结合，需要通过一定的信息媒介，如人的记忆、笔记本或者台账等记录。因此，信息的好坏，或者该信息处理方法的好坏，都将很大程度上影响着结合结果。一般来说，间接结合出现的情况较多。

（2）人与物的结合成本

在生产活动中，为实现人与物的结合，需要消耗劳动时间，支付工时费用，这种工时费用称为人与物的结合成本。如果作业者因需使用的工具盒物料无定置管理，工作时花费很多时间去寻找所需的工具和物料，则需要耗费不少工时，也就是结合成本会增加。因此，我们能够得出人与物的结合成本，同物的原成本和同物的现成本的关系为：物的现成本＝物的原成本＋结合成本。

（3）物和场所的关系

物与场所的有效结合是实现人与物结合的基础。研究物与场所的有效结合，就是对生产现场、人、物进行作业分析和动作分析，是对象物品按生产需要、工艺要求科学地固定在某场所的特定位置上，达到物与场所的有效结合，缩短取物的时间，消除人的重复动作，以促进人和物的最佳结合。

"定置"是定置管理中的一个专业术语，是根据安全、质量、效率和物品自身的特殊要求，而科学地规定物品摆放的特定位置。

"定置管理"是对生产现场中的人、物、场所三者之间的关系进行科学的分析研究，使之达到最佳结合状态的一门学科。说它是科学，是因为它是研究物品的特定位置，从人、物、场所相互关系的内在联系上寻找解决生产现场各工序存在问题的方法，从而达到优化企业物流系统，改善现场管理，建立文明生产程序的目的。其具体表现在以下方面：

1）管理方法。①前提：物在场所的科学定置；②媒介：完整的信息系统；③目的：高效生产、文明生产、安全生产。

2）定置管理的范围。对生产现场物品的定置过程进行设计、组织、实施、调整，并使生产和工作的现场管理达到科学化、规范化、标准化的全过程。

3）物品的定置和放置比较。①定置：人、物信息健全结合，存在价值高，现场文明、高效、活跃；②放置：人、物信息不健全结合，存在价值低，现场混乱、低效、沉默。

2. 定置管理的实施

定置管理就是把"物"放置在固定的、适当的位置。但对"物"的定置，不是把物拿来定一下位就行了，而是从安全、质量和物的自身特征进行综合分析，以确定物的存放场所、存放姿态、现货表示等定置三要素的实施过程，因此要对生产现场、仓库料场、办公现场定置的全过程进行诊断、设计、实施、调整、消除，使之管理达到科学化、规范化、标准化。定置管理的核心就是尽可能减少和不断清除 C 状态，改进 B 状态，保持 A 状态，同时还要逐步提高和完善 A 状态。

单元 6
生产物流管理

在工厂生产活动中，最主要的要素是人、物、场所和信息，其中最基本的是人与物的因素。在生产场所中，所有物品都是为了满足人的需要而存在的，因而必须使物品以一定的形式与人结合。

定置的两种基本形式：固定位置，即场所的固定、物品存放位置固定、物品的信息媒介物固定，适用于那些在物流系统中周期性地回归原地，在下一生产活动中重复使用的物品；自由位置，相对地固定一个存放物品的区域，适用物流系统中那些不回归、不重复使用的物品。

定置管理开展程序如图 6-2 所示。企业可按自己的实际情况进行调整制定。

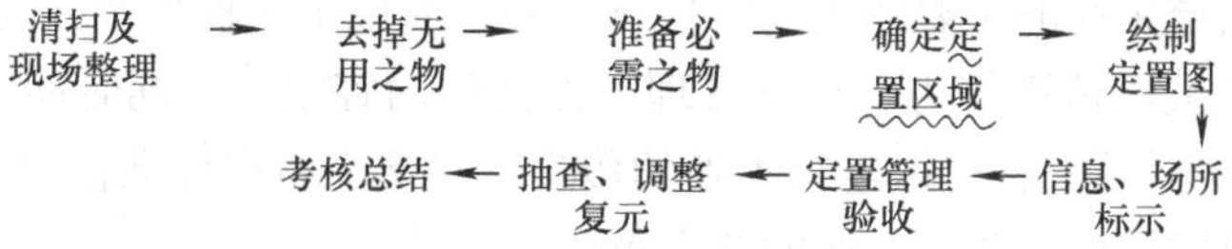

清扫及现场整理 → 去掉无用之物 → 准备必需之物 → 确定定置区域 → 绘制定置图

考核总结 ← 抽查、调整复元 ← 定置管理验收 ← 信息、场所标示

图 6-2　定置管理开展程序

定置管理的实施步骤如下。

（1）制定定置管理标准

1）定置管理标准制定的目的包括：

① 使定置管理标准化、规范化和秩序化。

② 使定置工作步调一致，有利于企业统一管理。

③ 使定置管理工作检查有方法、考核有标准、奖罚有依据，能长期有效地坚持下去。

④ 培养员工良好的文明生产和文明操作习惯。

2）定置管理标准的主要内容包括：

① 定置物品的分类规定。企业从自己的实际出发，将生产现场的物品分为 A、B、C 三类，以使人们直观而形象地理解人与物的结合关系，从而明确定置的方向。

② 定置管理信息铭牌规定。信息铭牌是放置在定置现场、表示定置物所处状态、定置类型、定置区域的标示牌，应统一规定尺寸、形状、位置高低和制作，做到标准化。但要注意检查现场的定置区域，是不含有制造的区域，其划分和信息应符合统一规定。

现场区域一般分为五个区域：成品及半成品待检区、返修品区、待处理品区、废品区、成品及半成品合格区。

（2）定置管理工作的原则如下：

1）要有利于提高产品质量。

2）要有利于促进生产、提高工作效率。

3）要有利于安全生产。

4）要有利于降低产品成本，提高经济效益。

5）要有利于充分使用生产场地，发挥生产能力。

6）要有利于定置物的规范化、标准化、科学化。

（3）定置管理颜色标准

颜色在定置管理中，一般用于两种场合：一种用于现场定置物分类的颜色标志；另一种是用于现场检查区域划分的颜色标志。前者如用红、蓝、白三种颜色表示物品的 A、B、C 分类；后者如将现场检查区域分别规定其颜色，并涂在标准信息铭牌上。其中，蓝色表示待检查品区；绿色表示合格品区；红色表示返修品区；黄色表示待处理品区；白色表示废品区。

为便于记忆,还可编成口诀"绿色通,红色停,黄色绕道行,蓝色没检查,白色不能用"。

(4)可移定置物符号标准

可移定置物在定置图中采用标准符号表示法,从而使定置图面清晰、简练、规范,且可使各部门之间便于简化手续,研究定置情况。

6.3.3 生产物流设施及装备

1. 输送机

输送机是生产物流采用的主要通用物流机具,甚至形成了一种生产方式的代表。20世纪初,泰勒的"科学管理"就以传送带为"科学管理"方法的内容之一。同时期,美国汽车工业巨头亨利·福特创造的"福特制",更以连续不停的传送带运转来组织标准化的、机械化的甚至自动化的生产,使输送机成了现代化大生产的非常重要的机具。

输送机在生产工艺中采用,主要在两方面:一方面是作为物料输送用,例如矿石、煤炭原材料的运输;另一方面是用做装配中的主要机具,工人固定在装配线上某一位置,每个工人完成一种标准的作业,随输送机不停运行,从输送机一端进入的半成品(如汽车骨架)在输送机前进过程中,不断安装各个组件、零件,在输送机另一端输出制成品。

采用输送机作为装配线或生产工艺的生产领域主要有汽车工业、家用电器工业、电子工业、仪表工业、机械制造工业等。在生产流水线采用的主要输送机种类有带式输送机、辊道输送机、链式输送机、悬挂输送机、板式输送机等。在汽车主机厂,自动化输送设备运用较为广泛,比较典型的有白车身输送滑橇、板链、升降机、座椅轮胎输送线等。

2. 集装单元器具

集装单元器具主要有集装箱、托盘、周转箱等。货物经过集装器具的集装或组合包装后,具有较高的灵活性,随时都处于准备运行的状态,利于实现储存、装卸搬运、运输和包装的一体化,达到物流作业的机械化和标准化。

3. 叉车

叉车属于工业搬运车辆,是指对成件托盘货物进行装卸、堆垛和短距离运输作业的各种轮式搬运车辆。国际标准化组织 ISO/TC110 把它称为工业车辆,在企业的物流系统中扮演着非常重要的角色,是物料搬运设备中的主力军。

叉车通常可以分为三大类:内燃叉车、电动叉车和仓储叉车。

(1)内燃叉车

内燃叉车常见的有普通内燃叉车(图6-3)和侧面叉车(图6-4)等。

图6-3 普通内燃叉车

图6-4 侧面叉车

（2）电动叉车

电动叉车以电动机为动力，蓄电池为能源，分为普通电动叉车（图6-5）和无人电动叉车（图6-6）。

图6-5　普通电动叉车

图6-6　无人电动叉车

（3）仓储叉车

仓储叉车常见的有电动托盘堆垛叉车（图6-7）和电动拣选叉车（图6-8）。

图6-7　电动托盘堆垛叉车

图6-8　电动拣选叉车

4. 牵引车

牵引车分为三轮电动牵引车（图6-9）和四轮电动牵引车（图6-10）等，三轮电动牵引车转弯半径较小，四轮电动牵引车载重能力较强。

图6-9　三轮电动牵引车

图6-10　四轮电动牵引车

5. 自动导向车

自动导向车（Automated Guided Vehicle，AGV）是一种自动化物料搬运设备，它具有自动化程度高、应用灵活、可靠、无人操作、施工简单及维修方便等诸多优点，广泛应用于工厂自动化、智能仓储物流，是现代物流系统的关键设备，它对于提高生产自动化程度和提高生产效率有着重要意义。

常用 AGV 分为磁条导航 AGV（图 6-11）、激光导航 AGV（图 6-12）和二维码导航 AGV（图 6-13）等。车型支持牵引式、背负式、叉车式、潜入式等多种制式，以满足不同用户的工况需求。

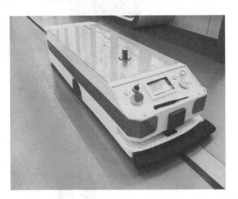

图 6-11　磁条导航 AGV

 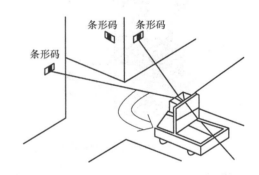

图 6-12　激光导航 AGV

图 6-13　二维码导航 AGV

相比重型自动化设备,AGV 的成本更低。AGV 系统能够大大提升仓储的自动化程度,在自动化仓库中,AGV 主要完成物料搬运输送工作,即入库、出库等操作,能 24h 实现自动出入装卸站、工作台和货架等,充分满足工作时间长、搬运量大、搬运线路复杂、柔性高等严苛的技术要求。在汽车制造领域,AGV 广泛应用于零件出入库搬运、零件自动化运输上线以及作为生产线的一部分实现生产工位之间的流转。图 6-14 所示是某主机厂通过 AGV 实现零件的自动运输上线。

图 6-14 AGV 自动运输上线

随着 AGV 技术不断迭代更新,实现了传统汽车零件超市"人找货"的固有零件存储、分拣、排序的人工模式,转化为高效、便捷、智能的"货到人"的拣选和排序出库模式,不仅解决了传统仓储管理的问题,更实现了对汽车零部件的智能化仓储信息管理、自动化准确排序、人性化拣选出库,明显提高了汽车零件超市的工作效率。图 6-15 所示是某主机厂通过智能 AGV 实现"货到人"拣选排序作业。

图 6-15 "货到人"拣选

6. 自动化立体仓库

自动化立体仓库一般是指采用几层、十几层乃至几十层高的货架储存单元货物,用相应的物料搬运设备进行货物入库和出库作业的仓库。由于这类仓库能充分利用空间储存货物,故常形象地将其称为"立体仓库",如图 6-16 所示。

7. 低成本自动化装置

低成本自动化装置(Low Cost Automation,LCA)在日本叫"Karakuri",是指应用机械、气动、电气、电子和光电子等技术手段,制造出结构简单、价格低廉、使用方便、性能稳定、见效快的自动装置或系统。LCA 注重人机结合,充分发挥员工智慧和创造力,通过融入重力、杠杆等基本原理,达到消除浪费,满足精益生产的需求。

图 6-16　自动化立体仓库

LCA 广泛应用于机械加工、生产装配、物料搬运等各个生产环节。其真正落地到生产车间是以工装的形式展现，如滚筒输送装置（图 6-17），实现了低成本自动化输送的功能；重力投料返空装置（图 6-18），实现了自动下料、自动返空的功能；跨工位输送装置（图 6-19），通过提升空间利用率实现了跨工位传送而不影响下方作业通道的目的。

图 6-17　精益管滚筒输送线

微课视频
低成本
自动化装置

图 6-18　重力投料返空装置　　　　图 6-19　跨工位输送装置

8. 托盘

国家标准《物流术语》对托盘的定义是,用于集装、堆放、搬运和运输的放置作为单元负荷的货物和制品的水平平台装置。作为与集装箱类似的一种集装设备,托盘现已广泛应用于生产、运输、仓储和流通等领域,被认为是20世纪物流产业中两大关键性创新之一。托盘作为物流运作过程中重要的装卸、储存和运输设备,与叉车配套使用,在现代物流中发挥着巨大的作用。

目前我国托盘国家标准尺寸有两种:1200mm×1000mm、1100mm×1100mm,优先推荐使用1200mm×1000mm 规格。

ISO(国际标准化组织)确定了六种托盘尺寸:1200mm×800mm、1200mm×1000mm、1219mm×1016mm、1140mm×1140mm、1100mm×1100mm、1067mm×1067mm。

托盘主要分为以下几种:

1)平托盘。平托盘使用范围最广,利用数量最大,通用性最好。

2)柱式托盘。柱式托盘分为固定式和可卸式两种,利用立柱支撑重物,往高叠放,防止托盘上放置的货物在运输和装卸过程中发生塌垛现象。

3)箱式托盘。箱式托盘分为固定式、折叠式、可卸下式三种,也称笼式托盘或仓库笼。箱式托盘防护能力强,可防止塌垛和货损,可装载异形不能稳定堆码的货物,应用范围广。

4)轮式托盘。轮式托盘可用于短距离移动、自行搬运或滚上滚下式的装卸等场景,用途广泛,适用性强。

5)特种专用托盘。由于托盘作业效率高、安全稳定,尤其在一些要求快速作业的场合,突出利用托盘的重要性,研制了多种多样的专用托盘。

6)滑板托盘。在一个或多个边上设置有翼板的平板,用于搬运、存储或运输单元载荷形式的货物或产品的底板。

7)植绒内托。它是一种采用特殊材料的吸塑托盘,将普通的塑料硬片表面粘上一层绒质材料,从而使托盘表面有种绒质的手感,用来提高包装品档次。

9. 胶箱

胶箱分为可折叠和不可折叠两种,按照尺寸规格分为国标和欧标两大类。其使用的规格主要有 EU4323、EU4312、EU6423、EU6434、EU8623、EU8634、EU12423 等。在远距离供应零件时,如果物料需求达到经济批量要求,建议采用可折叠包装,以便降低空容器返回供应商的运输费用。

生产物流涉及的设施和装备还有很多,需要根据现场实际需求及物流技术的要求进行选择应用。

6.3.4 生产物流的物流节点

从整个供应链来讲,物流节点主要包含客户交付、经销商交付、成品出库和入库,在制品、原材料、零部件交付生产车间,原材料、零部件生产等环节。生产物流节点,主要以仓库形式存在,虽然都名为仓库,但生产物流中各仓库的功能、作用乃至设计、技术都是有区别的。一般说来,生产物流中的仓库有两种不同类型。

(1)储存型仓库

一般来讲,在生产物流中,这种仓库是希望尽量减少的。在生产物流中,这不是主体。

(2)衔接型仓库

衔接型仓库是生产企业中各种类型中间仓库的统称,有时就干脆称为中间仓库。中间仓库完全在企业的可控范围之内,因此,可以采用种种方法缩减这种仓库,甚至完全取消这种仓库,解决这一问题需要管理方法与调整技术并用。从技术方面来讲,是调整半成品生产与成品生产的速率,在这一方面,现在采用的广告牌方式和物料需求计划方式(MRP方式)都有可能解决这一问题,以达到生产物流的优化。

总的来说,供应链管理的核心目的是通过产销联动,运用精益生产工具,整合整条供应链上的资源和信息,优化流向,推送物流精益化,从而实现整条供应链上库存的整体下降,实现整条供应链上所有参与者的共赢。

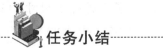

5S是指整理(Seiri)、整顿(Seiton)、清扫(Seiso)、清洁(Seiketsu)、素养(Shitsuke)五个项目。5S对于塑造企业的形象、降低成本、准时交货、安全生产、高度的标准化、创造令人心旷神怡的工作场所、现场改善等方面可以发挥巨大作用。

"定置管理"是对生产现场中的人、物、场所三者之间的关系进行科学的分析研究,使之达到最佳结合状态。

生产物流涉及的设施和装备较多,物流技术也在不断提升,需根据现场实际需求及物流技术的要求选择应用相应设备。

6.4 生产物料配送与管理

物流配送模式导读

近年来,汽车工业迅速发展,汽车零部件种类需求随之增加,如何才能将上千种汽车零部件准确及时地配送到生产线,同时达到在库最少,效率最高,物流投资最低,是汽车厂家关注的焦点。同时,随着市场竞争日趋激烈,如何保障生产线高节拍、多车型混线的柔性化生产也是汽车企业生产物流所要面临的共同课题。

选择合适的物流配送模式是解决这些难题的必要条件。当前行业内常见两种配送模式是拉动式与推动式。

拉动式生产是丰田生产模式两大支柱之一——准时制生产(Just In Time)得以实现的技术承载。这也是大野耐一凭借超群的想象力,从美国超市售货方式中借鉴到的生产方法。相对于过去的推动式生产,前一作业将零件生产出来"推给"后一作业加工,在拉动式生产中,是后一作业根据需要加工多少产品,要求前一作业制造正好需要的零件。"看板"就是在各个作业之间传递这种信息、运营这种系统的工具。与拉动式生产相对应的是推进式生产(Push Production)。在推进式生产中,每一工序都根据生产计划,尽其所能地生产,尽快完成生产任务,不管下一工序当时是否需要。

通过行业多年的运用实践，拉动式得到越来越多的推广应用，并衍生出了多种物流配送模式，有效满足了高柔性化、高节拍的生产需求。但推动式因其操作简单依然得到了一定的应用。

阅读此任务引入后，尝试从互联网查询丰田式生产管理的主要原则有哪些。

学习目标

1）能掌握拉动式与推动式配送方式的区别及运用。
2）能掌握生产物料盘点机不良品管理方法。

6.4.1 现场物料配送

制造业配送是围绕制造业企业所进行的原材料、零部件的供应配送。汽车主机厂的现场配送大多是由第三方物流执行。现场物流配送模式由各主机厂的生产模式和现场管理水平不同而各有不同。推动式生产和拉动式生产的要求是截然不同的，其主要的模式是看板、叫料系统、计划供给等。

现场物料配送是生产物流部门根据生产计划提出物料需求清单，并由物流人员根据物料需求清单之要求统一配送物料的管理方式。

目前，汽车制造企业现场物料配送主要有三种方式：计划配送、JIT 和 JIS（Just In Sequence）。其中计划配送为"推动式"配送，JIT/JIS 属于"拉动式"配送。

1. 计划配送

仓库计划人员根据企业生产计划部门发布的生产顺位计划和 BOM 表（Bill Of Material，物料清单），计算出每种零部件的需要量及投入计划，依照计划发出配送指令，如图 6-20 所示。

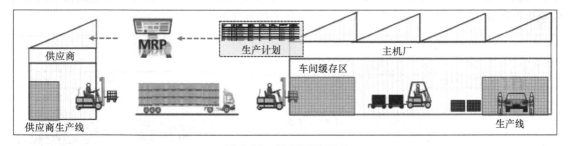

图 6-20 计划配送原理

计划配送方式较简便，易操作，但它只适合于大批量、品种单一、生产稳定的生产模式，如一些小零件；当面对小批量多品种、生产易波动的生产模式时，很难制订出一个紧密、准确的生产作业计划，因此只能依靠增加车间库存来应对生产，其结果是车间库存居高不下，生产混乱，增加管理的难度和困难性。

2. JIT

JIT 生产方式，实质是保持物质流和信息流在生产中的同步，实现以恰当数量的物料，在恰当的时候进入恰当的地方,生产出恰当质量的产品。在现场物料配送环节,JIT 是指要将正确的物料以正确的数量在正确的时间送到正确的地点,它以生产驱动,通过看板,采用拉动方式将物料配送与生产紧密地衔接在一起,使车间库存大为减少,提高生产效率,如图 6-21 所示。

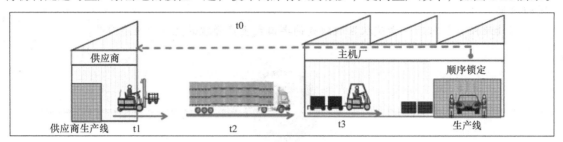

图 6-21　JIT 配送原理

看板是 JIT 生产方式中独具特色的管理工具,是传递信号的工具,它可以是某种"板"、一种揭示牌、一张卡片,也可以是一种信号。看板的职能包括:物料配送的作业指令;防止过量配送;进行"目视管理"的工具。

JIT 配送的优点主要在于:

1)可以实现小批量,多频次的配送。

2)很好地适用混流生产,物流运作不因生产的波动而受其影响。

3)减少线边库存。

4)利用目视化管理,便于物流操作的标准化。

3. JIS

JIS 配送方式(同步物流)是在 JIT 的基础上发展而成,即将物料按照装配顺序排列好送到生产线。

JIS 配送实施方式:通过车间的排产计划,将实际的车辆上线信息与排序系统对接,通过系统排序计算后,产生 JIS 排序单;排序单是严格按照车辆上线顺序将所需要的零部件进行排序,包括需求零部件的零件号、数量、装配线工位、需求实际、供应商等;供应商接收到排序信息后按照此单顺序将对应的零部件放入料车并配送到线边,如图 6-22 所示。

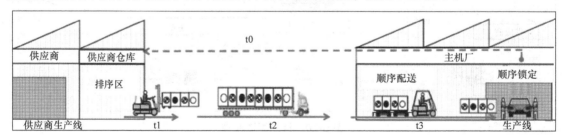

图 6-22　JIS 配送原理

JIS 配送适用于:

1)体积较大、对现场空间需求较大的零部件,如座椅等。

2)派生件,即不是所用车型都使用的零部件,如保险杠等颜色件。

3)贵重零部件。

作为 JIT 配送方式的一种特殊而极端的状态,JIS 对于库存的要求达到了极端,车间需要什么零部件，供应商就配送什么零部件，因此 JIS 配送方式对于供应商零部件质量、配送时间要求最高。

汽车制造企业车间配送作业的核心目的在于：①理顺公司内部物流秩序，便于生产计划的制订；②缓解仓库与车间领退料之间的矛盾，降低车间库存成本；③提高仓库管理质量；④加强物料成本控制。

[拓展案例分析]

对于现场物料配送方式，绝大部分汽车整车厂都是采用三种方式混合使用，以某主机厂为例，车型共 11 款，外购零部件种类共有 1400 种。对于零件体积小、包装数高、周转率低的通用件采用计划配送方式，如紧固件配送；对于一般零件，通过系统将车间的零件消耗信息形成 JIT 拉料单后传递给供应商，供应商按照拉料单要求配送零件，如安全带等；对于零件体积大、包装数低、周转较快、单位价值高的零件，系统读取车间实际车辆上线信息后计算形成排序清单，供应商根据排序清单配送零件至线边。

6.4.2 物料盘点

物料管理是企业生产制造的核心工作之一。物料盘点是对车间物料管理实绩的检查手段，其目的，一是清理盘点库存查核实际库存与系统账目是否相吻合；二是计算盈亏之依据。物料盘点范围主要涉及工厂车间内和仓库。物料类别包括物料、原料、半成品、成品、消耗品等。

企业物料盘点方式根据盘点频次可划分为月度、季度、年中、年终和循环盘点五类。其中，月度盘点每月末由各单位主管进行抽盘；季度盘点每季度末由各单位主管进行抽盘；年中盘点每年 6 月底或 9 月底进行；年终盘点每年 12 月末或 3 月末进行；循环盘点定期由零件管理人员进行抽盘。

企业盘点管理主要涉及如下几个方面：

1. 盘点计划

制订盘点计划表；明确盘点组织结构。

2. 盘点准备事项

1）盘点准备工作提前 1~2 个月启动，需设定盘点目标、计划和人员，并对盘点人员预先进行培训；

2）盘点前须将成品、半成品、原料、物料、消耗品等依其品名规格及料号规划区域进行摆放，各物料须以物料标签标示清楚，规划区域须以物料标示牌加以标示。

3）设定盘点区域，各区域的物料须集中摆放，并将物料以良品、不良品、报废品加以区分，分仓入库。

4）盘点前各物料区域"5S"整理，由各单位主管亲临指挥整理与清点工作，全体人员须按计划实行。

5）盘点前，各单位及相关部门须将现场之物料及时整理入库，物料控制人员须完成物料进出流通的冻结工作。

6）盘点当日须停止生产的排程，要求各生产部门暂时停止生产。

3. 盘点程序

1）初盘者由具体现场人员担任，初盘前由各单位主管按物料区域及具体负责人进行分组，并指定各小组负责人。

2）发放盘点表，做好交接记录，盘点结束后须全部收回。

3）初盘者在盘前须先规划好盘点时间的分配，盘点时须每2h核对一次进度，当进度跟不上时应立即调人支持，以利于初盘计划顺利完成。

4）初盘者实施过程中须填写盘点表，并将白联标示在物料明显位置，另外一联交于盘点负责人。

5）经过复盘和监查人员的确认后，盘点现场工作可以结束。

6）盘点表核对无误时，将交于输入组进行计算机汇总。

4. 盘点注意事项

1）零件须停止流动。

2）非公司资产须有明显标识。

3）须保证所有资产都要盘到。

4）公司外部资产须通过沟通获取真实数据。

5. 复盘、监察时抽点比率

1）复盘时，监察人必须抽盘一定比例零件，以保证覆盖程度和盘点数据的可靠性。

2）如依抽查数据和初盘数据不一致，须全部复盘。

6. 盘点差异

一般情况下可设定盘点误差见表6-2。

表6-2　ABC级物料允许差异表

序号	允许差异	分类简述
1	±0.40%	A级物料
2	±0.8%	B级物料
3	±1%	C级物料

7. 盘点准确率

盘点准确率的计算公式如下：

$$盘点准确率 = 1 - \frac{|实际库存 - 账面库存|}{账面数量}$$

8. 盘点盈亏差异处理

盘点中盈亏之现象，由输入人员根据输入的盘点单产生出的差异数，打印出盘点明细表，经部门主管核准后，作库存调整之依据，并做出财务方面的处理。同时，须分析差异原因，并做出改善对策。

6.4.3　不良品管理

制造企业对品质管理分为四个方面：原材料品质、零部件品质、在制品品质、成品交付品质。制造企业对品质管理的理念直接决定着企业的兴衰和成败。国内不少老企业对品质管理的观念还停留在下线检查。TPS倡导的QC理念是品质是生产出来的，因此，发现品质异常须立刻停止生产。本小节主要对零部件品质管理要求进行阐述。

1. 不良品类型

不良品来源主要有材料来料不良、调机报废品、自检报废品、作业不当、QC抽检不良品、制程全检不良品、工程品管试验品（试做、试验、信赖度测试）、超储存期限产品、客户退货品。

2. 不良品的接收

不良品接收时的注意事项：必须分清楚不良原因，区分不良厂家；必须做好标志，规范包装；经品质人员确认并签名。所有的品质不良都需及时纳入相应的系统管理。

3. 不良品的处理

不良品必须及时进行处理。如累积的话，不但资金积压，更会引起呆滞物料的产生。处理方法一般来说分为退货、特采、降级处理、修复、报废。

4. 不良品的预防

不良品如果已经产生，不论如何处理都会造成损失。关键是在于预防，杜绝不良品的产生。品质是设计出来的，也是制造出来的。

设计研发部门应将产品设计成安装容易，组立容易，缺陷易暴露，工艺易实现，易拆卸，部件可互换。要充分地应用设计FMEA，一个好的设计项目将使一切都很容易进行，即"产品是设计出来的"。

采购部门应做好厂商的寻找和评估工作。一个优秀的外协厂商相比一个糟糕的外协厂商会减少很多不良品的产生。

生产部门应注意生产前工艺流程的编排，可采用作业指导书、工艺卡、PFMEA等手段，将生产中可能会产生不良的地方一一加予预防。特别结合样品制作和试投产，把问题解决并工艺标准化后才开始正式生产。

仓储部门应做好产品的搬运规范，物料的摆放也应规定高度和重量；库存品做到先进先出，以防止产品变质。

品管部门应与制造配合做好产品的首检、自检和巡检，三检合一；应用GRR、CPK、PFMEA等管制手法，层层把关，杜绝不良品流入下道工序。

要做出好的产品的同时，还应注意设备保养、量具校验、新品试制和教育训练。

5. 不良品的两个观念

1）应将不良品当作良品看待。不论是不良品的出入库还是摆放储存，都要尽量与良品一致。不良品可以修复、可以特采、可以降级使用，就算报废品也可以作为分析不良原因的教材。乱堆乱放，将造成不良品进一步被破坏，使本来可以挽回的损失将再也难以挽回。更严重的，如果不良品混入后段将造成后段品质问题的发生，所以不良品也应像良品一样由专门的不良品仓进行统一管理

2）产品是管理出来的，而不是检验出来的。随着时代的进步，产品是检验出来的观念逐步进化成"产品是制造出来的"→"产品是设计出来的"→"产品是管理出来的"。作为检验，只是事后诸葛亮，因为产品一旦生产完成，其好坏已经确定。

检验的作用在于：

① 将良品、不良品区分，使不良品不流入后段，减少损失。

② 掌握生产状况，快速调整减少损失。

但已做出来的就不可弥补了，加上检验员自身的素质、技术水准等因素难免造成误检，所以把基础建立在这样的观念上是危险的。

只有一次性做出良品，这种思路才是正确的，这要求公司有一个完善的管理系统，加上各部门密切配合才有可能实现。

6.4.4 新能源汽车动力蓄电池管理

目前新能源汽车主要采用动力蓄电池（以下简称电池）为其提供动力的能量存储，生产物流涉及电池的入库、存储、出库、上线等环节安全要求以及维护保养、安全管理以及意外处理，均涉及人员以及电池的安全，需采取有效的方法进行重点管理。

1. 术语定义

1）电池单体：构成电池的最小单元，一般由正极、负极及电解质等组成，其标称电压为电化学的标称电压。电池单体如图 6-23 所示。

2）电池模块：将一个以上的单体电池按照串联、并联或者串并联混联的方式组合，且仅有一对正负极输出端子，并作为电源使用的组合体。该组合体可附带电子控制系统，如图 6-24 所示。

3）电池包：电池能量储存装置，包括电池单体、电池模块的集成、电池管理系统、高压电路、低压电路、冷却装置以及固定框架或托盘组成的机械总成，如图 6-25 所示。

图 6-23　电池单体　　　　图 6-24　电池模块　　　　图 6-25　电池包

4）绝缘护具：绝缘鞋、绝缘手套、绝缘胶垫、绝缘操作工具、防护眼镜等。

2. 电池入库

1）电池运输应满足 HJ 519—2009、GB21966—2008 的安全管理规定。

2）电池应处于低电荷状态下运输。

3）电池包装容器不应变形，电池不得出现裸露部分。

4）电池运输过程中增加固定的支架及防震防冲击措施，并做好防水防火措施。

5）电池运输过程不擅自拆解、破坏以及丢弃。

6）电池搬运应使用拖车、叉车、AGV 和举升机等辅助工具，防止出现搬运安全事故。

7）电池搬运应做好高压正负极绝缘防护，同时从电池上移除电池维修开关。

8）电池搬运过程中应居中平稳，如果电池包由多个独立部分组成，则运输过程中应断开连接。

9）电池搬运过程中高度不应超过 1m，电池入库出库时电池运输高度不超过 2m。

10）存放货架承重不得小于 400kg/ 层，电池存放间隔距离不小于 18cm，存放货架需做绝缘垫板及防雨外层，同时加耐酸碱腐蚀地面隔离层，地面需加绝缘层，设置泄液回收装置防液体流出（防泄漏底托）。

11）如因电池过大或过重导致不方便进入货架的，可使用原包装就地整齐摆放，堆叠高度不得超过包装规定的层数，如无规定则不应高于 2.5m。

12）电池存储场地要求配备安全消防器材，灭火器可选择泡沫灭火器、干粉灭火器以及干冰灭火器。

3. 电池存储

1）电池存储环境应满足 DB44/T 1203—2013、DB44/T 1135—2013 的安全规范。

2）电池存储摆放应满足 DB44/T 1203—2013、DB44/T 1135—2013 的安全规范。

3）存储摆放要求按照单体、模组以及电池包进行分类。

4）存储时应放置标识卡，注明电池包、模组以及电池单体的状态信息，同时增加高压警示标识卡、爆炸性及腐蚀性标识。

5）电池包、模组以及电芯必须保持原厂包装存储，严禁挤压，同时应做好高压正/负极绝缘保护，电池包需拔除高压维护开关。

6）存储区域要求地势高度足够，避免出现雨水倒灌，同时要求划分独立空间区域：合格电池进入样品库/区域，不合格电池进入废品库/区域，不合格品区做好隔离装置及加锁防护。

7）电池包、模组、电池单体存储场地要求保持通风干燥，避免电池曝晒或雨淋。

8）库房控制条件：

温度范围：15~30℃，推荐温度 15~20℃。

湿度范围：20%~60%，推荐湿度 40%±5%。

需制定"新能源电池存放区每日点检表"进行日点检。

9）电池存储场地要求配备安全消防器材，灭火器可选择泡沫灭火器、干粉灭火器以及干冰灭火器。

10）电池包、模组、电池单体存储场地要预留逃生通道，安装逃生指示灯。

11）存储区域内严禁放置汽油、水等液体和易燃易爆物品，存储区域外 10m 空间范围内禁止放置易燃易爆物品，隔墙门窗严禁使用易燃器材。

12）存储场地的隔墙、门窗严禁使用易燃建材，并严禁烟火。

13）电池包、模组、电池单体的存储场地不得进行与出入库无关的工作。

14）电池包、模组、电池单体存储场地工作人员进入场地应穿戴必要的绝缘护具。

15）电池包、模组、电池单体存储场地要求设置化学品警示标识、爆炸性及腐蚀性标识。

16）废品库/区域宜远离建筑群独立修建，并在上述要求外增加耐酸地面隔离层，及防流装置设施。

17）现场需配备电池 MSDS 卡。MSDS（Material Safety Data Sheet）即物料安全说明书。

4. 电池出库

1）电池包搬运应使用拖车、叉车、举升机和 AGV 等辅助工具，防止出现搬运安全事故。

2）电池包搬运应做好高压正/负极绝缘防护，同时确保电池维修开关已经移除。

3）电池包搬运过程不损坏电池包装，搬运时电池离地高度不应超过 1m。

4）生产线边电池包放置区域要求保持地面绝缘、通风干燥，避免电池曝晒或雨淋。

5）电池包搬运过时中心应居中平稳，如果电池包由多个独立部分组成，则运输过程中应断开连接。

6）电池包运输优先使用原包装，容器不得破损变形，电池不得移位裸露。

5. 电池上线

1）电池包上线应使用工装、夹具等辅助工具协助装车。

2）电池包上线应做好高压正/负极绝缘防护。

3）电池包上线应确认电池维修开关处于剥离状态，目视电池外观是否有破损异常。

4）电池包装配使用绝缘工具准备，如绝缘扳手、绝缘手套等。

5）电池上线后，应该放置在线边绝缘地面上。

6. 应急预案

1）电池起火：采用二氧化碳灭火器、干粉灭火器或干冰灭火器灭火。

2）气体泄漏：离开电池存储区域，在周围半径3m处做好隔离说明，防止人员进入该区域，同时报告区域负责人。

3）电池液体泄漏到身体上：应立即用大量清水冲洗；液体进入眼睛，应在大量清水冲洗后立刻去往医院。

4）电池撞击、跌落：人员撤离3m以外，并在周围半径3m处做好隔离说明，防止人员进入该区域，同时报告区域负责人。

5）应急预案每半年应该演练一次并有演练记录。

任务小结

　　汽车制造企业现场物料配送主要有三种方式：计划配送、JIT和JIS（Just In Sequence）。其中计划配送为"推动式"配送，JIT/JIS属于"拉动式"配送。

　　物料管理是企业生产制造的核心工作之一，要特别关注盘点管理和不良品管理以及新能源汽车动力蓄电池管理。

　　本任务通过对汽车制造企业物料配送方式的类型及运用场景、物料盘点的主要步骤和注意事项、不良品的预防考量因素、新能源汽车动力蓄电池物流环节安全管理系统性描述，有效增强对生产物料管理的认识。

6.5 库存管理及缺件管理

任务引入

T公司汽车零部件企业库存管理改进方案

　　T公司成立于2001年，主要生产汽车的制动系统、燃油系统和发动机的管路，在我国乘用车管路零部件市场的份额已达到50%以上。T公司库存种类繁多，且不同种类生产物料的采购周期均不一致，因此给库存管理带来了极大的困难。一方面为应对客户的及时交付，往往生产出过多的成品和采购过量的原材料，直接带来仓储成本和管理费用的增加；另一方面，有时却会因物料的缺货造成紧急采购，发生较高的缺货成本。

　　目前T公司没有形成一个高效的库存管理体系，库存管理的效果不尽人意。T公司认识到必须引进先进的管理模式来改善。

单元 6 生产物流管理

（1）实施 JIT 管理模式

为满足客户 100% 的交付需求，实现生产系统的高柔性和零库存，T 公司引进了 JIT 生产管理模式取代原来传统的"推动式生产"方式。推动式生产方式要保证准时交货，就必须有翔实的日生产计划，而这恰恰是 T 公司所没有的，必然导致半成品库存居高不下。

JIT 准时制生产方式，是以"拉动式"来控制整个生产过程，各工序只生产后工序所需要的产品，减少了库存量。制动、燃油系统车间实行 JIT 准时制生产后，首先解决了生产车间无"日生产计划"，提高了准时交货的能力。其次，减少了车间半成品和原材料的库存量，降低了呆滞材料的发生，该车间的库存天数由原来的 4 天降为 2.2 天，并减少了面积投入。同时，由于各工序间都实现了按标准器具定量流转，给存货盘点带来极大的便利，库存信息也变得准确及时，给采购计划的准确制定提供了保障，形成了需求计划、采购、生产、仓库、财务管理整个内部供应链的良性循环。

（2）改善仓储管理

针对原材料仓库管理混乱、库存信息准确性较差，提出下列改善措施：

1）对原材料仓库重新布局。依据各车间生产材料的专用性特点，原材料仓库拆分成 2 个仓库。这样有利于材料的管理，提高向生产线配送材料的效率。

2）流动库位和固定库位相结合的存储方式。固定库位存储即每种物料统一存放在事先设计好的固定的存储位置，流动库位存储即物料没有固定的存储位置。改进后，T 公司依据原材料体积大小和特点，确定不同类型的原材料用不同类型的存储方式。

根据此案例，为最大限度地降低不合理库存给企业带来的经营风险，分析库存管理的重要性，以及库存优缺点、库存成本类型、库存控制方法有哪些。

学习目标

1）能描述库存重要性、优缺点。
2）能描述库存控制常用分类方法。
3）能描述缺件管理内容。

6.5.1 库存管理

1. 库存管理

所谓库存，就是社会商品在企业生产经营过程中形成的停滞。广义的库存不仅是指仓库中处于储存状态的物品或商品，还包括处于制造加工状态的半成品和运输状态的商品，是用于支持生产、维护、操作和客户服务而存储的各种物料。

一般来说，企业在销售阶段，为了能及时满足顾客的要求，避免发生缺货或延期交货现象，需要有一定的成品库存。

汽车制造企业库存管理是物流管理中的重中之重，很多物流管理中的问题被库存所掩盖，故有"库存冰山"的说法。如何精确评估库存成本并控制库存成本一直是企业头痛的问题。成本的降低是优化物流系统的一个关键所在，在库存控制中，没有对库存成本的精确评估就很难实现库存控制的目标。一般说来，库存成本如何确定？与存货分类方法的 ABC 分类法相比，

CVA 分类法有什么优势？现代物流管理提倡实行零库存管理，零库存的库存真的为零吗？制造企业开始普遍实施供应商管理库存来减少企业存货，提高存货周转率。供应商管理库存在零库存管理中又扮演什么样的地位？如何进行供应商管理库存？以下进行详细分析。

2. 库存分类

从生产过程的角度可分为原材料库存、零部件及半成品库存、成品库存三类。从库存物品所处状态可分为静态库存和动态库存。静态库存指长期或暂时处于储存状态的库存。

3. 库存的重要性

（1）原材料库存

原材料库存的作用如下：

1）获得大量购买的价格折扣。

2）大量运输降低运输成本。

3）避免由于紧急情况而出现停产。

4）防止涨价、政策的改变以及延迟交货等情况的发生。

5）调整供需之间的季节差异。

6）保持供应来源。

（2）产成品库存

产成品库存的作用如下：

1）节省运费。

2）产能的平衡。

3）调整季节差异。

4）提高客户服务水平。

5）保留技术工人。

（3）库存的优缺点

总的说来，库存的优点主要包括：避免缺货，保障向客户供应；应对各种意外变化；保证生产与经营过程连续进行；缩短供货周期；应对产品季节性需求波动；通过价格投机，获取利润等。库存的缺点主要包括：占用大量资金；增加库存利息支出；人事费用增加；可能产生滞销商品；不动产投资增加；隐藏了企业经营的问题等。

4. 企业库存管理的特点

企业库存管理的特点如下：

1）产品系列化、多样化，使得企业的库存水平上升。

2）存货由零售商转向供应商，加大了企业库存管理的难度。

3）库存被看成是一项投资，使企业库存管理更加重要。

4）总成本最小的目标，使企业有时需要加大库存。

如果适当增加部分库存能减少其他形式的成本，并且其节约额超过了库存成本的增加额，那么企业就会选择增加库存。

5. 库存管理基本指标和概念

成本的降低是优化物流系统的一个关键所在，在库存控制中，没有对库存成本的精确评估就很难实现库存控制的目标。一般说来，库存成本分为三种类型：

1）采购成本：包括订货成本和购买成本。

2）库存持有成本：在一定时期内随着存储产品的数量而改变。
3）缺货成本：失销成本和延期交货成本。

6. 库存管理基本指标和概念

库存周转率：库存周转率越大，说明企业在投入的资金和库存量不变的情况下每年周转的次数就越多，资金利用率越高。企业需要"快速出手，迅速周转"。

计算公式如下：

$$库存周转率 = \frac{期内出库总金额}{期内平均库存金额} = \frac{期内出库总金额}{(期初库存金额+期末库存金额)/2}$$

7. 安全库存

许多企业都会考虑保持一定数量的安全库存，即缓冲库存，以应对需求或提前期方面的不确定性。但是困难在于确定什么时候需要保持多少安全库存。安全库存太多意味着多余的库存，而安全库存不足则意味着缺货或失销。

8. 库存控制

要对库存进行有效的管理和控制，首先要对存货进行分类。常用的存货分类方法有 ABC 分类法和 CVA 分类法。

（1）库存控制分类方法：ABC 法

A 类：数量占库存物资总数的 10%，金额占库存总金额的 70% 左右的物资。
B 类：数量占库存物资总数的 20%，金额占库存总金额的 20% 左右的物资。
C 类：数量占库存物资总数的 70%，金额占库存总金额的 10% 左右的物资。

相对于主机厂，仅仅简单的零件 ABC 分类是不能满足流程规划和精益生产的需求，其中某合资汽车公司 ABC 物料分类法，设立的目标是希望在世界级物流准则上，在时间、费用及质量上为各类物料提供正确的指导方针，满足车间及 WCM（World Class Manufacturing）物流生产力的需求。

在此目标下，物料分类的指导方针包括：根据物料价格可建立优先顺序及相应的重视程度，以推进物流流程的改进；根据世界级理想标准，从生产线要求开始，标示最合适的物流流程；为即将编入使用点的世界级库存基准提出建议；提出最适合的零件分拣系统建议以支持推荐的流程。

从物料分类开始，可进行"差距分析"，从而为各个部件或物流体系制定准备计划。该分析在 BC（Benefit/Cost）分析的支持下将逐步推进实施。表 6-3 为以 ABC 分类法为例说明的物料分类法。

物料 ABC 分类流程如下：

1）收集相同生产线上的零件数。
2）用规则①确定 AA 类零件数目。
3）每个 AA 零件，根据规则②确认是否为大型零件，根据规则③确认是否为多派生零件系列，如果既是大型零件又是多派生零件，则属于 AA 子类；如果只是大型零件属于 AA2，只是多派生零件则属于 AA3；都不属于则为 AA3 子种类。
4）考虑 A 类其他零部件，确认 AB 种类中的零件数量（根据规则③与②，细分为 AB1 和 AB2 子种类）及 AC 种类的数量。
5）确认 C 种类中的零件数量。
6）其余的部件属于 B 种类。

表 6-3 物料 ABC 分类法

分类	品种	子类	子种类	种类描叙	规则
A	贵重件	AA1	大型零件及多派生零件	包括所有的贵重零件,要求为大型零件及多派生零件	① 车辆的造价预算应该从估算 BOM 着手,包括最常见的零部件(从 A 到 Z,100% 的零部件)。常见零部件应以价格降序排序,以采用整车 50% 价格预算的零部件。预测的界限值适用于 BOM 中的所有零部件
		AA2	大型零件	包括所有的贵重零件及大型零件,不属于多派生零件	
		AA3	多派生零件	包括所有大型的多派生零件,要求非大型零件	
		AA4	其他贵重零件	包括未指定到上述分类中的其余贵重零件,不包括大型零件	
	大型零件	AB1	多派生零件	包括所有的大型的多派生零件	② 标准集装箱:零件量 >60L
		AB2	其他大型零件	包括未指定到上述分类中的其余大型零件	
	多派生	AC	AC		③ 物流系列零件扩散数 ≥ 3
B	常规零件	B			④ 零件不属于 A 或 C 类的
C	小/便宜零件	C			⑤ 扣紧零件所有零件单位量 <0.015L(参数 25mm × 25mm × 25mm)

(2)库存控制分类方法:CVA 分类法

1)最高优先级:这是经营的关键性物资,不允许缺货。

2)较高优先级:这是指经营活动中的基础性物资,但允许偶尔缺货。

3)中等优先级:这多属于比较重要的物资,允许合理范围内的缺货。

4)较低优先级:经营中需用这些物资,但可替代性高,允许缺货。

(3)库存的重点管理

ABC 分析和 CVA 分析的结果,只是理顺了复杂事物,搞清了各局部的地位,明确了重点。但是,ABC 分析与 CVA 的分析主要目的更在于解决困难,它是一种解决困难的技巧,因此,在分析的基础上必须提出解决的办法,才能真正达到 ABC 分析的目的。目前,许多企业为了应付验收检查,形式上搞了 ABC 分析,虽对了解家底有一些作用,但并未真正掌握这种方法的用意,未能将分析转化为效益,这是应力求避免的。应按 ABC 分析与 CVA 分析的结果,再权衡管理力量与经济效果,对三类库存物品进行有区别的管理。

6.5.2 缺件管理

缺件管理是实现缺件登记、采购、满足需求整个过程的跟踪记录。它跟入库、出库无关,不影响库存,只是起到缺件的产生、预警和跟踪记录情况。

1. 仓库零件缺件

在仓库管理中一般会用到各类库存管理信息系统对在库零件进行账务管理,包含入库、出库、隔离、报废等各项内容。目前国内企业常用的相关管理系统有 SAP、用友以及各企业内部自行开发的库存管理系统。

在该项管理中,可利用库存报表、系统预警等一系列措施对库存水平进行监管控制,但是针对不同零件的到货周期(Lead Time)不同,所以不同零件的预警时间也应有所不同。仓库管理人员应在设定好的预警时间之前(≥ L/T)对零件预警,将相关信息反馈给物料控制和生产控制人员,以便及时催料或调整生产计划。

2. 非仓库零件缺件

非仓库零件也就是各主机厂常提到的直供件,即不经过主机厂管理的仓库,由供应商工厂端或中转仓将零件直接送至主机厂车间指定物流区域或直接送至线边使用。

在该项管理中,因主机厂没有过多的库存,所以对于这类零件的到货时间精度和预警反应速度要求都很高。若供应商没有在预定的时间范围内送货,则零件接收人员应及时将相关信息反馈给物料控制和生产控制人员,以便及时催料或调整生产计划。

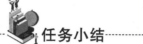

任务小结

库存是社会商品在企业生产经营过程中形成的停滞,是物流管理中的重中之重。缺件管理是实现缺件登记、采购、满足需求整个过程的跟踪记录。本任务通过对库存的概念及重要性、库存的优缺点、库存管理指标、库存控制分类常用方法,以及缺件管理主要内容、处理方法进行系统描述,以提升生产物流管理水平。

单元 7
整车物流管理

单元概述

　　自 2009 年起,中国超过美国成为世界第一汽车产销大国,已连续 7 年产销量超过 2000 万辆,汽车产业是我国的重要支柱产业。我国物流成本占 GDP 比重的 20% 以上,而先进国家占 GDP 比重的 10% 以下,美国为 9%,日本仅为 8%;我国仓储量为美国的 5 倍,企业支付产品储存、运输的费用约占生产成本的 30%～40%,而发达国家却仅占 8%～10%,甚至更少。汽车的年度物流超过 2000 万辆,在汽车品牌销售日趋集中,市场竞争进入白热化的今天,如何降低整车物流的运输及仓储成本,成为各大汽车主机厂一个十分关切的课题和提高产品竞争力的一个重要手段。

　　作为汽车行业的从业人员,有必要掌握分析汽车整车物流的历史发展进程,利用相关工具方法及互联网大数据技术手段细致分析成本的构成并研究降低成本的有效方法,达到降低成本、增加产品竞争力的目的。通过本单元的学习,达成如下目标:

单元目标

1. 能力目标
1)能够描述整车物流的内容与模式。
2)能够掌握整车物流模式的选择比较方法。
3)能够掌握整车物流供应商选择的比较。
4)能够掌握整车仓储规划的手段。

2. 知识目标
1)汽车整车物流特点与模式。
2)物流模式的选定及供应商的甄选。
3)整车仓储的管理方法及手段。
4)销售物流的规划方法。

单元 7 整车物流管理

7.1 整车物流概述

物流行业 GB1589 标准宣贯工作座谈会在京召开

2016年1月5日，中国物流与采购联合会在北京组织召开"物流行业GB1589标准宣贯工作座谈会"。

《汽车、挂车及汽车列车外廓尺寸、轴荷及质量限值》（GB1589—2016）国家强制性标准于2015年12月通过审查。其中，车辆运输车标准问题是GB1589实施工作的重点和难点。此次会议，交通部和发改委的领导听取了汽车物流企业对车型标准化问题的意见与建议，并针对分阶段实施中车辆需求、驾驶员招聘、车辆改装、主机厂定价、购车补贴、道路执法等一系列问题进行了深入的探讨和交流，有利于推动汽车物流行业规范化经营的发展。同时，为了更好地宣传和贯彻GB1589，将开展"GB1589实施指南"编制工作，多方共同探讨了行业协会和企业如何做好标准的前期宣传、贯彻落实和行业自律工作。

根据此案例信息，通过互联网等方式查找了解GB1589标准原文。

1）能描述整车物流的概念。
2）能掌握整车物流按不同标准下的几种分类。
3）能掌握整车物流的全业务链条内容。

7.1.1 整车物流概述

1. 整车物流概念

《汽车物流术语》对整车物流做出如下定义：基于时间竞争的敏捷汽车供应链环境中，以整车作为物流服务标的物，按照客户订单对交货期、交货地点、品质保证等的要求进行快速响应和准时配送。整车物流从简单的商品车运输变化为以运输为主体，仓储、配送、末端增值服务为辅的新型物流。

整车物流在各国及汽车行业内都有不同的说法：日本称为"车辆物流""完成车物流"；英美等国称为"Vehicle logistics""Vehicle transport"。

2. 整车物流分类

按照整车物流标的物设计和技术特性，整车物流可以分为乘用车车辆物流、商用车车辆物流、特种车辆物流、工程车车辆物流等。

按照整车物流标的、车辆使用年限特性，整车物流可以分为商品车车辆物流、二手车车辆物流等。

按照整车物流运输工具特性，整车物流运输方式可分为陆路运输、航空运输、水路运输等。其中陆路运输可分为公路运输（图7-1）和铁路运输（图7-2）；水路运输又可分为集装箱运输、滚装船运输（图7-3）。航空运输（图7-4）。

据中国物流协会汽车分会统计数据，自整车运输行业新政策《GB1589—2016》政策发布后，我国整车物流公路运输比例持续被铁路和水路运输方式拉低，公路运输无论从运力还是成本角度，都不再具有优势。

图7-1　陆路运输：公路运输

图7-2　陆路运输：铁路运输

图7-3　水路运输：滚装船运输

图7-4　航空运输

3. 业务链条

整车物流涉及业务内容如图7-5所示。

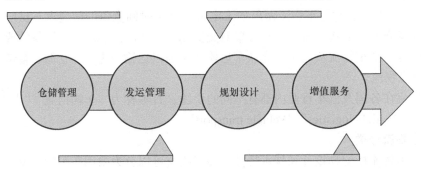

图7-5　整车物流业务链条

7.1.2 中国整车物流行业现状

中国整车物流行业起步于 20 世纪 90 年代，是伴随着中国汽车产业逐步发展而产生的，并密切跟随中国汽车产业的发展经历了从无到有、从粗浅到专业、从被动仿效到主动创新的逐步发展提升。2010 年以来，伴随着汽车企业集团化及互联网的高速发展，我国的汽车产业也在不断变化中，主要呈现以下几个特点。

1. 行业快速发展，经济规模迅速扩大

2015 年我国汽车制造行业规模总资产达到 52144.41 亿元，较上年同期增长 11.4%。行业销售收入为 66677.01 亿元，较上年同期增长 10.1%。2015 年行业利润总额为 5990.97 亿元，较上年同期增长 17.3%。

根据《长久物流债券募集说明书》数据，我国汽车物流成本约占汽车工业总产值的 9%；前瞻结合我国汽车制造行业规模以上企业主营业务收入规模对我国汽车物流行业市场规模进行测算。

2016—2019 年我国汽车物流市场规模呈现波动变化态势，其中 2019 年中国汽车物流行业的市场规模为 7276.2 亿元，较 2018 年有小幅增长，如图 7-6 所示。但从整体来看行业规模的增速较为缓慢，主要是由于近年来我国汽车产业的产销量出现下滑，而汽车行业的发展将深刻影响汽车产业链中汽车物流行业发展。

图 7-6　近年中国汽车物流市场规模

2. 区域竞争格局：行业已形成六大汽车物流集群

我国汽车物流行业的区域分布主要受到汽车生产企业区域分布的影响，目前已经形成了东北汽车物流集群、京津冀汽车物流集群、武汉汽车物流集群、上海汽车物流集群、广州汽车物流集群、重庆汽车物流集群等六大汽车物流集群，见表 7-1。

表 7-1　汽车物流行业区域竞争格局分析

分类	区域
东北汽车物流集群	主要包括黑龙江、吉林、辽宁，其中以吉林长春为核心
京津冀汽车物流集群	主要包括北京、天津和河北，其中以北京为核心
武汉汽车物流集群	主要包括湖南、湖北、安徽，其中以湖北武汉为核心
上海汽车物流集群	主要包括上海、江苏、浙江，其中以上海为核心
广州汽车物流集群	主要包括广东、广西，其中以广州为核心
重庆汽车物流集群	主要包括重庆、四川、贵州、云南、陕西，其中以重庆为核心

从各区域的汽车物流产业客户分布来看，东北汽车物流产业集群以一汽集团为核心；京津冀汽车物流产业集群以北汽、天津一汽为中心；武汉汽车物流产业集群以东风汽车为中心；上海汽车物流产业集群以上汽集团为中心；广州汽车物流产业集群以广汽集团和东风日产为中心；重庆汽车物流产业集群以长安汽车为中心，见表7-2。

表7-2 汽车物流业客户区域分布格局分析

分类	区域
东北汽车物流集群	主要包括一汽集团、一汽大众、一汽马自达、哈飞集团等
京津冀汽车物流集群	主要包括北京奔驰、一汽丰田、北京现代、天津一汽等
武汉汽车物流集群	主要包括东风汽车、东风标致雪铁龙、东风本田、奇瑞和江淮等
上海汽车物流集群	主要包括上汽集团、南京汽车集团、浙江吉利集团
广州汽车物流集群	主要包括广汽本田、广汽丰田、广汽传祺、东风日产和比亚迪
重庆汽车物流集群	主要包括长安集团、长安福特、长安马自达、沃尔沃亚太等

3. 企业竞争格局：行业市场集中度较高

我国汽车物流行业发展至今已经初步形成较为清晰的竞争格局。目前，我国汽车物流行业内企业数量众多，但大多数规模较小。但行业市场集中度较高、核心竞争力强，以安吉物流、一汽物流、长久物流、长安民生物流为代表的少数几家大型汽车物流企业，占据了较大市场份额。

2019年，有5家企业入选"中国物流企业50强"，分别是上汽安吉物流股份有限公司、一汽物流有限公司、北京长久物流股份有限公司、重庆长安民生物流股份有限公司和中都物流有限公司。行业进入了"大公司-车队-小散户"的合作模式，表7-3为主要汽车物流企业概况。

表7-3 主要汽车物流企业概况

企业名称	企业概况	行业地位
安吉物流	安吉物流是上汽旗下的全资子公司，从事汽车整车物流、零部件物流、口岸物流以及相关物流策划等服务。安吉物流是国内目前最大的汽车物流服务供应商，在国内拥有船务、铁流、公路等10家专业化的轿车运输公司以及50家仓库配送中心	标杆企业
一汽物流有限公司	一汽物流有限公司是中国第一汽车集团公司的全资子公司，为一汽集团下属的专业物流企业。主要为一汽集团提供货物运输服务、仓储、包装服务、劳务服务、汽车租赁等服务	龙头企业
重庆长安民生物流	该公司成立于2001年8月，香港联合交易所上市公司，第一大股东为重庆长安工业（集团）有限责任公司。公司主要客户包括长安汽车、长安福特、长安马自达等	龙头企业

4. 缺少行业规范，但正逐步完善中

我国汽车整车运输行业长期以来缺乏统一的车辆配置、装载规范、行驶及信息传输等规范，粗放式发展时间很长。自2017年起，由国家交通运输部、公安部、中国物流协会汽车分会等部门的积极推动下，业已出台GB1589—2016汽车、挂车及汽列车外廓尺寸、轴芯及质量限值、WB/T 1032—2006《商用车运输服务规范》、WB/T 1033—2006 和 WB/T 1067—2017《乘用车水路运输服务规范》等相关行业法规，给行业的发展指明了方向。

5. 信息化和共享化能力不足

长期以来，汽车整车行业的计划下达、车辆调配、运输跟踪、交车确认、数据统计划等环节都是采取手工的模式，造成了效率低下、成本高等现象。同时，汽车运输企业由于返程的资源不足，无法有效地匹配目的地的返程资源，造成行业运输车的利用率不到70%，空载现象没有得到很好的解决，造成了极大的社会资源浪费。这些都成为制约汽车整车物流行业发展进一步发展的因素。

7.1.3 整车物流发展趋势

1. 持续的行业整合

整车运输资源被物流管理商控制，整车运输的实际业务将被管理技术高、规模大的大公司所控制，资源的集约对管理水平、质量控制都带来了新的要求。小型物流商向中型物流商靠拢，与大型物流商联合，最终必然形成几个区域性或者品牌为背景的运输作业领头羊。整车运输业将在无车承运人的整合下完成由完全竞争向联盟化竞争过渡的阶段。

随着汽车市场竞争的白热化，汽车生产厂商追求效益的期望伴随着供应链的全过程延伸，使得主机厂采取合资或者控股物流管理商的模式集中整车运输资源，寻求效益挖潜。物流的精髓是"集约+信息化"，通过集约可以实现规模效应。因此，过去分散的运输发包市场被与主机厂有亲缘关系的管理商所控制。他们本身就是物流领域的专家，利用发包，通过管理控制服务质量，减低运营风险。

过去的年代，中国的汽车物流概念一直以整车物流为标志，整车物流业务孕育了运输实物的管理商和作业者，而新产生的、前述汽车物流管理商大多没有运输能力，运输实物依然依靠外包，他们对运输过程、效果的关注使得发包条件更加理性，会把关注点转移到一些内部管理手段、质量控制能力、一手资源控制、对流资源网络优化等方面已经奠定了基础的运输企业。大批中小型运输商作为业务作业者，无论从哪个角度都是弱者，面临着局部领域的一手资源诱惑，全局范围内的对流无保障的尴尬局面，要么就是出局，要么就是联合，成为具体运输业务的承担者。小型向中型靠拢，与大型物流商联合，或者中型与中型进行联合，最终必然形成几个区域性或者品牌为背景的运输作业领头羊，他们通过各大物流公司之间的合作（对流或资源互换），带领体系内的企业通过整合资源配置，解决"资源利用率低、运输成本高、运力资源浪费、竞争力薄弱"的问题，实现多赢。

此时，领军企业更加注重体系内企业的标准化和信息建设，通过信息共享控制过程质量，通过作业标准化解决服务品质有所保障，GPS、ERP 系统建设无论从使用规模还是效果都成为人们主动追求的手段。同时，对体系内的资源掌控和经营目标的清晰要求，使得领军企业开始谋划区域集散、配送基地、线路优化等问题。体系内、外以战略联盟的形式，共同构建布局合理的基础网络设施、运输节点和通道。通过合理的分工，达到全局的运力协调及仓储设施优化的目的。

2. 运输方式持续多元化

未来几年乘用车物流中，公路运输仍是整车物流的主流，但铁路、水路运输份额将会大幅提高，摆脱单独公路运输局面。铁路、水路运输与公路运输三足鼎立，各擅胜场是未来整车物流的趋势。

整车公路运输的替代方式是水运和铁路运输。运输业提供商品的共同属性是"改变位移"。由于运输工具的不同特性以及分属不同空间领域，替代品行业在对公路运输业产生竞争威胁的同时，又有着天然的合作互补的性质。

公路运输虽然由于油价上涨，直接成本上升，但是汽车运输具有及时、灵活的特点，能够通过一次装卸就完成物流服务，由于装卸次数少，减少质损（商品车运输的特殊性），汽车运输方式仍然将是未来汽车物流的主要力量。但是，公路运输距离、流向等要素已经发生了重大变化。铁路公路联运、水路公路联运的方式正日渐升温，只不过合作发展中各行业不同的行政管理体制制约了合作的进度。

3. 融合大数据的信息化能力大幅提高

过去研究的信息平台，是以企业自己的 GPS 为主要手段的单向、开环体系，只有车辆监控职能，旨在车辆动态。未来的信息管理体系会形成一些动态的、社会化的信息平台。这些信息平台是动态的闭环系统，能够实现以下功能：

1）为实现运力资源整合、提高效率提供技术支持。

2）加强车辆监控，为主机厂、4S 店提供及时、准确的信息。

3）积累物流运营数据，为优化、分析提供数据支持匹配功能和延伸功能。

2015 年后，以造车新势力为代表的汽车企业运用互联网＋技术，整合订购、在途运输、充电预约、商城及社区等功能的 app 像雨后春笋般出现，如图 7-7 所示。

  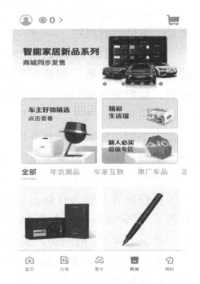

图 7-7　信息平台

4. 整车物流内涵、竞争方式将发生众多变化

（1）物流内涵的变化

整车物流从简单的商品车运输变化为以运输为主体，仓储、配送、末端增值服务为辅的新型物流，技术含量更高，增值环节更多，与主机厂合作更紧密。

（2）竞争方式的变化

紧跟汽车整车物流的主要关注点（汽车个性化消费增加，小批量、多频次的物流服务要求），未来汽车物流行业必将从现在的单纯价格竞争、提供运输转为提供多要素的服务。

（3）区域物流中心的建立

由于厂商的位置和销售区域，为销售前移和成本等因素考虑，用滚装船和火车进行干线运输加区域物流中心的模式会越来越普遍，这样会在国内的主要节点城市形成多功能的区域物流中心。

（4）整车物流团队将从作业型向方案、策划型转变

过去一段时间，整车物流参与者大多是实操型人才。如今，一群会开车的人加几台架子车的时代已经过去；方案优化、方案策划是项目启动的必要条件，有些什么新理念和制度化的保障手段是进入谈判的基础；一批理性的、高学历的研究性人才加入是实现这一目标的前提；物流人才已经由现场作业型提高到作业、方案策划等立体、多层次的人才构架。

（5）未来整车物流的关键能力在于合作

纵观未来，既有由汽车物流企业之间的争夺演绎的内部竞争，又有铁路、水运等替代行业的崛起对公路运输日益逼近的威胁，而国际物流商的大举进入更让整车物流企业充满求蜕变、求生存的危机感。但国内整车物流企业又必须看到，整车物流的本土化特征又为汽车物流企业的内部整合、互惠、互补带来了部分缓冲。

竞争与合作是矛盾的统一。整车物流企业一定会在残酷的经营现状面前，理性地寻求生存和发展的出路。刚刚起步的中国汽车物流企业，一定会迅速顺应汽车物流市场求变、求精的趋势，在竞争中寻求合作，在合作中通过培植自己的核心竞争力，真正地学会做强。

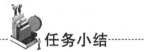

任务小结

本任务主要对整车物流的定义内涵进行了介绍，并对整车物流的几个维度的分类进行了介绍，同时就整个行业的发展现状及未来发展趋势进行了简要介绍。

7.2 整车物流的运作模式

任务引入

J车企分公司建厂及整车物流运作模式的规划

J车企成立于2010年，总部设立长沙并在广州设有分公司，产能规模达到32万辆，从2012年起分别量产A级轿车2款；为提高在中国市场的销量，合资公司在广州建立分公司并于2016年投产R系列和C系列两款SUV，目标年产10万辆，以内销为主，出口为辅。

2015年，该公司启动整车物流规划及建设，先后规划建有接车路线、缓冲停车场、工厂停车场、外部租赁停车场等基础设施。该企业在2015年年中启动整车物流运作模式的调研工作。本着"构建响应速度最快、成本最低、效率最高"的供应链管理精神，在谋划整车物流运作模式时分别就内做、外包、内做+外包等模式，从成本、安全、效率等维度进行综合评价，来确定未来5年的整车物流运作模式。

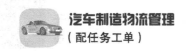

> 经过综合比较和返修修正，该企业最终确定了第三方外包的物流运作模式，并迅速启动供应商筛选、供应商组织架构、人员招聘及培训、管理制度建立、作业标准制定、试运作等相关工作，并在试产阶段得到充分的检验并做了部分修正，为确保2016年4月首款车型R系列SUV的量产及发运奠定了坚实的基础。
>
> 本项任务要求列举出汽车厂家在规划整车物流时需考虑的问题，不少于3个。

学习目标

1）能描述整车物流运作的几种模式。
2）能描述整车物流发展的阶段演化。

7.2.1 汽车整车物流分析

随着我国汽车业的快速发展，我国对汽车整车物流的需求呈快速增长趋势。在当前汽车市场竞争日益激烈的情况下，对于汽车制造企业来讲，选择何种汽车整车物流服务的模式就显得尤为重要，一个合理的、符合本企业的物流服务模式能够有效地降低汽车制造企业的物流成本、提高物流服务水平、实现企业的最大客户满意度，从而使得汽车制造企业能够更好地立足于我国的汽车市场，在竞争激烈的市场环境下更具竞争力。

7.2.2 汽车整车物流模式

对物流产业而言，汽车物流无疑是朝阳产业。但在我国高速增长的汽车业刚刚触及汽车工作方法链管理的边缘，真正意义的汽车物流才刚刚起步，整车物流作为汽车工作方法链管理的一个组成部分，其发展程度是与整个工作方法链及产业环境同步发展的，就整个汽车模式而言，大致分为三种：

1）封闭式很强的企业内部物流，也是第一方物流，称为自营物流。在这种模式下，企业拥有完全的物流设施和人员配备，隶属于企业的销售部门。

2）第三方物流（3PL）。主机厂委托第三方运作，第三方拥有自己的设备和人员。主机厂为了保持第三方的服务质量水平，可引入竞争机制，将业务分给多家第三方物流公司。这种物流模式便于处理供应链末端任务，在尽可能靠近消费者或者买主的地方完成产品制造，降低运输成本，减少供货时间，便于提供定制化产品，增加收益，客户满意度。

3）第四方物流模式（4PL），业务委托第四方。4PL形式高于3PL，只拥有管理团队，以资源分配和管理手段，将业务委托给3PL运作。主机厂只负责和4PL协作和管理。

7.2.3 整车物流模式演化

1. 整车物流向第三方和综合型物流发展

我国汽车物流随着汽车工业的进步不断发展，从其组织形式和经营模式来看，主要经历了以下主要阶段：

阶段一（20世纪80—90年代）：该阶段处于国内汽车工业的起步阶段，汽车物流规模不大，汽车制造企业往往设立物流部门以满足自身物流需求。一般的通用型物流企业在专业性方面还存在一定欠缺。

阶段二（20世纪90年代中后期）：随着国内汽车制造企业的成熟扩大，他们逐渐意识到物流的重要性，并纷纷设立物流子公司辅助汽车生产。例如，上汽集团成立安吉物流、一汽集团成立一汽物流等。

阶段三（21世纪初期）：国内第三方物流向着专业化、规模化的方向发展，并且逐渐渗透汽车产业。由于其产权独立于汽车制造企业、不再局限于单一客户，具有较好的效率和规模优势。在此阶段，汽车制造企业也倾向于将部分物流业务外包，从而专注于汽车生产和营销。

阶段四（2010年左右）：综合型汽车物流企业基本成熟。大型汽车物流企业逐渐将运输环节外包给承运商，专注于物流方案设计和物流网络优化等附加值较高的环节。由于其自身运力较少，经营灵活性提高，由行业景气波动带来的经营风险大大降低。

阶段五（2015年以后）：汽车行业品牌集中度趋势加剧，企业之间的优胜劣汰规则进一步起作用，汽车企业的集团化趋势不可阻挡，国内形成了3+3+3巨头模式：一汽、东风、长安为国有三大；广汽、北汽、上汽三大地方国企；吉利、奇瑞、比亚迪三大民企为代表的集团。整车物流企业也围绕着9大企业集团形成了各自的大型物流公司，同时伴随互联网+技术的发展，整车物流的信息化程度得到了极大的发展。

（1）行业供给：寡头垄断格局，客户资源为上

国内汽车物流企业在公司背景和经营特点上有明显的差异。汽车物流市场为寡头垄断市场，与上游汽车制造行业格局一致，2015年行业前四大汽车物流公司承运量占比分别约为29%、11%、7%和8%。同时，我们认为，汽车物流行业客户资源重中之重，是一个"得客户者得天下"的行业。另外，由于上游汽车制造企业较为集中而下游消费市场分布全国，汽车物流企业需要大规模运力和仓储设施提供物流支持。

（2）三大模式：自设物流子公司、第三方物流和中小型公司

国内汽车物流企业主要分为三类：汽车厂商自己设立的下属物流子公司、第三方物流公司和中小型物流公司。其中，汽车厂商下属物流子公司代表主要有安吉物流、一汽物流等，其主要采用自有运力和承运商模式相结合的方式，以集团内部业务为主要客户资源。第三方物流公司的代表为长久物流，采用承运商模式，主要依靠外部运力提供服务，由于独立于汽车制造厂商，其可以服务于多家汽车制造企业。众多的中小型物流公司物流能力较低，在获取客户资源方面较为困难，一般作为外协运力与大型汽车物流企业合作，进而参与到汽车物流服务中。

2. 整车物流模式选择因素

在实践中企业选择什么样的物流模式，是由企业所面临的内外环境以及发展战略共同决定的，没有能适用于所有情况的万能模式。在具体的物流模式的选择中，最优的原则就是能够适应企业物流模式环境中的关键性因素，如法律法规完善、客户需要、社会服务能力、产品物流特性、成本现状及控制能力等。我们存在于企业内外环境中影响物流模式选择的关键因素非常多，如果直接从这些关键因素入手，那整车物流模式的选择过程将非常复杂，为此有必要根据这些关键因素设计一种更加科学与简单的选择原则。考虑到企业管理实践中复杂性和不可预测性，根据近期指标和远期目标相结合、客观指标和主观指标相结合的原则进行选择。

整车物流也是一个需要紧密协同的流程，涉及经销商、主机厂的销售、生产和物流部门、

以及运输公司。目前在国内也逐渐出现了资源集中化的做法，比如丰田和上汽集团等。如果站在更加宏观的角度，在国内能够形成几个大的物流管理公司，全国的汽车物流由它们统一管理，这样可以实现物流的最优。整车物流管理的 KPI 包括长库存数、输滞留数、产品保留台数、产品质损数、产品迟到率等指标。

本任务主要介绍了整车物流行业运作的几种模式及其发展过程中的演化，并就汽车企业做好合适的模式选择所带来的意义进行了简要分析，有助于读者了解为何不同的汽车企业会选择不同的运作模式。

7.3　整车仓储与运输

F 企业研发商品车发运智能化配载系统

1. 项目背景

在国家实施 GB1589—2016 标准之前，轿运车基本为半挂运输车，存在违法改装超载情况。轿运车运输装载乱象丛生，无标准载量，配装混乱，仅依靠驾驶员的经验进行装载。由于配装标准不规范，因此也没有标准化方案配载，而且很多运输公司将商品车倒转到其他场地再次配装，降低了运输效率，造成运输浪费，并增大运输质损风险。全国正式实施国家标准 GB1589—2016 之后，轿运车得到规范使用。主体轿运车有平头半挂车、长头半挂车和中置轴三种类型，对应最大可装载商品车 6 辆、7 辆、8 辆，而中置轴车型在运量、成本和装载效率方面更具优势，经过测算中置轴车型比半挂车运输成本低约 10%，装载效率也更高。

F 公司成立于 2001 年 4 月，坐落在重庆市两江新区，是一家集整车、发动机、变速器制造于一体的大型综合性现代化汽车企业。F 公司现有重庆、杭州、哈尔滨 3 个生产基地，5 个整车工厂，生产 F 品牌汽车和 L 品牌汽车，自建厂以来，累计产销量已突破 600 万辆，其中重庆基地已成为 F 汽车继底特律之外全球最大的生产基地。

作为汽车制造企业，严格遵守国家交通法律法规是企业应尽的职责，同时从新法规实施后装载标准化上寻找成本降低的机会。GB1589—2016 新国标实施后，F 公司整车运输也是严格遵守国家交通运输要求，在不断探索降低运输成本的机会，以提升企业竞争力。

中置轴轿运车虽然在成本和效率方面更具优势，但 F 公司商品车发运配载模式是主机厂把商品车资源发给整车物流承运商，物流承运商再分发给运输公司组织运力配载的模式，在这种模式下使得中置轴轿运车运力使用不可控，仅仅靠管理督促效果不明显，导致 F 公司中置轴轿运车的使用比例较低，影响运输成本和配载效率。因此，如何加强管理，利用系统化智能化的措施提升中置轴轿运车的使用比例，降低商品车运输成本是摆在 F 公司面前的难题。

另外，在运输组织方面F公司商品车资源先发给整车物流承运商组织运输，整车物流承运商再分发给各个运输公司组织调度运力、配载，运输资源调度缺少一个集中化高效率的整合平台，如何整合运输资源提高精益管理水平也是亟待解决的痛点。

2. 项目主要内容

（1）需求导入

基于商品车配载效率低，运输调度组织效率低等痛点难点，F公司物流部内部经过了多次探讨，并深入与承运商进行了多次交流，充分考虑了以下问题和需求：

1）在需求方面需要考虑哪些颗粒度。经过讨论，需要考虑运力类型、运力等级、运力优先级、运输线路、可装载数量，以及商品车目的城市、商品车配载优先级等颗粒度。而这些颗粒度相互作用，仅仅依靠人工匹配几乎是不可能的，因此必须依靠系统化的手段，利用系统平台和优化算法进行配载。

2）怎么判断拖挂车是可用运力，并且如何知道其装载数量。利用GIS系统由驾驶员自行提报可用运力以及可装载数量，并且利用GIS系统电子围栏可判断该车所在位置。

3）怎么优先使用中置轴车辆，如何优先使用自由运力。对轿运车运力进行分级，中置轴车辆优先，自由运力优先。

4）怎么实现运力资源可运输多个线路。承运商可以提报该运力资源的可运输线路，系统分配可以满足运输线路的商品车。

5）商品车资源优先级如何定义。可根据FIFO（先进先出）原则，然后再根据同经销商＞同城＞同城市群的顺序考虑配载。

6）如何使承运商运力资源与商品车资源进行匹配。利用系统组合优化算法，为满足运力拖挂车挑选商品车，实现资源匹配。

（2）方案设计

在充分讨论需求的基础上，智能配载系统主要从以下几个方面进行设计：

1）在配载系统中对承运商轿运车建立数据库，该数据库包含轿运车类型、运力等级、承运线路和标准载量等信息。数据库实质为轿运车档案，只有入档运力才可以配载商品车，并且最大载量不能超过国家标准；而轿运车承运线路可以选择单个城市整板运输，也可以选择多个城市 Milk Run（循环取货）运输等。

2）利用轿运车定位和系统"电子围栏"设置识别可用运力，通过运力识别获取可用运力的当前位置、当日可装载数量和运力提报时间等信息。

3）智能化系统把可用运力与商品车资源自动配载，利用组合优化算法优先满足中置轴车辆的配载，最大限度使用低成本运力。系统在配载时自动按照运输成本优先、运力提报时间优先以及运力等级高低等对可用运力进行排序；而商品车资源在配载时也会进行排序，按照先进先出、同经销商＞同城＞同城市群的顺序排序。

（3）方案实施

经过4个月的系统开发和测试，项目上线实施。在经过一段时间操作培训和规范操作之后，智能化配载规范顺利运行实施，中置轴车辆使用比例以及运输组织效率大幅提升。实施过程中也不可避免地遇到零散单配载的问题，这个问题可通过两种方法来解决，一是等待第二天再次配载，二是要求承运商充分寻找其他品牌资源和社会资源进行配载发运。

根据此案例信息，列举F公司在规划研发商品车发运智能化配载系统时都解决了哪些痛点。

学习目标

1）能掌握汽车仓储设计的考虑因素。
2）能学会1~2种优化整车仓储及运输的管理方法。

7.3.1 整车运输与仓储概述

汽车行业的整车物流客户服务要求高、周转速度快、流程复杂，以及整车管理本身要求单车各种数据完整、及时和准确，因而包含了极其复杂和灵活的管理内容。

在实际的汽车整车物流管理中，主要面临的问题是销售计划与生产计划的协调问题、经销商库存管理问题、在途库存管理问题、平面仓储的自动化管理问题和运输管理问题等。

众所周知，以客户为中心是企业的基本管理思想。客户的需求，也可以说市场和销售是引导生产产品品种、质量、数量的根本原因，也是影响和驱动产品物流流向、流量、流速的根本因素。汽车行业的企业目前都面临着市场的巨大考验，如何来满足客户的需求，最终在管理上就体现在销售计划、生产计划以及物流的管理协调和控制上，企业管理水平的高低也主要体现在这个方面。

而作为汽车企业的资产，大量的成品车是通过代销的方式存放在经销商以及各地营销中心的，对这部分没有形成回款的资产，管理上要求是非常高的。在途车辆的库存管理也存在同样的问题，而且由于在途车辆确认的不及时，往往造成盘点有相当的差异。

汽车行业的企业在整车的运输管理中，有的是建立自己的运输部门来处理全国的运输业务，运输费用自行结算，有的企业是通过承运商来完成这些业务。

1. 汽车仓储

汽车平面仓储的库存管理是汽车行业每个企业所面临的非常复杂的管理问题，管理的水平好坏在很大程度上影响物流的效率。汽车平面仓储的库存管理在人工管理的条件下会产生极大的问题，例如表现在库内倒车频繁、认错车辆、车辆位置的存取严重依赖个别记忆力好和经验丰富的管理人员。

汽车平面仓储的库存管理包含如下若干方面的要求和问题：

1）利用信息系统来规划和指定车辆停放和提取的位置。
2）在入库和出库过程中通过扫描来记录库存的变化情况，建议存取的位置。
3）在业务量不断增加的情况下，对入车和出车的速度要求也越来越快。
4）每一辆车都有自己的底盘发动机号和VIN码，并一一对应，库存要精确到底盘号。
5）整车按所属车型系列的不同在平面仓库中分若干大区，每个大区只存放一种系列的车型，允许某个大区可以存放多种系列的车型，在特定系列大区的平面库存空间不够的情况下可以到这个大区存放。
6）每个库区有几十个库位，每个库位的长度不一定完全相同，不同库区的库位长度也不相同。
7）同一库位只能放同一种车型并且车的颜色要完全相同，并按入库先后顺序排列，而一个车型系列可能包含几十到上百个不同型号的车型，人工规划的难度很大。

8）车型系列的不同或者说车型的不同，导致车辆的长度也不同，而库区中库位长度也不相同，并且库位的库存空间剩余情况由于车辆入库和出库在动态改变，因而对于特定的库位存放特定的车辆的数量是不好计划的，需要系统来完成。

9）汽车平面仓库的面积非常大，空间利用的程度对管理费用的影响很大，因而要求充分利用库区空间。

10）整车出库按照先进先出的原则按入库先后顺序出库，而受人工管理的限制，信息不够准确及时，以及各种相关业务的影响，往往无法顺序出车，而要大量倒车才能将指定的车开出。

2. 汽车整车运输

整车公路运输行业长期以来都存在车辆超载、超宽、超长等严重危害道路安全和人民群众生命财产安全的突出问题，为了规范行业的发展，2016年7月26日由国家工业和信息化部发布新版GB1589标准，即GB1589—2016《汽车、挂车及汽车列车外廓尺寸、轴荷及质量限值》国家强制标准，提出《车辆运输治理工作方案》分三步走，每一阶段对应明确的行业内不合规轿运车淘汰目标比例，即第一步从2016年9月21日全面禁止"双排车"上路，到2017年6月30日前完成20%不合规车辆运输车的更新改造；第二步从2017年7月1日起到2018年6月30日，全面完成所有不合规车辆运输车的更新改造，其中2017年底前完成60%；第三步，从2018年7月1日起，全面禁止不合规车辆运输车通行，符合新修订GB1589要求的标准化车辆运输车比重达100%。我国汽车整车物流业步入良性发展轨道，演变历程如图7-8所示。

微课视频
汽车整车运输

图7-8 《车辆运输治理工作方案》演变历程

7.3.2 整车仓储与运输管理与优化

整车物流管理的优化必须纳入供应链管理视角，引入最先进的管理技术和管理理念，建立适合本供应链系统的整车物流管理系统。

汽车整车的生产计划事先录入管理信息系统，销售部门能够很快车辆下线的时间、数量、车型，并可对订购此车的客户快速答复交货期。同时，可由系统按生产计划的顺序自动生成与车型对应的底盘号信息，避免了人工录入车型和底盘号可能造成的错误。

在有条件使用条码设备的各仓库采取条码扫描的方案来实时记录车辆入库和出库，反映车辆的库存增减变化信息，不需要人工来完成车辆的入出库记录，大大提高了数据的准确性和及时性。对汽车销售而言，准确的库存信息为很好地满足市场需求提供了可靠的信息保障，将销售信息和库存信息联系起来，可以迅速调整汽车整车的生产计划、销售计划、运输计划，及时安排人力物力，切实保障生产满足市场的需求。

在需要进行平面仓储自动化管理的大型整车平面仓库，可以通过系统事先定义的逻辑运算关系，自动、精确地建议车辆入库和出库的位置。当车辆入总库扫描时，系统自动打印入库建议单，驾驶员按入库建议单指明的停车库位停放即可。系统定义的逻辑规则包括：车辆入库建议规则遵循同车型同颜色同列停放的原则；系统自动比较车长和库位长，保证库区无空间浪费（可指定某区域库位能停放的车的某一品种系列，也可精确到每一车型）；车辆的出库建议遵循先进先出的原则，先进先出的时间是在车辆入库时系统自动记录的时间。

系统直接将销售订单转成运输订单，增加路线、承运商、运输方式等信息，由系统自动计算运输费用并打印运输单据。汽车行业的运输管理有其特殊性，在计算运输费用时，要考虑运输方式（可分为零公里运输——背驮运输和非零公里运输——商品车直接开到目的地）、运输路线长度费用，另外按公里数的不同要执行分段计费标准。系统能够快速打印与承运商结算费用的单据，准确地记录承运商运输车辆的数量、目的地、运输方式，对运输结果的有效性进行确认，定义不同的运输费率进行费用计算，定期打印账单与承运商进行运输费用的对账。

另外，整车物流管理系统可以根据客户的需求，用业务报表工具专门为客户开发丰富的报表，生动地反映了入库、销售、库存、运输信息，并能够按地区、城市、车型系列、车型等对销售数量、销售金额、同比增长、库存数量及成本分析等。

例如，某汽车企业为提高租赁仓库的容积率，增加停车库位，降低单台仓储成本，在满足车辆进出通行的条件下将现有鱼骨式停车位改造为鱼骨+垂直的库位布局，如图7-9所示。将库位从2100个提升至2450个，改造成本为10万元，每年可带来300万元的整车仓储成本节约。

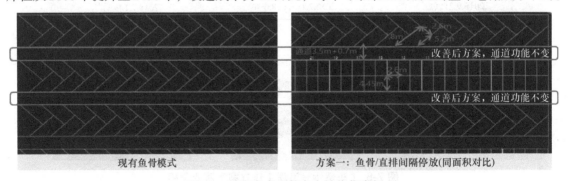

图7-9 某汽车企业整车仓储优化案例

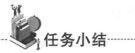

> 整车物流的主要业务内容包含整车的仓储及整车的运输，企业在规划整车仓储及运输模式对于优化物流运作效率降低物流成本、提高产品的竞争力具有积极的意义。
> 本任务主要介绍了整车仓储规划需要考虑到的设计因素，并阐明了企业在优化仓储及运输的方向角度，同时举例说明了企业改善仓储的相关案例。

7.4 汽车销售物流管理

任务引入

数字化车辆监管，助力汽车金融行业高效升级

1. 项目背景

近两年车市的困境，使得金融机构对车辆资产监管的需求越来越迫切。在金融机构的车贷业务中，为了存放和监管的便利，车辆资产一般会放在汽车4S店或仓储公司进行监管，而一旦监管不力，很可能会导致资方车辆被擅自转移或销售。

作为高价值、资金占用大的商品，金融车辆的安全性至关重要。为了保障车辆资产的安全，传统方式是金融机构派驻人员进行监管，通常是一店一人或多人的方式管理，成本较高，且由于缺乏先进的科学监管手段，不可控因素较多，无法有效保障金融车辆的安全。

2. 项目主要内容

作为行业领先的汽车供应链物流综合服务平台，运车管家（隶属于北京运车网网络科技有限公司）结合行业需要和自身优势，于2018年9月推出数字化汽车金融监管解决方案，实现车辆监管全流程的标准化、信息化和智能化，最大限度保障车辆资产安全，降低金融机构的风控成本。

该方案包含两种监管服务模式：中心仓监管、驻店监管。

（1）中心仓监管

中心仓监管，即资方车辆存放在运车管家运营仓库内，由运车管家进行全程管控。利用云计算、物联网等一系列先进技术和智能产品，建设遍布全国的仓储网络基础设施，结合仓内标准化运营管理，运车管家打造了全程智能化监管、全链路信息化支撑的汽车监管体系。

1）智能化监管。仓内安装智能道闸、全封闭电子围栏和视频监控，车辆出入库需要识别认证，异常情况自动触发报警，从而实时监控车辆状况，有效保障车辆安全。同时，每辆车内连接多个OBD（车载诊断系统），实时获取车辆状况数据，如车辆位置、移动情况等信息。此外，仓内均配备智能钥匙柜、RFID盘库助手等高端智能设备，自动化设备代替人工作业，库内管理效率加倍，出错风险大大降低。

2）信息化平台。运车管家自主研发了一套数字化监管系统，库-位-车，线上线下一一对应，实现监管全程信息化支撑。管理人员通过数字化监管平台，可以实现一人在线远程管控全国多个仓库；库管人员只需查看仓库监管App，就能接收出入库、视频监控、仓库预警等信息，实时监管在库车辆；金融机构则可以通过客户服务平台，随时随地查看车辆位置、出入库状态、库存周期等数据，远程监控金融车辆。

此外，运车管家结合行业实际特点，建立了统一的标准化作业流程，从出入库、盘点、到日常监管每个环节严格把控，不仅提高库内管理效率，而且降低作业失误率，避免出错风险。

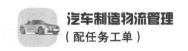

（2）驻店监管

通过信息系统、智能硬件的应用，线上线下联动，实现智能化监管，全方位保障资方车驻店监管，即资方车辆存放在汽车 4S 店内，由运车管家负责车辆安全的管控，金融机构无须长期派人驻店管理。

运车管家开发驻店监管 App 等软件，同时店内安装智能集成柜、RETD 盘库助手等智能设备店 - 位 - 车，线上线下一一对应，从而可以实时在线掌控车辆、钥匙、车辆文件情况，接收防盗预警和出入库等信息，实现车、证分离管理和无人自助取车。

本项目自 2018 年 9 月推广运行后，短短一年多的时间内，已经为多家行业知名金融机构提供资产监管服务，并获得广泛好评和认可。同时，运车管家已进入多家大型商业银行的汽车金融监管企业合作名单。本项目的实施帮助金融机构解决车辆监管难、风控成本高等一系列难题，切实保障车辆安全，降低资方风控成本。截至目前，运车管家自建自营 65 个车辆监管中心，覆盖全国 310 个地级市，库位数超过 33000 个。

根据此案例信息，思考数字化金融从哪些方面解决了汽车金融的效率问题。

学习目标

1）能掌握汽车销售物流包含的各个环节。
2）能掌握汽车销售的几种模式。
3）能学会制定汽车销售配送方案。

7.4.1 汽车销售物流概述

1. 销售物流

销售物流又叫作分销物流（Distribution Logistics），是生产企业、流通企业商品销售过程中的物流活动。具体环节包括产品包装、产品储存、装卸搬运、运输和配送、流通加工、网络规划与设计、物流信息管理、客户服务。

2. 销售物流管理

销售物流管理的概念是，对于销售物流活动的计划、组织、指挥、协调和控制。

销售物流管理的内容包括：制定市场战略和物流战略，规划物流网络布局，策划销售物流总体运作方案，设计规划各个物流网点的建设方案、内部规划（库区规划、货位规划）、运作方案，策划设计运输方案、配送方案、库存方案（库存的数量、规模等定量和定期）、流通加工方案、包装装卸方案，策划物流运作方案实施的计划和措施，检查、监督和控制物流运作的过程，统计、总结物流业绩，统计和小结物流人员的管理与激励，物流技术的开发和运用，物流客户服务方案。

3. 销售物流管理的目标

销售物流管理的目标是保证销售物流有效合理地运行，既扩大市场、提高客户服务水平，又降低成本、提高物流工作效率。销售物流管理考虑的因素包括：销售支持和扩大市场，努力提高客户服务水平，努力提高物流工作质量，努力降低物流成本，提高物流工作效率，努力学习、开发和运用物流技术。

7.4.2 汽车销售物流的规划

1. 销售物流规划的概念

根据自己的发展战略，对未来一段时期销售物流活动所作出的指导方案，是基于整个供应链管理来考虑的。销售物流规划的特征包括：目的性、前瞻性、动态性、综合性。

2. 销售物流规划步骤

要确定企业战略目标，如降低企业经营成本、减少固定资产投入、改进客户服务水平等；进行物流成本分析，即实现上述企业战略目标的所需要的物流成本，进行物流成本分析时还要注意从企业的全局利益和长远利益来考虑。根据物流成本分析结果制定适合企业的物流规划方案，如设施选址、运输规划、库存管理、合同管理、人事管理和作业管理；还要对物流规划方案实施的总体业绩和效果进行评估，以便及时对物流规划方案进行调整。

3. 销售物流规划的目标

销售物流规划的目标是降低企业经营成本，减少投资额，改进客户服务水平。

4. 销售物流规划的基本原则

销售物流规划的基本原则包括：客户需求驱动原则，系统总成本最优原则，多样化细分原则，延迟原则，大规模定制原则，标准化原则。

5. 销售物流规划的内容

1）确定商业模式：企业自己组织销售物流、第三方物流企业组织销售物流、自己组织和第三方的结合和用户自己提货。

2）设定客户服务水平和服务成本分析。

3）物流服务网络设计，包括配送中心的数量、位置和大小、配送中心覆盖的服务半径等。

4）物流管理组织结构和管理模式、管理流程的设计。

5）库存战略和运输战略的设计。

6）物流信息系统规划设计。

7）物流增值服务流通加工功能的设计。

7.4.3 汽车销售模式介绍

经过十几年的培育，目前国内汽车销售模式主要有以下几种：特许经营的专卖店模式、汽车超市、汽车交易市场、汽车园区、互联网新零售。

1. 特许经营的专卖店模式（4S店）

特许经营的专卖店模式通常是汽车制造商与汽车经销商签订合同，授权汽车经销商在一定区域内从事指定品牌汽车的营销活动。汽车制造商通常会对汽车经销商的销售模式、宣传模式、服务标准、销售流程、专卖店的 CI 做出要求。通常在同一专卖店中销售单一品牌的产品。汽车专卖店的功能通常包括新车销售、二手车回收/销售、维修服务、配件销售、信息反馈。根据汽车专卖店功能的组合，可以将汽车专卖店分成 2S 专卖店、3S 店专卖店、4S 店专卖店和 5S 专卖店，其主流是集整车销售（sale）、零配件（spare part）、售后服务（service）、信息反馈（survey）于一体的 4S 专卖店模式。我国目前拥有小轿车经营权的各类企业已达 7000 多家，如果加上各类挂靠的零售店,总体数字将超过20000家。这其中,各种品牌专卖店大约有2000多个,正在成为当前轿车销售的重要组成部分。

2. 汽车超市

汽车超市是一种可以代理多种品牌的汽车并提供这些代理品牌汽车销售和服务的一种方式,例如北京的亚之杰联合汽车销售展厅里就有大众、奥迪、福特和奔驰品牌轿车,并且进口车与国产车摆在一起销售。汽车超市与汽车制造商品牌专卖店有所区别,通常是一些有实力的、手上有多个汽车品牌销售代理权的经销商运作的,或者汽车超市是从其他4S店进货的。最著名的汽车超市苏宁环球汽车城于2004年7月开业,苏宁环球汽车城制定了较高的招商标准,只有服务优良、管理规范的汽车品牌4S店及各品牌一级供应商才能入驻其间,使消费者能够享受到与4S店完全一样的选车、购车、养车等系列服务。在此基础上,每一位苏宁环球汽车城的消费者还将得到苏宁提供的"一站式"购车服务。

3. 汽车交易市场

汽车交易市场是将许多汽车专卖店集中在一起,提供多种品牌汽车的销售和服务,同时还提供汽车销售的其他延伸服务(如贷款、保险、上牌等)的一种模式。通常由一家实体公司来运作汽车交易市场,形成自己的品牌,并由该公司来组织相关资源来提供延伸服务。最为著名的例子是北京的亚运村汽车交易市场。各省市具有类似的市场,如河南汽车交易市场、郑州汽车交易市场。据统计,目前国内共有汽车交易市场400~500家,其中形成一定交易规模的有100余家,年交易额超过10亿元的有8~10家。从经营模式上讲,大概分为以下三种:一是以管理服务为主,该模式的主要特征是管理者不参与经营销售,由经销商进场经营售车,市场只做好硬件建设及完善的管理服务,北京亚运村汽车交易市场是该模式的典型代表。二是以自营为主,其他的入市经销商少,即市场管理者同时也是主要汽车销售者,该类型约占有形市场的80%~90%。三是从销量上看,自营与其他的入市经销商各占50%。目前绝大部分的大中城市至少有3~4家交易市场,有的甚至多达十几家,当地现有的交易市场已完全能满足当地的购车需求。同时,厂家大力推广的专卖店体系也对有形市场的功能与发展提出了更高的要求,而在地方汽车交易市场规模增长变化不大、厂家大力推广专卖体系的压力下,沈阳、上海、西安、深圳等城市仍斥巨资兴建大型或超大型的汽车交易市场,有的甚至宣称将是中国最大的或亚洲最大的汽车交易市场。

4. 汽车园区

汽车园区是汽车交易市场规模和功能上的"升级版"。汽车园区是现代化、都市化、花园式、主题式汽车园区四个形象特色的有机结合。除了规模上的扩张,汽车园区最主要体现在功能上的全面性,在汽车销售、汽车维修、配件销售等方面,汽车园区更多的是加入汽车文化、汽车科技交流、汽车科普教育、汽车展示、汽车信息、汽车旅游和娱乐等众多的功能。例如,北京东方基业汽车城不仅提供汽车交易、工商、税务、车检、交通、银行、保险等职能部门服务,而且提供汽车咨询、车迷论坛、汽车俱乐部、汽车博物馆、餐饮娱乐等服务。

5. 互联网新零售

互联网新零售以互联网为依托,通过运用大数据、人工智能等先进技术手段,对商品车的装配、流通与销售过程进行升级改造,进而重塑业态结构与生态圈,并对线上服务、线下体验以及现代汽车物流进行深度融合。汽车新零售是结合线上线下渠道多点触达客户进行互动,运用大数据等技术提升消费者的购车和服务体验的零售方式。新零售是通过线上化、数字化、智能化，从而给客户带来全新的体验。以特斯拉、蔚来、理想、小鹏为代表的新能源汽车制造商采取直销的互联网零售模式，具体为线下直营门店体验，线上 App 订购，互联网全程跟踪交付的新模式。

我国的汽车市场经过近 20 年的发展，已经形成了以 4S 店为主、汽车贸易超市、园区为辅，线上新零售为补充的汽车零售格局，线上新零售由于全过程信息透明、用户参与度高、主机厂容易把控体系价格等原因大有异军突起之势。在汽车行业从传统燃油为主逐步走向新能源化的进程中，汽车销售模式也将会发生巨大的变化，消费者的个性化、透明化需求将会深刻影响着这个进程。

7.4.4 汽车销售物流客户服务

1. 销售物流服务的含义

销售物流服务是围绕市场需求，在最有效和经济的成本前提下，为顾客提供满意的产品和服务的活动。

2. 销售物流客户服务要素

1）交易前要素包括顾客服务条例的书面说明、客户得到的书面陈述、组织结构、系统柔性、技术服务。

2）交易中要素包括缺货水平、订货信息、系统准确性、订货周期的各项因素、订货的便利性、产品可替代性。

3）交易后要素包括产品跟踪、临时借用。

3. 销售物流服务的基本特点

1）产品的可得性：如缺货频率、满足率、发出订货的完成状况等。

2）运作绩效：如运作速度、持续性、灵活性等。

3）服务可靠性：如完好无损的到货、准确无误的结算、货物准确及时到达及订单的完全满足。

4. 销售物流渠道

销售物流渠道又叫分销渠道，是指产品从生产企业运送到消费者或客户手中所经过的路线及经营机构。

5. 发展分销渠道的原因

分销渠道中由于中间商对其代理的区域市场较为熟悉，并且拥有一批固定的客户群，能帮助厂商迅速地打开当地市场；中间商对本地客户的资信情况和投资环境更加了解，可以帮助厂商规避交易和投资风险；通过中间商还可以减少自设销售网络所必需的高昂费用，降低了整体销售成本；中间商一次性订购批量产品，因而大大减轻了厂商的压力。多种因素使得分销渠道得以稳定发展。

6. 分销商的优势

1）分销渠道减少了市场中交易的次数。在交易中，通过分销渠道的中间商（如批发商、零售商等）实现集中采购与配送，从而减少了市场中交易的次数，提高了交易的效率。专业生产商的数目越大，中间商的优势越明显。

2）专业化的分销渠道设置使分销成本最小化，交易规范化。

3）分销渠道为买卖双方搜索市场资源提供了便利。

4）分销商对账期的要求好于零售商。

7. 销售物流渠道的类型

销售物流渠道主要分为直接销售物流渠道、间接销售物流渠道和代销渠道三种。

8. 销售订单处理

销售订单处理是指从接到客户订单开始一直到着手准备拣选货品之间的工作，通常包括有关用户和订单的资料、单据处理等内容。订单管理的宗旨是充分利用现有资源及创新，在成本最优的情况下，向客户提供最好的服务。订单管理需要综合平衡成本和服务，制定合理的订单原则。客户订单截止时间、最小订单的确定、大订单的优惠政策等直接将客户引导到适合的物流运作中。

1）订单管理流程：订单准备、订单传输、订单录入、订单履行、订单状态报告。

2）订单处理原则：先收到、先处理；使处理时间最短；预先确定顺序号；优先处理订货量小、相对简单的订单；优先处理承诺交货日期最早的订单；优先处理距约定交货日最近的订单。

3）订单管理中的相关事项：最小订单量、订货批量与价格、付款优惠、配额系统、客户订单的取消和补充、多点送货，以及客户信息的更改、关闭、新客户的开设。

9. 销售物流服务水平的确定

销售物流服务需要根据企业的物流策略制定相应的物流服务水平，而确定物流服务水平的方法可以有很多种，取决于企业的销售策略和物流策略。最常用的方法是将竞争对手的最优服务水平作为标杆。

10. 确定服务水平的原理

1）根据顾客对缺货的反应来确定顾客服务水平。

2）成本与收益的权衡：两点法、事前事后实验法、游戏法和买主调查法。

3）ABC 分析与帕累托定律。

4）市场调查法。

11. 物流服务的评价指标

物流服务水平的评价指标主要有客户满意度、市场份额、企业形象、声誉和客户忠诚度。

7.4.5 销售物流的配送管理

1. 降低配送成本的策略

降低配送成本的策略包括：混合策略（自营和外包相结合）；差异化策略（产品特征不同，服务水平不同）；合并策略（配送方法上的合并、共同配额送）；延迟策略（生产延迟、物流延迟）；标准化策略。

2. 流通加工

1）流通加工的地位：流通加工能有效地完善流通；流通加工是物流中的重要增值服务；流通加工在国民经济中是重要的产业形态。

2）流通加工的作用：改变功能，促进销售，提高效益；提高原材料和加工设备的利用率；提高物流效率，降低物流成本。

3）流通加工的合理化：加工和配送结合，如煤炭水泥；加工和配套结合，如礼品的拼装包装；加工和合理运输结合；加工和合理商流相结合；加工和节约相结合。

4）流通加工的管理：生产计划的制订、生产任务的下达、人力物力额度组织与协调、生产进度控制。

3. 配送管理

1）配送类型：按配送物品的种类和数量区分为大批量配送和小批量多批次配送；按配送时间和数量区分为定时配送、定量配送、定时定量配送、定时定路线配送和加急订单配送。

2）运输网络设计：直接运输网络、多落点的直接运送（送奶路线运送）、通过配送中心的运输、通过配送中心的多地点送货。

3）运输配送路线选择：有以下几种情况：

① 起讫点不同的单一路径规划：DIJKSTRA 算法、逐次逼近法、FLOYD 算法。

② 多个起讫点的路径规划：单纯形法、表上作业法。

③ 起点和终点相同的路径规划：感知式和启发式。

7.4.6 整车销售物流外包管理

1. 物流外包的概念

物流外包是指生产或销售企业为集中精力增强核心竞争力，而以合同的方式将其物流业务部分或完全委托与专业的物流公司运作。

2. 自营物流的局限性

自营物流的局限性主要表现在：企业核心竞争力的培育和发展问题、企业销售物流业务的专业化程度有限和企业销售物流的经营规模终究有限。

3. 企业物流外包的原因

1）降低物流成本。

2）强化核心业务。

3）改善与提高物流服务水平与质量。

选择第三方物流企业时应注意的问题包括：注重行业与运营经验即服务能力；注重品牌声誉；注重网络覆盖率。

4. 物流外包的决定因素

1）企业没有能力扩大人、财、物在物流方面的投入。

2）企业内不能建立起可以提高物流效率的体制。

3）企业自营物流与其他专业企业相比没有竞争力。

5. 物流外包时应考虑的问题

1）物流外包是否符合企业的发展战略。

2）是否影响企业的核心竞争力。

3）是否能够提高物流经济效益。

6. 企业物流模式的选择

企业选择什么样的物流经营模式，主要取决于两个因素：

1）物流对企业成功的影响程度。

2）企业对物流的管理能力。

7. 企业物流自营还是外包的权衡比较

1）物流在企业总体战略经营中的地位及自营能力水平。

2）企业规模。

3）第三方物流能否达到企业要求的服务质量与反应速度。
4）物流外包成本与自营成本的全面、科学的比较。
选择外包主要是为了节约成本，如果自营物流成本低于外包，就不应外包。

8. 企业物流开发策略

企业根据自身情况可以选择以下四种渐进的物流开发战略：
1）偶然外包一些物流职能。
2）在某个时候外包某个物流职能。
3）外包部分物流功能，然后跨越到把整个供应链管理外包出去以获取系统收益。
4）基于评估外包的整体节约和收益，启动完全的供应链外包。

9. 选择物流外包的标准

企业物流选择外包还是自营的核心考量包括：价格、财务稳定性、质量标准、持续改进能力和能动性。

10. 物流服务商的评估内容

对于企业物流外包承接的物流服务商的评估主要涉及规划能力、物流网络、运输能力、仓储能力、信息水平、管理水平和服务水平等关键内容。

11. 物流服务商选择要遵循的具体原则

主机厂在评价物流服务商后，对符合要求的供应商进行专业打分并筛选，需要遵循如下基本原则：
1）适应本企业战略目标要求。
2）具有业务集中控制能力。
3）有与企业物流业务相关的经验。
4）适应企业发展的物流技术水平。
5）主要业务与企业物流业务的兼容性。
6）具备企业需求的真实能力。
7）建立信任关系。
8）企业文化相似。
9）企业经营不断改善的支持者。
10）不过分强调成本最低。

12. 物流服务商的选择流程

物流服务商选择的流程大致分为如下几个阶段：
1）初始准备：确定合作需求；必要时组成工作小组。
2）识别潜在的物流服务商：确定选择标准方法。
3）物流商初选和精选：接触潜在物流商，评估、选择。
4）建立物流商关系：建立必要的合同、较多的关注、及时反馈。
5）物流商关系评估：保持关系、进一步建立关系、减少或取消合同。

13. 企业物流外包的风险

企业物流外包存在较大的风险。主机厂需要对物流控制风险、客户关系管理风险和连带经营风险进行重点评估和控制。

单元 7 整车物流管理

任务小结

销售物流涉及产品包装、产品储存、装卸搬运、运输和配送、流通加工、网络规划与设计、物流信息管理、客户服务等环节。汽车销售模式主要以 4S 店为主，互联网新零售为新兴模式。

本任务主要介绍了销售物流涉及的内容，包括汽车销售模式、销售物流配送规划的方式方法，对企业是否选择外包管理考虑的因素及需要在外包过程关注的问题进行了简述介绍。

7.5 汽车供应链逆向物流

任务引入

据外媒 INSIDER 消息，梅赛德斯-奔驰美国公司（Mercedes-Benz USA）宣布召回超过 4 万辆 SUV，包括 GLE 和 GLS 车型，原因是其汽车产品上配备的电子车身稳定系统的软件部分存在故障，在规避机动时可能会导致车辆向一侧移动，增加撞车风险。

除了本次美国召回事件，自 2019 年起，其在中国市场也发生了多次召回。据统计，2020 年在中国市场涉及召回车辆高达 82 万辆。今年 2 月初，一部分进口奔驰产品也出现了需要召回的质量问题。这几次召回中，软件问题是重中之重。

根据召回文件的描述，此次出现安全隐患的是车辆的电子稳定系统，也就是我们常说的 ESP。ESP 是一种主动安全系统，由控制单元及转向传感器（监测方向盘的转向角度）、车轮传感器（监测各个车轮的速度转动）、侧滑传感器（监测车体绕垂直轴线转动的状态）、横向加速度传感器（监测汽车转弯时的离心力）等组成。ECU 通过控制前后、左右车轮的驱动力和制动力，确保车辆行驶的侧向稳定性。

搭载 ESP（车身稳定系统）的车型，可以防止车辆在遭遇突发状况时发生打滑失控现象，主要是在车辆出现转向过度或是转向不足时进行制动或是进行动力方面的干预，让车辆返回到正确的路线上来，避免车辆失去控制。通常 ESP 都是和 ABS、EBD、BAS、ASR 等电子辅助系统整合在一起的，ESP 工作原理如图 7-10 所示。

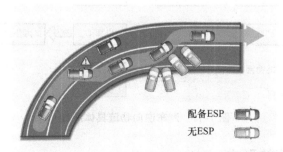

图 7-10 ESP 工作原理

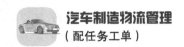

在国内市场，也出现了有关 ESP 的软件故障。奔驰中国公司根据《缺陷汽车产品召回管理条例》和《缺陷汽车产品召回管理条例实施办法》的要求，向国家市场监督管理总局备案了召回计划，自 2021 年 2 月 5 日起召回部分进口 AMG GT、C 级、GLC 车型，共计 1460 辆，其中有一部分涉及 ESP 系统软件与制动器不匹配的问题。

根据此案例信息，查找我国汽车召回相关法规的发展阶段及各阶段的政策主要变化点。

学习目标

1）能掌握汽车召回相关法规及汽车召回的意义。
2）能够理解汽车逆向物流给企业带来的影响。

7.5.1 逆向物流概述

目前，我国汽车产业的汽车正向物流已得到了较好的发展，各汽车制造商、第三方物流公司对汽车正向物流都已比较关注。然而，随着市场的不断成熟，市场竞争的不断升级，消费者需求的个性化的突出，资源利用的创新和环保意识的提高，只注重汽车的正向物流是不够的，汽车逆向物流必须得到应有的重视。

1. 逆向物流的定义

逆向物流最早在 1992 年提出，定义如下：逆向物流是一种包含了产品退回、物料替代、物品再利用，以及废弃物处理、维修和再制造等流程中的物流活动。逆向物流执行委员会将逆向物流定义为：计划、实施和控制原料、半成品库存、制成品和相关信息，高效且经济地从消费点到起点的流动过程，从而达到回收价值和适当处置的目的。更精确地说，逆向物流是以回收价值和适当处理为目的，而从其典型的最后目的地移动货物的过程。逆向物流也包括处理因损坏、季节性库存、重新进货、抢救、召回和过量库存而退回的商品。

逆向物流还包括再生利用计划、危险材料计划、报废设备的处理和资产恢复。

2. 逆向物流基本活动

逆向物流基本活动包含供应、生产、分销等一系列环节，具体流程如图 7-11 所示。

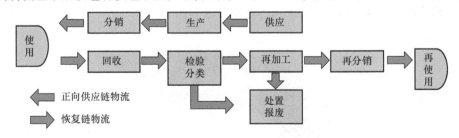

图 7-11　汽车逆向物流具体流程

7.5.2 汽车逆向物流的形式

汽车物流按业务流程可分为四大部分，即供应过程中的零部件配送、运输，生产过程中的储存、搬运，整车与备件的销售储存及运输，工业废弃物的回收处理。

1. 汽车物流及汽车逆向物流

汽车物流是集现代运输、仓储、保管、搬运、包装、产品流通及物流信息于一体的综合性管理，是沟通原料供应商、生产厂商、批发商、零件商、物流公司及最终用户满意的桥梁，更是实现商品从生产到消费各个流通环节的有机结合的载体。对汽车企业来说，汽车物流包括生产计划制定、采购订单下发及跟踪、物料清单维护、供应商的管理、运输管理、进出口、货物的接收、仓储管理、发料及在制品的管理和生产线的物料管理、整车的发运等。

汽车逆向物流是以满足顾客和保护环境为出发点，根据实际需要，对汽车产品实行从下游到上游的物流活动。它包括退回物流和废弃物物流两大部分。退回物流指不合格品的返修、退货以及周转使用的包装物等从需方返回到供方的物流活动，例如汽车召回等。废弃物物流则指将已失去经济活动价值的原使用物品进行回收、检测、处理，并将其送到专门的处理中心所进行的物流活动，例如报废汽车的处理、新能源汽车的拆解退回处理等。

2. 汽车逆向物流的发生源

（1）退货

在汽车制造中，成千上万的零部件只有很少一部分由本土生产，特别是全球经济一体化以及供应链管理的实施，大部分汽车零部件都需要通过跨地域的物流活动进行供应。大规模的生产和配送、运输及存储等环节都会造成零部件的缺陷和瑕疵。顾客在购买由于此类原因制成的问题汽车产品后，就会对此类汽车产品进行退货。随着汽车消费者购买行为的逐渐成熟，尤其是国家汽车"三包"法规的出台，在一段时期内，退货行为必将呈增长态势。

（2）汽车召回

产品召回制度源于20世纪60年代的美国汽车工业，经过多年实践，目前美国、日本、欧洲、澳大利亚等国家和地区对缺陷汽车的召回都已经形成了比较成熟的管理制度。2004年3月15日，我国颁布了《缺陷汽车产品召回管理规定》。汽车召回指按照《缺陷汽车产品召回管理规定》要求的程序，由缺陷汽车产品制造商进行的消除其产品可能引起的人身伤害、财产损失的缺陷的过程。它包括制造商以有效方式通知销售商、修理商、车主等有关方面关于缺陷的具体情况及消除缺陷的方法等事项，并由制造商组织销售商、修理商等通过修理、更换、收回等具体措施有效消除其汽车产品缺陷的过程。

（3）资源再利用

汽车的使用寿命是有限的，经过了一定时期（13～15年）的运行后，汽车零部件的磨损达到极限，汽车废气排放量增大，对环境造成严重污染，而且也容易造成汽车事故的发生。此时，汽车必须进行报废，降低其对环境的破坏程度，消除安全隐患。从经济角度上看，报废汽车上的钢材、铝材等金属能经过处理后重新利用；某些零部件拆解后能重新使用。目前，欧美一些国家回收1辆汽车的零部件再利用率已达到75%以上，因此汽车回收物流的前景是巨大的。我国近几年已逐步重视了对汽车的强制报废，将报废汽车回收拆解作为节约利用资源和国家原生资源保护性开发的重要举措。据测算，每回收1辆报废汽车可以节约1t燃料，回收2.4t废钢和45kg有色金属。前几年我国报废汽车的重点是载货汽车和大型客车。例如，据不完全统计，1982—2000年，我国报废各类汽车总计442.1万辆，为国家节约了442.1万t燃料，回收了1061.1万t废钢和19.9万t有色金属。仅废钢和有色金属两项，就节约资金11.96亿元。

（4）生产过程中废弃物的回收

汽车的生产过程中会产生许多废弃物，主要包括边角废料和废弃包装物等。汽车原料以钢材为例，生产汽车需要大量的钢材，由于产品设计和一些不可避免的原因，大量的钢材边角在切割完后被弃用，不仅影响到生产环境，还造成资源的浪费。此外，汽车产品包装用的泡沫、纸包、塑料袋等也很容易成为废弃物，同样会对环境造成影响。因此，对生产过程中废弃物的回收是逆向物流中的重要内容。

7.5.3 汽车逆向物流的作用与意义

绿色物流的实质是在包括正向与逆向的物流过程中减少物流活动对环境的影响。逆向物流中的一些活动也属于绿色物流的范畴，如重新加工、再生、使用可重用运输器具。逆向物流的初衷不仅仅考虑环境，还包括企业竞争与提高利润。

1. 汽车逆向物流的作用

1）提高顾客满意程度，增强自身竞争力。在当今买方市场的经济环境下，产品价值是决定企业生存和发展的关键因素。只有不断维系顾客的满意度，努力培养顾客的忠诚度，方能赢得顾客的信任，从而占有较大的市场份额。汽车逆向物流的成功运作，能够确保不符合订单要求的产品及时退货，保证有质量问题的商品能够及时被召回，从而增强顾客对企业的信任感及忠诚度。

2）有助于维护汽车厂商和下游零售商及顾客的关系。汽车生产商在整条汽车供应链中扮演着核心企业的角色。在汽车逆向物流过程中，供应链下游企业以及终端消费者与汽车制造商是"多对一"的关系。一旦发生逆向物流，退货和产品召回则是众多的下游批发商、零售商和最终顾客面对汽车生产商。如果汽车企业采取宽松的退货和产品召回策略，能够减少下游批发商、零售商、最终顾客的投诉意见，同时可以使汽车生产商与下游企业间加强信息沟通，降低和解决信息不对称问题，从而协调好汽车企业与下游批发商、零售商和最终顾客之间的关系。

3）增强企业的社会责任感，提升企业形象。随着人们生活水平和文化素质的提高，环境保护意识日益增强。对汽车工业这个高污染产业来说，汽车使用者对环境的期望更高，能否顺利地进行可持续发展战略，是企业向顾客和社会承诺和负责的社会伦理和道德尺度。通过对有安全隐患问题的车辆进行召回和对到期报废的汽车进行回收处理，可体现出企业勇于承担错误、主动投入到可持续发展中去的经营理念，可在公众心目中树立具有良好的社会责任感的企业形象，可以增加企业的无形资产。

4）提高资源的利用率，降低生产成本。汽车工业是一个高耗能产业，能源、钢材等原材料的耗用很大，而且多属稀缺资源。对报废汽车钢材等原材料的再利用，不单能提高资源的利用率，也能降低企业的生产成本。汽车企业如何有效利用和配置资源，关系到企业的发展前景。充分发挥汽车逆向物流中回收物流的作用，能给企业带来巨大的效益。

2. 汽车逆向物流的意义

逆向物流在汽车产业的发展中有着极其重要的作用。实施汽车逆向物流，从企业层面看，不仅有利于提高企业的物流服务水平，提升企业的运营效率，还可降低企业的生产成本。同时，汽车生产企业可以从逆向物流的发生源头上找到企业在生产、管理、服务中存在的不足和缺陷，从而促使企业提高产品设计、内部管理和经营水平。从社会层面看，汽车逆向物流能够有效降低汽车产业对环境的不利影响，提高资源的利用率，同时还能促进绿色物流的发展。

7.5.4 提升汽车逆向物流服务水平

1. 增强汽车逆向物流意识

我国汽车市场在经过长达10年的高速增长后，在2018年首度出现了销量下滑，2019年及2020年也未能幸免，继续下滑。在汽车市场从增量市场进入存量市场以及年轻消费者成为消费主力后，将价格下调作为吸引顾客的手段已逐渐失去了效用。现今，如何提高服务水平成为赢得市场的关键，而增强汽车逆向物流意识便是关键中的关键。逆向物流的不确定性、复杂性使汽车企业的管理者对开展逆向物流缺乏耐心，尽管4S店已成为潮流，但service这项功能并没有做好，企业往往只是关注从service中获得高收入而忽视了其他。汽车厂商必须在企业内部加强逆向物流服务意识，完善汽车逆向物流服务流程，让顾客不仅能从产品中感受到产品的价值，更能从服务中体验到价值的升华。做好服务，以继续维持并且加强厂商与顾客的关系，是企业进行市场开拓的重要武器，所以增强汽车逆向物流意识，用此来指导逆向物流的开展是十分重要的。

2. 建立有效的逆向物流信息系统

物流信息系统的建立能确保物流服务活动能做到有的放矢，在信息的指导之下使运输、储存、配送等保持在一个较好的运作水平上。汽车逆向物流的不确定性和复杂性使厂商与顾客在实施中存在信息不对称，使厂商不能有效地对逆向物流做出反应，不能利用顾客信息的反馈来及时提高服务水平，因此厂商必须在信息的源头上把握顾客的需求，建立逆向物流信息系统。企业应建立大型公用的数据库，在数据库和拆解中心建立访问节点，对数据库和拆解中心设置访问权限，与客户企业相关部门进行数据共享，同时实施在线查询处理。它主要包括产品信息的在线查询，即产品生产日期、有效生命周期、使用说明等信息，以便于各回收点对退货的审理，同时也让汽车供应链中的下游企业和顾客能到汽车厂商的信息，让下游企业和顾客能根据厂商所发布的信息做出更理性的行为。

3. 建立汽车逆向物流网络

虽然绝大部分汽车企业都有自己的物流设施，但汽车逆向物流服务仍处于分散、割裂、封闭和无序竞争状态。尽管逆向物流可以利用汽车正向物流所布置的网络，但逆向物流的特性使其利用这些网络时不能充分发挥网点的作用。因此，企业间必须加强合作，完善汽车逆向物流渠道，对仓储设施和运输设备进行整合，建立信息资源共享平台，充分利用网路资源优势，降低逆向物流成本。例如，丰田公司在欧洲就使用通用公司的汽车逆向物流系统，不但使丰田降低了成本，而且通用也能充分利用系统，形成共赢。在建立汽车逆向物流网络中，双方不仅要加大对基础设施、信息系统、网络布点的投入，更重要的是要有一套合理高效的衔接机制，使合作双方在企业理念、服务标准和渠道上达到互通，从而降低合作成本。

任务小结

> 逆向物流是一种包含了产品退回、物料替代、物品再利用、废弃物处理、维修和再制造等流程中的物流活动。汽车逆向物流的发生源包括退货、汽车召回、资源再利用、生产过程废物回收。
>
> 本任务主要介绍了逆向物流的定义、内涵及其主要来源，同时介绍了汽车逆向物流给企业带来的提升企业形象、构建良好企业顾客关系、提高资源利用率等积极作用，并就如何提升逆向物流水平指明了几个着力的方向。

单元 8
汽车售后备件物流管理

单元概述

随着中国汽车产业迅速发展,全球各大汽车生产厂商悉数进入中国市场进行整车生产和销售,各汽车品牌之间的竞争重心将由技术、价格的竞争更多地转向售后服务的竞争。到 2020 年底,全国的汽车保有量已经接近 3 亿辆,这些车辆的日常维修保养需求已经形成了一个巨大的售后服务市场,这个市场都足以引起众多整车厂商以及专业维修提供商的关注。汽车备件物流的复杂性决定了零部件供应商、汽车生产商、分销商、零售商需要在整条供应链上密切合作与快速响应,因此将供应链与汽车售后备件物流相结合是汽车售后备件物流今后的发展方向。

一个国家和地区的汽车市场是否发达,一要看销售市场,二要看售后服务市场。在我国汽车市场和消费者逐渐成熟的今天,售后服务市场的地位就显得越来越重要。在美国,汽车售后服务业被誉为"黄金产业";在欧洲,汽车售后服务业也是汽车产业获利的主要来源。专家预测,汽车产业在近期会一直是我国国民经济发展的支柱产业之一,汽车保有量将持续保持较高的发展速度。虽然整车销售利润将呈现下滑趋势,但与汽车相关的售后服务市场却将是上升势头。对于我国整车市场来说,这部分有车用户的日常维修保养需求已经形成了一个巨大的售后服务市场,无论从单车维修保养利润来估计,还是从整个售后零部件市场的规模来评判,这个市场都足以引起众多整车厂商以及专业维修提供商的关注。我国汽车售后市场行业正吸引着越来越多的制造商和投资者。通过本单元的学习,达成如下目标:

单元目标

1. 能力目标
1)能够知晓汽车售后备件物流的概念。
2)能够掌握汽车备件物流运作模式。
3)能够优化服务备件的库存分布结构。
4)能够掌握汽车服务备件库存管理与控制的策略。

2. 知识目标
1)汽车售后备件的分类和备件物流的特点。
2)汽车备件物流运作模式与运作流程。
3)服务备件库存分布结构及其优化方法。
4)汽车备件库存控制策略。

单元 8 汽车售后备件物流管理

8.1 汽车售后备件与备件物流

任务引入

与汽车工业发达国家相比，我国的汽车售后服务业才刚刚起步。据统计，目前我国汽车市场销售额中配件占39%，制造商占41%，零售占8%，服务占12%；与此相对应的是在国外成熟的汽车市场销售额中，配件占39%，制造商占21%，零售占7%，服务占33%。这也说明我国汽车售后服务业的发展任重而道远。从汽车工业的发展趋势看，今后国内汽车行业的竞争涵盖了价格、质量、售后服务及品牌形象等综合能力的竞争。将售后服务作为整个汽车制造企业重要战略之一，在重视产品开发、整车制造技术、整车销售战略的同时，逐渐转变为以售后服务为中心的技术、生产、装备、零件部供应和以售后服务为中心的销售战略，是汽车行业竞争的大势所趋，也是当今我国汽车产业面临市场抉择时期的重大战略经营课题。售后服务是竞争的重要手段，用户是市场战略的核心。汽车售后服务体系集整车销售、备件供应、维修服务于一体，汽车经销商是围绕某一汽车产品的专销、专修、备件专供的品牌专卖店。品牌化的售后服务是汽车厂商与经销商建立品牌形象，提高市场份额的手段。品牌化的售后服务需要强大而完善的售后服务市场战略和精益快速反应的汽车企业售后物流战略。

根据以上信息，思考售后物流主要包含哪些方面内容。

学习目标

1）能描述汽车售后服务备件物流的概念。
2）能了解我国汽车售后服务备件物流的现状和发展趋势。

8.1.1 汽车售后备件及特点

在汽车服务企业中，把新车出厂后使用过程中所需的汽车零部件和耗材统称为汽车备件，它包括新车出厂后汽车维修过程中用来更换的新备件或修复件、汽车上需要更换或添加的各种油、液，以及用于提高汽车使用的安全性、舒适性及美观性的产品。每一辆汽车有成千上万个零部件，有些不易损坏，而有些是消耗性零件，则需要一定储备。汽车备件不仅具有一般商品的基本属性，同时还有以下自身的特点：

1）就数量而言，汽车服务备件品种繁多。汽车备件种类与汽车车型有关，各种汽车厂的车型有很多，并且每年还要增加新车型，同时旧车型也需要备件供应。
2）从需求特点来看，汽车服务备件需求地域分布十分广泛，且地区分布不均匀、不稳定，需求难以预测。
3）从物流反应速度来看，汽车服务备件物流要求快速反应且高质量的服务。
4）从运输要求来看，汽车服务备件要求个性化、专业化的装卸及运输方式，运输批量较小,实效要求较高。

5)从供应时间上看,汽车服务备件供应年限长。汽车企业不仅要对现有车型、新车型提供汽车备件,对于已经停产的车型,汽车厂仍要库存一部分该车型的售后备件,因此汽车服务备件物流具有长期性。

6)从库存来看,汽车备件需要占用大量库存资金,汽车服务备件物流库存管理难度大。

7)从服务来看,汽车服务备件的管理直接影响到顾客的满意度,从而影响整个售后服务的质量。

8.1.2 汽车备件分类

1. 按标准化分类

汽车备件包括发动机零部件、底盘零部件、车身及饰品零部件、电子产品和通用件,见表8-1。其中零部件包括总成(assembly)、分总成(subassembly)、子总成、部件、零件。

表8-1 汽车备件按标准化分类

汽车备件分类	产品细分
发动机零部件	油泵、活塞、喷油器、气缸、电子点火器
底盘零部件	前桥、后桥、万向节、变速器、分离器、传动轴、悬架系统、减振器、弹性元件
车身及饰品部件	车门、车顶、车窗、保险杠、仪表板、轮毂、油箱、行李舱
电子产品	车身电子控制装置与车载电子控制装置、发动机控制电子系统、底盘控制系统、车载通信电子、车载娱乐电子
通用件	轴承、油管、弹簧、标准件、密封圈、紧固件等

2. 按实用性分类

根据我国汽车备件市场供应的实用性原则,汽车备件分为易耗件(consumable parts)、标准件(standard parts)、车身覆盖件(body panel)、车身安全保障件(security items),见表8-2。

表8-2 汽车备件按实用性分类

汽车备件分类	产品细分
易耗件	发动机易耗件、底盘易耗件、电气设备及仪表的易耗件、密封件
标准件	气缸盖紧固螺栓及螺母、连杆螺栓及螺母、发动机悬架装置中的螺栓及螺母、主销锁销及螺母、轮胎螺栓及螺母等
车身覆盖件	发动机舱盖、翼子板、散热器罩、车顶板、门板、行李舱盖等
车身安全保障件	如曲轴启动爪、正时齿轮、扭转减振器、凸轮轴、汽油箱、汽油滤清器总成、调速器、机油滤清器总成、离合器压盘及盖总成、变速器壳体及上盖、操纵杆、转向节、转向摇臂和转向节臂等

3. 按用途分类

汽车备件按用途分为必装件、选装件、装饰件、消耗件。

4. 按集成度分类

汽车备件按集成度大小分为零件、部件、组合件、系统、模块系统组件。

5. 按需求分类

售后备件按需求分为常用备件、定期保养件、重要部件、易损件、非易损件等。

8.1.3 汽车售后备件物流

汽车售后服务备件物流是指汽车使用过程中正常的保养、维修、大修,以及交通事故后的维修所需要的零部件物流服务。在我国以汽车生产为主导的三大板块物流业务中,汽车零部件物流和汽车整车物流已日趋成熟,而汽车售后服务备件物流正处于起步阶段,是汽车物流大市场中的最后一块"蛋糕"。

1. 两大要素决定了汽车售后服务备件物流的高市场价值

汽车售后服务备件物流具有较高的市场价值,主要原因在于:

其一,汽车售后服务备件市场量与汽车保有量关系密切,因而其相应的物流市场容量会随着汽车保有量的上升像滚雪球一样不断增长。2020年底我国汽车保有量已经接近3亿辆,专家预测未来几年仍将保持较高增长率。由此可见,汽车售后服务备件物流是汽车物流行业今后最具发展潜力的一环,具有广阔的发展空间。

其二,汽车售后服务备件的高利润决定了其物流业务属高价值物流资源。随着中国汽车市场竞争的加剧,整车市场在日趋成熟的同时,附加值也会越来越低,在产业价值链中整车销售收入所占比例将越来越小,汽车售后服务将逐渐成为汽车企业谋求利润增长的主要途径之一。这从目前我国4S店的利润来源可见一斑。有关专家做过统计,在4S店所获利润中,整车销售占29%,维修占14%,备件占57%。而在汽车产业较成熟的发达国家,整个汽车产业链中超过70%的利润来自于售后服务。因此,汽车售后服务又被称作"黄金产业"。

2. 技术含量高、运作难度大是汽车售后服务备件物流的突出特点

作为汽车物流的一个细分领域,备件物流同样具有技术含量高、运作难度大的特点。同时,由于汽车售后服务备件服务面对的是千家万户的汽车使用者,决定了备件物流是由单点,即设在主机厂的备件中心库,向整个市场发散的特点,其物流业务具有国际国内跨区域运作、网点分布广且数量众多、终端需求量小、备件品种繁多、包装复杂等特点,这对物流公司的服务能力提出了极高要求。

举例来讲,一般一辆轿车的零部件数量在7000~9000种左右,换型车需要的零部件在3000种左右。部分汽车备件存在易碎、怕高温、怕水等特点,增加了备件在仓储、包装、运输过程中的作业难度。同时,受现阶段国内整车销量和保有量还不够大,以及不同品牌、不同车型所需备件品种存在较大差异性等因素的影响,各区域的备件需求量少且批次多,无法形成稳定的运输线路,无疑也会加大物流运作成本。

3. 我国汽车售后服务备件物流的现状

(1) 备件物流尚未得到汽车和物流行业的普遍重视

目前,汽车零部件入厂物流和整车销售物流已经普遍得到汽车生产企业的高度重视,物流业务外包已经成为行业共识,提供相关服务的第三方物流公司也逐步成熟,具备了一定规模和实力。但是,与发达国家相比,我国汽车产业起步较晚,市场竞争仍然不够充分,汽车生产企业在制造环节仍有较高利润,尚未将目光转向售后服务这一潜在的具有巨大利润来源、体现企业竞争优势的领域。因而迄今为止,国内大多数汽车生产企业并未系统地对备件物流业务进行规划和管理,在推动备件物流业务外包和发展第三方物流企业方面尚处于起步阶段。

(2) 部分汽车与物流企业已先机、领跑行业

尽管备件物流市场还没有得到足够的重视,但国内部分牢牢占据了行业稳固地位的汽车生产企业和领先的汽车物流企业,已经将目光聚焦到此领域,率先开展相关业务。像一汽大众、

一汽轿车、广汽集团、上海大众、上海通用、东风日产、神龙汽车等国内主流汽车制造企业，已经开始将备件的物流运作作为其售后备件管理部门的工作重点；一汽物流、广汽商贸、风神物流、安吉物流等汽车零部件物流领域的龙头企业，也开始了售后服务备件物流业务的开拓和实践，并凭借逐渐积累的专业经验处于市场领先地位。

（3）售后服务备件物流成为物流企业进入汽车物流行业的最佳跳板

我国汽车物流大市场已得到国内外物流巨头的高度重视，想方设法参与其中以获取稳定优质物流资源，成为其共同的追求。但汽车物流业务的特点，决定了该业务在技术含量高的同时，还有一道无形的门槛。因为对汽车生产企业来说，汽车零部件入厂物流和整车物流与其生产和销售管理密切相关，所以一旦选定了第三方物流企业，往往倾向于与其进行长期稳定的合作，相互之间形成紧密的血肉关联。而相比较而言，汽车售后服务备件物流业务与汽车生产企业的关联度要小很多，这也为国内外有实力的物流公司进入汽车物流市场提供了良机。

4．汽车售后服务备件物流行业发展的几个关键问题

（1）两业联动，携手发展

1）汽车生产企业应积极将备件物流业务外包。主机厂应将主要精力集中于核心竞争力建设上，可将企业中部分或整体备件物流交给第三方物流企业完成，以降低营运成本和固定资产投入，使生产效率获得最大化提高。需要注意的是，外包不等于不管，外包的同时更要加强管理和运营的监控。

2）多方加强合作，形成战略联盟。主机厂、物流商、中转库、4S经销商要迅速走出经营误区，彼此之间结成战略联盟，通过合作以整体优势参与竞争，实现互惠互利。同时，各企业要增强忧患意识，积极开拓市场，参与市场竞争，通过实现对客户需求的快速反应，提高客户服务水平，降低物流成本，增强竞争力。

（2）规避网点重复建设，多家共享物流资源

目前，售后服务备件领域的第三方物流企业发展滞后，并不意味着没有相关物流业务。经过多年的发展，各主机厂已在全国范围内设立了独立的中转库，但彼此之间没有共享备件物流的资源；物流商之间缺少合作，导致网点、线路重复，资源浪费。因而多企业合作、共享物流资源，是备件物流领域今后发展的关键之一。

（3）规范行业发展，逐步创建和完善行业标准

由于我国物流业尚处于发展阶段，各企业的物流水平参差不齐，直接造成了备件物流的发展滞后；同时缺乏完整的行业规范，客户需求得不到满足，阻碍了企业的下一步发展。备件物流具有跨地区、跨企业的运作特点，标准化程度的高低不仅关系到各种功能、要素之间的有效衔接和协调发展，也在很大程度上影响着企业备件物流效率的提高。

（4）加强信息化建设

1）物流企业要加强信息化建设。在备件物流运作中，供应商、物流商、备件中转库、4S经销商形成了一个完整的供应链。物流企业应建立完善的信息系统，与供应商的信息系统实现对接，并以信息技术为纽带，实现产业链上各企业业务流程的整合和运行，以满足售后服务备件物流及时快捷的服务要求。

2）加强公共信息平台建设。汽车物流行业公共信息平台建设滞后，备件信息分散，资源不能有效整合，形成了大大小小的"信息孤岛"。要做好汽车售后服务备件物流业务，各物流企业应当加强信息资源整合，大力推进公共信息平台建设，实现物流资源的共享，降低物流成本，

提高物流效率。

（5）与逆向物流、汽车装饰和美容用品等物流市场联动发展

无限的整合和业务延伸是物流企业减少支出、增加收入的永恒话题。由于替换下来的汽车备件需返回供应商，售后服务备件物流企业在发展正向物流的同时，也应积极发展逆向物流。同时随着汽车更新换代的加快，很多老旧汽车的备件将来源于报废的同车型，因而企业也要关注报废车的可使用零配件回收物流业务，形成全方位资源整合，以拓展业务，增强竞争力。汽车装饰和美容用品与售后服务备件物流具有共同的市场所在，因而会成为售后服务备件物流最直接的增量资源，市场前景值得关注。

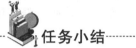

汽车售后服务备件物流是指汽车使用过程中正常的保养、维修、大修，以及交通事故后的维修所需要的零部件物流服务。市场价值高、技术含量高、运作难度大是汽车售后服务备件物流的突出特点。

本任务主要对汽车售后备件及特点进行了介绍，并对汽车备件的分类进行了介绍，同时就我国汽车售后服务备件物流的现状和发展进行了简要介绍。

8.2 汽车备件物流运作模式与流程

汽车备件物流的复杂性决定了零部件供应商、汽车生产商、分销商、零售商需要在整条供应链上密切合作、快速响应，因此将供应链与汽车服务备件物流相结合是汽车服务备件物流今后的发展方向。

汽车供应链具有典型的供应链组织模式，整车制造企业是供应链的核心企业，担负信息集成与交换的作用。汽车供应链系统中涉及的主体包括原材料供应商、多级零部件供应商、整车制造商、分销商、维修服务站、汽车用户、第三方物流公司，以及物流分供方等多个方面。

根据以上信息，查询汽车备件物流当前运作的主要模式。

1）能掌握汽车售后服务备件物流运作的几种模式。
2）能了解汽车备件物流的发展态势。

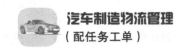

8.2.1 汽车行业售后经营模式

首先,从汽车行业售后经营模式来看汽车服务备件。

1. "4S"模式售后服务

"4S"模式也被称为"四位一体"模式,其配件供应和维修服务作为4S店最重要的一部分,在整车销售利润日益萎缩的情况下,主要转向以售后服务业务,并依赖于此生存。

2. 连锁经营模式

以美国为代表的连锁经营模式,最近20多年来得到了迅速发展。这种连锁方式如同人们熟知的"麦当劳"和"肯德基",它整合了各品牌汽车维修保养的资源,打破纵向垄断,在价格服务透明化的基础上,提供汽车保养、维修、快修、美容和汽保供应一条龙服务,车主可以一站式解决问题。

总体来讲连锁经营的优势在于:

1)连锁经营的规模化确保了服务价格和服务质量的优势。连锁网络成功地将分散零落、规模不大的区域市场结合起来,形成了一个巨大而稳定的用户市场,确保了巨大而稳定的经营额,从而以独立经营者所不可能具备的强大实力获得价格优势。

2)管理现代化、集约化有效地兼顾了经营成本和市场需求。连锁经营网络的仓储配送和库存调配绝非一般独立经营企业所能企及,它利用信息系统充分调动总部、分中心和连锁店库存,科学利用仓储流动资金,有效地减少物资储存和资金占用,降低运营成本。

3)品牌统一化树立了整体信誉。连锁经营将各连锁店的有限资金集合起来,形成巨大的行销投资。这种投资规模足以使连锁网络的总部集中专业的市场策划人员负责策划工作,组织多种媒体参与广告宣传和促销活动,从而快速、有效地提升整体品牌的知名度。

3. 特约维修站模式

"特约维修站"须得到厂家授权,它们只负责给特定品牌的汽车提供服务,维修中使用的专用维修设备大多由该品牌汽车制造商提供,零部件也都是原厂件。由于特约维修店垄断了新车保修业务,每一家维修店的客户因此也是相对稳定的。这类模式虽然有比较固定的客户,但是同时也降低了新客户的增长率,其客户的增长与生产厂家的销售量是成正比的。随着这类经营模式的增多,势必导致客户的减少和激烈的竞争,同时现在国内的大部分车主在车辆过了厂商承诺的保修期后,不会再到指定的服务站进行维护,这也造成了客户的相对流失。

4. 独立经营模式

随着市场的竞争,部分独立经营的维修厂发展成为品牌4S店,部分维修厂取得厂商的授权成为品牌特约维修店,也有相当一部分坚持独立经营的特点,坚持多品牌经营,而且取得比较好的业绩。与前几种模式相比,他们往往具有一些特色的优势,可能是维修技术、客户服务或者价格等方面。同时这种模式具有灵活、易于管理等优点,虽然面对的竞争对手越来越强,还是拥有自己的一席之地。但如果失去了自己独特的竞争优势,这种经营模式在以后的竞争中将会处于不利地位。

近年来,随着中国汽车保有量的急剧增长,中国汽车后市场也进入快速发展时期。汽车后市场,是指汽车销售形成以后,围绕汽车使用过程中的各种服务,它涵盖了消费者买车后所需要的一切服务,也就是汽车从售出到报废的过程中,围绕汽车售后使用环节中各种后继需要和服务而产生的一系列交易活动的总称。有统计数据显示,2010年,仅中国汽车售后配件市场规模预计已经达到3000亿元。其中,乘用车的备件物流运作与管理无疑是最受关注的。

8.2.2 汽车售后服务备件物流运作模式

1. 传统的汽车售后备件物流运作模式

目前，我国汽车售后服务备件的一般物流流程为，整车制造厂根据库存情况和需求计划，向供应商发出订单，供应商根据接收到的订单向整车制造厂发送备件，整车制造厂收到备件后，其售后服务部门进行分类和包装，并向售后服务站发送，如图 8-1 所示。

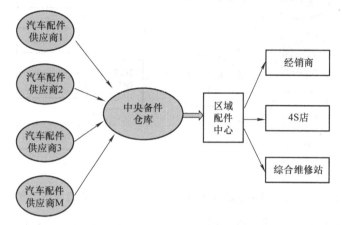

图 8-1　传统运作模式下汽车售后备件物流网络示意图

在传统运作模式下，售后服务备件供应链上的供应商、汽车制造企业以及经销商都依赖于自己冗余库存来满足备件及时供应的需求，是从单个运营主体的角度进行库存成本优化的管理模式，而忽视了从供应链的角度通过上下游企业之间的紧密协作来达到更为优化的运作目标。这样就不可避免地产生需求的扭曲现象，即所谓的需求放大现象，形成了供应链中的"牛鞭效应"。

相对于商用车而言，乘用车的备件物流模式比较简单。按照运作主体来划分，备件物流运作模式主要分为三类：整车厂自营、外包给第三方物流公司经营、零部件供应商自营。

（1）整车厂自营

这是当前国内备件物流的主要运作模式。整车厂自己负责备件的采购、订单处理、备件仓储管理等核心环节，有些将运输、配送等环节外包。整车厂通常会建立 1~3 个中心库，并在销售比较集中的地区设立若干个中转库，使备件物流网络总体呈现伞状布局。

（2）外包给第三方物流公司经营

部分整车厂采取外包方式，自己只负责备件采购，将备件的订单处理、仓储管理、运输、配送等环节部分或全部交给专业的第三方物流公司管理与运作。目前，国内知名的汽车备件物流服务商有安吉天地、一汽物流、广州风神等。随着专业分工越来越细以及物流公司能力的不断提高，备件物流外包将成为趋势。

（3）零部件供应商自营

很多零部件厂商也开始涉足备件物流市场，并建立起自己的物流体系去对应。与整车厂相比，零部件厂商的物流相对简单。主要原因在于零部件厂商不用管理一辆汽车上需要的所有备件，只需针对某一种或几种零部件，覆盖众多车型，其管理难度和成本相对较低。

2. 基于供应链的汽车售后备件物流运作模式

如图 8-2 所示，配件物流中心是一个综合协调中心，它整合多个配件生产厂家的产品资源，通过区域配送中心向用户（即整车生产厂、4S店、经销商及综合维修企业）进行配送业务，这样形成一个以物流中心为核心的供应链，供应链上的各节点企业以信息共享为基础，建立相互协调机制和战略联盟伙伴关系，在满足高效客户反应（ECR）的前提下，降低物流成本，从而达到供应链各方均受益的理想目的。

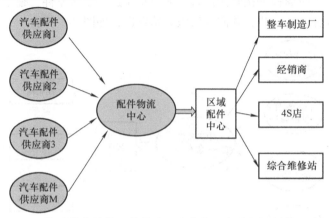

图 8-2　基于供应链的运作模式下汽车售后备件物流网络示意图

基于配件物流供应链一体化，各主机厂应当发展自己的核心业务，把辅助性的业务交给专业的第三方物流公司来运作，以实现降低成本，提高企业竞争力。在主机厂、主机厂的备品管理部门、第三方物流公司、4S店之间形成一个纵向的战略联盟。同时，在开展备件物流服务的第三方物流公司之间形成横向的战略联盟，以降低成本，提高资源利用率。

整合后的具有整体化和系统化特征的汽车售后服务备件物流供应链一体化运作，可以简化物流作业环节，降低物流成本，缩短交货时间，按照标准化规范运作，使物流系统更加稳定可靠，从而保障各方的利益。

8.2.3　汽车备件物流的运作流程

对于整车厂而言，备件物流的管理难度在于品类众多、单件物流量大，需要在实际运作中兼顾成本和效率。备件物流的运作环节主要包括采购、调拨以及运输与配送。

1）采购：基于各种备件的使用寿命、更换频次与数量等信息，整车厂对备件的采购规模和数量进行预测。如今，越来越多的整车厂将零部件物流与售后备件物流分开运作，备件物流独立进行成为当前的主流模式。主要原因在于整车厂可以控制备件的采购价格，因为备件的采购量可能会超过整车装配的零部件数量。也有部分整车厂对零部件物流和备件物流划分得不是很细，统一由一个部门负责，在采购零部件的同时也一起完成备件的采购。

2）调拨：备件物流的终端多为4S店或维修站，他们通过信息系统向整车厂发出订单。订单由整车厂审核处理完毕后，发给中心库由其负责进行备件的统一调配。整车厂按照不同备件的特点，采取常规订单和紧急订单两种运作模式。中转库并不能保证每笔订单都能有相应的备货，这时就需要从中心库调拨，再按照订单发货。由于整车厂可以根据详细的销售信息，估算出某个大区所需备件的大体数量，所以从整体来看，备件物流进行得有条不紊。

备件物流之所以繁琐是因为完全是由市场需求方来驱动的。4S店为了降低成本，通常备件订单可能只是500件、100件，订单小、频次高，从这点上说，备件物流比入厂物流难做。但是整车厂对4S店也是有最低订货要求的，例如规定每月订货量的底线。

3）运输与配送：整车厂通常将备件运输外包出去。总体看，备件的配送速度较快，但是配送成本较高。目前常规订单的配送成本由整车厂承担，紧急订单（主要是为了满足特定车主的需求）的成本则由4S店承担。由于备件运输具有频率、数量等不确定因素，成本是整车厂商普遍关注的问题。

8.2.4 汽车备件物流的创新对策

中国的汽车后市场具有非常大的潜力，但是目前还没有真正繁荣起来。备件运营和管理的核心包括备件采购的执行、中心库的规划、订单的机制等一系列工作，具体到物流运作，需要从整体考虑，做好规划。事实上，备件物流并不是一项新兴事物，与采购物流、入厂物流一样，整车厂在建厂之初，其售后部门就开始进行备件物流服务体系的建设和运营了。因此，目前国内整车厂在备件物流发展方面的重点主要是规模复制，比如建立更多的中转库，或维修站覆盖更广阔的市场，缩短订单时间，提高订单响应速度等。

汽车备件市场的健康发展需要汽车零部件企业与整车企业、终端渠道、产业关注者的共同参与，出谋划策。同时，对于备件管理与运作的关注与探讨应该有更多的细分，比如将乘用车和商用车、工程机械分开，国产的乘用车（包括合资）和进口乘用车分开等。

从全球视角来看，中国汽车产业的物流成本很高，过高的物流成本会削弱汽车制造成本优势。因此，快速且低成本地将产品送到网点是汽车备件供应链设计者面临的共同课题，需要导入新思维、新方法和新工具。结合企业实践考虑，汽车备件物流可采取如下创新策略：

1）流程创新：构建面向服务的供应链可视化解决方案，将供应、需求和物流信息整合并且同步，快速准确传递需求信息。

2）渠道创新：随着备件业务量增加，研究直接配送到网点的穿越式物流，减少物流中间环节，降低供应链上物流总成本。

3）服务创新：培养战略性增值服务提供商，提供超出物流自有价值的服务。

4）方法创新：规范备件配送过程中收货作业、拣选作业和包装作业、运输作业动作，提高效率和工作质量，满足客户需求。

5）目标评价创新：平衡服务目标和成本目标，分解订单履行、交付时间、交付频度、交付方式等服务目标，促进销售，增加价值量分析资产安全、物流支出水平、流动资产占用、固定资产规模等成本目标，减少投资，降低成本。

6）技术创新：选择合适的物流识别技术、自动化和专有化物流装备。

综上所述，汽车备件物流是创造价值的活动，为整车企业、汽车销售网点和供应商创造价值，为企业的股东创造价值，应致力于促进供应链向价值链的有效转换，实质性降低物流系统成本，提高企业竞争力。

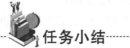

汽车备件物流运作模式主要分为三类：整车厂自营、外包给第三方物流公司经营、零部件供应商自营。

本任务主要介绍了汽车售后服务备件物流运作的几种模式及其发展过程中的演化，并对汽车备件物流的运作流程进行了简要介绍，同时提出了相关对策建议。

8.3 汽车备件物流节点规划与库存布局

任务引入

在汽车备件物流中，配送中心占有非常重要的地位。汽车备件配送中心是为满足一定区域范围内汽车备件的需求而设立的中心仓库，通过保持配送中心一定水平的库存，可以实现其所服务地区的汽车备件需求的配送，也可以实现从汽车配件供应商到消费者所在地的规模运输。在我国的汽车备件物流体系中，汽车备件配送中心就是面向所服务的各个经销商维修站，提供统一而集中的配送，具有一定库存水平，以应付紧急需求。由于配送中心的存在，能够为消费者提供及时的备件配送服务，能够更好地树立品牌形象，提高汽车品牌的市场占有率，扩大销售额和提高利润。

在物流配送中心选址时，物流配送中心所服务的对象不同，往往需要考虑的重点方面是不同的。本任务选址的物流配送中心所服务的对象是汽车备件，与其他对象相比具有不同的特点。因此在具体选址之前，有必要明确汽车备件物流配送中心选址相关的基本问题。

根据以上信息，思考汽车备件物流规划考量的因素有哪些。

学习目标

1）能用常用的理论与方法进行汽车备件物流配送中心选址。
2）能够优化服务备件的库存分布结构。

8.3.1 汽车备件物流节点选址规划

1. 汽车备件物流配送中心选址的影响因素

影响选址的因素有很多，通过对以往研究成果的总结，得出汽车备件物流配送中心（物流节点）选址主要考虑的因素如下：

1）自然环境因素。在选址时，要重点考虑地质、气象、水温、地形等自然条件，以保证备件物流运作的良好环境。

2）经营环境因素。在选址时，须考虑经营环境、成本费用以及服务的相应水平。

3）基础设施情况。在选址时，须考虑交通、公共设施、环保要求以及周边状况等。

2. 汽车备件物流配送中心选址的基本原则

物流中心的选址应遵守适应性原则、经济性原则、协调性原则和战略性原则。

（1）适应性原则

物流中心的选址要与国家、地方的经济政策和社会发展相适应，还要与我国物流资源、需求分布相适应。

（2）经济性原则

物流中心选址相关费用主要包括建设、物流费用。物流中心的选址应以总费用最少为原则。

（3）协调性原则

物流中心选址要把物流网络看成一个整体系统，应使物流中心的各种设施、设备，在地域分布、技术水平、物流作业生产力等方面保持协调。

（4）战略性原则

选址中心的选址要全面、长远考虑，要局部服从全局，既要考虑到目前的实际需要，又要兼顾未来的发展。

3. 汽车备件物流配送中心选址的基本流程

汽车服务备件物流配送中心选址流程一般可按以下步骤进行：

（1）选址规划约束条件分析

选址前要分析汽车服务备件物流现状，明确建立配送中心的必要性、意义；根据汽车服务备件物流现状及特点，确定需要的基本条件。

（2）收集整理资料

收集、整理历史资料，确定配送中心服务对象的需求条件及选址原则。

（3）确定初始备选地址

对收集的资料进行分析与整理，综合考虑各种因素来进行评估，确定初始备选地址。

（4）优化备选地址

在确定备选地址后，可以建立相应的数学模型来进行定性、定量分析，从而得到更优的地址。

（5）结果评价

根据汽车备件物流实际要求，对选址结果进行综合评价，看其是否具有现实可行性。

（6）确定选址方案

根据综合评价结果进行排序，得出最优选址方案。

8.3.2　服务备件的库存分布结构

备件的库存分布结构包括备件的库存分级以及哪类备件应该存放在哪级等问题，它与备件的物流网路布局是紧密相关的。目前，由于经营理念、管理水平、技术力量等各方面因素的不同，备件物流管理模式也不尽相同，备件的库存分布结构也随之不同。据调查，根据物流中心的设立方法，当前服务备件的库存分布结构可以大致分为以下几种。

1. 中心式

这种模式是在企业总部或主要销售城市所在地设立一个大的物流中心，储备所有需用备件。各地供应商（维修站）发生备件需求时，通过各种方式（电话、传真、互联网等）向总部下订单，总部将备件发至各地供应商处。

2. 分库式

采用这种模式的厂商在全国设立几个备件物流中心（分拨中心），储备各自辐射区域内所需备件。各供应商发生备件需求时，向各物流中心下订单，物流中心将备件发至供应商处。

3. 中心 - 分库式

这种模式是前两种模式的结合，即总部物流中心作为信息中心进行订单的接收和处理，各地分库按照总部指令发出和接收备件，同时各地分库的库存量均由总部控制。

4. 渠道式

渠道式即根据服务供应商的渠道设置来进行物流系统设计，类似于销售模式中的厂商—总代理—分销商的渠道传递，在每一级别中均进行一定量的备件储备，并根据实际情况随时调整。这种模式与前三种不同之处在于备件储存于供应商手中而不是厂商的手中，使服务供应商可以灵活使用，解决一定的日常备件需求。

5. 中心-分库-渠道式

这是第三种和第四种模式的结合，即在中心、分库和供应商处均储存备件。

从上述五种服务备件的库存分布结构可以得出以下结论：

第一种方式对于物流中心有效半径内响应速度较高，服务质量较好，但对于其他超出有效半径的区域，服务速度较慢。这种方式适用于产品销售区域小的地方性企业，而不适用于产品销售区域大的大中型企业，否则，容易导致顾客满意度下降，从而无法达到企业培养顾客忠诚度的目的。但对于企业来说，这种方式成本低，管理简单。

第二种方式比第一种方式在服务区域方面得到扩大，顾客可以得到较快速的服务，顾客的满意度比较容易得到提高，有利于企业顾客忠诚度的培养。但对企业本身来说，建立多个分库成本较高，备件库存占用资金增加，分库之间相对独立，管理和协调难度大大增加。

第三种方式则是在第二种方式的基础上进行改进，目的是保留服务及时的优点的同时，通过物流中心的统一管理，来解决分库之间管理和协调问题，从而降低备件物流管理成本。这种方式的先决条件是必须有一个强大的基于网络的信息管理系统，以便物流中心对分库进行实时管理，从而实现降低备件库存成本。

第四种方式主要适用于用户数量多、分布广，用户对产品的服务及时性要求较高，采用分库式已不能满足用户的需求，或者是厂商建立数量众多的分库投资和运营成本过高。但这种方式的缺点是由于供应商和分销商手中均有备件，备件物流的管理难度加大，若控制不好，有可能造成备件管理成本的增加。另外，总代理和分销商的服务水平将对厂商培育顾客忠诚度产生较大的影响。

第五种方式通过设立一定数量的分库来降低备件物流管理的难度，加强备件物流的管理，从而降低备件物流的管理成本，并且可以在一定程度上减缓分销商服务水平对厂商培育顾客忠诚度的影响。

8.3.3 国内外汽车备件库存分布结构

伴随着我国国内新车销售市场的繁荣，相对应的汽车服务备件市场的规模和形态都得到了快速发展。但是从整体上看，传统的汽车服务备件市场还存在着许多问题和不确定的因素。从传统的汽车服务备件的库存分布结构来看，表现出缺乏规模、地点分散、层次多、不易管理等问题，如图8-3所示。

在国外（以欧洲为例），汽车服务备件市场相对要有序得多。如图8-4所示，服务备件的供应以生产厂家为中心，其供应网络通常由两个环节组成，即一级批发网点和二级批发网点，最后才是零售网点。由于这种多层次的分销环节会导致低效率和高成本，现在也开始出现了一些少环节、多直销的方式。

目前国内大多数汽车制造企业已经越来越重视服务备件的库存管理，在库存分布结构上多采用一种分级的方式进行服务备件的管理：中央备件仓库—地区备件仓库（分拨中心）—经销商备件仓库，并且在供应链的不同层次上进行服务备件的网络优化，如图8-5所示。

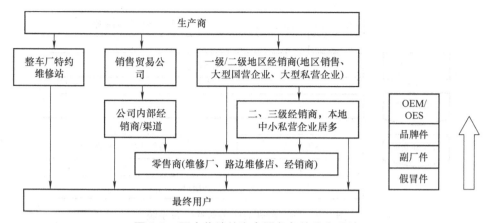

图 8-3 国内传统的汽车服务备件分布系统

（资料来源：波士顿咨询公司）

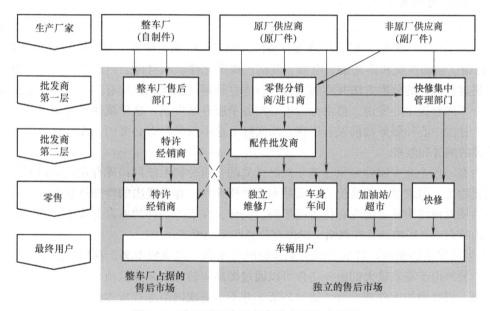

图 8-4 欧洲的汽车服务备件市场分布格局

按照目前的做法，服务备件供应链上的供应商、汽车制造企业、经销商都依赖于由自己进行大量的库存储备来满足服务备件及时供应的需要，而忽视了从供应链的角度通过上下游企业之间的紧密协作来达到更为优化的运作目标。要在汽车服务备件领域推行一种供应链的管理方法，以下几个方面是必不可少的：

1）要与上游供应商和下游经销商建立一种战略合作伙伴关系，以加强整个供应链的合作。

2）建立畅通无阻的信息平台，充分运用信息化来提高沟通效率，从而提高整个供应链的运作效率。

3）引入新的库存管理模式，比如现在在其他领域盛行的 VMI、JMI 等，通过借鉴应用到汽车服务备件的管理上来。

4）充分利用第三方物流的优势，适当地将业务外包。

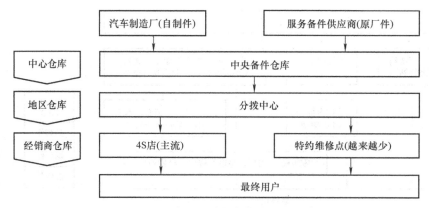

图 8-5 国内新兴的服务备件分布系统

8.3.4 服务备件库存分布优化

以往的汽车服务备件的分类通常都是按照备件的功能来进行分类，并进行编号，以便需要时查找方便。比如，某整车制造厂将服务备件分为发动机和变速器、发动机装备、悬架/转向装置/轮毂、制动系统和传动轴、电器、发动机周围元件、车身件、内饰件、辅料、附件十大类。但是这种传统的分类方法并不能帮助进行库存管理结构优化，所有的服务备件都是通过中央备件仓库向分拨中心发送，再由分拨中心向各个服务站发送。这样就使得每个备件在中央备件仓库、分拨中心和服务站都保有库存，而实际上这不仅是没有必要的，而且在某种程度上造成了资源的闲置和浪费。

国内有一些企业专家曾经做过基于商品性质的多级分销系统网络库存定位的研究，从商品的定制化程度、需求量、商品价值、商品本身的特殊性、客户提出的特殊送货要求等方面讨论了商品性质对网络中的主要库存位置的影响。同样，在服务备件的库存分布中，不同类别的服务备件的特点也会影响到其在网络中的库存位置和采购模式。

1）需求量大的服务备件通常服务响应时间要求高，缺货成本高，存储位置应该尽量靠近客户端。另外由于需求量大的服务备件可以通过提高周转速度来降低由于分散库存造成的库存成本升高，因此增加库存节点数（流通环节）并不会造成网络库存成本的明显上升。而对于需求量小的服务备件，可以在网络中适当地进行区域性集中，采用集中存储的模式以降低网络库存成本，有些甚至可以集中存储在制造商处，采取按单生产或者按单送货的模式更为经济。

2）需求提前期短的服务备件主要库存位置应该靠近客户，而需求提前期长的服务备件则可以将库存位置提高，采用集中存储整合送货的模式。

3）服务备件价值越高，其在网络各个节点中流通所产生的一系列成本相应越高，因此需要尽量减少流通环节，采用跨级存储和运输。

参考以上结论，结合实际企业调研的情况，采用两阶段分类方法将服务备件的库存分布结构进行了定性优化。

1. 第一阶段分类

第一阶段首先将备件分为进口件、国产件和自制件。

据调查，每个整车制造厂的服务备件大多数都是专用件，而且一半以上的备件都是进口件。对于进口件，由于进口的程序复杂，适合由中央备件仓库统一采购并进行分拣再向下运输。

而对于国产件，通过对供应商的选择（其中包括价格、质量、售后服务等考核）和合同的签订，可以采取由中央备件仓库统一管理但是备件不经过中心备件库的管理方式，中央备件仓库采集各分拨中心的需求请求，确定后统一向供应商订货，并由供应商直接向分拨中心发货。这种方式有些类似 VMI，原本应该由中央备件仓库管理的库存现在交给国内的供应商来管理，一方面减少了汽车制造厂的库存管理成本和库存量，另一方面使供应商对服务备件的需求更加直观，便于调整对汽车服务备件的生产，因此从整个供应链的角度来看，在一定程度上降低了整个供应链的成本，提高了整个供应链的运作效率。对于自制件，由于生产地点为汽车制造厂，因此由中央备件仓库统一向下发送，如图 8-6 所示。

2. 第二阶段分类

第二阶段分类是在第一阶段分类的基础上，再将汽车服务备件分为快速流动备件和慢速流动备件。

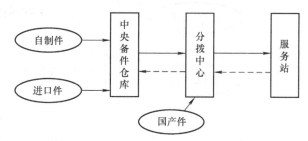

图 8-6　第一阶段分类后的库存分布结构

对于流程式生产企业来讲，通常慢速流动备件是年需求率小于 1 的备件，快速流动备件是年需求率大于 1 的备件。但是汽车服务备件，受到交通事故、顾客偏好等外界因素的影响，通常消耗得比流程式生产企业的维修备件要快，因此，考虑到汽车行业的实际情况，慢速流动备件被定义为那些月需求率小于 1 的服务备件，其余就是快速流动备件。当然企业在实际运作中可以根据具体情况重新定义，比如定义周需求量小于 1 的为慢速流动备件或者其他。

接下来将联合库存的管理思想引入第二阶段的库存分布结构优化中。

对于进口件，快速流动备件的库存结构为由中央备件仓库向分拨中心发送，再由分拨中心向各个服务站发送；慢速流动备件的库存结构为直接由中央备件仓库向服务站发送。因为服务备件的需求具有极大的不确定性，尤其是那些慢速流动备件，为了避免因缺货造成的顾客满意度下降，各个分拨中心都会保有一定的安全库存量，无形中使整体库存量远远超出了需求，并且因地域造成的需求差异可能导致分拨中心之间的紧急运输，产生再次运输的成本。因此，对于慢速流动备件我们借鉴联合库存的思想，将其存储在中央备件仓库，当某个服务站有需求时直接由中央备件仓库向服务站发送。这样不但不会降低顾客的满意度，也可以大大降低库存，减少不必要的库存成本和运输成本。

对于自制件的处理与进口件的处理相同。

对于国产件，快速流动备件的库存结构为由供应商向分拨中心发货，再由分拨中心向各个服务站发货；慢速流动备件的库存结构为供应商根据售后服务部的订单直接向服务站发货。这里慢速流动备件的库存结构类似进口件的慢速流动备件，只是因为没有了一个中心备件库，从而转嫁给供应商。这里供应商并不需要实时监控各个服务站的情况，而是根据中心备件库的指令来发货，因此这是一种类供应商管理库存的形式，是各个服务站将慢速流动备件共同存储在供应商处的一种联合库存的管理形式。由于备件供应商与整车制造商之间的合作关系是一种相互依赖的战略合作关系，因此通过一定的契约实现部分备件的这种联合库存管理是完全可能的。

供应商管理库存的形式，是各个服务站将慢速流动备件共同存储在供应商处的一种联合库存的管理形式。由于备件供应商与整车制造商之间的合作关系是一种相互依赖的战略合作关系，因此通过一定的契约实现部分备件的这种联合库存管理是完全可能的。

综上所述，备件库存分布采用的整体策略可以概括为，快速流动备件由起始点逐级向下流动，而慢速流动备件由起始点跨级向下流动。最后通过两阶段的分类分析，得出图 8-7 所示的汽车服务备件库存分布结构。

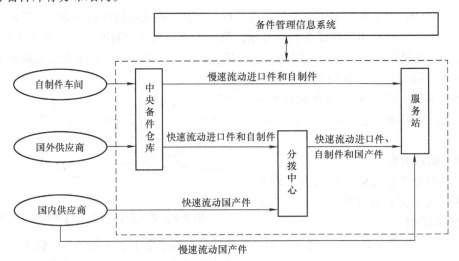

图 8-7　新的汽车服务备件库存分布结构

事实上，目前大部分整车制造企业都已经将自己的物流业务外包给专业的物流公司，以提高物流效率；在信息化方面也有所投资，只是专门针对汽车服务备件的信息系统还有待进一步完善；在与供应商的合作方面，由于整车制造商与其供应商之间相互依存的战略关系，在利益共享、风险共担的基础上达成一定的合作协议也并非难事。

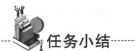

当前汽车服务备件的库存分布结构大致分为以下几种：中心式、分库式、中心-分库式、渠道式、中心-分库-渠道式。

本任务主要对汽车备件物流节点规划与库存布局进行了介绍，对比分析了国内外汽车备件的库存分布结构，并通过一种两阶段分类方法将服务备件的库存分布结构进行了定性优化。

8.4　汽车服务备件库存管理与控制

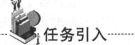

汽车备件物流是创造价值的活动，应致力于促进供应链向价值链的有效转换，实质性降低物流系统成本，才能提高企业竞争力。备件物流是售后服务市场的主体，其重要意义与汽车制造和销售同等重要。尤其是现阶段新车销售的利润并不高，汽车备件物流及售后服务已成为汽车制造商增加效益的关键。

单元 8
汽车售后备件物流管理

> 库存管理与控制是提高经营业绩的关键因素。库存水平过高，不仅意味着库存投资成本的增加，还要承担更多的库存持有成本，最终不得不降价或促销处理存货，从而导致总利润下降；相反，虽然降低库存水平有助于缩减库存投资成本和库存持有成本，但企业面临的缺货风险在增加，也可能导致总利润下降。改善和优化汽车服务备件库存控制与管理是一项极为重要的工作。
>
> 汽车服务备件的库存管理研究对于降低服务备件供应链的整体库存、提高服务质量、树立企业品牌形象都是很有现实意义的。汽车服务备件供应链包括核心企业（汽车整车制造厂）、上游企业（服务备件供应商）以及下游企业（分拨中心、4S店或者服务站）。因此，在研究汽车服务备件的时候，尽量立足于整个供应链，从供应链的角度出发，引入一些供应链库存管理方法和策略。
>
> 根据以上信息，思考汽车备件库存管理的主要内容包含哪些。

学习目标

1）能了解汽车备件的库存模型。
2）能掌握汽车备件库存控制策略。

8.4.1 汽车备件的分类管理

合理的备件分类方法是解决备件库存问题的基础。以往的备件分类方法，最主要的就是 ABC 分类法，另外还有 3A 分类法、ABCD 分类法等。

分类的主要思想是，根据库存物质的价值来划分其重要程度，考察企业库存资金以什么样的程度集中在各类物资上，并根据这种集中程度，对不同类别的物资分别采用不同的库存管理措施。它最突出的优点就是灵活、简单、易用。但是它也存在片面性和不足，主要表现如下：备件的资金价值与其对生产的影响程度无必然联系；各种备件的更新替换频率不一，消耗速度差异大，备件库存具有品种、规格繁多，占用资金多等。

基于传统 ABC 分类法的以上缺点和不足，很多学者纷纷提出了他们的改进 ABC 分类法，在分析一般 ABC 分类法不足的基础上，提出了层次类别 ABC 分析的新方法和 ABC 比例优化的范围，指出 ABC 分类法主要有如下缺陷：①判别的标准不全面，仅仅根据品种、金额的多少还难以科学分类，如有些备件，尽管占用金额不大，但对售后影响大，且采购周期较长，显然应归入 A 类，但按照金额标准却可能归入 B 类或 C 类；②一般分类法只是一种粗略的区别，一次划分难以合理，也不易控制；③一般分类法并未解决 ABC 的最优比例。

有的企业专家将维修备件的易得性、关键性和经济性作为分类准则，通过 ABC 分类来求解备件对分类准则的权重，然后运用层次分析法计算备件的组合权重，再根据组合权重对备件进行 ABC 分类。部分制造技术专家通过对慢速流动备件和快速流动备件的研究，提出了不同消耗特性备件采用不同分类标准的 ABC 分类改进模型——备件库存 ABC 分类两阶段改进模型。第一阶段，按照备件的历史消耗量将备件区分为快速流动备件和慢速流动备件；第二阶段，快速流动备件根据历史消耗值进行 ABC 分类，而慢速流动备件则根据现有的库存值来进行 ABC 类。

备件的最终目的是为顾客服务，按照 ABC 分类标准确定备件类别还需根据顾客的实际情况进行判断，并需要对备件类别进行调整优化，以便实现服务水平的不断提升。

8.4.2 汽车备件库存模型

所谓库存管理策略就是在各种条件下决定何时订货、订购多少数量的办法。实际中经常使用的有 ABC 策略（一种以价值为基础的库存分析方法）、(T, R) 策略、(Q, R) 策略、(T, r, R) 策略以及 JIT 策略。

ABC 策略：是一种粗放式的库存管理策略，可以采用 ABC 分类法，把物资按价值分布将任何库存区分为三个不同部分：A 类物资、B 类物资和 C 类物资。对 A 类严加控制，B 类正常控制，C 类最简便控制。

(T, R) 策略：每隔 T 期检查库存水平，低于 R 就订货，保证库存水平达到 R。这种策略的成本较高，服务较好。

(Q, R) 策略：R 表示库存下界，Q 表示固定订货量，如果库存水平等于或者小于 R 就订货固定的批量 Q。

(T, r, R) 策略：T 表示订货周期，每次检查库存水平，如果库存水平等于或者小于 r，就订货，保证库存水平达到 R。

JIT 策略：JIT 的关键在于按时供给，从协作方面获利以弥补成本方面的损失。

如果说库存控制策略是一种决策，那么库存模型就是实施这种决策的具体办法。库存策略是从一个宏观的层面对库存进行分析，而库存模型则更为具体和直观。

最简单也是最古老的库存模型是 Harris（1913）提出的经济订货批量（Economic Order Quantity，EOQ）模型。这个模型是对实际库存管理的高度简化。它对于模型的应用设定了很多假设条件：

1）需求率已知并且稳定不变，库存量随时间均匀下降。
2）需求率与订货提前期不相关，即交货期也是一个预先的常数。
3）瞬时补充库存，即从所订购的物资到达本企业，至全部库存恢复到最高水平这一过程是在一瞬间完成的，不占任何时间。
4）单位物资的购价或者成本为常数，即不考虑批量优惠或生产的规模经济问题。
5）每一次的订货成本为常数。
6）保管费用以平均库存为基础进行计算。
7）对物资的任何需求都能得到满足，不存在订不到货或者生产能力不足的约束。然而在现实社会中几乎不可能达到假设的水平，情况往往要复杂很多。

虽然这个模型并不具备实际的应用价值，但是，在随后几十年的研究中，所有的方法和 EOQ 都有着或多或少的关联。在 EOQ 推出的随后几十年，库存管理的研究大多局限于静态的数据，比如说，订单的数量和下订单的时间都是固定的，订货提前期也是固定的。这样的简化大多是由于 20 世纪三四十年代时计算机技术尚不发达。这些方法的应用大多有局限性。比如，要有准确的需求预测来保证未来需求的准确。当然这些方法，包括传统的 EOQ 模型，最大的缺点就是无法处理变动的需求以及不确定的订货提前期。

随后工业生产引入了统计学的理论，接着便涌现出许多比较经典的模型，包括 (s, S) 模型，以及非常重要的 (Q, r) 模型。这些模型都可以处理变动的需求。其中，base s 约束 k 是 (Q, r) 的简化，而后两种模型是应用极广的模型。现在很多的库存管理软件仍然采用 (Q, r) 或 (s, S) 或是它们的衍生模型为核心。

以下是一些主要的库存模型的含义：

（Q，r）模型：当库存下降到订货点 r 的时候，发出一个订货量为 Q 的订货要求。这个模型假设的是在库存降到了订货点 r 的时候发出订货。这个假设对于处理很多小的订单的系统是有道理的，但是对于一个订单同时订几个物品而使净库存突然减小到了订货点库存之下的情形，我们就应该应用其他的模型了。

（s，S）模型：一旦库存降到了 s 之下的时候，例如降到了 z，就订货并且订货量为 S-z，使库存补充到 S。

（T，S）模型：每隔 T 的时间，对库存进行检查，如果比 S 小了，那么下一个订单，将其补足到 S。

（Q，r）模型和（s，S）模型都需要对库存进行连续的管理和盘存，而（T，S）模型可以用周期性的库存盘点。（T，S）模型比起（Q，r）模型和（s，S）模型会产生更多的库存费用，但是管理起来却相对容易。

8.4.3 汽车备件库存控制策略

汽车服务备件的分类管理要解决的关键问题是在降低库存成本的同时又保证服务质量。对于整车制造企业来说，服务备件的供应商基本上都是确定的，也就是服务备件的供应来源是稳定的。而根据调查，汽车服务备件多为专用件，因此也没有考虑服务备件的专用性和可替代性。考虑到汽车服务备件的特点，本书选择了需求性和服务响应时间要求这两个指标对服务备件进行了分类。

服务响应时间要求直接影响服务的质量和客户的满意度，还间接地影响到企业的品牌形象。通常服务响应时间要求是与维修的类型相关联的。日常的汽车保养、小修所需要的服务备件的服务响应时间要求通常比较高，即要即有，一般不能缺货甚至需要做冗余处理以防需求的变动性；中修所需要的服务备件的服务响应时间要求中等，一般也不能缺货，但不需要做冗余处理；大修的时间较长，相应的大修所需要的服务备件的服务响应时间要求没有那么高，可以做短缺库存处理以降低库存。综上所述，在服务响应时间要求这个指标上，本书将服务备件分为了高、中、低三个等级。

需求性包括了服务备件的需求量以及需求规律。根据服务备件的需求性将其分为三类：Ⅰ类为需求量大并且需求率确定的服务备件；Ⅱ类为需求量小（通常存在较多零需求）并且需求率确定的服务备件；Ⅲ类为需求量和需求率均不确定的服务备件。

根据对以上两个指标的分类，可将汽车服务备件分成九类，见表 8-3。

表 8-3 汽车服务备件的分类以及相应的库存策略

需求性	服务响应时间		
	高	中	低
Ⅰ类 （连续性监测）	第一类： 冗余需求策略	第二类： 一般需求策略	第三类： 可短缺需求策略
Ⅱ类 （周期性监测）	第四类： 冗余周期策略	第五类： 一般周期策略	第六类： 可短缺周期策略
Ⅲ类 （连续性监测）	第七类： 冗余上下限策略	第八类： 一般上下限策略	第九类： 可短缺上下限策略

对于需求性指标,可以根据历史数据来划分每种服务备件的所属类别,并可以根据现在的消耗情况随时做出调整;对于服务响应时间指标,由于很难找出科学的方法进行定量的衡量,因此可以通过专家评分法或者其他主观评估方法来对每一类备件进行评估,根据企业的实际情况设定一定的服务水平来进行分类。

接下来对每一类服务备件适合的库存策略进行分析。

Ⅰ类:这一类服务备件的共同点是需求量大,消耗快,因此适合于采用连续性监测;另外其需求率较稳定,可以采用经济订货量模型计算得到订货点和订货批量。其中三类服务备件的库存模型如图8-8所示。

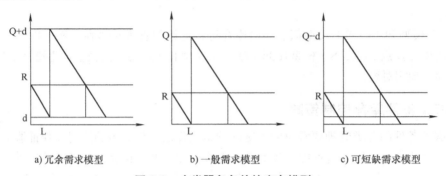

a) 冗余需求模型　　　　b) 一般需求模型　　　　c) 可短缺需求模型

图8-8　Ⅰ类服务备件的库存模型

Q—订货批量　R—订货点　L—订货提前期　d—冗余库存量或者可短缺库存量

第一类服务备件的服务响应时间要求高,缺货成本较高,因此为了防止突发情况的发生,可以根据经验或者对服务水平的设定计算所得设置一个冗余库存,即安全库存。

第二类服务备件的服务响应时间要求一般,缺货对服务质量甚至品牌形象不会造成较大影响,因此可以不用设置安全库存。一旦发生缺货(少数情况),可以采取紧急订货等补救措施。

第三类服务备件的服务响应时间要求较低,顾客对服务时间的宽容度较大,缺货对服务质量甚至品牌形象几乎不会造成影响,可以根据不同服务备件的重要性以及顾客可接受的时间要求适当设定一个短缺库存,达到降低库存的目的。

Ⅱ类:这一类服务备件的共同点是需求量小,在某些时间段内可能没有需求,消耗较慢,因此适合于采用周期性监测;同样其需求率较稳定,因此可以采用(T,S)库存策略和模型,其中S通常为一个周期T内该服务备件的平均需求量。

该策略每隔周期T检查一次库存,若库存量低于S则将其补足到S。这三类服务备件的库存模型如图8-9所示。

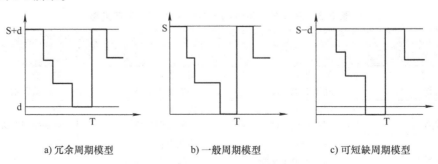

a) 冗余周期模型　　　　b) 一般周期模型　　　　c) 可短缺周期模型

图8-9　Ⅱ类服务备件的库存模型

S—周期库存上限　d—冗余库存或者可短缺库存　T—库存周期

第四类服务备件的服务响应时间要求高,虽然其需求量较小,但是缺货将对服务质量、顾客的满意度甚至品牌形象造成较大影响,因此同第一类服务备件一样,设置一个安全库存。

第五类服务备件同第二类服务备件一样,这类备件的服务响应时间要求一般,缺货对服务质量、顾客的满意度甚至品牌形象不会造成较大影响,因此不用设置安全库存。一旦发生缺货(少数情况),可以采用紧急订货。

第六类服务备件同第三类服务备件一样,这类备件的服务响应时间要求较低,缺货对服务质量、顾客的满意度甚至品牌形象几乎不会造成影响,可以根据不同服务备件的重要性以及顾客可接受的时间要求适当设定一个短缺库存,达到降低库存的目的。

Ⅲ类:这一类服务备件的共同点是需求量和需求率均不确定,需求波动较大,难以预测,应该采用连续性监测,随时把握库存量的变化情况;这一类服务备件的库存控制建议采用(s,S)模型,一旦库存降到了 s 之下的时候,就订货使库存补充到 S。Ⅲ类中三类服务备件的库存模型如图 8-10 所示。

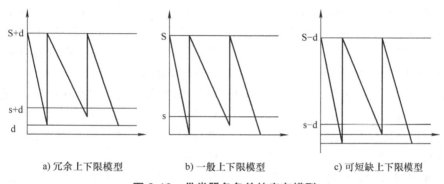

a) 冗余上下限模型　　b) 一般上下限模型　　c) 可短缺上下限模型

图 8-10　Ⅲ类服务备件的库存模型

S—库存上限　s—库存下限　d—冗余库存或者可短缺库存

第七类服务备件同第一类和第四类服务备件相同,服务响应时间要求高,一般不允许缺货,采用连续性监测的冗余上下限(s,S)策略,并且可以根据实际运作稍作调整,适当增加 s 和 S。

第八类服务备件同第二类和第五类服务备件相同,服务响应时间要求一般,缺货对服务质量、顾客满意度甚至品牌形象没有较大影响,采用连续性监测的一般上下限(s,S)策略。

第九类服务备件同第三类和第六类服务备件相同,服务响应时间要求较低,缺货对服务质量、顾客的满意度甚至品牌形象几乎不会造成影响,采用连续性监测的可短缺上下限(s,S)策略,并且在实际运作中可以不断地进行调整,适当降低上下限 s 和 S。

8.4.4　汽车备件库存预测与控制途径

1. 备件物流的特性

汽车备件按集成度从小到大分为零件、部件、组合件、系统模块系统组件、售后备件。按需求通常分为常用备件、定期保养件、重要部件、易损件、非易损件等。

常用备件使用频率高,损坏的可能性大。此类零部件功能简单、寿命短,包括摩擦片、制动块、传动带、火花塞、灯泡、刮水器、轮胎、喇叭等。

定期保养件可分为三类情况:定期必须更换的,包括制动液、发动机冷却液、机油、机油滤清器、汽油滤清器、空滤器滤芯、花粉滤芯、火花塞、发动机正时带等；需检查液面或添加的，包括变速器油、冷却液、风窗清洗剂、制动液、助力转向液等；需检查或更换的，包括气门间隙、离合器踏板高度、前后制动器摩擦片磨损、附件传动带张力等。

重要备件包括点火、油路悬挂、制动等系统装置。易损件主要包括车门、保险杠、翼子板、发动机舱盖、后视镜等。非易损件指发动机总成、车身总成、变速器总成等。

备件物流的特性主要体现在备件品种多、运输批量小、实效要求高；需求地域分布广泛，且地区分布不均匀、不稳定；要求个性化、专业化的装卸及运输方式，紧急状况下还需快速反应并且高质量的服务。

同时，不同的零部件产品规格、包装要求、标准化程度、供应商交付需求等均不相同，因此，备件供应链规划要充分汽车备件的特性、更换周期和使用寿命、销售频率等综合因素，运用价值分析、需求预测等手段，对不同的零部件做出相应的供应链需求规划方案。

2. 备件物流供应链库存预测

备件物流的核心理念是以合理的成本，在正确的地点、恰当的时间，以正确的条件，把正确的备件送到客户手中。备件物流供应链规划的目标是协同供应链合作伙伴消除一切无效率的供应链活动。虽然无效率的供应链活动会直接体现在"时间"和"库存"两方面的绩效指标上，但如果把目标仅限于缩减局部成本，显然背离了改善供应链的目标。

对于企业来说，有很多关于"时间"的绩效指标能够反映出企业当前的经营状况，如及时客户订单交付、现金周转、库存持有天数等。这些指标的改进必然有助于提高备件供应链的整体竞争力。以库存持有天数为例，它是现金周转指标的重要组成部分，降低库存水平、缩减库存持有天数有助于利润增长、提高股东权益、释放更多的资金。

通过"库存持有天数 = 持有库存量 ÷ 日均消耗"这个公式可以计算出现有的库存持有天数。然而，这种计算方法往往会误导我们低估供应链上的实际总库存量。因为库存持有天数未包含在途库存及委托供应商生产的订货。显然，它不能真实反映当前的现金周转状况。

库存是提高经营业绩的关键因素。库存水平过高，不仅意味着库存投资成本的增加，还要承担更多的库存持有成本，最终不得不降价或促销处理存货，从而导致总利润下降；相反，虽然降低库存水平有助于缩减库存投资成本和库存持有成本，但企业面临的缺货风险在增加，也可能导致总利润下降。

规划、控制备件供应链需要准确估计供应链所处理备件的数量，主要采用预测和推算的方式。预测的需求是所有部门（包括物流、营销、生产和财务部门）进行规划和控制的基础，因此，需求预测的水平对备件供应链整体至关重要。备件物流供应链的预测涉及需求的空间和时间特征，以及需求波动的幅度和随机程度。需求随时间的变化归因于销售的增长或下降、需求模式季节性变化和多个因素导致的一般性波动，因此，备件物流管理者必须了解需求量在何处发生、何时发生，以及规划仓库的位置、平衡物流网络中的库存水平、按地理位置分配运输资源等需求的空间位置。可见，企业选择的预测技术需反映影响需求模式的地理性差异。

在实践中，根据汽车备件的特性，往往将备件分组，确定不同的服务水平，或分别管理不同类型的备件。不同组别的备件和不同种类的备件会随时间形成不同的需求模式。如果需求是规律性的，根据其趋势、季节性和随机性规律，利用常用的预测方法即可得到较好的结果。易损备件和定期保养备件适用上述预测方法。

如果某种备件由于总体需求量偏低，需求时间和需求水平非常不确定，那么需求是间歇式的。例如，在车型刚刚投产时，只有少数客户有需求，而且分散在不同地区，利用常规方法难以预测。根据一般备件领域的工作经验，对年需求量小于 2 的备件采用不建立库存的策略，待需求量大于 2 时开始建立正常库存。通过该策略，可在满足客户服务水平的前提下，减少仓储设施投资，降低物流成本。

常用的预测方法是历史映射法和因果法。历史映射法的基本前提是未来的需求模式将会重复过去，至少大部分重复过去的历史。如果预测时间跨度小于 6 个月，通常准确性很好，因为在短期内，时间序列有内在稳定性。根据已知的客户服务水平可以推算出销售水平，服务和销售是因果关系，只要能够准确地描述因果关系，因果模型在预测时间序列主要变化，进行中长期预测时就会非常准确。根据备件的分类功能码，分析同功能备件在整车保有量下的历史销售数据，分析时间序列的趋势和季节性变化，预测新备件的需求。

3. 备件物流库存量控制途径

适时管理、快速反应和压缩时间，从而最大限度地降低供应渠道中所需的库存量，是汽车制造企业追求的供应链管理目标。

实现这一目标的主要途径包括：

1）管理供应商作业是缩减供应链周转时间所必需的步骤。作为供应链源头，供应商对供应链的时间、库存和成本等绩效指标有深远的影响。

2）供应链上下游的整合是行之有效的途径。整合的内容包括需求预测、库存规划、采购订货、运输规划、信息交流平台及生产流程等。

3）在供应链上传递数据是远远不够的。毕竟数据并不能代表信息。首先，需要一定的时间来完成数据的收集、分析、传递工作；然后，供应商和服务提供商将这些数据添加到他们的系统中。完成这一步骤后，供应商和服务提供商再向他们的供应商传递数据。如此一来，数据的收集、分析、传递工作耗费了大量时间。如果信息与信息系统能实现一体化，必将缩短周转时间，改善信息的准确性。

4）有选择性地实施一体化战略。选择与供应链上关键的供应商和服务提供商共同实施一体化战略。

5）分析库存的流动形式和仓储地点，以加快库存的周转速度。具体方法包括优化仓库和配送网络，绕过繁杂的配送网络实现客户直接交付。

加快周转速度、改善库存收益始于供应商管理，看板是最著名的适时管理方法。应用 EDI 等技术不仅解决了下达采购订单等供应链作业问题，更重要的是它还为用户提供了事件管理和突发事件管理的功能，其中包括修改订单、调整订货优先级别、订单组合、订单排期和数量等。信息流不仅实现供应链所有节点的连接，同时还实现企业内部以及供应链合作伙伴的一体化，帮助企业对产品流和库存定位进行动态监控，达到最佳的库存水平，既能降低库存成本，又有利于提高客户服务水平，从而获得更高的库存收益。

8.4.5　主机厂售后零件物流管理实践

主机厂售后零件物流管理

对某主机厂售后零件运作公司进行分析，主要论述主机厂对售后零件的物流管理，采用物流工程管理理论结合实际运作的研究方法，分析某主机厂售后零件运作公司的第三方物流和改

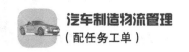

进物流运作的模式，用以指导实际工作和解决实际问题。

自 2012 年以来，通过对公司物流管理中存在的问题进行分析，借鉴美国通用汽车售后零件运作公司成熟的汽车物流管理经验，同时建立具有本企业特色的物流工程管理方法，某中美合资主机厂售后零件运作公司在很大程度上提高了物流管理的水平并降低了成本。

1. 主机厂售后零件物流管理的特点

汽车售后零件作为汽车售后服务不可或缺的要素，具有十分重要的意义，它们在很大程度上影响和决定了主机厂售后零件运作公司的经营效益。

（1）售后零件供应的响应时间

客户对于售后零件供应的响应速度要求越来越高。某中美合资主机厂售后零件运作公司对于售后零件的服务水平协议的响应时间要求为 24 小时甚至更短。

（2）加急处理（紧急订单）

在售后零件供应领域，优先级最高的通常是响应时间，而不是成本。也就是说，在必要时可以不计成本地尽快提供零件。因此，中美合资主机厂售后零件运作公司承诺了快速的供应响应，但这并不意味着公司就必须备有充足的库存和响应网络。

（3）库存周转次数

库存周转历来是某中美合资主机厂售后零件运作公司十分关心的指标，它在很大程度上反映了库存管理的水平和资金利用效率。

（4）发运和服务

2011 年某中美合资主机厂售后零件运作公司的售后配件的按时交货率为 91%，第一次交货完成率为 89%。粗看起来，这样的数字是可以接受的，甚至还不错；但是，即使是这样，仍然会对客户满意度带来负面的影响。而且，89% 的第一次交货完成率意味着每 10 个客户就会有一个不能第一次完成按时交货。

（5）缺货

衡量配件服务水平的一个重要的指标是为了日常维修和需求波动保有足够的库存。然而，缺货仍然是目前主机厂售后零件运作公司非常关注的问题，因为这常常会极大地打击客户满意度。行业研究表明，配件缺货和客户忠诚度之间有着直接的联系。

（6）索赔

索赔已经成为目前某中美合资主机厂售后零件运作公司关注的重点之一。目前公司在索赔上花费的费用占到了其销售额的 2.5%~4%。由于迅速地处理和解决索赔问题与客户满意度密不可分，某中美合资主机厂售后零件运作公司建立了专门的部门来应对各方面产生的索赔。

2. 主机厂售后零件运作公司改进物流运作的模式

即时供货即"在客户需要的时候，按需要的量送达所需的产品，以达到降低库存的目的"。以制动零件供应商的供货为例，制动零件供应商是主要为某中美合资主机厂售后零件运作公司提供售后制动片和制动盘（年供应量为 50 万套制动片和 30 万件制动盘）。制动零件供应商对现有的生产能力、设备稳定性、供应商供货及时性和运输状况等进行了深入的研究和调整，同时和某中美合资主机厂售后零件运作公司协商，取消了中转仓库，直接由第三方物流公司安排运输，将售后产品送到主机厂的各个经销商处，完成送货。

实际操作时，制动零件供应商根据客户月度和每周的零件需求计划进行原材料采购和人员配备，并通过取得主机厂每周或每日的需求计划，提前组织生产。由此信息公司取消中转仓库，直接向主机厂的经销商直接供货,实现了"拉动"式的即时供货。为客户节约中转仓库和中转运输费,为制动零件供应商节约 35% 的零件货架,降低 38% 成品库存,库存周转率提高到 9.6 次,运输过程质量损失为"零"。大大提高了过程能力、产品质量和客户满意度。

(1) 准确的信息沟通

即时供货 JIT 方式讲究信息的及时准确,特别是生产主计划是整个生产和物流系统的"核心拉动力"。在取消库存后,生产计划信息的错误和拖延都将导致延误给客户的供货。一方面制动零件供应商与客户物料部建立需求信息沟通机制,确定提前时间和信息传递、反馈和保障方法;在内部建立生产计划发布制度,及时准确地发布生产信息;建立客户现场服务人员信息反馈制度,及时了解客户的到货情况和我方的供货情况。另一方面指定专人负责客户信息的收集反馈;建立有效信息途径,如对讲机、手机、电话、传真等;使用各类看板(如物料库存看板、生产节拍看板、生产计划看板等)来及时传递各类信息;建立生产、物流等应急预案并演练。

(2) 及时稳定的物料供应

即时供货(JIT)过程中"客户需求"拉动生产过程,也拉动了物料的需求。为保证及时生产和即时供货,即时、稳定、经济的物料供应是根本。制动零件供应商使用企业资源管理 ERP 系统中的 MRP 物料管理系统来执行物料需求计划的制订发放和跟踪,严格控制库存,及时补充现场物料等工作。按照客户的中短期的零件需求信息(不同类型的产量),在 MRP 系统中根据制造 BOM 表自动产生所有相关零部件的滚动物料计划,然后通知各供应商,做好相应的部件的生产和发运。这些计划包括年度、月度和每周计划,对于国外供应商基本采用 4~8 周的采购周期,国内一般为 3~5 天,有的还执行当天即时供货。

(3) 跟踪物料计划的执行

由于国外采购周期较长,灵活性较差,必须利用供应商对整个环节严密控制。制动零件供应商将制订的物料需求计划和供应商"每周发货单"和"前期发运通知(ASN)"进行比较,全面了解国外供应商的物料发运的数量、品种、时间、在途情况,及时发现并纠正物料的欠发、多发、错发、迟发。在紧急情况下实行对发运港口、在途日期和到港、报关运输等环节的细致追踪,保证物料能准时到达。

(4) 控制库存

零部件的库存对于非即时供货的企业来说,虽然能提高应对突发事件的能力,但也造成了库存资金的积压和仓库费用,是一种必须严格控制的"浪费"。制动零件供应商根据主机厂需求的变化规律和趋势,结合以往实践经验,使用颜色标签来执行"先进先出追溯";对主要零部件设立了最高和最低安全库存;同时,在保证生产用料的前提下,根据使用情况及时更新在库数量,切实控制原材料存量。

(5) 全面推进信息化进程

随着 2013 年主机厂售后零件运作公司产品线的扩大,每年都会增加 60% 新车型制动片和制动盘的采购,制动零件供应商工厂运作的各环节节奏加快,复杂程度大大提高,再加上制动零件供应商执行严格的快速生产,及时供货,缺少了库存的应急保护,每一个简单的错误都会导致客户无法及时取得供货的风险。

随着市场竞争的深化,需求变化的多样性和快速性日渐明显,为了能满足客户的需求,一种方法是加大产品安全库存和人力物力投入,"以不变应万变",这样势必导致库存积压,产品容易过,人员设备效率低下,生产费用过高。另一种方法是"紧跟市场脚步"依据客户需要,

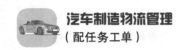

不多不少、及时地提供产品，但这需要有足够的应变能力，能够随时了解客户需求的变化，快速调整生产。

制动零件供应商在原有快速生产、即时供货的前提下，建立更加可靠、顺畅、严谨和完善的生产运作管理模式，提高自身的生产管理能力和市场应变能力，满足客户需求。制动零件供应商大力推进信息化进程，围绕客户—自身—供应商这条供应链主线，借助网络技术、电子信息平台、企业数据库等先进的信息技术对客户需求跟踪系统、内部制造系统和供应商物料需求系统进行信息化改造。

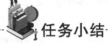

汽车备件库存管理策略就是在各种条件下决定何时订货、订购多少数量的办法。实际中经常使用的有ABC策略、（T，R）策略、（Q，R）策略、（T，r，R）策略以及JIT策略。

本任务从供应链的角度介绍了汽车服务备件库存管理与控制的方法和策略，并进行了举例说明。

单元 9
汽车生产物流管理信息化

单元概述

21世纪市场全球化、个性化、绿色化和快速多变的特点，向广大企业（包括制造商、供应商和销售商等）提出了T（及时生产出市场需要的产品并快速投放市场）、Q（产品质量高）、C（生产和递送成本低）、S（售前和售后服务好）、E（环境影响小和资源消耗少）的要求，并迫使他们走向合作，而信息技术和网络技术的飞速发展又使得分布在不同地域的制造商、供应商和销售商的有效合作成为可能。

互联网技术的发展和逐渐普及，使得世界进入了互联网时代，也给供应链的应用带来前所未有的发展机遇。互联网因其使用费低、通信效率高、使用方便等特点，为供应链的研究和应用提供了强有力的支持，使供应链及其管理再次成为国内外管理领域的一个热门的研究课题。同时，互联网的普及也使得广大中小企业能够有更多的机会加入供应链。

供应链的应用对供应链的相关技术基础上提出需求，拉动供应链相关技术和系统的发展。许多企业管理软件公司，如 SAP、Baan 等在其 ERP 软件中或专门提供了供应链管理系统和解决方案。

单元目标

1. 能力目标
1）能够描述什么是企业信息化。
2）能够描述供应链管理系统基础模块、信息化集成优势以及供应链管理技术。
3）能够描述什么是 ERP。
4）能够描述 ERP 和 SAP 系统区别。
5）能够描述 PLM、MES、WMS 基础功能模块。
6）能够描述汽车主机厂生产模式和入场模式。

2. 知识目标
1）企业信息化定义、主要内容、四大阶段、五大特征。
2）供应链管理技术、二维码技术、RFID 技术等。
3）SAP 系统基础功能模块。
4）MES 和 WMS 系统基础功能模块。
5）生产拉动和看板拉动系统。

9.1 企业信息化与供应链管理

人工智能在仓库管理的应用和创新

人工智能的概念及其潜在的好处对许多人来说已经不再陌生，并且随着人工智能的愈发强大，越来越多的企业开始探索它的好处。供应链管理和物流等行业在人工智能竞赛中不断占据中心地位，这也使得人工智能的技术每年都能达到新的应用水平。据 Infoholic Research 预测，物流和供应链市场的人工智能在 2017—2023 年的复合年增长率为 42.9%，到 2023 年将达到 65 亿美元。

近期，乌克兰数据研究公司 Data Root 实验室发表了一篇关于人工智能（AI）对物流行业影响的文章，阐述了物流业当前面临的挑战，以及初创企业和主要参与者在开发这项技术方面的创新与应用。

1. 人工智能在物流领域中发挥着关键作用

在如今全民网购的时代，交货速度显得格外重要。同时，产品的价格也逐渐变得透明化，消费者期望能用低成本换回高质量的服务，企业也希望能用最少的成本获得最多的产出，这给企业利润率带来巨大的压力，从而推动企业走向自动化的道路。当下，如果没有应用新技术来处理复杂流程和管理大量数据，企业便无法与时俱进，持续盈利也变得困难，这也是人工智能为采用者带来高价值高回报的原因。

2. 行业趋势——自动化领域的人工智能

人工智能在物流领域的创新有助于现有流程的自动化，这让自动化转型成为企业物流总监面临的重要议题。自动化是实现大规模优化的第一步，因此许多公司已开启物流自动化转型以保持竞争力，因为这不仅可以优化现有流程，而且能提高效率和生产率。

3. 新兴的物流 AI 初创企业

Data Root 实验室列出了 100 家将人工智能引入全球物流业的初创公司，其中提到了总部位于深圳的海柔创新（HAIROBOTICS）。海柔创新成立于 2016 年，致力于通过机器人技术和人工智能算法，提供高效、智能、柔性、定制化的仓储自动化解决方案，已在全球范围内完成了超过 70 个项目。此公司专注于箱式仓储机器人（ACR）系统研发设计与方案规划，旗下库宝机器人系统（HAIPICK）已应用于 3PL、鞋服、电商、电子、电力、制造、医药等各行业。

物流领域对人工智能的需求逐渐增大，推动了海柔创新等物流 AI 初创公司的迅速发展。新冠疫情大流行给物流行业带来了巨大压力，同样创造了前所未有的机遇，如随着越来越多的消费者从线下转向线上，电子商务行业逐渐兴起；无人机、自动驾驶车辆、机器人的出现逐渐替代人工作业，最大限度地减少了劳动力短缺的风险，并有助于保持社交距离……物流领域对人工智能技术的应用是一个不可逆转的趋势，企业需要及时了解与应用新的技术，与时俱进，保持竞争力。

根据以上信息，通过互联网查询人工智能在供应链物流领域有哪些应用。

单元 9
汽车生产物流管理信息化

学习目标

1)能描述企业信息化概念、五大特征及企业信息化建设等基本内容。
2)能描述供应链管理信息集成的优势和劣势。

9.1.1 企业信息化

1. 企业信息化的定义

企业信息化是指企业以业务流程的优化和重构为基础,在一定的深度和广度上利用计算机技术、网络技术和数据库技术,控制和集成化管理企业生产经营活动中的各种信息,实现企业内外部信息的共享和有效利用,以提高企业的经济效益和市场竞争力。这将涉及对企业管理理念的创新、管理流程的优化、管理团队的重组和管理手段的创新,充分开发和利用企业内部或外部的、企业可能得到和利用的,并与企业生产经营活动有关的各种信息,以便及时把握机会,做出决策,增进运行效率,从而提高企业竞争力水平和经济效益的过程。

其实质是将企业的生产过程、物料移动、实物处理、现金流动,通过各种信息系统网络加工生成的信息资源,提供给各层次的人们洞悉、观察各类动态业务中的一切信息,以便做出有利于生产要素组合优化的决策,使企业资源合理配置,以便企业适应瞬息万变的市场经济竞争环境,求得最大的经济效益。

2. 企业信息化主要内容

企业信息化主要包括五点内容:①合理构建企业的业务流程和管理流程,完善企业的组织结构、管理制度等;②建立企业的总体数据库;③建立相关的各种自动化及管理系统;④建立局域网,达到企业内部信息的最佳配置;⑤接通互联网,获得与企业经营有关的信息,充实自己的信息资源。

具体而言,企业信息化的内涵包含以下五个方面的内容:

1)产品信息化。产品信息化要使用好两个技术:一是应用数字技术,增加传统产品的功能,提高产品的附加值;二是应用网络技术,网络冰箱通过网络管理中心进行控制,可以向用户通报何时需要添置新的食品,从而产生了新的附加值。

2)设计信息化,即产品设计、工艺设计方面的信息化。设计信息化还包括计算机辅助设计(CAD)系统、计算机辅助工艺规程设计(CAPP)系统应用、计算机辅助装配工艺设计(CAAP)系统应用、计算机辅助工程分析(CAE)系统应用、计算机辅助测试系统应用、网络化计算机辅助开发环境、面向产品全生命周期活动的设计(DFX)系统二次开发与应用,以及产品建模、模型库管理与模型效验系统开发与应用。

3)生产过程信息化,即自动化技术在生产过程中的应用。用自动化、智能化手段解决加工过程中的复杂问题,提高生产的质量、精度和规模制造水平。其中主要应用包括数控设备的应用、计算机生产过程自动控制系统的应用、生产数据自动收集、生产设备自动控制、产品自动化检测及生产自动化覆盖等。

4)企业管理信息化。企业通过管理信息系统的集成,提高决策管理水平。主要应用层面包括企业资源规划(ERP)系统、供应链管理(SCM)系统、客户关系管理(CRM)系统和辅助决策支持（DSS）系统。

5）市场经营信息化。通过实施电子商务，可以大大节约经营成本，提高产品的市场竞争能力，提高经济效益。

3. 企业信息化"四个阶段"

对不少企业来说，通过信息化工具来解决企业管理中面临的问题已迫在眉睫，如数据整合、消除数据孤岛等，这是企业在扩张之路上难以避免的问题。随着越来越多的数据信息在产生，企业对数据整合有了更多的需求。对他们来说，一个高效的、整合的信息化平台十分必要。一般认为企业信息化程度划分为四个阶段：基础应用阶段、关键应用阶段、扩展整合及优化升级阶段和战略应用阶段，每一阶段都有其具体特征和判断标准。

1）基础应用阶段。在此阶段，企业主要进行信息化应用与OA、简单会计核算、企业网站、简单薪资核算和简单的员工考核等实现基础协同。

2）关键应用阶段。这一阶段企业的信息化应用主要有全面会计核算、基本成本和资金管理、企业核心业务系统（采购、生产、营销、库存等）和人力资源管理等。

3）扩展整合及优化升级应用阶段。信息化应用解决了关键应用阶段信息系统未集成的问题，主要应用内容包含了全程供应链应用、CRM、PLM、电子商务等集成的ERP应用。

4）战略应用阶段。这是中国企业信息化应用的最高阶段。处于此阶段的企业，在经历了较为长期的信息化应用之后，其信息化应用将通过商务智能、全面的绩效管理和随需而变的架构及机制等应用来全面体现其效益。

4. 企业信息化"五大特征"

随着云计算、物联网和社交网络时代的出现，企业信息化也将进入一个全新的阶段。这一阶段，企业信息化将主要呈现出以下五大特征。

（1）以人为本的社交化ERP

传统管理软件以业务为中心，侧重对于"财"和"物"的资源管理；基于"流程+信息记录"，涉及的数据具有结构化、可预测的特征。不过，这些结构化数据仅占企业数据总量的20%，更多的非结构化数据则占了80%。如果忽视庞大的非结构化数据，实际上是忽视了人在企业运营中所起的重要作用。随着知识型经济浪潮的兴起，越来越多的企业开始向"以人为本"转变。人的知识技能、创新求变、沟通交流等活动，是知识型企业最宝贵的资源。以人为本的信息化建设，注重提高员工效率和团队效率，是网络时代向企业2.0转型升级的迫切要求。企业2.0强调以企业内人与人之间的关系为主线，充分发挥"人"的主观能动性，重视其在业务操作和价值实现过程中的关键作用，关注企业不同部门和不同组织的协同需求，增加信息分享的速度，提高企业的综合生产力。企业社交网络作为企业私密的社交平台，其信息流通实现了从"一点到多点"向"多点对多点"传播方式的转变，打破了传统的传播瓶颈。可以为企业提供信息交互的竞争优势，使需要协作的员工更方便、有效地进行交流与分享，降低企业沟通成本，提高工作效率，凝聚专业知识工作者和远程同事。

（2）更强大的供应链协同能力

瞬息万变的市场使企业间的竞争已演变成供应链的竞争。而供应链取胜的关键是"协同"。在激烈的市场竞争中，准确把握客户需求、迅速推出新的产品、实现柔性快速交货，已经成为企业赖以生存的基础。集成了电子商务、社交网络的供应链系统，将为企业打造更加强大的协同能力；让企业能更方便地与客户、制造商、供应商、运输商及其他相关方进行无边界的沟通与协作。在这种新的趋势下，企业能更好地利用社交网络和客户进行沟通，收集客户意见，提供售后服务，并通过电子商务和电子支付的整合及其信息的分解与共享，利用社交网络和供应链相关方的互动沟通，达到对整个供应链上的信息流、实物流、资金流、业务流和价值流的有效规划和控制，从而将供应链各环节集成一个完整的网状结构。新的供应链协同趋势，依赖信息技术，主要包括自动识别技术、电子数据交换技术（EDI）/XML、GIS 与 GPS 技术、电子订货系统（EOS）、电子支付等，还有一些发展起来的协同运作技术，包括虚拟电子链（VEC）技术、多智能体技术和社交网络技术。

（3）集成化、智能化程度更高

随着 RFID（无线射频）、GPS（全球定位系统）、电子支付等技术广泛应用，信息采集更为方便，将这些信息有效整合在企业 ERP 系统中，使企业信息集成化程度更高。在物流环节通过 RFID、GPS 等技术的使用，自动化采集信息，使物料在各个环节更容易跟踪，实现对供应链整个环节物流的及时、动态监控；避免了过去人工扫描信息的种种弊端（效率低、易出错、及时性差等）。电子支付技术的迅速发展和 ERP 系统的融合，也使企业可以更好地监控其资金流。通过企业 ERP 系统集成电子支付方案，在提高了企业财务信息及时准确性的同时，也降低了企业的财务费用。

（4）移动信息化，让管理触手可及

在企业信息化领域，借助于移动信息化模块，实现通过手机等智能终端对诸多业务的移动管理，正成为一个显著趋势。云计算和移动信息化的结合，使管理者突破过去办公场所、上网条件等限制，让管理随时随地触手可及。目前企业移动信息化在流程审批、报表查询、销售支持、商业智能、库存查阅等领域应用最多，而且基于不同行业差异化细分的移动商务模块也越来越多。

（5）按需使用的信息化服务

对于许多中小企业而言，没有足够的资金也并非都需要使用全套的 ERP 等流程复杂的管理软件，只需要解决一些分散的棘手问题来提高运营效率。因此，提供碎片化又易于扩展的信息化产品，使广大中小企业能根据自身需要，进行弹性配置、即插即用，满足其个性化需求，是当前中小企业信息化发展的重要趋势。另外，电话会议把分散在不同地域、处在各个决策层面的人们汇集在一个虚拟空间中，缩短距离，加快信息与知识的交流传播，促进团队合作，催化决策速度，提高工作效率，大幅度压缩费用。

5. 企业信息化建设

企业信息化的关键是企业中的人员可以充分地将信息化执行下去，没有人员的执行，根本无法去谈信息化。因此，企业信息化的基础还是以人为基础的信息化。企业信息化只有实现人与信息化软件相结合，才能达到最大的效果。

企业信息化与企业信息化建设在本质上是一致的，但实质上还是有所区别。企业信息化是属于企业战略、企业目标、企业发展等这类带有全局性、规划性、指导性的抽象范畴，如同机械化、工业化、现代化的概念一样。企业信息化建设是指企业具体应用先进的科学管理方法和现代信息技术，以信息资源为主要对象，采用系统集成的手段，对企业管理的架构与机制进行全面整合，使物流、资金流、信息流、人力人才等资源得到合理配置，使企业经营（生产）管理业务流程得以规范和优化，实现提升企业核心竞争力，达到提高企业经济效益和管理水平为目标的全过程。

针对制造业，信息化建设的含义就是以管理创新的思路，将现代管理方法、信息技术、自动化技术等相关技术与制造技术相结合，提高企业管理现代化，生产自动化水平，降低成本，增强经济效益，全面提升制造业的市场竞争力。

企业信息化建设是具体的企业行为，是企业自身发展的一个阶段，与企业管理相辅相成并伴随在企业管理的进步之中，其最明显的特征是具有实践性和可操作性，常常以工程项目的形式体现。通常所讲的企业信息化实际上是指企业信息化建设，企业信息化建设只是企业信息化的一个进程，它不能等同于企业信息化。其内容与各行业各企业的不同类型性质、规模大小有所不同，并随着经济体制、市场格局、产业政策的变化以及管理科学的发展、信息技术的不断进步而发生改变。就其制造业的共性而言，大致有以下几点基本内容。

（1）生产过程控制信息化

生产过程控制的信息化是控制技术自动化的发展和升华，是制造类型企业特别是批量生产流水线作业方式信息化的关键环节。其主要内容就是综合利用自动控制技术、模拟仿真技术、微电子技术、计算机及网络技术实现对生产全过程的监测和控制，提高产品质量和生产（操作）效率。生产过程控制信息化的重点是产品开发设计、生产工艺流程、车间现场管理、质量检验等各设计、生产环节。

（2）企业管理信息化

企业管理的信息化是企业信息化建设中比重最大、难度最大、应用最为广泛的一个领域，涉及企业管理的各项业务及各个层面。企业管理的信息化建设就是在规范管理基础工作、优化业务流程的基础上，通过信息集成应用系统来有效地采集、加工、组织、整合信息资源，提高管理效率，实时动态地提供管理信息和决策信息。这是一项"牵牛鼻子工程"，往往可以达到"牵一发动全身"的效果。无论什么类型的企业都必须根据自身的实际，选择适当的开发对象，花大气力、扎扎实实地把这项工作做好。

除此之外，在业务管理活动中还产生大量的非结构化数据，如各种文档、邮件、报表、网页、音像、视频、扫描图像以及演示幻灯片等。因此，办公自动化（OA）和文档管理也是企业管理信息化建设中的一项重要内容。

（3）企业供应链管理信息化

在现代市场经济的条件下，制造业的生产也不再是"大而全、小而全"的单独、孤立、封闭的模式，企业的生产和管理活动发生了前伸和后延。企业从原材料、零部件的采购、运输、储存、加工制造、销售直到最终送到和服务于客户，形成了一条由上游的供应商、中间的生产者和第三方服务商，以及下游的销售客户组成的链式结构，这就是供应链。制造企业的生产活动、管理流程受到这条供应链的制约和影响。因此，企业供应链管理的信息化是制造企业非常重要的一个组成部分。其重点是利用企业局域网络、互联网、数据库、电子商务等技术资源，通过对供应商、第三方服务商及客户的供应链管理与协调，将企业内部管理和外部的供应、销售、服务整合在一起，提高制造企业的市场应变能力。

（4）企业信息化组织建设

企业信息化建设最明显的特征是具有实践性和可操作性。因此必须务实，做好组织到位与措施落实这两件大事。概括来讲就是要抓好三个要素和一个配套：设计思路、开发工具、人员组织落实、硬件设施配套。

企业的成长路径会随着组织规模不断扩大、业务模式不断转变、市场环境不断变化，导致对信息管理的要求从局部向整体、从总部向基层、从简单向复合进行演变,企业信息化从初始建设到不断优化、升级、扩展和升迁来完成整个信息化建设工作,体现了企业信息管理由窄到宽、由浅至深、由简变繁的特性需求变化。

企业信息化组织建设说到底是靠人去完成的,选择什么样的人员,这类人员应该具备哪些知识和素质,对企业信息化建设至关重要。同时,采取怎样的组织形式和机构也直接影响到企业信息化建设实施的质量和进度。实践证明,高效精干的组织机构和复合型IT人才是企业信息化建设的根本保证。从这个角度讲,企业信息化建设的一个重要任务就是要建立一支专业化复合型的人才队伍。

(5)企业信息化组织建设要重视硬件设施的配套

最关键的工作是必须建立一个合理的计算机网络拓扑结构,主要包括互联接入和企业局域网两大部分。要从通畅接入、防病毒防攻击、可管可控、系统安全等方面来有效地配备网络结构和购置硬件设备,同时建立、健全相应的网络管理制度,这些都是企业信息化建设的重要基础和支撑。

9.1.2 基于供应链管理信息化集成模式

1. 供应链管理系统功能模块

汽车物流工程系统是一个物流供应链管理系统,其功能构成包括以下几个模块:

1)供应链计划业务:提高预测的准确性、优化生产计划、减少库存成本、缩短订单周期、减少运输成本并提高客户服务水平。

2)订单支持:向顾客提供准确的交货日期。

3)生产计划与控制:能在订单级对生产活动进行细节的协调。

4)需求计划:提供各种统计和预测工具。

5)销售计划:制定订单履行作业计划。

6)运输计划:运输资源的分配,保证原料和成品以最低的成本在正确时间到达正确的地点,考虑货位、车辆、总负荷、运输工具等。基于ERP的SCM集成系统模式,以ERP为核心,从产品生命周期和生产制造流程,形成两条主线,分别集成MES、PLM、CRM、DMS。

2. 基于供应链管理的管理信息集成模式

基于供应链管理的信息化集成模式,是指根据行业特征,在节约人力、物力、财力的基础上,利用先进的信息技术,以经济全球一体化和电子商务为依托,首先实施供应链管理的信息化,然后逐步分阶段实施全面管理的信息化。现代汽车零部件采购面临以下挑战:

1)供应商能够和整车企业同步开发产品,可以缩短产品开发周期、加快新品上市。

2)选择好的供应商,可以增加主机厂的竞争力。

3)供应链运作中运营成本大,需要建立良好的供应链,降低成本,实现双赢。

另外,国际跨国公司在全球市场上,以建立贸易企业为核心的全球采购体系,实施电子商务采购,国内非常有优势的快速消费品和劳动密集型的各种产品受到广泛关注,搭载供应链,将倍速成长。

3. 汽车企业基于供应链管理的管理信息集成模式的优势

1)加大企业成本降低力度,提升竞争力。管理信息集成模式不仅为企业节约信息化成本,并且节约了采购成本。在我国的众多企业中,企业往往只注重于内部的挖潜,而忽视对供应链的管理，实际上很多的无效劳动和浪费就存在于供应链的这些环节之中，做好了供应链的管理，降低供应链的总成本，就给企业带来了利润。

2）大幅度地减少原材料、半成品、成品等物资的库存。企业资金不足，库存管理仅仅是对自身库存物资的数量管理与控制，企业注重库存水平最低和库存占用费用最少，往往把库存物资往企业上游或下游实施转移。供应链下的库存管理则从整体，即由供应商、制造商、批发商和零售商组成的供应链网络上来统筹管理，企业间充分交换库存信息，相互协调共同管理库存，实现整体库存水平的下降，或实现小企业零库存。

3）提高企业采购物资的质量。传统方式的物资采购双方是博弈的对手，招投标过程中总是避免企业信息泄露，影响价格。在供应链管理模式下，物资采购双方是合作伙伴关系，通过建立相互信任双赢的供应关系管理，相互的信息交流比较多，因此，能保证物资采购质量的有效控制。

4）提高中小企业的劳动生产率。供应链管理提高了企业运行效率，提升了企业竞争力。供应链管理可以使信息及时传递，使得需求信息不再是逐级传递，而是在同一时间到达各个供应商，使得整个供应链更能适应变化的需求，缩短供货时间，加快订单的响应速度，使企业在变化的市场中取胜。信息的共享，使得各企业了解更准确的库存、在途等信息，在保持服务水平的同时，将现有的库存、固定资产、运输工具减至最低水平，实现以信息代替库存。

4. 供应链管理技术

随着全球经济日渐一体化，供应链管理已经成为国际经贸活动中必需的配套环节，而近年各种技术的急速发展也使得供应链管理的效率大幅度提高。下面简要介绍几种通用的供应链管理技术。

1）全方位连接技术。近年来，各种无线连接技术如雨后春笋，包括个人局域网用的蓝牙技术、无线局域网、支持语音及数据通信的蜂窝式无线广域网等。它们在供应链领域的最新应用趋势是汇聚在同一种设备里，提供多样化的无线通信服务，这为用户以及相关的 IT 管理人员带来便利。

2）语音及 GPS 技术。供应链信息化的另一个发展趋势是手持式电脑结合了语音通信及 GPS 功能，令它可以同时支持数据采集、数据通信及手机通信。随着包括 GPRS、GSM、CDMA 等在内的广域无线通信的覆盖面日益广阔及通信价格不断下调，越来越多的公司能负担使用实时数据访问系统的费用，提高供应链管理的效率。

3）语音识别技术。语音识别技术使得手持式电脑的使用者不需分心留意屏幕。在 IT 产业提倡开放系统及互操作性的大潮下，目前语音合成/识别功能已经能轻易地融合进多种已有的供应链应用软件里，包括仓库管理、提货及存放、库存、检验、品质监控等，这主要是得力于终端仿真（TE）语音识别技术的面世。

4）数码成像技术。企业级移动计算机也增添了数码成像技术，不少运输和配送公司已经使用整合了数码照相机的移动计算机，使得他们的送货驾驶员能采集配送完成的证明，存储已盖章的发票并将未能完成送货的原因记录在案。

5）便携式打印技术。目前移动打印机是打印行业中发展最为迅速的一环。销售、服务及配送人员使用便携式打印设备可以立即为客户提交所需文件，同时马上建立一个电子记录文档，不需另行处理纸张文件。在工业环境中使用便携式打印设备，可以节省工人前往打印中心提取标签、提货单或其他输出文件的时间。

6）二维码技术。二维码的效益早已获得市场肯定，但由于使用环境不同会导致有些标识难以读取，所以其广泛性还有待提高。但随着自动对焦技术的面世，二维码逐渐成为进行物品管理、追踪及其他运营工作的主流支持技术之一。大多数的机构需要使用不同的扫码应用软件来处理各式各样的标识以及编码数据。

7）RFID 技术。RFID 的应用也日趋普及，它在资产管理及供应链领域所能发挥的价值尤为明显。RFID 在存货管理及配送运营中的新应用模式是使用车载 RFID 设备和其他移动 RFID 解读器，以增强或取代传统的固定 RFID 设备。

8）实时定位系统（RTLS）技术。RTLS 能将无线局域网拓展到资产追踪系统。它可以通过无线局域网进行资产追踪，任何一台和无线局域网连接的设备都可以被追踪和定位。无线定位设备和支持软件可以实时追逐射频信号，高效地支持存储、路由、数据收集及资产使用率分析等操作。

9）远程管理技术。远程管理技术的应用范围十分广泛，包括对扫码器及打印机、RFID 设备、计算机以及其他数据采集设备和通信器材进行配置、监控及修复，可大幅度减低供应链设备管理工作所需的时间及成本。

10）安全技术。更高的安全性是支持供应链管理技术的另一个主要的业务趋势和需求。例如可以为移动计算机加锁，即使设备丢失或被窃，机主的信息和其他数据也不会被别人窃取。

任务小结

企业信息化是将企业的生产过程、物料移动、实物处理、现金流动，通过各种信息系统网络加工生成的信息资源，提供给各层次的人们洞悉、观察各类动态业务中的一切信息，以便做出有利于生产要素组合优化的决策，使企业资源合理配置，以便企业适应瞬息万变的市场经济竞争环境，求得最大的经济效益。

本任务对企业信息化主要内容、四个阶段、五大特征，以及如何建立企业信息化等概述，同时也讲述了基于供应链管理信息化集成的优势和供应链管理技术，为我们理解汽车生产物流管理信息化提供了基础框架认知。

9.2 生产物流管理信息系统

任务引入

某公司的供应链管理系统

某公司是全球第三大的 TFT-LCD 制造商，拥有从小尺寸到大尺寸 TFT-LCD 各种面板的生产。为有针对性地构建自己的供应链管理系统，开发商仔细分析了其供应链的特点。TFT-LCD 的工艺流程非常复杂，结合了半导体、化工和电子组装三个不同的行业。因此，开发商在构建供应链系统时应包含三种不同的生产阶段，每个阶段的管理重点都大不相同。

第一阶段是类似半导体制造过程，产能优化是这个阶段的管理重点。第二阶段则较偏向于化工流程，在管理上需要同时兼顾产能优化和关键零部件的库存管理。最后一阶段多以电子组装为主，关注的焦点应放在关键零部件的采购与库存管理。

基于这些管理重点，该公司在已有 ERP 系统的基础上，导入了 APS、SRM 和 MES 系统。它通过 ERP 系统收集销售数据和相关预测，借助 APS 系统制订生产计划，并及时将生产计划进行分解，自动形成各零部件厂商的"交货排程"。最后，通过 SRM 系统及时将这些信息传递给供应商，以保证在正确的时间、正确的地点获得正确数量的零部件。从物流的角度来看，该公司采用了 JIT 的管理模式。从信息流的角度来看，该公司充分利用互联网平台，将采购信息在第一时间内"推"向零部件供应商。

为了强化和供应商之间的协调性与及时性，该公司与供应商之间还通过"协同采购"平台，利用 EDI 数据交换，实现 JIT 和 VMI 采购模式。该公司以内部流程的整合为基础，在第一时间内将最新的生产计划、物料需求和交货日期等信息发布给全球的供应商，使供应商能够及时、准确地安排生产、备料和送货，从而将采购计划的执行从以往的以天来计算大幅度压缩到以小时来计算。借助供应链系统的实施，该公司将"响应周期"由原来的 4 天缩短到 1 天以内，同时所有关键零部件的库存都维持在 1 天甚至更低的水平。

阅读此任务引入后，通过互联网查询 ERP 系统、SRM 系统和 MES 系统主要功能。

学习目标

1）能描述企业信息化概念、五大特征及企业信息化建设几点基本内容。
2）能描述 ERP 和 SAP 系统区别。
3）能描述产品生命周期管理系统的基本功能。
4）能描述生产过程执行管理系统的功能。
5）能描述仓库管理系统的基本功能。

9.2.1 ERP 管理系统

1. ERP 管理系统定义

企业资源计划（Enterprise Resource Planning，ERP）系统是指建立在信息技术基础上，以系统化的管理思想，为企业决策层及员工提供决策运行手段的管理平台。

ERP 系统是一种主要面向企业进行物资资源、资金资源和信息资源集成一体化管理的企业管理软件系统，其概况如图 9-1 所示。

系统依据物流、资金流、信息流三块总线将模块系统连接形成一套完整的企业管理系统。

ERP 管理系统实现的目标概括如下：
1）建立企业管理与决策的计算机管理网络，实现信息资源共享。
2）建立综合管理系统数据库，实现对数据的集中存储与管理。
3）实现对数据的授权访问控制机制。

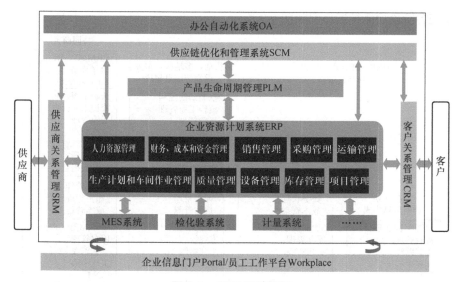

图 9-1　ERP 系统概况

4）实现企业各部门协同工作，提高工作效率。

5）实现系统设备与应用的安全可靠运行。

6）为企业的经营管理提供科学的技术决策支持。

7）建立进、销、存的统一管理机制。

8）建立计算机网络和数据库的维护管理机制。

2. ERP 系统及其发展阶段

ERP 系统集中信息技术与先进的管理思想于一身，成为现代企业的运行模式，反映时代对企业合理调配资源，最大化地创造社会财富的要求，成为企业在信息时代生存、发展的基石。ERP 大致经历了如下几个发展阶段：

1）MRP（Material Require Planning）。企业的信息管理系统对产品构成进行管理，借助计算机的运算能力及系统对客户订单、在库物料、产品构成的管理能力，实现依据客户订单，按照产品结构清单展开并计算物料需求计划，实现减少库存，优化库存的管理目标。

2）MRP Ⅱ（Manufacture Resource Planning）。在 MRP 管理系统的基础上，系统增加了对企业生产中心、加工工时、生产能力等方面的管理，以实现计算机进行生产排程的功能，同时也将财务的功能囊括进来，在企业中形成以计算机为核心的闭环管理系统，这种管理系统已能动态监察到产供销的全部生产过程。

3）ERP（Enterprise Resource Planning）。进入 ERP 阶段后，以计算机为核心的企业级的管理系统更为成熟，系统增加了包括财务预测、生产能力、调整资源调度等方面的功能，配合企业实现 JIT 管理全面、质量管理和生产资源调度管理及辅助决策的功能，成为企业进行生产管理及决策的平台工具。

4）ERP Ⅱ（电子商务时代的 ERP）。互联网技术的成熟为企业信息管理系统增加与客户或供应商实现信息共享和直接的数据交换的能力，从而强化了企业间的联系，形成共同发展的生存链，体现企业为达到生存竞争的供应链管理思想。ERP 系统相应实现这方面的功能，使决策者及业务部门实现跨企业的联合作战。

ERP 系统各阶段功能扩展概况如图 9-2 所示。

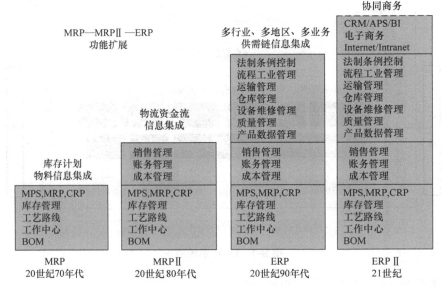

图 9-2　ERP 系统各阶段功能扩展概况

3. SAP R/3 介绍

鉴于 SAP 为大多数大型企业所使用，现重点选用 SAP 进行相关介绍。SAP 的核心产品 R/3 以及网络化的 mysap 协同商务系统。SAP 推出的 my sap 协同商务就是在 R/3 系统之上增加了 CRM（客户关系管理）、SCM（供应链管理）、PLM（产品生命周期管理）三个应用系统，将企业的内部管理与外部商务统一集成。

SAP R/3 是一个基于客户/服务机结构和开放系统的、集成的企业资源计划系统软件，其功能涵盖企业的财务。后勤（工程设计、采购、库存、生产销售和质量等）和人力资源管理等各个方面。该系统由德国 SAP 公司所创，客户服务主要由数据库、应用服务器、汇报层组成。通过这样的结构层，更多客户要求被满足，不同机器上任务的分配，同时提高了整个系统的工作效率。系统模块介绍如图 9-3 所示。

（1）SAP R/3 软件的特点

1）功能性。R/3 以模块化的形式提供了一整套业务措施，其中的模块囊括了全部所需要的业务功能并把用户和技术行应用软件相连而形成一个总括的系统，用于公司或企业战略上和运用上的管理。

2）集成化。R/3 把逻辑上相关联的部分连接在一起。重复工作和多余的数据被完全取消，规程被优化，集成化的业务处理取代了传统的人工操作。

3）灵活性。R/3 系统中方便的裁剪方法使之具有灵活的适应性，从而能满足各种用户的需要和特定行业的要求。R/3 还配备有适当的界面来集成用户自己的软件或外来的软件。

4）开放性。R/3 的体系结构符合国际公认的标准，是客户得以突破专用硬件平台及专用系统技术的局限。同时，SAP 提供的开放性接口，可以方便地将第三方软件产品有效地集成到 R/3 系统中来。

5）用户友好。图标与图形符号简化了人机交互是的操作。统一设计的用户界面确保了工作人员能够运用同样的熟悉的技术从事不同的工作。

6）模块化。R/3 的模块结构使用户既可以一个一个地选用新的实用程序，也可以完全转入一个新的组织结构体系。

7）可靠。作为用户的商业伙伴，SAP 始终不断地为集成化软件的质量设立越来越多的国际标准。

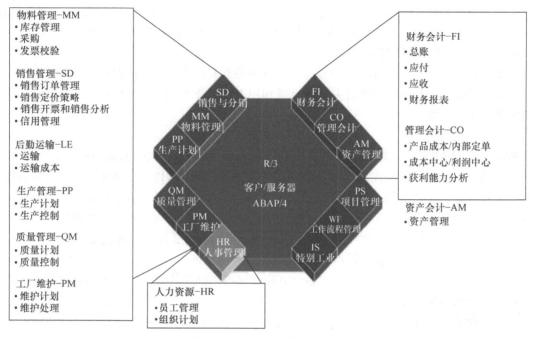

图 9-3　SAP R/3 模块示意图

（2）SAP R/3 基本模块介绍

1）R/3 PP 生产计划系统。R/3 PP 生产计划系统是一个综合性的企业资源计划系统，包括制造执行系统的全部功能。它完整的集成各种应用领域的所有业务功能，支持客户订单快速处理。可以用 R/3 业务模块的组织实体同任何现有的企业组织结构对应起来。R/3 支持跨越多个公司的事务办理，以及同一企业各组织实体之间的分销需求计划。

2）R/3 SD 销售与分销。R/3 SD 销售与分销系统是处理订单任务的可靠工具。一旦输入销售订单，SAP SD 系统便立即更新所有相关的部分。

3）R/3 MM 物料管理。物料管理模块覆盖了一个集成的供应链中（物料需求计划、采购、库存和库房管理）所有有关物料管理的任务。

4）R/3 FI 财务会计。R/3 财务管理系统是一个集成的高效商务管理系统，可以适应公司瞬息万变的财务状况。作为一个现代化、国际化的会计软件，R/3 FI 模块将各个会计组件的数据有机结合，提供全面、系统的报告，可以从中得到所需的一切内容。SAP FI 模块的数据透明性和用户友好性使制定财务决策的工作变得非常简单。

5）R/3 CO 管理会计。R/3 的控制应用程序提供了一个用于公司控制的高级而复杂的系统，根据用户特定的需求进行组织与修改。所有的管理会计应用程序公用同样的数据源并使用一个标准化的报告系统，该系统包容了各个国家的具体要求，这种能力意味着适合于控制跨国的业务活动。R/3 的管理会计模块使用户密切地监控所有的成本、收入、资源及期限，对计划成本和实际成本进行全面的比较。管理会计数据被完全集成到 R/3 的后勤、销售和财务会计的活动中。

6）R/3 AM 资产管理。R/3 的财产管理系统使用户能电子化地监控固定资产和商品。它与 R/3 的会计系统和后勤系统相集成，提供大量的功能，用以控制最佳化地使用公司的资产。

7）R/3 HR 人事管理。R/3 HR 人事管理系统包括：人事管理、招聘、时间管理、新近核算、差旅费核算、组织管理、人事发展、培训和事件管理、人事成本规划、轮班规划。

4. ERP 系统关键供应商介绍

ERP 系统关键供应商分布林林总总，主要分为海外和国内供应商两大阵营。海外供应商主要为 SAP、Oracle、Baan，国内的主要是金蝶和用友。以下分别对 SAP、Oracle、Baan、用友和金蝶进行简单介绍。

（1）SAP—R/3

SAP 公司是 ERP 思想的倡导者，成立于 1972 年，总部设在德国南部的沃尔道夫市。SAP 的主打产品 R/3 是用于分布式客户机/服务器环境的标准 ERP 软件，主要功能模块包括销售和分销、物料管理、生产计划、质量管理、工厂维修、人力资源、工业方案、办公室和通信、项目系统、资产管理、控制、财务会计。支持的生产经营类型是按订单生产、批量生产、合同生产、离散型、复杂设计生产、按库存生产、流程型。其用户主要分布在航空航天、汽车、化工、消费品、电器设备、电子、食品饮料等行业。

R/3 的功能涵盖了企业管理业务的各个方面，这些功能模块服务于各个不同的企业管理领域。在每个管理领域，R/3 又提供进一步细分的单一功能子模块，例如财务会计模块包括总账、应收账、应付账、财务控制、金融投资、报表合并、基金管理等子模块。SAP 所提供的是一个有效的标准而又全面的 ERP 软件，同时软件模块化结构保证了数据单独处理的特殊方案需求。

目前，排名世界 500 强的企业，有一半以上使用的是 SAP 的软件产品。因 R/3 的功能比较丰富，各模块之间的关联性非常强，所以不仅价格偏高，而且实施难度也高于其他同类软件。R/3 适用于那些管理基础较好、经营规模较大的企业，普通企业选择 R/3 时，要充分考虑软件适用性和价格因素。

（2）Oracle—Applications R11i

Oracle 公司是全球最大的应用软件供应商，成立于 1977 年，总部设在美国加州。Oracle 主打管理软件产品 Oracle Applications R11i 是目前全面集成的电子商务套件之一，能够使企业经营的各个方面全面自动化。Oracle 企业管理软件的主要功能模块包括：销售订单管理系统、工程数据管理、物料清单管理、主生产计划、物料需求计划、能力需求管理、车间生产管理、库存管理、采购管理、成本管理、财务管理、人力资源管理、预警系统。Oracle 支持的生产经营类型是按订单生产、批量生产、流程式生产、合同生产、离散型制造、复杂设计生产、混合型生产、按订单设计、按库存生产。其用户主要分布在航空航天、汽车、化工、消费品、电器设备、电子、食品饮料行业。Oracle 凭借"世界领先的数据库供应商"这一优势地位，建立起构架在自身数据之上的企业管理软件，其核心优势就在于它的集成性和完整性。

（3）Baan—Orgware

Baan 是一个为项目型、流程型以及离散型产业供应链提供 ERP 系统和咨询服务的公司。Baan 的软件家族产品支持企业一系列的业务过程，其中包括制造、财务、分销、服务和维护业务。此外，Baan 公司还提供了 Orgware 组织工具和软件工具，它能帮助企业减少实施时间和成本，并能帮助企业实现对系统的不断改进。它支持的生产类型是按订单设计、复杂设计生产，用户主要分布在航空航天、汽车、化工、工业制造等行业。

Baan 通过 Orgware 系统件作为企业建模工具，以保证企业灵活运用软件，它强大的功能能满足企业现在的实际需求，也能满足企业将来的需求。

（4）用友—NC、U8、"通"系列

用友软件已形成 NC、U8、"通"三条产品和业务线，分别面向大中小型企业提供软件和服务。用友软件的产品已全面覆盖企业从创业、成长到成熟的完整生命周期，能够为各类企业提供适用的信息化解决方案，满足不同规模企业在不同发展阶段的管理需求，并可实现平滑升级。用友拥有丰富的企业应用软件产品线，覆盖了企业 ERP（企业资源计划）、SCM（供应链管理）、CRM（客户关系管理）、HR（人力资源管理）、EAM（企业资产管理）、OA（办公自动化）等业务领域，可以为客户提供完整的企业应用软件产品和解决方案。

（5）金蝶—K/3、KIS、EAS.i Fly 移动商务系列

金蝶国际软件集团有限公司是中国第一个 Windows 版财务软件及小企业管理软件（金蝶 KIS）、第一个纯 JAVA 中间件软件（金蝶 Apusic 和金蝶 BOS）、第一个基于互联网平台的三层结构的 ERP 系统（金蝶 K/3）的缔造者。金蝶 KIS 和 K/3 是中国中小型企业市场中占有率最高的企业管理软件。

9.2.2 产品生命周期管理系统

1. PLM 简介

产品生命周期管理（Product Lifecycle Management，PLM）是一种理念，即对产品从创建、使用，到最终报废的全生命周期的产品数据信息进行管理的理念。在 PLM 理念产生之前，PDM 主要是针对产品研发过程的数据和过程的管理。而在 PLM 理念之下，PDM 的概念得到延伸，成为 c-PDM，即基于协同的 PDM，可以实现研发部门、企业各相关部门，甚至企业间对产品数据的协同应用。PLM 系统架构如图 9-4 所示。

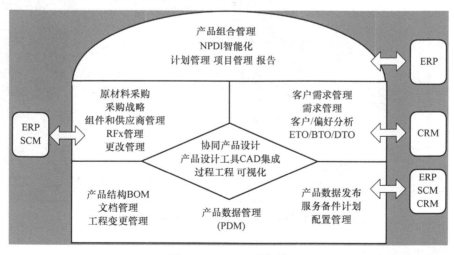

图 9-4　PLM 系统架构

2. 产品生命周期管理系统功能

（1）产品数据与文档资料的管理

制造企业产品生命周期中的产品数据与文档资料的管理，包括 3D 设计模型、仿真分析数据、2D 工程图档、扫描后的图纸档案，以及一般文档资料的管理、工艺数据的管理、企业或跨企业的零部件库的管理，如图 9-5 所示。对这与产品相关信息的管理有以下要求：

1）文件查询。产品设计过程中会产生大量的文件和图纸。例如，设计一架波音 737 飞机有 46 万张图，设计一条万吨轮船大约有 150 万张图，文件量很大。另外，新产品设计需要经常查阅老产品的设计图纸。大量的设计信息以计算机文件形式存在，这些图纸或文本文件有可能存放在企业各个部门相关人员的某一计算机目录下。因此，需要提供计算机查询的手段，能够根据项目、设计人、工作阶段、审批状态、日期、类型以及预先定义的各种参数，如材料、重量、加工方法等进行查询。

2）版本管理。对各种数据文件和文档资料的修改过程和版本状态的管理，保证数据的一致性和有效性，最终保证企业的产品设计和生产制造活动能够使用正确版本的数据或图纸。

3）安全保密。制造企业将产品数据存放到计算机网络环境下，这些数据极易受到非法调用、修改和泄密，所以需要解决数据的安全保存和保密问题。这就要求根据各类人员的不同职责，分别赋予不同的权限，处理不同范围的资料。同样，对资料也设置不同的密级，以保证各类资料不被非法修改和盗用。

4）数据共享。产品数据以电子文件形式通过计算机网络进行交换，保证数据在权限控制范围内送到需要的人手中，实现各种异构数据在企业的不同部门甚至企业之间的交换共享。

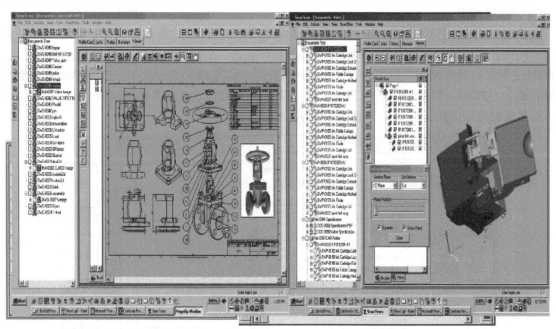

图 9-5　PLM 系统—产品数据与文档资料管理模块图示

（2）产品生命周期的过程管理

制造企业产品生命周期中的数据包括所有与产品有关的数据，以及来自设计、生产、支持等过程信息。产品开发过程管理的任务是对整个产品形成的过程进行控制，并使得该过程在任何时候都可以追溯。过程管理通过对设计开发过程进行定义和控制，使产品数据与其相关的过程能够紧密地结合起来，以实现对有关的开发活动与设计流程的协调和控制，使得产品设计、开发制造、供销、售后服务等各个环节的信息能够得到有效的管理。

1）产品开发流程管理。制造企业通过产品生命周期中的过程管理框架，来定义和控制数据操作的基本过程。过程管理不仅向有关人员发送信息和下达工作任务，还对各种业务作业，如数据和文档的生成、工程更改等活动进行控制。

2）审批发放。对于企业中的各种产品数据和电子文档，将现有的手工审批制度，转变为网络环境下的审批发放管理。

3）数据状态和流向控制。管理产品数据在PLM环境中各个设计团队之间的流向，以及在一个项目的生命周期内跟踪所有事务和数据的活动，及时了解各项任务的具体状况，以及各项任务的完成情况。

4）记录备案。各种审批记录、重要的操作、关键性的决策都需要长期保存，以备查询。

（3）产品结构与配置管理（BOM）

在整车生产过程中，不同阶段的BOM内容不同，所起的作用也不同。在研发阶段，BOM就是产品结构；在生产组织阶段，BOM不仅是产品结构，还是材料定额、工时定额等，是包含一台整车装配所需的零件清单信息，体现出企业的生产能力；在销售阶段，BOM是车型配置，是客户购车的基本依据，体现车型的价值。

BOM的类别主要有E-BOM（工程BOM）、P-BOM（生产BOM）、SP-BOM（销售BOM）、Cost-BOM（成本BOM）。不同的BOM面向的业务目的不一样，因此BOM之间的合理转换是有效管理BOM的关键。以产品"方桌"为例，其BOM结构如图9-6所示。

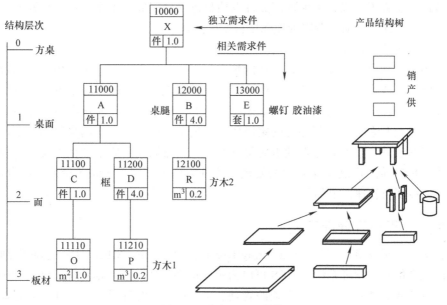

图9-6 方桌BOM结构

（4）工程变更管理

设计变更是指项目自初步设计批准之日起至通过竣工验收正式交付使用之日止，对已批准的初步设计文件、技术设计文件或施工图设计文件所进行的修改、完善、优化等活动。设计变更应以图纸或设计变更通知单的形式发出。设计变更发起类型如下：

1）零件新旧号的切换。

例如：【替换】零件 A → 零件 B

2）零件的废止或新增。

例如：【新增】Ø → 零

　　　【删除】零件 A → Ø

3）零件号没发生变化，适用发生变化。

① 零件适用个数发生变化。

例如：【用量变化】零件 A 单台适用个数 1 → 2

② 零件配置发生变化。

例如：【适用车型变更】零件 A 低中配车型适用 → 零件 A 全车型适用

③ 零件适用装配结构发生变化。

例如：【Codep 位置调整】零件 A 适用结构 111 → 适用结构 112

④ 零件供应商发生变化。

例如：进口件 → 国产件

⑤ 零件物流属性的变更。

例如：buy → S. Reale

（5）产品开发项目管理

企业根据对产品开发项目的分析，采用特定的方法（如 CPM/PERT），制定出合理的产品开发项目计划，并通过确定项目组人员、分配任务和资源，以及在项目执行时对产品开发进度和中间环节进行检查等手段，来保证产品开发项目按计划完成。主要包括产品开发项目计划的制定与管理、资源计划、项目费用管理和项目变更控制。

（6）产品质量信息管理

对于制造企业而言，产品质量是企业的技术水平、管理水平、人员素质、劳动效率等各方面的综合反映，已成为市场竞争的决定性因素之一。在现代经济技术环境下，质量的概念不再局限于企业内部，而应该扩展到包括企业内部和外部环境。因此，应该围绕产品生命周期，建立涵盖内部生产经营系统和外部环境的集成化质量信息管理系统，在网络数据的支持下实现从市场调研、产品设计、生产制造直到售后服务产品全生命周期中质量数据采集、处理与传递的自动化。主要内容按照产品生命周期的发展阶段分为质量计划、面向质量的产品设计与制造、使用过程质量控制与管理三个部分。

9.2.3　生产过程执行管理系统

生产过程执行管理系统（Manufacturing Execution System，MES）是一套面向制造企业车间执行层的生产信息化管理系统。MES 可以为企业提供包括制造数据管理、计划管理、生产调度管理、库存管理、质量管理、人力资源管理、工作中心 / 设备管理、工具工装管理、采购管理、成本管理、项目看板管理、生产过程控制、底层数据集成分析、上层数据集成分解等管理模块（图 9-7），为企业打造一个扎实、可靠、全面、可行的制造协同管理平台。

MES 系统由库存管理、生产过程管理、生产任务管理、车间计划与排产管理、车辆跟踪管理、质量过程管理、生产设备参数管理、车间生产监控管理和统计分析等功能模块组成，涵盖了制造现场管理等方面。MES 是一个可自定义的制造管理系统，不同企业的工艺流程和管理需求可以通过现场定义实现的功能模块。

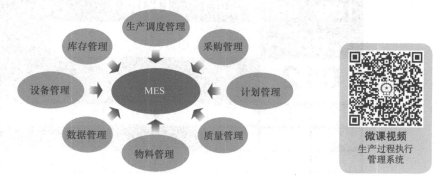

图 9-7　MES 管理模块

1. 库存管理

MES 系统库存管理一般是指对生产线边零件库存、叫料信息、不良品等，管理人员可以通过 MES 系统实时查询到库存数据，以便于为管理人员决策提供数据支撑。MES 系统基于提前设置的阈值，自动形成叫料信息，其叫料逻辑如图 9-8 所示。

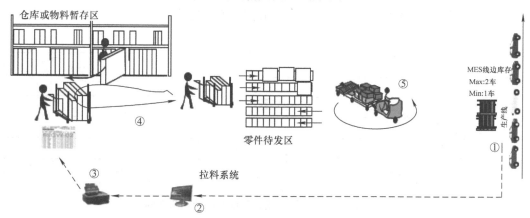

图 9-8　MES 系统叫料逻辑

图示操作流程：

① 当生产零件消耗达到叫料阈值（Min 值），MES 系统自动产生叫料信息。

② 当拉料系统收到信息后，基于拉料系统设置的规则形成拣选单。

③ 拉料系统自动打印本次配送任务单。

④ 库区操作人员根据拣选单完成备货。

⑤ 配送人员在基于拣选单先后顺序依次完成零件交付至生产线。

2. 生产过程管理

生产过程管理实现生产过程的闭环可视化控制，以减少等待时间、库存和过量生产等浪费。生产过程中采用条形码、触摸屏和机床数据采集等多种方式实时跟踪计划生产进度。生产过程管理旨在控制生产，实施并执行生产调度，追踪车间里工作和工件的状态，对于当前没有能力加工的工序可以外协处理。实现工序派工、工序外协和齐套等管理功能，可通过看板实时

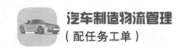

显示车间现场信息以及任务进展信息等，图9-9是某厂通过系统实时监控生产实绩。

图9-9 生产实绩监控（内饰1线）

3. 生产任务管理

生产任务管理包括生产任务接收与管理、任务进度展示和任务查询等功能；提供所有项目信息，查询指定项目，并展示项目的全部生产周期及完成情况；提供生产进度展示，以日、周和月等展示本日、本周和本月的任务，并以颜色划分任务所处阶段，对项目任务实施跟踪。图9-10所示为某主机厂MES系统实时统计D、E点生产进度情况。

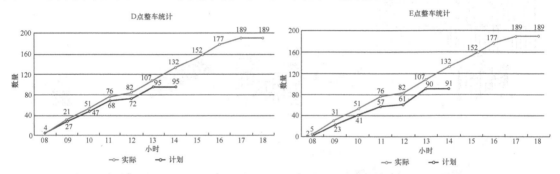

图9-10 总装车间D点、E点生产计划与实际

4. 车间计划与排产管理

生产计划是车间生产管理的重要点和难点。提高计划员排产效率和生产计划准确性是优化生产流程以及改进生产管理水平的重要手段。

车间接收主生产计划，根据当前的生产状况（能力、生产准备和在制任务等）、生产准备条件（图纸、工装和材料等）、项目的优先级别及计划完成时间等要求，合理制订生产加工计划，监督生产进度和执行状态。

高级排产工具（APS）结合车间资源实时负荷情况和现有计划执行进度，能力平衡后形成优化的详细排产计划。其充分考虑到每台设备的加工能力，并根据现场实际情况随时调整。在完成自动排产后，进行计划评估与人工调整。在小批量、多品种和多工序的生产环境中，利用高级排产工具可以迅速应对紧急插单的复杂情况。

5. 车辆追踪管理

通过红外定位或RFID自动扫描采集到数据，MES车辆追踪模块可以实时跟踪车辆在线体流动的精确位置，并将精确位置实时反馈 MES 系统，来判断车辆是否进入岗位或离开岗位，如图 9-11 所示。车辆进入岗位后 MES 系统自动计划该岗位的操作，车辆离开岗位时会判断当前岗位操作是否结束，如果没结束或有异常，生产线会停止，保证缺陷不会流出。

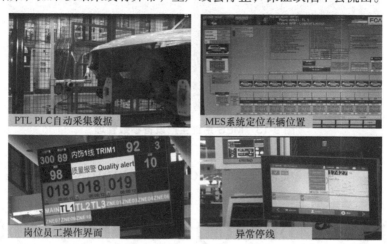

图 9-11　MES 车辆追踪管理

6. 质量过程管理

质量过程管理是生产制造过程的工序检验与产品质量管理，能够实现对工序检验与产品质量过程追溯，对不合格品以及整改过程进行严格控制。零件追溯是通过扫描零件条形码，登记并保存零件信息，达到追溯零件的目的；在整车追溯方面，将零件批准号和整车绑定，实现零件质量直接追溯。在生产过程中，操作人员将发现的缺陷信息录入到 MES 系统，实时记录质量问题，如图 9-12 所示。

图 9-12　MES 系统质量过程管理

7. 生产设备参数管理

当车辆进入本岗位，MES 系统自动激活本岗位的电动工具，同时也会跟进整车追溯信息，对于不同的车型，MES 自动为电动工具选择相应的模式，并对所有线边紧固工位实时监控。MES 系统可实现电动拧紧操作，能够自动根据订单进行拧紧并上传拧紧力矩数据，操作人员可以通过线边显示屏评断是否合格，如图 9-13 所示。

8. 车间生产监控管理

车间生产监控实现从生产计划进度和设备运转情况等多维度对生产过程进行监控，实现对车间报警信息的管理，包括设备故障、人员缺勤、质量及其他原因的报警信息，及时发现问题、汇报问题并处理问题，从而保证生产过程顺利进行并受控，如图 9-14 所示。结合分布式数字控制 DNC 系统、MDC 系统进行设备联网和数据采集，实现设备监控，提高瓶颈设备利用率。

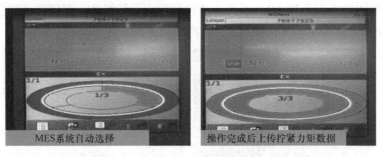

图 9-13　MES 系统生产设备参数管理

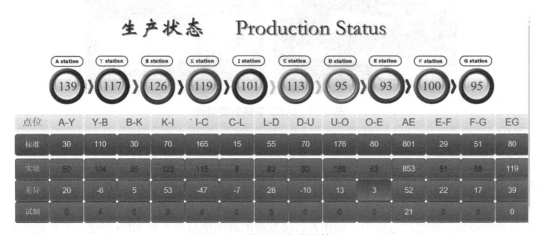

图 9-14　车间生产监控管理

9. 统计分析

统计分析模块能够对生产过程中产生的数据进行统计查询，分析后形成报表，为后续工作提供参考数据与决策支持。生产过程中的数据丰富，系统根据需要定制不同的统计查询功能，包括产品加工进度查询、车间在制品查询、车间和工位任务查询、产品配套查询、质量统计分析、车间产能（人力和设备）利用率分析、废品率/次品率统计分析等。

9.2.4　仓储管理系统

仓储管理系统（WMS）如图 9-15 所示，是通过入库业务、出库业务、仓库调拨、库存调拨和虚仓管理等功能，综合批次管理、物料对应、库存盘点、质检管理和即时库存管理等功能综合运用的管理系统，通过条码、RFID、电子标签有效控制并跟踪仓库业务的物流和成本管理全过程，实现完善的企业仓储信息管理，提高仓储物流配送效率。

仓储管理系统中的软件是指支持整个系统运作的软件部分，包括收货处理、上架管理、拣选作业、月台管理、补货管理、库内作业、移库操作、循环盘点、RF 操作、加工管理、矩阵式收费等。仓储管理系统中的硬件是指用于打破传统数据采集和上传的瓶颈问题，利用自动识别和无线传输技术提高数据精度和传输速度。管理经验是指开发商根据其开发经验中客户的管理方式和理念整合一套管理理念和流程，为企业做到真正的管理。

单元 9
汽车生产物流管理信息化

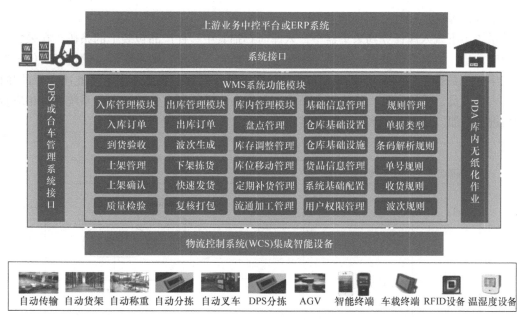

图 9-15 仓储管理系统图

1. 库位管理

采用数据收集器读取产品条码，查询产品在货位的具体位置，（如 X 产品在 A 货区 B 航道 C 货位），实现产品的全方位管理。通过终端或数据收集器实时地查看货位货量的存储情况、空间大小及产品的最大容量，管理货仓的区域、容量、体积和装备限度，如图 9-16 所示。

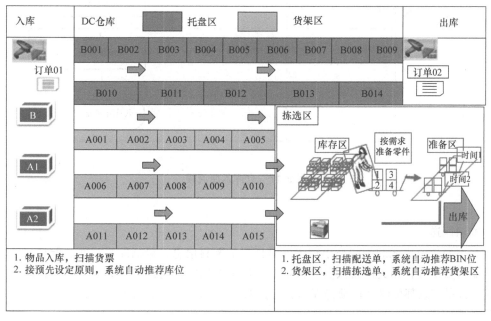

图 9-16 WMS 库位管理

2. 仓库入库

从系统中下载入库任务到采集器中，入库时扫描其中一件产品包装上的条码，在采集器上输入相应数量，扫描货位条码（如果入库任务中已指定了货位，则采集器自动进行货位核对），采集完毕后把数据上传到系统中，系统自动对数据进行处理，数据库中记录此次入库的品种、数量、入库人员、质检人员、货位、产品生产日期、班组等所有必要信息，系统并对相应货位的产品进行累加，某仓库入库流程如图9-17所示。

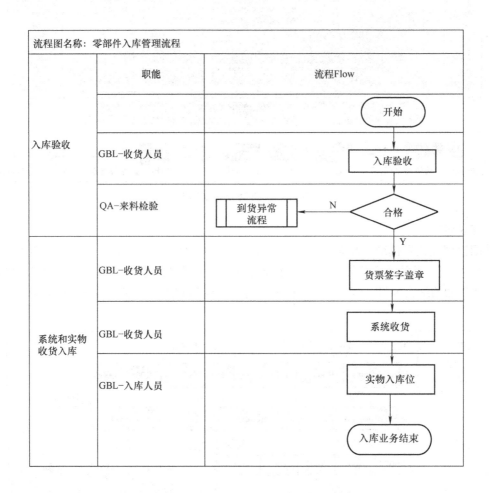

图 9-17　仓库入库流程

3. 物料配送

根据不同货位生成的配料清单包含非常详尽的配料信息，包括配料时间、配料工位、配料明细、配料数量等，相关保管人员在拣货时可以根据这些条码信息自动形成预警，对错误配料的明细和数量信息都可以进行预警提示，极大的提高仓库管理人员的工作效率。

4. 仓库出库

产品出库时仓库保管人员凭销售部门的提货单，根据先入先出原则，从系统中找出相应产品数据下载到采集器中，制定出库任务，到指定的货位，先扫描货位条码（如果货位错误则采集器进行报警），然后扫描其中一件产品的条码，如果满足出库任务条件则输入数量执行出库，并核对或记录下运输单位及车辆信息（以便以后产品跟踪及追溯使用），否则采集器可报警提示。某仓库出库流程如图9-18所示。

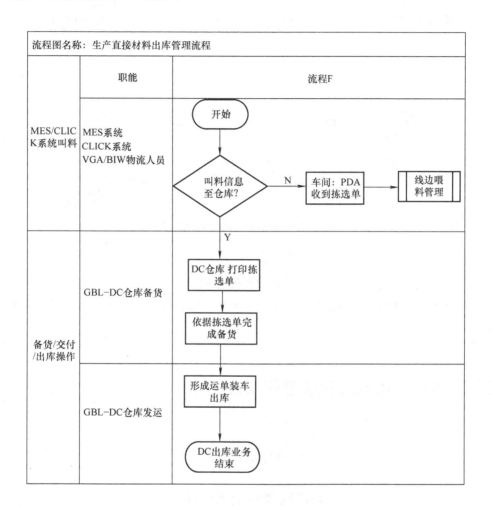

图9-18　仓库出库流程

5. 产品质检

产成品包装完成并粘贴条码之后，运到仓库暂存区由质检部门进行检验，质检部门对检验不合格的产品扫描其包装条码，并在采集器上记录相应信息，检验完毕后把采集器与计算机进行连接，把数据上传到系统中；对合格产品生成质检单，由仓库保管人员执行生产入库操作。

6. 仓库盘点

根据公司制度，在系统中根据要进行盘点的仓库、品种等条件制定盘点任务，把盘点信息下载到采集器中，仓库工作人员通过到指定区域扫描产品条码输入数量的方式进行盘点，采集完毕后把数据上传到系统中，生成盘点报表，系统盘点操作流程如图9-19所示。

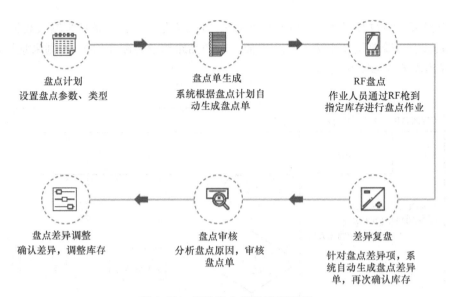

图 9-19 系统盘点操作流程图示

本任务介绍了 ERP、PLM、MES、WMS 系统功能模块及运用的场景，能够帮助我们更好地理解汽车生产物流管理常用的系统。

9.3 汽车生产物流工程信息化实践

海尔现代物流系统建设

海尔在连续 16 年保持 80% 的增长速度之后，近年来又悄然进行着一场重大的管理革命。这就是在对企业进行全方位流程再造的基础之上，建立了具有国际水平的自动化、智能化的现代物流体系，使企业的运营效益发生了奇迹般的变化，资金周转达到一年 15 次，实现了零库存、零运营成本和与顾客的零距离，突破了构筑现代企业核心竞争力的瓶颈。

1. 海尔现代物流从根本上重塑了企业的业务流程，真正实现了市场化程度最高的订单经济

海尔现代物流的起点是订单。企业把订单作为企业运行的驱动力，作为业务流程的源头，完全按订单组织采购、生产、销售等全部经营活动。从接到订单时起，就开始了采购、配送和分拨物流的同步流程，现代物流过程也就同时开始。由于物流技术和计算机管理的支持，海尔物流通过三个 JIT，即 JIT 采购、JIT 配送、JIT 分拨物流来实现同步流程。这样的运行速度为海尔赢得了源源不断的订单。目前，海尔集团平均每天接到销售订单 200 多

单元 9 汽车生产物流管理信息化

个,每个月平均接到 6000 多个销售订单,定制产品 7000 多个规格品种,需要采购的物料品种达 15 万种。

由于所有的采购基于订单,采购周期减到 3 天;所有的生产基于订单,生产过程降到一周之内;所有的配送基于订单,中心城市在 8 小时内、辐射区域在 24 小时内、全国在 4 天之内即能送达。总结起来,海尔完成客户订单的全过程仅为 10 天时间,资金回笼一年 15 次。张瑞敏认为,订单是企业建立现代物流的基础。如果没有订单,现代物流就无物可流,现代企业就不可能运作。没有订单的采购,意味着采购回来就是库存;没有订单的生产,就等于制造库存;没有订单的销售,就不外乎是处理库存。抓住了订单,就抓住了满足即期消费需求、开发潜在消费需求、创造崭新消费需求这个牛鼻子。但如果没有现代物流保障流通速度,有了订单也会失去。

2. 海尔现代物流从根本上改变了物在企业的流通方式,基本实现了资本效率最大化的零库存

海尔改变了传统仓库的"蓄水池"功能,使之成为一条流动的"河"。海尔认为,提高物流效率的最大目的就是实现零库存,现在海尔的仓库已经不是传统意义上的仓库,它只是企业的一个配送中心,成了为下道工序配送而暂时存放物资的地方。

建立现代物流系统之前,海尔占用 50 多万 m^2 仓库,费用开支很大。目前,海尔建立了 2 座我国规模最大、自动化水平最高的现代化、智能化立体仓库,仓库使用面积降仅有 1 万 m^2。其中一座坐落在海尔开发区工业园中的仓库,面积 1 万 m^2,满足了企业全部原材料和制成品配送的需求,其仓储功能相当于一个 30 万 m^2 的仓库。

这个立体仓库与海尔的商流、信息流、资金流、工作流联网,进行同步数据传输,采用世界上最先进的激光导引无人运输车系统、机器人技术、巷道堆垛机、通信传感技术等,整个仓库空无一人。自动堆垛机把原材料和制成品举上 7 层楼高的货位,自动穿梭车则把货位上的货物搬下来,一一放在激光导引无人驾驶运输车上,运输车井然有序地按照指令再把货送到机器人面前,机器人叉起托盘,把货物装上外运的载货车上,运输车开向出库大门,仓库中物的流动过程结束。整个仓库实现了对物料的统一编码,使用了条形码技术、自动扫描技术和标准化的包装,没有一道环节会使流动的过程阻塞。

海尔的流程再造使原来表现为固态的、静止的、僵硬的业务过程变成了动态的、活跃的和柔性的业务流程。在海尔所谓库存物品,实际上成了在物流中流动着的、被不断配送到下一个环节的"物"。

3. 海尔现代物流从根本上打破了企业自循环的封闭体系,建立了市场快速响应体系

面对日趋激烈的市场竞争,现代企业要占领市场份额,就必须以最快的速度满足终端消费者多样化的个性需求。因此,海尔建立了一整套对市场的快速响应系统。一是建立网上订单管理平台。全部采购订单均由网上发出,供货商在网上查询库存,根据订单和库存情况及时补货。二是建立网上支付系统。目前网上支付已达到总支付额的 20%,支付准确率和及时率达 100%,并节约近 1000 万元的差旅费。三是建立网上招标竞价平台。供应商与海尔共同面对终端消费者,以最快的速度、最好的质量、最低的价格供应原材料,提高了产品的竞争力。四是建立信息交流平台,供应商、销售商共享网上信息,保证了商流、物流、资金流的顺畅。集成化的信息平台,形成了企业内部的信息"高速公路",架起了海

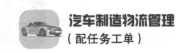

尔与全球用户资源网、全球供应链网和计算机网络的桥梁，将用户信息同步转化为企业内部信息，以信息替代库存，强化了整个系统执行订单的能力。海尔物流成功地运用电子商务体系，大大缩短了海尔与终端消费者的距离，为海尔赢得了响应市场的速度，扩大了海尔产品的市场份额。

根据此案例，分析物流信息化的实施使企业运营效益哪些方面可以得到改善。

学习目标

1）能描述汽车主机厂生产模式。
2）能描述汽车主机厂物流入场模式。
3）能描述国内主机厂生产物流管理系统概况。

9.3.1 汽车主机厂物流模式介绍

1. 生产拉动系统

生产拉动系统（Production Pull System，PPS）是专门面向汽车制造企业在汽车生产过程中的物料实时请求与拉动的自动化信息系统。该系统主要由基本数据模块、整车追踪模块、物料消耗模块组成，负责对厂内物料和各零部件供应商的生产进行实时拉动，同时对厂内的物料消耗进行统计，对主要零部件进行随车追踪。生产拉动系统具有以下功能：物料报表功能、整车追踪功能、库存管理功能、库存盘点功能、日常操作功能。

2. 物料看板拉动系统

看板（Kanban）是一种较为传统且又十分有效的物料传送方式，主要适合于通用物料件和小件的物料传送。物料看板其实就是塑料或纸质的物料卡片，卡片上记录着物料的名称、编号、每包（盒）物料的数量以及配送的工位号等信息，有时也在物料看板上打印能识别该种物料的唯一条码。物料看板一般由汽车厂家的物流部门根据自己的实际物料种类和工位数量情况自行设计和制作。

看板拉动系统的实施要求生产计划的高度稳定和均衡化。大野耐一在《丰田生产方式》中特别强调了看板的用途是："微调"，这个词贯穿全书。在大野耐一眼中，生产是以均衡化排产为前提，使用看板对实际发生的物流需求波动进行微调。丰田的生产必须以均衡化的排产计划为核心，尽一切努力保证这个计划能够被执行99%，使用看板来微调1%的生产波动造成的物料需求相对于计划的波动。但是这种生产方式在一开始就违背了JIT的精髓，对生产计划稳定和对生产均衡性的高度要求在当今激烈竞争的买方市场，其弊端逐步呈现。门田安弘在《新丰田生产方式》第二版中指出了看板的三个缺点：

1）看板以持有基准库存为前提，从初始就没打算实现零库存。
2）看板必须附着在物品上，不得不随物品移动，需要额外的工时进行流转。
3）施行看板方式需要均衡化生产，均衡化生产还要求均衡销售。

在很多人眼里，看板拉动已是落后的代言词，但是它依然有无可替代的优势。Kanban 的缺点可以通过线外流程来弥补。在制造过程中，真正的精益化生产需要结合各种不同需求来采用不同的拉动模式，如手工 Kanban、电子 Kanban、内排、外排、随行小车等。

 拓展阅读

PPS 和 Kanban 优缺点对比

1. PPS（生产拉动系统）

1）优点：

① PPS 是基于未来消耗，可以预判未来的消耗。

② PPS 可以节约收看板卡、投看板卡、扫描看板的时间。

③ PPS 节约②所述的时间，缩短了周期时间，节约物料在线旁的存量。

④ 不存在丢卡、无卡、遗漏卡等各种情况。

⑤ 订单车等物料不需要在线旁存放，只有在系统上显示时才会拉动。

2）缺点：

① 所有消耗均是按正常消耗计算，即 ERP 中的 BOM 来计算的。

② 如果出现不合格品，系统无法统计，从而影响拉动数量。在生产不稳定阶段，或是下放的 BOM 表中的数据准确性不高的前提下，建议不要使用 PPS 拉动。

2. Kanban（物料看板拉动系统）

1）优点：

① 按消耗来补充物料，少量的可疑物料不影响拉动。

② 系统及流程简单，初次投入成本低。

2）缺点：

① 线旁必须存放所有物料，以便正常周转。

② 浪费收看板卡、投看板卡、扫描看板的时间。

③ 浪费时间，导致增加了周期时间，从而增加了物料线旁存量。

④ 丢卡、无卡、遗漏卡等各种情况的出现，投卡不及时造成的紧急拉动与停线责任的不明确。

⑤ 看板适用于稳定、批量的生产，对于订单车及均衡性较差的零件不太适合。

9.3.2 主机厂生产物流管理系统

1. 物料入场模式简介

由于物流包装规格书定义了 JIS、JIT、IF 三种供应商到货模式，这决定了入场模式有如下三种：

1）远距离 JIT。按照周计划订单备料，按照约定的供货频次进行分割到货，在车间收货平台收货，车间设专门存储区。缓存区到线边的物料供给由 MES 叫料模块拉动，如图 9-20 所示。

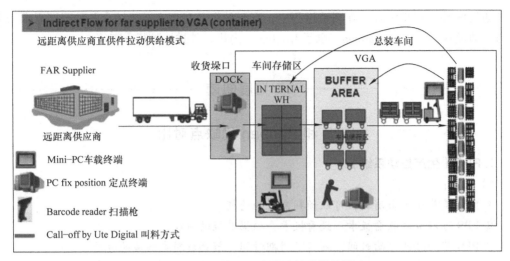

图 9-20 远距离 JIT 直供件拉动供给模式

2）物流园 JIS/JIT。物流园 JIS 和 JIT 虽然都是依靠物流园取货实现零件供给，但各自入场模式的逻辑是不一样的。物流园 JIS 的需求是基于总装投入点过车信息触发，而物流园 JIT 需求是依靠拉料模块来收集，如图 9-21 所示。

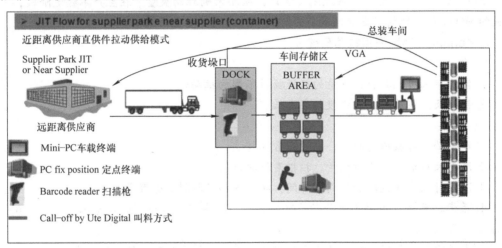

图 9-21 物流园 JIT 入场模式

3）DCC IF 件。对于 A/B 级件，需求有拉料模块（叫料系统）采集；对于 C 级件 和 KD 件，按照每日生产排序计划进行供货。DCC IF 件入场模式如图 9-22 所示。

2. 国内主机厂供应链管理主要系统介绍

1）ERP 系统国内主机厂大部分选用的 ERP 系统是 SAP R/3；供应链管理方面主要使用的是 MM 模块（material management）、planning 模块（主计划、物料计划）以及主数据模块（成本中心维护、合同信息维护、采购单价、采购图文等）。

2）MES 系统。作为车间级 RTM（real time manufacturing）系统，它主要用于指导车间按照生产计划组织生产、过程监控、质量追溯；主要监控各关键点的在制品库存、质量追溯、生产节拍。

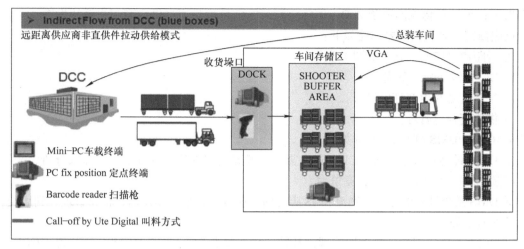

图 9-22　DCC IF 件入场模式

① 在制品过点监控模块。该模块主要监控在制品的过点信息；同时通过流动数来实现排序和扣减；车型信息的记录和追溯；用于排序零件属性的设置，通过和某点流动数的扣减，实现排序零件需求的拉动；在总装车间，设定总装投入点为起始点，通过计算需求工位到起始点的台架数得出排序的提前期。主要功能包括：单独车辆查询（序列号、车身号、底盘号、发动机、变速器、内饰色代号、车身颜色代号）；各点产量查询；各点在线车辆查询。

② 拉料模块。该模块是 PPS 的物料执行系统，主要负责采集生产线的实际物料需求，按照一定的规则指导零部件物流供应商进行物料配送（JIT/IF）；其次，用于国产件的厂内叫料，个别主机厂将叫料延伸到外部叫料。该模块的叫料需求触发逻辑是通过对来自生产线边或准备区发出的叫料请求信息进行处理来保障零件的及时供应。这种叫料的方式可以是自动，也可以手动实现。拉料模块逻辑如图 9-23 所示。

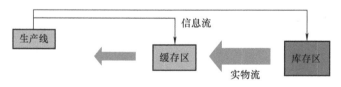

图 9-23　拉料模块逻辑示意图

自动扣减是基于工段线头设定的过点扣减计数器进行计数，提前期由需求工位和工位的流动数和生产线的节拍决定，需求信息由专门设备在线边确认关闭；适用于自动叫料方式的主要是大件。

拉料信息产生的模式分两种。对于胶箱件，多采用手工扫描模式。该模式通过扫描空箱零件标签实现线边消耗需求的采集。对于收容数较小、胶箱尺寸较大的，可以考虑整托扫描，也可以设定为自动扣减模式。拉料模块主数据设置是根据 WCL 的基本要求，严格按照 ABC 分类和物流模式 flow 原则，结合生产线的实际情况设置落点、路径、扣减模式等关键信息。系统监控模块可以按照路径、缓存区、批次等关键字段进行实时查询；也可以查询历史叫料信息。

3）供应商门户系统。供应商门户系统是向供应商发布需求信息的门户，生产计划员和物料控制计划员在供应商门户系统发布月度生产计划、周排序计划，供应商通过门户系统下载物料需求单；另外，物流园取货和 DC 中转仓配载的信息也是通过供应商门户系统发布。总而言之，供应商门户系统的主要功能如下：

① 近距离供应商（含物流园）取货。

② DC 中转仓配载系统。

③ 生产计划和生产订单发布。

④ 供应商信息管理。

4）CRM/DMS/PLM。具体如下：

① CRM 即客户关系管理。CRM 的主要含义就是通过对客户详细资料的深入分析，来提高客户满意程度，从而提高企业的竞争力。

② DMS 系统针对的是整车物流和 4S 店之间的业务，包括整车发运、在途管理、到店交付、售后备件需求等。

③ PLM 系统即产品生命周期管理，其管理核心是 P-BOM 和 E-BOM。比如说，国内某主机厂的 PLM 主要为 Codep、RTM 和 Proxy 三个系统，Codep 对应的是产品技术开发，RTM 负责管理 P-BOM，Proxy 主要管理的是电子元器件。

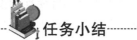
任务小结

　　本任务先介绍了汽车主机厂物流模式，再列举了基于物流模式下信息系统的运用，并简要概述了国内主机厂供应链管理系统，能够帮助我们更好地理解汽车生产物流管理信息化的重要性。

单元 10
汽车生产物流工程管理常用工具

单元概述

　　汽车制造业生产物流工程具有典型的供应链组织模式特点，整车生产制造企业是供应链的核心企业，担负信息集成与交换的作用。汽车生产物流工程供应链系统中涉及的主体包括原材料供应商、多级零部件供应商、整车制造商、分销商、维修服务站、汽车用户、第三方物流公司及物流分供方等多个方面。
　　在汽车企业生产物流工程管理实践领域中，有许多先进的管理工具和方法被有效地采用，其中比较常用的管理工具和方法包括约束理论、工业工程理论（IE）、持续改善理论、准时制理论等。在汽车制造业生产物流管理和供应链管理实践中，通常需要采用多种技术的集成应用，才能有效地解决实践中的问题。通过本单元的学习，达成如下主要学习目标：

单元目标

1. 能力目标
1）能够知晓汽车生产物流工程管理的概念。
2）能够掌握汽车生产物流工程管理的常用工具和方法。

2. 知识目标
1）约束理论。
2）IE 主要内容和 IE 意识。
3）汽车制造准时制物流理论和实施。
4）持续改善活动的开展方法。

10.1 约束理论

> 约束理论（Theory of Constraint，TOC）简单来讲，就是关于进行改进和如何最好地实施这些改进的一套管理理念和管理原则，可以帮助企业识别出在实现目标的过程中存在着哪些制约因素——约束，并进一步指出如何实施必要的改进来——消除这些约束，从而更有效地实现企业目标。
>
> 约束理论是戈德拉特博士在优化生产技术（Optimized Production Technology，OPT）基础上发展起来的管理哲理，该理论提出了在制造业经营生产活动中定义和消除制约因素的一些规范化方法，以支持连续改进。同时，约束也是对MRPⅡ和JIT在观念和方法上的发展。
>
> 熟悉以上信息，查询并列举约束理论相关应用案例。

学习目标

1）能描述约束理论的概念要点和体系构成。
2）能掌握约束理论的核心及关键技术。

10.1.1 约束理论体系的构成与要点

1. 约束理论的五层次结构

（1）理论核心层

理论核心层包括约束理论关于企业的目标、衡量标准、约束概念、管理原则等定义。

（2）管理技术层

约束理论不仅将其早期发展阶段中的生产与控制系统继承下来，应用于生产制造环境，而且发展形成了一套思维流程，可以广泛地应用于组织、企业甚至个人，以有效地识别并消除实现目标过程中的约束。这套流程按照逻辑顺序，系统地回答了以下三个在任何改进过程中都必然提出的问题：改进什么？改成什么样子？怎样使改进得以实现？

（3）基础工具层

约束理论注重日常管理的顺利开展，视其为成功消除约束的前提条件和基础工作。在这方面，约束理论与其他管理理论思想相互支持，融会贯通，例如经典管理理论所提到的管理方法，包括如何有效沟通、如何双赢地解决冲突、如何搞好团队协作、如何持续改进等。

（4）应用实践层

约束理论自出现以来，在很多企业中得到实际应用，其中不乏福特公司等名列全球500强的企业。这些企业通过具体实践，总结出了各自应用领域的具有创新性的实证方案。这些领域涉及企业战略方向的设定、生产、分销、营销和销售、项目管理等各方面。

（5）支撑环境层

以约束理论为管理思想内涵的管理软件已经在西方国家得到较广泛的应用。软件、硬件、业务数据与企业管理人员的经验相结合，成为约束管理思想得以落实的支撑环境。

2. 约束的特征

戈德拉特博士认为，任何系统都是有约束的。我们可以用反证法来证明这一点，如果没有约束，系统的产出将是无限的。现实当中任何系统都不能无限地产出，因此，任何系统都存在着一个或者多个约束。

以营利为目标的企业和其他非营利组织均可视为系统。任何系统都可以想象成由一连串的环构成，环环相扣，整个系统的强度就取决于其中最弱的一环。相同的道理，我们也可以将企业视为一条链条，其中的每一个部门都是链条的一环。如果企业想要达成预期的目标，必须从最弱的环节，即瓶颈或约束的环节大力改进，才可能得到显著的成效。换句话说，哪个环节约束着企业达成目标，就应该从克服这个约束环节着手来进行改革。约束具有两方面的特征，一是约束因素受内部和外部的约束；二是约束因素具有权重关系。

（1）约束因素受内部和外部的约束

一般来说，约束可以是三种类型：资源、市场和法规。法律法规是一个国家政府所制定的具有强制性的社会约束，因此企业只能在法律的约束下，对来自资源和市场的约束环境进行改造。在考虑约束资源时，主要考虑资源约束和市场约束，应该意识到它既受企业外部的约束，也受企业内部的约束。在企业整个的业务经营流程中，任何一个环节只要它阻碍了企业更大程度地增加有效产出或减少库存和运营费用，那么它就是一个约束，通常也称作瓶颈。通常人们认为，所谓约束资源，指的是实际生产能力小于或等于生产负荷的资源，而其余的资源则为非约束资源。

有人认为，约束资源指的是无法满足外部需求，或者说是市场需求的资源，这种认识并不全面。举例来说，某产品的市场需求为每周100个单位，甲车间负责生产产品的底座，其生产能力为每周生产105个单位；乙车间负责生产产品的动力装备，其生产能力为每周生产40个单位；丙车间负责组装产品，其生产能力为每周生产25个单位。显然，丙车间的生产能力无法满足市场需求，为约束资源。改进的办法也很明确：增加丙车间的生产能力。至于提高生产能力的解决途径很多，可以临时招聘员工，可以增加现有员工的工作时间，甚至可以将部分任务外包。

如果情况再复杂一些：对该产品的市场需求为每周28个单位；甲车间的生产能力为每周生产15个单位；乙车间的能力为每周生产25个单位，丙车间的能力为每周生产20个单位。那么，谁又是约束资源呢？如果相对市场需求来说，甲车间、乙车间、丙车间的生产能力都不满足市场需求，都应该为约束资源。但事实上，当前只有甲车间的生产能力为约束资源。

因为丙车间的生产能力虽然可以达到每周生产20个单位，但作为组装车间，它的实际生产能力要受前两个车间的生产能力的限制。丙车间每周最多只能组装15个单位的产品，因为甲车间在最大生产负荷下只能生产15个单位。而乙车间每周生产25个单位，其中10个产出的中间品在丙车间内积压，因为没有配套的甲车间的底座。可见，乙车间生产能力超过了后续环节对它的需求量，是非约束资源。这时，只有将甲车间的生产能力提高，才能更好地满足市场需求，否则如果去盲目改进乙车间或丙车间的话，对最终产出于事无补，而且会产出更多的积压在制品。

可见，生产能力小于市场需求的资源，不一定为约束资源。要综合考虑各方面的约束。

（2）约束因素的权重关系

约束的管理思想是首先抓"重中之重"，使最严重的制约因素凸现出来，从而从技术上消除了"避重就轻""一刀切"等平均主义方式发生的可能。短期来看，是"抓大放小"，长期来看，由于分主次一个一个地解决问题，大问题、小问题都没忽略，而且企业整体生产水平和管理水平日益提高。

用 ABC 分类法来筛选待解决的问题，把最紧迫的极少数约束资源挑选出来，从而避免了管理者陷入大量的事务处理当中而不能自拔，企业有限的资源也得到了充分的利用。

10.1.2　约束理论的思想方法与工具

戈德拉特创立约束理论的目的是想找出各种条件下生产的内在规律，寻求一种分析经营生产问题的科学逻辑思维方式和解决问题的有效方法。可用一句话来表达约束理论，即找出妨碍实现系统目标的约束条件，并对它进行消除的系统改善方法。

约束理论强调必须把企业看成是一个系统，从整体效益出发来考虑和处理问题，约束理论的基本要点如下：

1）企业是一个系统，其目标应当十分明确，那就是在当前和今后为企业获得更多的利润。

2）一切妨碍企业实现整体目标的因素都是约束。按照意大利经济学家帕累托的原理，对系统有重大影响的往往是少数几个约束，为数不多，但至少有一个。约束有各种类型，不仅有物质型的，如市场、物料、能力、资金等，而且还有非物质型的，如后勤及质量保证体系、企业文化和管理体制、规章制度、员工行为规范和工作态度等，以上这些，也可称为策略性约束。

3）为了衡量实现目标的业绩和效果，约束理论打破传统的会计成本概念，提出了三项主要衡量指标，即有效产出、库存和运行费用。约束理论认为只能从企业的整体来评价改进的效果，而不能只看局部。库存投资和运行费用虽然可以降低，但是不能降到零以下，只有有效产出才有可能不断增长（表 10-1）。

表 10-1　约束理论的三项衡量指标

有效产出（throughput）	企业在某个规定时期通过销售获得的货币
库存（inventory）	企业为了销售有效产出，在所有外购物料上投资的货币
运行费用（operating express）	企业在某个规定时期为了将库存转换为有效产出所花费的货币。运行费用包括了除材料以外的成本，库存保管费也包括在运行费用中

4）鼓-缓冲-绳法（Drum-Buffer-Rope Approach，DBR 法）和缓冲管理法（Buffer Management）。约束理论把主生产计划（MPS）比喻成"鼓"，根据瓶颈资源和能力约束资源的可用能力来确定企业的最大物流量，作为约束全局的"鼓点"，鼓点相当于指挥生产的节拍；在所有瓶颈和总装工序前要保留物料储备缓冲，以保证充分利用瓶颈资源，实现最大的有效产出。必须按照瓶颈工序的物流量来控制瓶颈工序前道工序的物料投放量。换句话说，头道工序和其他

需要控制的工作中心如同用一根传递信息的绳子牵住的队伍,按同一节拍,控制在制品流量,以保持在均衡的物料流动条件下进行生产。瓶颈工序前的非制约工序可以用倒排计划,瓶颈工序用顺排计划,后续工序按瓶颈工序的节拍组织生产。

5)定义和处理约束的决策方法。约束理论有一套思考的方法和持续改善的程序,称为五大核心步骤:

第一步,找出系统中存在哪些约束;

第二步,寻找突破约束的办法;

第三步,使企业的所有其他活动服从于第二步中提出的各种措施;

第四步,具体实施第二步中提出的措施,使第一步中找出的约束环节不再是企业的约束;

第五步,回到第一步,别让惰性成为约束,持续不断地改善。

10.1.3 约束理论的核心及关键技术

1. 约束理论的核心思想

约束理论认为,企业的最终目标就是在现在和将来赚取更多的利润,只有当企业能够持续盈利的时候,才能够在竞争中求得生存。采用 TP 会计理论(through put accounting)作为衡量企业能否获利的标准,与传统的财务指标体系(产销率 T、库存 I、运行费 OE)的关系如图 10-1 所示。

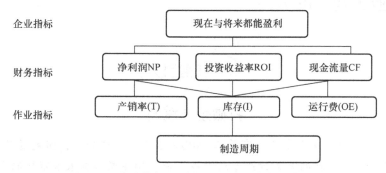

图 10-1 作业指标、财务指标与制造周期的关系

从图 10-1 中可以看出,产销率的增加、库存和运行费用的降低可以提高净利润,增大投资收益率和增加现金流量。但是,要想通过减少库存和运行费用来实现多赚钱的目标是有限度的,因为在极限的情况下也只能把库存和运行费减少到零,而通过产销率来增加利润却有着无限的可能。

那么,如何增加系统的产销率呢?约束理论认为,系统的产销率是由系统中的一个或者少数的几个约束环节(通常又称"瓶颈")所决定的。增加系统的产销率最有效的办法就是充分利用瓶颈的活力。"瓶颈上损失 1 小时等于整个系统损失 1 小时","非瓶颈的利用程度不由其本身决定,而由系统的瓶颈决定",因此,约束理论的核心就在于充分利用瓶颈资源,不断突破系统约束,如此往复,有针对性、有重点地对系统进行改进。

2. 约束理论在生产计划中应用的关键技术

在制造系统中应用约束理论制订生产计划,其所涉及的关键技术和步骤包含以下三个方面:

1）瓶颈资源识别。对于制造系统，瓶颈资源就是指那些生产任务量大于其生产能力的设备/制造单元。因为在任务不断变化的单件小批量生产环境下生产能力不平衡是必然的、不可避免的；生产能力不平衡说明必然存在能力上的薄弱环节，即瓶颈环节；企业计划与控制的重点应是企业的瓶颈环节。

2）瓶颈资源排产。瓶颈资源的确定将企业的整个生产网络划分为关键网络和非关键网络，将需要生产的零部件划分为关键件和一般件。为保证瓶颈资源的充分利用，需按照生产订单的重要、紧急程度对瓶颈资源上的生产任务按照一定规则、合理的批量进行排序。

3）DBR系统排产。安排好瓶颈资源上的生产任务后，需要在整个生产系统恰当的位置设置合理的缓冲，选取合适的批量，瓶颈资源之前的工序按照"拉动"方式进行，瓶颈资源之后的工序按照"推动"方式进行，完成计划期内所有任务的排产。

任务小结

本任务主要介绍了约束理论的概念要点和体系构成，同时介绍了约束理论的思想方法与工具，并对约束理论在生产计划中应用的关键技术进行了简要介绍。

10.2　工业工程（IE）

任务引入

打破生产瓶颈

某机械公司为一家中型企业，有员工2400人，9个生产分厂，固定资产17716万元，主要生产设备787台，产品是某行业专用设备。企业领导层根据未来市场的发展对公司进行了重新定位——成为行业内生产和研发基地。根据企业的诉求，咨询师对其企业全面开展咨询诊断。

通过对该公司的生产及管理现状进行系统调查研究，咨询师根据对用户及竞争对手的情况分析，认为应把保证按期按量完成订货合同作为该公司改进生产管理的着眼点，据此进行了深入的调研。其间，召开各种人员的座谈会51次，个别面谈31人，现场观测128次，民意测验108人次。经过初步调查，咨询小组了解到：公司对小批量、多品种的生产管理不善，以及其他一些计划混乱、供货不及时等原因，致使订货合同有40%左右不能按期按量完成。

影响交货的原因是多方面的，仅从生产管理的角度对造成交货情况不好的原因进行了分析，结合企业生产管理状况的调查，抓住了主要矛盾，针对公司生产能力瓶颈，确定了生产计划管理工作的问题及改善意见，尤其针对试点车间及生产部的生产管理问题进行了研究，结果发现了近20个突出问题，包括在制品管理混乱、厂级年度生产计划过于粗略、车间的生产作业计划不够具体或明确、作业计划编制不完整、日常作业缺乏计划性、工时

单元 10 汽车生产物流工程管理常用工具

定额偏低、车间人员偏多、外协供应不及时、设备管理不完善或不够重视、生产任务紧时影响正常的设备保养等。为此，咨询师向企业管理层提出改善建议：严格按厂作业计划编制车间生产作业计划，并逐步达到均衡生产；制定合理的在制品定额和管理制度；加强预防性设备保养维修工作，提高设备开动率；建议车间进行一次调整，实施定置管理和5S现场管理；实施以装配分厂为核心的拉动式精益生产；实施采购与供应链管理，采购职能整合。

在对以上问题达成共识的基础上，企业最终决定项目分为四个阶段来实施。第一阶段：基础调整；第二阶段：试运行、中期评估；第三阶段：推广期；第四阶段：末期评估、跟踪辅导。

针对本公司生产能力瓶颈和实物质量这两个最紧迫的问题，有针对性地开展工业工程（IE），推进精益生产，实现物流理顺作业优化，向精益生产靠拢。具体讲就是组织了以降低库存为目标的准时制生产和以优化作业、提高劳动效率为目标的作业分析和MOD法（模拟法）。动作分析全面实现了业内配套适时供货（即准时成套供货）。

通过熟悉以上案例，查询并列举工业工程在汽车行业具体应用案例。

学习目标

1）能描述工业工程（IE）的概念。
2）能掌握IE的主要内容及应用。

10.2.1 IE主要内容与IE意识

工业工程（Industrial Engineering，IE）是研究由人、物料、信息、设备和能源构成的集成系统的设计、改进和实施，它应用数学、物理学和社会科学的知识和技能，结合工程分析和设计的原理与方法，来说明、预测和评价这一集成系统将得到的结果。

现代工业工程的研究内容包括：生产系统规划与设计、生产计划与库存控制、作业计划、物流运输与储存、柔性制造技术、敏捷制造、质量控制与可靠性、工程经济分析、人机工程与人机系统、基础研究、工业工程培训与教育等。

（1）IE主要内容

1）IE的核心是降低成本，提高质量和劳动生产率。它把降低成本、提高质量和劳动生产率联系起来综合研究，追求生产系统的最佳整体效益。

2）IE是综合性的应用知识体系。IE的综合性集中体现在技术和管理的结合上，IE从提高生产率的目标出发，不仅要研究和发展制造技术、工具和程序，而且要提高管理的水平，改善各种管理与控制，使人和其他要素（技术、机械、信息等）有机协调，使技术发挥最佳效用。

3）注重人的因素。生产系统的各组成要素中，人是最活跃和不确定性最大的因素。IE在实现其目标，在进行系统设计，实施控制和改善的过程中，都必须考虑到人和其他要素之间的关系和相互作用，以人为中心进行设计。IE十分重视研究人的因素，包括人-机关系、环境对人的影响（生理心理等），人的工作的主动性、积极性和创造性，使人发挥能动作用。

4）IE 面向微观管理。为了减少浪费，降低成本的目的，IE 重点面向微观管理，从工作研究、作业分析、动作和微动作分析到研究制定作业标准，确定劳动定额。从各种现场管理优化到各职能部门之间的协调和管理改善等，都需要 IE 发挥作用。

5）IE 是系统优化技术。IE 所强调的优化是系统整体的优化，不单是某个生产要素或某个局部对象的优化，最终追求的是系统整体最佳效益。IE 从提高系统总生产率这一总目标出发，对各种生产资源和环节做具体研究、统筹研究、统筹分析、合理配置，对种种方案进行分析比较，寻求最佳的设计与改善方案，这样才能发挥各要素和各子系统的功能，使之协调有效地运行。

总之，IE 的本质是系统整体的合理化、标准化、高效化、程序化、达到高品质，追求生产系统的最佳整体效率为目标。

（2）IE 意识

所谓 IE 意识就是 IE 实践的产物，是对 IE 应用有指导作用的思想方法，主要有以下几方面：

1）IE 追求最佳整体效益，必须树立成本与效率意识，一切工作从大处着眼，从总目标出发，从小处着手，力求节约，杜绝浪费，寻求以成本更低，效率更高的方式与方法加工。

2）IE 追求合理性，使各要素达到有效结合，形成一个有机整体系统，包括从工作方法、生产流程直至组织管理各项业务及各个系统的合理化。就是要坚持改善，改善后再改善，因此，必须树立问题与改善意识，不断地发现问题，考察分析，寻求对策，勇于改革创新。

3）IE 追求的是高效与优质统一。IE 产生以来推行简单化、专门化和标准化，对降低成本、提高效率起到了重要作用。

现代 IE 追求的是系统整体的优化，必须从全局与整体出发，针对研究对象的具体情况选择适当的方法，并注重应用综合性与整体性，才能取得良好的效果。

人是生产经营活动中最重要的因素，其他因素都要通过人的参与才能发挥作用，必须坚持以人为中心来研究生产系统的设计、管理、革新和发展，使每个人都关心和参加改进工作，以提高效率。

工业工程（IE）分为两类：传统的工业工程和现代的工业工程。传统的工业工程主要的工作对象是制造业。现代工业工程，除包括传统的工业工程技术外，尚有在第二次世界大战时期和战后若干年中所发展新技术；同时，随着科学技术的进步，新观念、新方法相继出现，给工业工程带来不断的冲击和挑战。

现代工业工程学吸取了自然科学和技术科学的最新成果，将运筹学、概率论、数理统计、计算技术等应用于工业工程管理技术系统，作为量化和管理手段，并形成了一系列量化的管理技术，如预测技术、技术经济分析、价值工程、决策分析、质量管理等。

10.2.2 IE 在生产物流工程领域中的实践

工业工程作为一门应用型和综合交叉型学科，在西方发达国家经过上百年的发展，已经建立了完善的学科门类。工业工程在进入我国的十多年时间里，逐渐被高校、企业认识和接受，并开始应用于实践，创造了一定的经济效益。但在实践和研究过程中发现，工业工程在我国往往还局限于制造业，在第三产业中的研究和应用刚刚起步，范围非常有限。而物流行业作为服务业中非常重要的一环，已经通过供应链思想越来越深入地影响着制造业乃至整个产业供应链的发展。

工业工程起步时，是以现场为中心、作业者为对象，采用科学管理的方法进行时间及动作研究、工作简化、质量控制、工厂布置、物料搬运等工作，以提高单项作业的效率和降低作业成本。随着研究工作的深入，逐步转向以工厂为中心、管理者为对象，采用综合的管理以及运筹学的思想，进行生产过程的分析、规划、改进、完善等工作，并提供系统最优化的技术支持。在此基础上，向以企业整体为中心、经营者为对象，用系统战略进行管理的阶段转变，这一阶段的主要特点是系统性和综合性，强调的是企业整体效益最佳。

1. 工业工程在国外物流行业中的应用

"服务业也是一种产业，也有其产品制造和销售过程，也可用工业工程在制造业的方法应用于服务业。"西方发达国家很早就意识到了这一点，20 世纪 70 年代末就已经开始将工业工程技术大规模应用于交通运输和物流行业。如今，工业工程技术可以说已经渗透到物流运作的方方面面，从宏观的物流模型设计，到微观的人员动作规范，无一不体现出工业工程思想的深刻影响。

这其中最为典型的就是以联邦快递（FedEx）和 UPS 为代表的快递行业。快递作为物流行业中的高端，客户群庞大而分散，时效性要求极高。因此，利用工业工程技术合理地规划线路、人员、时间、车辆、飞机、信息等各种资源，以达到快速、准确地递送货件的目的，就成了快递业者最基本也是最重要的工作之一。

以联邦快递为例，它采用的是集中 - 分发形式（Hub and Spoke）的操作，即各个地方取到的快件集中到一个转运中心，根据目的地进行统一分拣，然后再分发到各地进行派送。其中需要进行工程规划的作业包括：客服员工人数的规划和排班；取、派件区域的划分；动态的车辆路线设定；派送站的分拣系统设计和人员安排；车辆装卸作业规划；货件信息录入与传递；清关作业的流程设定和时间安排（适用于国际快递）；航班装卸作业规划；航班计划；转运中心分拣系统设计和人员安排等。

为了完成这些工程规划，需要应用到的工业工程技术包括时间研究、动作研究、流程分析、线性规划、动态规划、排队论、系统分析与设定、信息系统、控制理论等，包括了工业工程从经典到最新的所有理论、技术和实践。

2. 工业工程技术在我国物流实践中的应用现状与优化趋势

（1）工业工程技术在我国物流行业的应用还相对不足

物流这一概念最早形成于美国，当时称之为"货物配送"。20 世纪 50 年代吸收了第二次世界大战期间后勤学的思想后，演变成了现在意义上的物流。1963 年日本学者引入这一概念后，翻译成汉字"物流"。20 世纪 90 年代末，物流的概念被进一步发展，与生产过程结合更加紧密，成为"供应链"中的一部分。

应该说"物流"这一概念从诞生起，就不同于传统意义上的交通运输，而是包含了运输、保管、信息在内的系统问题，用以提高整个生产环节中的物资传递效率。这一特点与工业工程提高效率、追求效益的目标有着天然的一致性。国内也有相当多的学者应用与工业工程相同的原理和方法研究物流系统和物流运作，例如线性规划、动态规划、存储论、运筹学、系统分析等。

但是，从企业的实践中发现，目前国内的物流研究和分析还存在较大的局限性。首先，对物流的研究集中于宏观层面，过于关注物流园选址、配送节点和道路设置等企业战略层面问题，较少关注微观的操作环节,例如配载、仓储管理、搬运效率、流程优化等。其次,物流研究大多集中于硬件设计,例如选址、道路、运输工具、仓储和搬运设备,较少研究如何建立有效的信息管理系统,对于岗位设置、人员配置、动作合理化、岗位分工、排班等的研究就更加匮乏。再次,许多物流的研究与实际运作情况脱节,有许多数学方法和数学模型被大量学者研究和发展,但甚少应用于企业的实际操作,大部分企业还是凭经验和个人意愿行事,通过作业人员的个人行为改进操作,而不是遵从和应用科学方法。

总体来说,无论是工业工程还是物流系统的研究,我国都已经逐步向世界先进水平靠近。但在实践中,物流行业应用工业工程技术的水平还凸显不足。

(2)应加强经典工业工程在物流行业的应用

回顾国外工业工程的发展历程,我们可以清晰地看到一条"局部优化—整体优化—全局优化"的发展道路,这对于我国在物流行业应用工业工程有着非常重要的启示。

1)设立专业的工业工程师职位,将流程规划和改进的职能从管理者职能中剥离出来,聘用专业的人员进行工业工程研究。这是因为应用工业工程需要一定深度的专业知识,而这部分专业知识不需要管理者也难以被管理者掌握;同时,工业工程的实际应用往往伴随着大量的观察、记录、分析动作,需要大量的时间,而管理者往往没有如此充分的时间跟踪整个作业流程,分析每个作业动作。

2)从微观操作环节开始,先进行局部优化。微观操作环节,即每天作业人员的工作,例如单证整理、单证传递、库位管理、搬运动作、装卸技术等。这是工业工程中最经典的技术,也是非常有效的方法。制造业中往往有这样的案例,将生产线的某些环节重新排列或者对工人的动作进行优化,即可产生翻番甚至数倍于投入的经济效益。相比之下,即使采用非常先进的设备,如果流程设计和人员规划不合理,导致设备闲置、人员重复,不仅达不到设计中的效益,反而会产生浪费和亏损。

3)应用标准化的动作研究、时间研究,规范人员配置和班组设置。物流行业往往需要24小时保持运作,同时又会在运输工具到达或者离开时出现作业高峰。因此,通过动作研究和时间研究,确保企业在预定的时间段内,运用最合理的人员安排,实现作业效率的最大化,是工业工程在物流企业应用的最基本、最简单也是最有效的方式。

工业工程主要是通过优化和重新组织企业系统的各种资源,达到提高效率的目的,是一种投资少甚至不需投资就能提高收益的方法,是符合节约型和效益型社会的重要工业技术。工业工程理论和实践在现代化汽车制造企业物流与供应链实践中有很大的应用空间和价值。

10.2.3 IE在汽车企业物料仓库布局中的实践

工业工程(IE)是研究由人、物料、设备、能源等组成的整体系统予以设计、改组和组合配置的科学。它的核心是降低成本、提高质量和生产率。工作研究是工业工程体系中的最重要的基础技术,而方法研究是工作研究中最重要的技术之一。

IE方法是对现有的或拟议的工作(加工、制造、装配、操作)方法进行系统的记录和严格的考查,作为开发和应用更容易、更有效的工作方法以及降低成本的一种手段。它能达到以下目的:改进工艺和程序;改进工厂、车间和工作场所的平面布置;改进整个工厂和设备的设计;经济地利用人力,减少不必要的疲劳;改进物料、机器和人力的利用,提高生产率;改善实际工作环境,实现文明生产;降低劳动强度等。

IE 方法首先着眼于整个工作系统、生活系统的整体优化（程序分析），然后深入解决关键的局部问题（操作分析），进而解决微观问题（动作分析），从而达到系统整体优化目的。IE 方法的标准是三条坐标：时间、空间、效率。其中，时间坐标以节约时间为准则判断方法的时间有效性，是判断改善效果的重要依据；空间坐标以对空间的有效最大化运用为准则，是方法研究的重要出发点；效率坐标以提高效率为准则，是方法研究的最终目标。

1. IE 方法的研究流程

IE 方法在工场物料仓库布局的研究流程，用 PDCA 方法进行分析。

传统的工场物料仓库管理存在着几大弊端：一是物料在物料仓库中无序的摆放方式，造成送货作业混乱且出错率高，不利于产品质量的控制，制约着产品质量的提高；二是没有考虑到物料运送路线的问题，存在着设备、人员的重复设置，使资源得不到有效配置；三是物料储存工具的"终身制"，不同规格的物料都放在相同规格的货架上，缺乏柔性，造成了空间的极大浪费。这些突出的问题，制约着企业实现高质量、高效率、低成本的生产。利用 IE 方法建立起现代化的工场物料仓库管理体制，能有效地消除上述弊端，使物料的布局和运送路线在时间和空间利用率上达到最优化，从而大大提高整个企业的生产效率。

要解决上述弊端，首先必须通过现状分析，把握储料区、备料区、收料区、收料与送料通道、办公区各个区域的面积以及物料存储设备（如货架、卡板等）的规格等详细数据之后，借助图表的形式对数据加以分析；然后根据每种物料的大小设计货架、卡板的大小，并根据规格相近物料就近摆放的原则及按生产工序原则来规划物料的摆放。备料区应设置在仓库门口附近，为快速送料做准备。收料区应尽可能设置大一些，员工不仅可以在这里对各种物料进行包装拆卸工作，而且为生产预留一定的物料冗余做准备。还可以设一个办公区在收料区内，消防设备则分别放置在物料仓库的角落。物料输送小车通道则设计为进出料双车道即可。经过探讨整理后，设计一个最佳的工作系统或方法，试行后再做逐级修改，经认可后将其标准化并实施。

2. 关键技术的处理

在 IE 方法的研究流程中，要重点解决两个关键技术问题：物料计划的编制和控制、物料仓库的布局。

（1）物料计划的编制和控制

大部分国内工厂的物料计划是根据当月的生产计划编制的，计划较粗放，没有处于一个较好的受控状态。这是因为公司编制计划时没有综合考虑到生产能力、生产任务与生产资源（如人力、设备利用率等）的平衡。这种平衡，通常都由经验来判断，偏差较大，对生产线的一线突发事件响应不及时，往往造成生产被动的局面。

基于以上分析，应根据生产的具体情况，综合考虑生产计划及生产设备的负荷率、人员的能力等与生产有关的各种相关情况，编制出能保证生产一直进行而不会出现中断的物料计划，使得仓库中能时时保持一定生产工时所需的物料，并且保证在生产缺料前有足够的时间进料，使生产始终处于"有序受控"状态。在此，可以通过一些控制图表来控制物料流程，采用图表方式的优点是方便和直观。每隔一定的工时就将物料仓库的物料情况进行整理、统计和分析，与生产线上的生产情况做对比，做成框图，方便决策者有效地把握物流情况，及时对生产偏差进行纠正，进而调整生产。

要做好物料计划的控制，最重要的一点就是要在物料仓库管理中推行"5S"和"10 定位"理念。"5S"是指对生产现场各生产要素所处的状态经常地进行整理、整顿、清扫、清洁和提高员工素养的活动，是优化仓库管理的主要方法之一，为企业内部物流提供基础性保证；"10定位"即定位、定物、定量。定位就是将每一种物料存放的位置定好并做好标识，定物就是确定存放的物料，定量就是确定存放物料的数量。

（2）物料仓库的布局

经过现场调研，发现影响生产物流的主要因素是仓库布局。良好的仓库布局，不仅可以保证生产的顺利进行，还可以减少输送物料的出错率，缩短物料输送周期，充分利用仓库空间，提高产品的良品率，还能"柔性的"对生产物料的改变做出反应，是物料计划成功的关键。

工场物料仓库布局一般包括储料区、备料区、收料区、收料与送料通道、办公区、物料仓库设备放置区等。其中储料区有放置物料的货架和卡板等，备料区的面积是根据生产线上一定时间的产量所需准备物料的多少而确定的；收料区面积则比备料区大一些，给一线生产留一定的物料储备冗余；收料和送料通道为专门供输送物料的小车通行的通道；办公区为物料仓库管理人员进行物料进出登记的场所；物料仓库设备放置区则主要是物料输送小车及消防设备放置区。

一个良好的仓库布局，需要充分考虑各种物料规格、仓库设备的大小高低（如货架每一层的高低、长宽、卡板的大小等）、生产计划的制订和备料区、收料区的面积、各个仓库设备的数量、物料运输路线及消防设施等。对每个仓库设备利用率进行统计，随时对生产计划的变更（包括产品的变更）做出反应。IE方法的应用可以使物料仓库的布局趋于合理，空间的使用效率得以提高；能够对应生产计划的变动，即使生产量变动，物料供应也能灵活跟进；优化了送料、收料工序；合理地调整了物料搬运路线，缩短了物料搬运时间，为企业带来显著的经济效率。

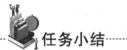任务小结

本任务主要对工业工程（IE）的内容进行了介绍，并分析了IE在国内外生产物流工程领域中的应用情况，并对IE在汽车企业物料仓库布局中的实践进行了简要介绍。

10.3　JIT 理论

任务引入

汽车工厂中常见的八大浪费

在工厂中最为常见的浪费主要有八大类：不良/修理的浪费、过分加工的浪费、动作的浪费、搬运的浪费、库存的浪费、制造过多/过早的浪费、等待的浪费和管理的浪费。下面具体分析各类浪费现象。

1. 不良/修理的浪费

所谓不良/修理的浪费，指的是由于工厂内出现不良品，需要进行处置的时间、人力、物力上的浪费，以及由此造成的相关损失。这类浪费具体包括：材料的损失、不良品变成

废品；设备、人员和工时的损失；额外的修复、鉴别、追加检查的损失；有时需要降价处理产品，或者由于耽误出货而导致工厂信誉的下降。

2. 过分加工的浪费

过分加工的浪费主要包含两层含义：第一是多余的加工和过分精确的加工，例如实际加工精度过高造成资源浪费；第二是需要多余的作业时间和辅助设备，还要增加生产用电、气压、油等能源的浪费，另外还增加了管理的工时。

3. 动作的浪费

动作的浪费现象在很多企业的生产线中都存在，常见的动作浪费主要有以下 12 种：两手空闲、单手空闲、作业动作突然停止、作业动作过大、左右手交换、步行过多、转身的角度太大、移动中变换"状态"、不明技巧、伸背动作、弯腰动作，以及重复和不必要的动作等，这些动作的浪费造成了时间和体力上的不必要消耗。

4. 搬运的浪费

从 JIT 的角度来看，搬运是一种不产生附加价值的动作，而不产生价值的工作都属于浪费。搬运的浪费具体表现为放置、堆积、移动、整列等动作浪费，由此而带来物品移动所需空间的浪费、时间的浪费和人力工具的占用等不良后果。

国内目前有不少企业管理者认为搬运是必要的，不是浪费。因此，很多人对搬运浪费视而不见，更谈不上去消灭它。也有一些企业利用传送带或机器搬运的方式来减少人工搬运，这种做法是花大钱来减少工人体力的消耗，实际上并没有排除搬运本身的浪费。

5. 库存的浪费

按照过去的管理理念，人们认为库存虽然是不好的东西，但却是必要的。JIT 的观点认为，库存是没有必要的，甚至认为库存是万恶之源。由于库存很多，将故障、不良品、缺勤、计划有误、调整时间过长、品质不一致、能力不平衡等问题全部掩盖住了。

例如，有些企业生产线出现故障，造成停机、停线，但由于有库存而不至于断货，这样就将故障造成停机、停线的问题掩盖住了，耽误了故障的排除。如果降低库存，就能将上述问题彻底暴露出来，进而能够逐步地解决这些库存浪费。

6. 制造过多 / 过早的浪费

制造过多 / 过早，提前用掉了生产费用，不但没有好处，还隐藏了由于等待所带来的浪费，失去了持续改善的机会。有些企业由于生产能力比较强大，为了不浪费生产能力而不中断生产，增加了在制品，使得制品周期变短、空间变大，还增加了搬运、堆积的浪费。此外，制造过多或过早，会带来庞大的库存量，利息负担增加，不可避免地增加了贬值的风险。

7. 等待的浪费

由于生产原料供应中断、作业不平衡和生产计划安排不当等原因造成的无事可做的等待，被称为等待的浪费。生产线上不同品种之间的切换，如果准备工作不够充分，势必造成等待的浪费；每天的工作量变动幅度过大，有时很忙，有时造成人员、设备闲置不用；上游的工序出现问题，导致下游工序无事可做。此外，生产线劳逸不均等现象的存在，也是造成等待浪费的重要原因。

8. 管理的浪费

管理浪费指的是问题发生以后，管理人员才采取相应的对策来进行补救而产生的额外

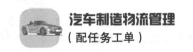

浪费。管理浪费是由于事先管理不到位而造成的问题，科学的管理应该是具有相当的预见性，有合理的规划，并在事情的推进过程中加强管理、控制和反馈，这样就可以在很大程度上减少管理浪费现象的发生。

通过熟悉以上案例，列举汽车生产过程中常见的浪费类型及成因。

学习目标

1）能了解 JIT 基本理论。
2）能掌握 JIT 准时制物流管理的三种形式。

10.3.1　JIT 基本理论和实施手段

JIT（Just In Time）即准时制生产，又称为实时生产系统，简称 JIT 系统，在 1953 年由日本丰田公司的副总裁大野耐一提出。

1. JIT 生产方式简介

JIT 生产方式的实质是保持物质流和信息流在生产中的同步，实现以恰当数量的物料，在恰当的时候进入恰当的地方，生产出恰当质量的产品。这种方法可以减少库存，缩短工时，降低成本，提高生产效率。

"准时制生产"是战后最重要的生产方式之一。由于它起源于日本的丰田汽车公司，因而曾被称为"丰田生产方式"，后来随着这种生产方式的独特性和有效性，被越来越广泛地认识、研究和应用，人们才称其为 JIT。

2. JIT 生产方式的基本思想

JIT 生产方式的基本思想是"只在需要的时候，按需要的量，生产所需的产品"，也就是追求一种无库存，或库存达到最小的生产系统。JIT 的基本思想是生产的计划和控制及库存的管理。

JIT 生产方式以准时生产为出发点，首先暴露出生产过量和其他方面的浪费，然后对设备、人员等进行淘汰、调整，达到降低成本、简化计划和提高控制的目的。在生产现场控制技术方面，JIT 的基本原则是在正确的时间，生产正确数量的零件或产品，即准时生产。它将传统生产过程中前道工序向后道工序送货，改为后道工序根据"看板"向前道工序取货，看板系统是 JIT 生产现场控制技术的核心，但 JIT 不仅仅是看板管理。

JIT 的基础之一是均衡化生产，即平均制造产品，使物流在各作业之间、生产线之间、工序之间、工厂之间平衡、均衡地流动。为达到均衡化，在 JIT 中采用月计划、日计划，并根据需求变化及时对计划进行调整。

JIT 提倡采用对象专业化布局，用以减少排队时间、运输时间和准备时间，在工厂一级采用基于对象专业化布局，以使各批工件能在各操作间和工作间顺利流动，减少通过时间；在流水线和工作中心一级采用微观对象专业化布局和工作中心形布局，可以减少通过时间。

JIT 可以使生产资源合理利用，包括劳动力柔性和设备柔性。当市场需求波动时，要求劳动力资源也做相应调整。如需求量增加不大时，可通过适当调整具有多种技能操作者的操作来完成；当需求量降低时，可采用减少生产班次、解雇临时工、分配多余的操作工去参加维护和维修设备等措施。这就是劳动力柔性的含义。而设备柔性是指在产品设计时就考虑加工问题，发展多功能设备。

JIT 强调全面质量管理，目标是消除不合格品，消除可能引起不合格品的根源，并设法解决问题。JIT 中还包含许多有利于提高质量的因素，如批量小、零件很快移到下个工序、质量问题可以及早发现等。

JIT 以订单驱动，通过看板，采用拉动方式把供、产、销紧密地衔接起来，使物资储备、成本库存和在制品大为减少，提高了生产效率。

JIT 哲理的核心是消除一切无效的劳动与浪费，在市场竞争中永无休止地追求尽善尽美。JIT 十分重视客户的个性化需求，重视全面质量管理，重视人的作用，重视对物流的控制，主张在生产活动中有效降低采购、物流成本。对于 JIT 哲理，任何类型的企业都可以而且应当采用。

3. JIT 方式的特征

JIT 作为一种现代管理技术，能够为企业降低成本，改进企业的经营水平，体现在如下两点主要特征。

（1）以消除非增值环节来降低成本

JIT 生产方式是力图通过另一种方法来增加企业利润，那就是彻底消除浪费。也就是说，排除不能给企业带来附加价值的各种因素，如生产过剩、在制品积压、废品率高、人员利用率低、生产周期长等。

（2）强调持续地强化与深化

JIT 强调在现有基础上持续地强化与深化，不断地进行质量改进工作，逐步实现不良品为零、库存为零、浪费为零的目标。

4. JIT 生产方式的目标

JIT 生产方式将"获取最大利润"作为企业经营的最终目标，将"降低成本"作为基本目标。在福特时代，降低成本主要是依靠单一品种的规模生产来实现的。但是在多品种中小批量生产的情况下，这一方法是行不通的。因此，JIT 生产方式力图通过"彻底消除浪费"来达到这一目标。所谓浪费，在 JIT 生产方式的起源地丰田汽车公司，被定义为"只使成本增加的生产诸因素"，也就是说，不会带来任何附加价值的各种因素。任何活动对于产出没有直接的效益便被视为浪费。这其中，最主要的有生产过剩（即库存）所引起的浪费。搬运的动作、机器准备、存货、不良品的重新加工等都被看作浪费；同时，在 JIT 的生产方式下，浪费的产生通常被认为是由不良的管理所造成的。比如，大量原物料的存在可能是由于供应商管理不良所造成的。因此，为了排除这些浪费，就相应地产生了适量生产、弹性配置作业人数以及保证质量这样三个子目录。

JIT 的目标是彻底消除无效劳动和浪费，具体要达到以下目标：

1）质量目标：废品量最低。JIT 要求消除各种引起不合理的原因，在加工过程中每一工序都要求达到最好水平。

2）生产目标：首先是库存量最低。JIT 认为，库存是生产系统设计不合理、生产过程不协调、生产操作不良的证明。其次是减少零件搬运，使搬运量低。零件送进搬运是非增值操作，如果能使零件和装配件运送量减少、搬运次数减少，可以节约装配时间，减少装配中可能出现的问题。还有就是机器损坏低、批量尽量小。

3）时间目标：一是准备时间最短。准备时间长短与批量选择相联系，如果准备时间趋于零，准备成本也趋于零，就有可能采用极小批量。二是生产提前期最短。短的生产提前期与小批量相结合的系统，应变能力强，柔性好。当然，不同目标的实现具有显著的相关性。

5. JIT 实施手段

JIT 的实际应用包含了纷繁复杂的内容，从实施手段和工具的角度也因企业和生产方式的差异而不同。但从 JIT 的核心思想出发，为了达到降低成本这一基本目标，对应于上述基本目标的三个子目标，JIT 生产方式的基本手段也可以概括为下述三方面。

（1）生产流程化

生产流程化是按生产汽车所需的工序从最后一个工序开始往前推，确定前面一个工序的类别，并依次的恰当安排生产流程，根据流程与每个环节所需库存数量和时间先后来安排库存和组织物流。尽量减少物资在生产现场的停滞与搬运，让物资在生产流程上毫无阻碍地流动。

"在需要的时候，按需要的量生产所需的产品"。对于企业来说，各种产品的产量必须能够灵活地适应市场需要量的变化。众所周知，生产过剩会引起人员、设备、库存费用等一系列的浪费。避免这些浪费的手段就是实施适时适量生产，只在市场需要的时候生产市场需要的产品。

为了实现适时适量生产，首先需要致力于生产的同步化。即工序间不设置仓库，前一工序的加工结束后，使其立即转到下一工序去，装配线与机械加工几乎平行进行。在铸造、锻造、冲压等必须成批生产的工序，则通过尽量缩短作业更换时间来尽量缩小生产批量。生产的同步化通过"后工序领取"这样的方法来实现。"后工序只在需要的时间到前工序领取所需的加工品；前工序按照被领取的数量和品种进行生产"。这样，制造工序的最后一道即总装配线成为生产的出发点，生产计划只下达给总装配线，以装配为起点，在需要的时候，向前工序领取必要的加工品，而前工序提供该加工品后，为了补充生产被领走的量，则向再前一道工序领取物料，这样把各个工序都连接起来，实现同步化生产。

这样的同步化生产还需通过采取相应的设备配置方法以及人员配置方法来实现。即不能采取通常的按照车、铣、刨等工业专业化的组织形式，而按照产品加工顺序来布置设备。这样也带来人员配置上的非常规做法：弹性配置作业人数。降低劳动费用是降低成本的一个重要方面，达到这一目的的方法是"少人化"。所谓少人化，是指根据生产量的变动，弹性地增减各生产线的作业人数，以及尽量用较少的人力完成较多的生产。这里的关键在于能否将生产量减少了的生产线上的作业人员数减下来。具体方法是实施独特的设备布置，以便能够在需求减少时，将作业所减少的工时集中起来，以整顿削减人员。但这从作业人员的角度来看，意味着标准作业中的作业内容、范围、作业组合以及作业顺序等的一系列变更。因此为了适应这种变更，作业人员必须是具有多种技能的"多面手"。

（2）生产均衡化

生产均衡化是实现适时适量生产的前提条件。所谓生产均衡化，是指总装配线在向前工序领取零部件时应均衡地使用各种零部件，生产各种产品。为此在制订生产计划时就必须加以考虑，然后将其体现于产品生产顺序计划之中。在制造阶段，均衡化通过专用设备通用化和制定标准作业来实现。所谓专用设备通用化，是指通过在专用设备上增加一些工夹具的方法使之能够加工多种不同的产品。标准作业是指将作业节拍内一个作业人员所应担当的一系列作业内容标准化。

生产中将一周或一日的生产量按分秒时间进行平均,所有生产流程都按此来组织生产,这样流水线上每个作业环节上单位时间必须完成多少以及何种作业就有了标准定额,所在环节都按标准定额组织生产,因此要按此生产定额均衡地组织物质的供应,安排物品的流动。因为JIT生产方式的生产是按周或按日平均,所以与传统的大生产、按批量生产的方式不同,JIT的均衡化生产中无批次生产的概念。

标准化作业是实现均衡化生产和单件生产单件传送的又一重要前提。丰田公司的标准化作业主要是指每一位多技能作业员所操作的多种不同机床的作业程序,是指在标准周期时间内,把每一位多技能作业员所承担的一系列的多种作业标准化。丰田公司的标准化作业主要包括标准周期时间、标准作业顺序、标准在制品存量,它们均用"标准作业组合表"来表示。

（3）资源配置合理化

资源配置的合理化是实现降低成本目标的最终途径,具体指在生产线内外,所有的设备、人员和零部件都得到最合理的调配和分派,在最需要的时候以最及时的方式到位。

就设备而言,设备包括相关模具实现快速装换调整,例如,丰田公司发明并采用的设备快速装换调整的方法是 SMED 法。丰田公司所有大中型设备的装换调整操作均能够在 10min 之内完成,这为"多品种、小批量"的均衡化生产奠定了基础。

在生产区间,需要设备和原材料的合理放置。快速装换调整为满足后工序频繁领取零部件制品的生产要求和"多品种、小批量"的均衡化生产提供了重要的基础。但是,这种频繁领取制品的方式必然增加运输作业量和运输成本,特别是如果运输不便,将会影响准时制生产的顺利进行。合理布置设备,特别是 U 形单元连接而成的"组合 U 形生产线",可以大大简化运输作业,使得单位时间内零件制品运输次数增加,但运输费用并不增加或增加很少,为小批量频繁运输和单件生产单件传送提供了基础。

就人员而言,多技能作业员（或称"多面手"）是指那些能够操作多种机床的生产作业工人。多技能作业员是与设备的单元式布置紧密联系的。在 U 形生产单元内,由于多种机床紧凑地组合在一起,这就要求生产作业工人能够进行多种机床的操作,同时负责多道工序的作业,如一个工人要会同时操作车床、铣床和磨床等。

10.3.2 JIT 准时制物流管理

准时制物流是一种建立在 JIT 管理理念基础上的现代物流方式。JIT 已在现代制造业中广泛应用,每个现代制造企业都在企业的设计中使用 JIT 的一些方法。JIT 技术因物流业的发展而日趋成熟,将会给企业创造更大的价值。

随着现代物流业的不断发展,人们已将着眼点放在如何降低物流成本上,先进的企业管理理论和实践也正朝着精细化方向发展,其中以汽车制造和电子技术产业为代表的准时制（JIT）管理在现代制造业中已得到广泛应用。近几十年来,世界上许多著名跨国公司纷纷应用 JIT 管理,取得了很高的经济效益,如日本丰田汽车公司、美国福特汽车公司、IBM 公司都曾成功地实施了 JIT 管理。因此,专家们认为,成功应用 JIT 管理是世界一流制造企业的标志之一。

1. 准时制物流的原理

JIT 物流管理于 20 世纪 50 年代首创于日本丰田汽车公司,1972 年后被广泛应用于日本汽车和电子工业。JIT 管理为日本企业生产高质量、低成本的产品提供了保证。准时制物流是伴随制造业准时生产而产生的,随着准时生产的发展与普及,准时制物流得到了迅速发展和广泛应用。

JIT物流是精益思想的表现，是一组活动的集合，其目的在于原材料、制品及产成品保持最小库存的情况下，能保持连续、高节奏的大批量生产。零件从上道工序准时到达下道工序，并被下道工序迅速加工和转移。"准时制"是基于任何工序只在需要时才生产必要制品的逻辑。

从理论上讲，当一件产品产生订单时，市场就从生产系统的终端（在此例中是指从总装线开始）拉动一个产品。首先，总装线工人从物流的上游工位一个一个地拉动下游的工位，重复这一过程，直到供应商的原材料投入工序。

2. 汽车制造业实施JIT的目的和前提条件

实施JIT的目的是消除浪费，优化程序，实现高效、低成本运营。丰田公司对浪费的定义是"除对生产不可缺少的最小数量的设备、原材料、零部件和工人（工作时间）外的任何东西"。在汽车制造业中，JIT管理非常适合零件有多种变化形式的情况。实施JIT物流管理，可以实现的成效包括：减少工人每天必须完成的大量重复无序的工作；增加现场工作环境的有效使用面积；降低库存；缩短反应时间等。为了保证实现准时制物流，JIT管理要求生产全过程的各个阶段都要具有高水平的质量、良好的供应商关系以及对最终产品需求的准确预测。

3. 准时制物流在汽车制造业的应用

在一些发达国家，许多企业看到了JIT的好处。有一项对欧洲200家企业进行的研究表明，JIT管理对企业能力的改善包括：库存平均减少50%；产品生产周期缩短50%~70%；供货时间缩短50%；生产效率提高20%~50%；JIT的投资回收期也少于9个月。

我国汽车行业已全面推行准时制拉动式物流管理，逐渐形成了以市场需求为中心、以主机厂总装配线的要求为导向的物流过程控制，逐步建立了一套适合自身发展的物流管理系统，有足够的柔性去满足企业生产提出的各项要求，适应多变的市场环境。JIT管理意味着在必要的时候生产必要的产品，不过量生产，因为企业没有必要再投入原材料、精力和时间，在JIT情况下理想的批量规模是1。JIT思想与那种依靠额外库存以防止出现工作失误的做法形成了鲜明的对比。当所有的等待数量变为零时，库存投资实现最小化，提前期大大缩短，企业对需求变化快速反应，质量问题会得以迅速曝光。JIT物流的实施同传统的生产物资管理比较，它完善了企业管理，为企业节省了大量的成本，产生了巨大的经济效益和社会效益。

我国汽车制造业大致有三种准时制物流管理形式：计划管理、看板式管理、同步管理。

（1）计划管理

计划管理就是按生产计划组织生产供货，它实际是以计划消耗来计算的一种要货方式。其遵循的原则是：在第M天的需求基础上进行预测，并计算出$M+N$天的供应量，依次循环滚动。它实际比较接近于传统的计划供应方式，之所以也被列入准时制物流管理范围，因为其预测和计划周期较短。计划管理模式适用于零件品种需求变化较小，且消耗连续的汽车零部件。但计划管理的不足在于，当生产计划调整时，不能做出快速反应，易造成产品库存过多。

（2）看板式管理

看板式管理是电子技术与现代物流的完美结合，同时也是一种需求拉动型的管理模式。它采用条形码技术、网络技术进行生产物流管理，是一种反应速度较快、信息较为准确的新型管理模式。信息的主要载体是看板，在看板上记录着零件号、要货时间、零件名称、零件的储存地点、零件数量、所用工位器具的型号等，以此作为各工序进货、出库、运输、生产、验收的凭证。在看板式管理模式下每一次物料的供应都是对实际消耗的合理补充，充分体现了准时制物流的原则。

单元 10 汽车生产物流工程管理常用工具

（3）同步管理

同步管理是 JIT 管理的高级方式，适用于单位价值较高、变化形式多样的总成零件。它要求供应商与主机厂共享同一软件平台，单一零件按明确的方式备货，通过取样点对整车数据下载分析，按装配车间装配工位上零件的准确要求实现供货。信息共享是实现同步管理的前提条件，同步管理需要根据生产线运行情况进行同步供应，以满足工艺需要，减少库存费用和对生产面积的占用。在流水线上，当车身通过某一工序时，它立即向下游工序发出所需装配某种零件的需求信息。同样，当生产商收到要货信息后，就会根据要货指令将所需的品种、数量并按要求的时间准时送达，不会产生多余库存。"同步管理"在企业的应用，标志着准时制拉动式生产方式已经进入了较高级阶段。

现代准时制物流的发展目标是，把电子信息通信技术广泛应用于物流领域，用信息系统整合生产商、经销商、物流公司、供应商之间的管理。

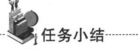

任务小结

本任务主要对 JIT 基本理论和实施手段进行了介绍，并对准时制物流在汽车制造业的应用进行了简要介绍。

10.4 持续改善理论

任务引入

持续改善（Kaizen）最初是一个日本管理概念，指逐渐、连续地改善和进步。是日本"持续改善之父"今井正明在《改善——日本企业成功的关键》一书中提出的，Kaizen 意味着改进，涉及每一个人、每一环节的连续不断的改进：从最高的管理部门、管理人员到工人。持续改善的策略是日本管理部门中最重要的理念，是日本人竞争成功的关键。Kaizen 实际上是生活方式哲学。它假设，应当经常改进我们的生活的每个方面。

Kaizen 的关键因素是质量、所有雇员的努力、介入、自愿改变和沟通。

持续改善被作为系统层面的一部分来加以应用并进行改进，通过流动和拉式系统来改进交货时间、流程的灵活性和对顾客的响应速度。改善活动从头到尾地改进了公司的进程。

通过熟悉以上信息，查询并列举持续改善理论在汽车行业的应用案例。

学习目标

1）能了解持续改善理论的理念。

2）能科学有效地开展 Kaizen 活动。

10.4.1 Kaizen 理论基础

1. Kaizen 和企业领导

就 Kaizen 来说，企业领导有两个基本功能：保持和改善。保持包括了所有保证现在的技术以及与企业工作有关的标准的活动，其中也包含培训和纪律，这个保持的功能就要求企业领导努力使企业内的每个人都按照标准的流程来做工作；而完善则是对现有标准的改进和提高。

Kaizen 也可是革新、改造。Kaizen 侧重于通过不断的努力取得连续不断的小步的改善，从而达到目的；而革新则强调通过以新技术工艺或设备的大量投资来取得巨大的进步。在缺乏资金的情况下，革新改造是很困难的。西方企业往往只看重革新而忽视 Kaizen 所能给企业带来的巨大的好处。Kaizen 强调员工的使用、职业道德、工作交流、培训、小组活动，以及员工参与意识和工作自律性，它是一种低投入而又非常高效的，使企业不断进一步完善和进步的方法。

2. 过程和结果

Kaizen 强调以过程为主的思考方式，只有通过对过程的改善才能得到更好的结果，如果原计划的结果没有实现，那么肯定是某个过程出了问题，这时就要找出产生问题的过程并予以纠正。Kaizen 强调人在过程中的作用，这一点与西方企业界强调结果的思考方式有显著区别。导入 Kaizen 的过程也需要以过程为主的思考方式，一些 Kaizen 战略如 PDCA/SDCA 循环、QCD（质量、成本、交货期）、TQM（全面质量管理）、TPM（全员生产维修）以及 JIT，所有这些在不注重过程的企业内实施都会失灵，所以，企业领导支持并参与到实施 Kaizen 的过程中，是 Kaizen 活动取得成功的组织保证。

3. 遵照 PDCA/SDCA 循环

为了保证 Kaizen 的导入能够成功，首先要引入 PDCA 循环，如图 10-2 所示。

1）计划（Plan）：就是为了达到改善的目标而制定目标或行动计划。

2）做（Do）：就是按计划执行工作。

3）检查（Check）：就是检验工作是否按计划被执行，并朝所预定的方向发展。

4）调整（Adapt）：就是指通过对新的工作步骤的标准化来避免原问题的重复发生，并为下一步的改善制定目标。

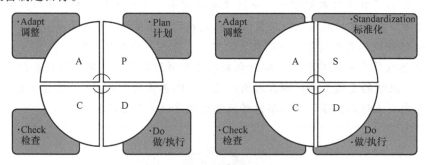

图 10-2 PDCA/SDCA 循环

任何一个工作过程开始的时候都是不稳定的，必须要先将这种变化的过程稳定下来，然后才可以引入 PDCA 循环。这时可先采用 SDCA 循环（Standardization—Do—Check—Adapt）。SDCA 循环的作用就是将现有的过程标准化并稳定下来，而 PDCA 循环的作用是改善这些过程，

SDCA 重在保持，PDCA 重在完善，只有当已有标准存在并被遵守并且现有的过程也稳定的情况下，才可以进入 PDCA 循环。

4. 质量优先

质量、成本、交货期这三个企业目标中，质量应永远享有优先权。即使向客户提供的价格和交货条件再诱人，但产品质量有缺陷，你也不会在现在竞争激烈的市场上站稳脚跟。

5. 以数据说话

Kaizen 就是解决问题的过程，如果要想弄清一个问题的本质并彻底解决它，人们首先要收集和分析相关数据，才能真正解决这个问题。任何没有数据分析的基础而凭感觉或猜测去解决问题的尝试都不是客观的，对有关问题现有状况数据的收集、检查和分析是找出解决问题办法和进一步完善的措施的基础。

6. 视下一道工序为客户

每件工作都是由一系列的过程组成的，而每个过程都有它的供应商以及客户。"下一道工序就是客户"这句话表明了两种客户类型的存在：内部客户（企业内）和外部客户（市场上）。

大部分的企业员工只与内部客户有关系，这种事实也要求员工有义务做到绝不将有缺陷的工件或信息传递给下道工序的员工。如果每个员工都遵守这个规则，那么市场上的最终客户就会得到高质量的产品或服务。一个真正有效的质量保证体系也就意味着企业的每个员工都有此义务，并认真遵守这一规则。

10.4.2 科学有效地开展 Kaizen 活动

1. 持续改善的组成系统

如果一个企业要想运用 Kaizen 战略来取得成功的话，则必须导入以下几个系统。

（1）全面质量管理（Total Quality Management，TQM）

全面质量管理是由全面质量控制（TQC）演变而来的，早期的 TQC 只强调各工艺过程中的质量控制享有优先权，即全面的质量控制；而现在的 TQM 则把企业的各个方面都包括了进来。

人们不应仅仅把 TQC/TQM 看作是控制质量的活动，它还可以通过不断改善各个方面的工作，而被作为企业提升竞争力和赢利潜能的发展战略。TQC/TQM 中的"Q"意味着质量的优先权，同时也包含了成本和交货期的控制目标。"T"代表"全面、全员"，也就是说企业内的全部员工包括自上而下从企业最高领导到中层领导，直至生产线操作工人都要参与进来。另外，供应商、供应商和销售商也都加入。"T"还表示高质量的管理（Top-management），它要求企业的高层领导对企业内实施 TQC/TQM 的成功负有管理的责任和义务。"C"代表控制（Control），也就是对过程的控制。借助于 TQC/TQM 人们可以弄清过程的本质，监控并不断完善它，从而取得成功的改善。企业领导在 TQC/TQM 活动中的任务就是借助于结果对过程进行评估，这个评估的结果是对过程进行完善的基础，而不是批评员工的理由。TQC/TQM 理论包含了以下工作方法或工具：企业战略重组、质量保证体系、标准化、培训、成本管理和质量小组活动等。

（2）全员生产维护（Total Productive Maintenance，TPM）

推行全员生产维修模式现已渐成风尚。全面质量管理（TQM）的重点从总体上来说是改进企业的效率，具体来说是改善产品质量；而全员生产维护（TPM）则着重于改善设备的效率，TPM 的目标就是通过全员的努力，建立以预防为主的设备管理及维护体制，以延长设备寿命并

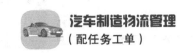

使设备整体效率达到最大化。TQM 要求整个企业的全体员工的参与，而 TPM 则需要与生产有关的全体员工包括生产人员和维修人员等的参与。关于清洁和次序的 5S 活动（即整顿、整理、清洁、检查、素养）是 TPM 的基础，单单执行 5S 就可以给企业带来令人惊喜的效果。

（3）准时制（JIT）

准时制源自日本丰田汽车公司，它的目的是通过消除企业内部每项不能增值的活动而创造一种能够随市场需求变化而灵活应对的一种扁平化的生产体制。建立准时制生产体制所用到的方法或策略如下：节拍时间和周期时间的调整、单件流动、拉动型生产、消除使设备停机的隐患、U 形生产结构、看板、减少装备时间等。

为了实现这种理想的准时生产体制，需要连续不断地推动 Kaizen 并由此消除生产线上所有不能产生增值的工作过程。准时生产体制对企业降低成本的成效显著，同时还能保证产品的交货期，并提高企业的盈利水准。

综上所述，为了达到质量、成本和交货期（QCD）的控制目标并使顾客满意，企业必须引进三个基本的系统：全面质量管理（TQM）、全员生产维护（TPM）以及准时制（JIT）。

这三种基本的系统各自有自己的侧重点：全面质量管理（TQM）把总的质量作为主要目标；全员生产维护（TPM）侧重于机器和设备的运行质量；而准时制（JIT）以另外两个非常重要的方面即成本和交货期为控制目标。只有当全面质量管理（TQM）和全员生产维护（TPM）在一个企业已经实施得卓有成效时，才可以进一步考虑导入准时制（JIT）生产体制。

（4）企业战略规划

尽管 Kaizen 的目标着重于完善，但如果不对 Kaizen 确定目标而任其发展，那么它的作用也就有限。在进行 Kaizen 活动的过程中，企业领导应积极制定明确目标并承担领导责任，来保证达到预定的目标。在 Kaizen 的导入期应进行周密的准备以及控制。企业的最高领导层必须首先规划出一个长期的发展战略，然后再将其细化为中期和年度目标。

企业的最高领导层还必须根据其长期发展战略制订出相应的"实施"计划，然后将其通过组织结构自上而下层层细化分解，而逐渐形成行动计划。比如说一个企业的目标如果是"为了保持竞争力，我们必须将成本降低 10%"，那么可以通过提高生产能力，降低库存和废品率或改善生产流程等实现。没有制定目标的 Kaizen 就像没有目的地的旅行一样。如果大家都向共同的目标努力，而这个目标又受到企业领导的支持，那么 Kaizen 才是最高效的。

（5）合理化建议

合理化建议是 Kaizen 战略的组成部分，它可以通过员工的积极参与来提高其职业道德。日本企业界看重合理化建议的原因是它能够提高员工参与 Kaizen 的兴趣。他们鼓励员工尽可能多地提出合理化建议，尽管有时有些建议看起来几乎没有作用。企业领导也不期望每个建议会给企业带来巨大的利益，对他们重要的是由此培养出积极参与 Kaizen 并有自律性的员工。西方企业界对合理化建议的看法则主要着重于它们所能带来的经济利益。

（6）小组活动

一般是指在企业内部为实现一定的目标而由某种具体的工作联系起来的非正式的组织。其中最著名的形式是质量小组（QC 小组）。质量小组不仅仅致力于质量，还有成本、安全以及生产能力。

总之，Kaizen 战略的最终目标就是通过跨部门的计划来同时实现企业质量、成本和交货期等方面要求的控制目标。

2. 持续改善的手段

Kaizen 以标准化、5S 和消除"浪费",来达到企业的 QCD 目标。标准化、5S 以及消除"浪费"这三种活动是企业建立起高效、成功和扁平化的工作现场结构的基础。因为操作它们并不需要复杂的工艺和特别宽的知识面,所以易于理解和导入。但是,如何使员工树立起自律性并将它们不断推向前进却是困难之所在。

（1）标准化

为了达到企业的 QCD 目标,企业必须合理利用一切可用资源,对于人员、信息、设备和原材料的使用,每天都需做出计划,利用关于使用这些资源的标准有助于提高计划的效率。如果在计划的执行中出现问题或偏差,企业领导就应及时找出问题的真正原因,并将现有标准修改或完善以避免问题的再次出现。标准是 Kaizen 的固定组成部分,它为进一步完善提供基础。工作领域标准化的含义就是指将工程师的工艺或设计要求转换成工人们每天必须遵守的工作指令。

（2）5S 管理

5S 代表了 5 个日语词,它的意思是指整洁、有序。对任何一个加工型的企业来说,如果是一个负责任的生产商并且想成为世界一流的公司,那么 5S 作为基础是必须要实施的,对每个岗位和个人都必须单独确定 5S 规则,制定有关 5S 标准并使之遵守。

（3）消除浪费

日语中的"浪费",它另有一层深的含义。工作是由一系列的过程或步骤组成的,从原材料或信息开始,到产成品或服务结束,在每个过程中都应增值,然后进入下一过程。在每个过程中作为资源的人和设备要么使产品增值,要么没有,浪费就是指每个没有使产品增值的活动或过程。

（4）遵循 Kaizen 五条"黄金"法则

1）如果发生问题,首先去现场。

2）检查发生问题的对象。

3）立刻采取暂时性的措施。

4）查找问题产生的真正原因。

5）使应对措施标准化,以避免类似问题再次发生。

3. 持续改善活动程序

1）选择工作任务。首先要阐明选择这个项目或工作任务的理由。这些任务通常是根据企业的发展目标确定的,但有时企业的现状也会影响这种选择——依据其重要性、紧迫性或经济性。

2）确认当前情况。在项目开始前必须要确认项目当前情况的本质,并予以分析。这需要人们去现场情况,运用 Kaizen 的五条"黄金"法则,或收集数据。

3）应对收集到的数据进行深入分析,以便能弄清事情的真正背景及原因。

4）在分析的基础上研究对策。

5）导入、执行对策。

6）观察并记录采用对策后的影响。

7）修改或重新制定标准,以避免类似问题的再次发生。

8）检查从步骤 1）到步骤 7）的整个过程,据以引入下一步的行动。

这种程序也和 PDCA 循环的原则相一致：从步骤 1）到步骤 4）主要是计划（P）,步骤 5）

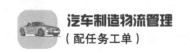

是做、执行（D），步骤6）是检查（C），步骤7）和步骤8）是调整（A）。这种程序是一种借助于数据分析来解决问题的通用做法。另外，将问题的解决过程进行可视化以及在问题的解决过程中积极交流，并建立起高效的记录文档资料，也有助于Kaizen活动的推动。

10.4.3 持续改善方法在汽车制造企业的应用

以某汽车制造企业的代表性案例来讨论导入Kaizen的工作方法和收益。

案例：总装交替式物流Kaizen持续改善。

1. 环境审视

到2010年，本领域已经陆续成功导入了TQM、TPM、JIT和QC等管理体系并已在实践中持续应用，导入Kaizen具备了环境基础。

2. 确定任务和把握现状

2010年，物流领域实施了以改善物流配送方式优化总装工位布局为主题的"APOLO"改善行动。总装线边物流配送方式实现了"交替式物流"的转变，年收益8万元。但总装工位布局的改善尚未全面展开。

3. 数据分析

通过经济分析，当总装工位改善实施后，将会带来年收益28万元。通过总装工位和物流配送的集成改善，投资回收期将会缩短到0.9年。

通过对2011年全年运行情况的工时分析，2012年建立了交替式物流改善行动项目。项目目的是提高劳动生产率，降低物流综合成本；目标是物流资源比2011年节省10%，总装1的绿色工位实现70%，创建物流持续改善的工作机制。

按照线边配送流程，现场分析针对收货、理货和和线边供货等环节展开。

（1）收货

收货区由直送零件、KD件、动力总成件和同步件等四个区域组成。影响效率的问题集中在到货货车不均衡、叉车操作面积不够、站台区人车混流、操作区域布置不合理和空容器返空管理薄弱等方面。

（2）理货

理货方式有同步配送和动力总成件叉车理货、高消耗件叉车理货、低消耗件手动搬运车理货和大体积件地面理货等四种方式。影响效率的问题集中在不按标准规程操作、超市内零件摆放不规范等两个方面。

（3）线边供货

线边供货采用小件牵引列车式、成捆件牵引列车式、大件牵引列车式和大件叉车式等四种方式。影响效率的问题集中在不执行操作规范、牵引列车上的零件位置与线边布置不符、随意移动线边工位器具的位置等三个方面。

为了合理调配资源，对上述问题进行优先级排序，力求事半功倍，提高改善效果。

选取能够反映真实运作状况的时间区间，进行工时测算和统计分析；基于量化数据，建立主要障碍识别表。通过加权计算，识别主要矛盾，为建立解决方案构筑基础。

4. 研究和建立解决方案

（1）工时分析

工时分析的方法是根据作业指导书拆分操作环节，对每一个环节的工时进行实操计时，连续考察记录一个合理的时间周期；对一个周期内的数据差异进行分析，寻找操作过程中的浪费，通过建立改进作业规程、技能培训、作业路径优化、布局合理化等途径，消除浪费。

对收货环节进行工时分析：首先，分解动作；然后填写工时计算表；之后分析数据（正常循环时间、非正常循环时间、比较操作规范时间、计算问题出现频次）；最后，列表归纳，用于确定改善目标，见表10-2。

表 10-2　工时计算表

动作		问题	标准工时	实际工时
平台	货车到达	中转区无面积	0	0.68
	卸容器	容器在货车内摆放不当	0.10	0.1010
		人或物阻挡	0.10	0.101
	叉车转运	人或车阻挡	0.29	0.1010
		站台中转区距离太长	0.29	0.102
中转区收货		行政检验	0.24	0.106
小托盘返空		叉车取托盘	2.2	10.1

（2）流程分析

流程分析的目的是寻找流程中浪费，通过流程重组消除浪费。对中转入库环节进行流程分析：原流程为转运叉车卸货后将零件放在中转区，理货叉车再将中转区的零件上架入位；流程重组后，用转运叉车将卸货后的零件直接上架入位，减少了环节，节省了设备。效果见表10-3。

表 10-3　流程重组后的效果

动作	重组内容	重组前标准工时	重组后标准工时	节省工时
入库	取消中转区等待	0.5	0	0.5
容器返空	用牵引车替代叉车	10.76	0.58	10.18

（3）设定改善目标

根据数据分析的结果，利用现有资源开展有针对性的改善，计算改善效果，见表10-4。

表 10-4　改善效果一览表

动作		问题	改善后设备节省/台	改善权重（%）
站台验收	货车到达	中转区无面积	0.91	17.80
	卸容器	容器在货车内摆放不当	0.04	0.80
		人或物阻挡	0.01	0.100
	叉车转运	人或叉车阻挡	0.05	1.00
		站台中转区距离太长	0.05	0.80
中转区收货		行政检验	0.16	4.20
通用小托盘返空		叉车取托盘	0.100	8.90
流程重组	入库	取消中转区等待	0.67	17.50
	容器返空	用牵引车替代叉车	1.86	48.70
总计			4.1	100.00

（4）改善目标合理化

理论计算与实际操作存在一定的误差，根据现场情况和改善难度，从合理化的角度应该对改善目标进行调整，以降低改善难度和投资，节省改善周期。调整改善的方法见表10-5。

表 10-5　改善目标调整表

	现场实际叉车使用数量	工艺卡标准叉车使用数量
卸货	2	1.810
入库	4	7.108
理货	7	2.71
总计	110	11.92

（5）修订操作规程和相关标准

根据改善要求，修订现有操作规范，建立新的工时标准，为下一步改善奠定基础。

5. 实施和评价

实施后，节约1台叉车，每个流程节省工时10.7min，节约运行成本8.5%。

项目实施的必要条件是组织落实、计划落实、资源到位；项目成功的正确态度是Kaizen工作理念"以积极的态度寻找对策，而不消极地寻找难以推进的理由"；成功的要素是过程控制和标准化（该Kaizen项目正在推进当中）。

6. 标准化

生效经过实践检验的新标准和新规范，制定执行规范的考核指标；开展全员（相关者）培训，跟踪运行效果，做好下一次改善的基础工作。

持续改善是一个永恒的主题，是任何组织与个体进步和成功的途径。追求"一蹴而就"，未见得能够成功；而持续改善首先要转变观念，"态度"是Kaizen乃至任何管理方法成功的保证。可以这样说，持续改善是创新和变革的基础。

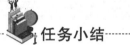
任务小结

本任务主要对持续改善理论进行了介绍，并对如何科学有效地开展Kaizen活动进行了梳理，同时以某汽车制造企业的代表性案例来讨论导入Kaizen的工作方法和收益。

参 考 文 献

[1] 威斯纳，梁源强，陈加存. 供应链管理 [M]. 朱梓齐，译. 北京：机械工业出版社，2006.
[2] 赵雪章. 彼得·德鲁克管理思想全集 [M]. 北京：中国长安出版社，2006.
[3] 曹雄彬. 供应链管理 [M]. 北京：机械工业出版社，2005.
[4] 孔茨，韦里克. 管理学精要 [M]. 韦福祥，等译. 北京：机械工业出版社，2005.
[5] 冉文江，冯俊文，王丽娟. 供应链管理的发展趋势 [J]. 经济论坛，2003（23）：38-40.
[6] 曾玲芳. 供应链管理及其方法论透视 [J]. 物流技术，2003（10）：20-21.
[7] 綦方中，潘晓弘，程耀东，等. 敏捷供应链环境下多 Agent 协同机制研究 [J]. 系统工程理论与实践，2003（02）：51-56.
[8] 宋立荣，高伟. 质量文化与供应链 [J]. 电子商务世界，2002（6）：18-19.
[9] 赵霞. 供应链管理下的生产计划与控制研究 [D]. 天津：天津大学，2007.
[10] 蒋世应. 基于订单生产模式的 ERP 的生产计划研究 [D]. 西安：长安大学，2009.
[11] 门田安弘. 新丰田生产方式 [M]. 王瑞珠，译. 保定：河北大学出版社，2001.
[12] 钟洁. 广汽菲亚特供应商评价体系优化研究 [D]. 长沙：中南大学，2013.
[13] 李睿，陆薇. 汽车工业集成化供应链管理 [M]. 北京：机械工业出版社，2008.
[14] 陆薇，宋秀丽，等. 汽车企业物流与供应链管理及经典案例分析 [M]. 北京：机械工业出版社，2013.
[15] 刘宏亮. 供应链管理下我国汽车行业物流管理优化分析 [J]. 现代经济信息，2010（7）：11-19.
[16] 李兴光，田立新. 基于快速响应机制的汽车供应链研究 [J]. 现代管理科学，2007（5）：15-16，46.
[17] 范雅政. 供应链管理下的汽车物流分析 [J]. 汽车工业研究，2007（3）：36-39.
[18] 林薇，刘丽文. 解析汽车物流企业的关键成功因素 [J]. 商业时代，2005（35）：54-55.
[19] 张潜. 东南汽车供应链管理系统分析 [J]. 高科技与产业化，2007（10）：66-69.
[20] 宋秀丽. 汽车备件物流与供应链管理 [J]. 物流技术与应用，2009（2）：88-90.
[21] 高群钦，陆克久，陈安宇. 我国汽车物流的发展现状与研究对策 [J]. 中国市场，2009（2）：152-153.
[22] 张文龙. 完善汽车物流需打破现有模式 [J]. 市场周刊（新物流），2009（2）：11-12.
[23] 孟曦. 中国汽车物流的现状及问题研究 [J]. 物流工程与管理，2009（3）：1-3.
[24] 段圣贤，陈建华，章劲松. 新编供应链管理 [M]. 北京：电子工业出版社，2013.
[25] 王道平，杨岑. 供应链管理 [M]. 北京：北京大学出版社，2012.
[26] 张丹，牛雅丽. 汽车售后配件管理 [M]. 北京：机械工业出版社，2013.
[27] 中国物流与采购联合会汽车物流分会. 汽车物流发展呼唤信息共享 [N]. 中国商报，2004-09-10（4）.
[28] 中国物流与采购联合会汽车物流分会. 行业信息化抢占汽车物流制高点 [N]. 中国商报，2004-10-22（4）.
[29] 龙少良. 我国汽车物流的战略思考 [N]. 国际商报，2006-01-16（B04）.
[30] 柴凤伟. 专注汽车物流 [N]. 现代物流报，2006-10-26（004）.
[31] 贺嵘，胡元庆. 仓储与配送实务 [M]. 北京：清华大学出版社，2012.
[32] 张京敏. 我国汽车整车物流的发展对策 [J]. 中国物流与采购，2004（2）：52-54.
[33] 董明望. 把握物流利润的切入点——中国物流第三利润源泉的思考之二 [J]. 中国储运，2004（3）：12-13.
[34] 王莉. 基于供应链的电子采购管理系统的研究 [D]. 武汉：湖北工业大学，2009.
[35] 石宇. 汽车制造企业物流服务指标体系研究 [D]. 大连：大连理工大学，2008.
[36] 幸伟. 试论汽车制造业精益物流的构建、实施与控制 [D]. 南昌：南昌大学，2007.
[37] 许子阳. 基于 SCM 的汽车零部件采购物流运作模式研究 [D]. 大连：大连海事大学，2006.

高职高专汽车制造类系列创新教材

汽车制造物流管理任务工单

主　编　曾新明　胡元庆
副主编　杨根宝　罗杏玲　孙　伟
参　编　陈建华　袁世军　马志毅
　　　　杜永威　钟建国　倪俊文

机械工业出版社

目录

单元 1　汽车物流管理认知 …………………………………… 1

单元 2　汽车制造业生产计划与控制 …………………………… 3

单元 3　汽车生产工厂选址与物流布局 ………………………… 5

单元 4　汽车车间物流工程管理 ………………………………… 6

单元 5　订购与供应物流管理 …………………………………… 10

单元 6　生产物流管理 …………………………………………… 14

单元 7　整车物流管理 …………………………………………… 21

单元 8　汽车售后备件物流管理 ………………………………… 24

单元 9　汽车生产物流管理信息化 ……………………………… 28

单元 10　汽车生产物流工程管理常用工具 …………………… 31

单元 1
汽车物流管理认知

任务工单

一、任务准备
1. 场地设施：教室或会议室。
2. 工具：手机（计算机）、钢笔和笔记本、白板及白板笔、工单。
3. 实施方式：将学生 4~6 人分成一组进行讨论。

二、掌握物流与物流管理内容
1. 准确理解"物流是第三方利润源泉"的含义。
_____
_____
_____

2. 简述物流的基本功能要素。
_____
_____
_____

3. 完成以下工单相关任务。

选择本地一个大型汽车制造企业与一个大型商贸企业进行调研分析，完成工单填写。

汽车制造企业物流与商贸企业物流对比分析

类别	物流内容	物流过程	主要功能要素
汽车制造企业物流			
商贸企业物流			

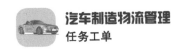
汽车制造物流管理
任务工单

三、理解汽车制造业物流管理内容

1. 思考：汽车制造企业物流管理与商贸企业物流管理有何不同。
_____
_____
_____

2. 简述汽车制造物流管理的主要内容。
_____
_____
_____

3. 完成以下工单中的填空。

通过网络调查或现场调研了解任意两个汽车制造企业物流管理的内容与方法。

条件具备的情况下，组织到汽车制造企业现场（调研），收集汽车企业物流管理相关材料，撰写调研报告，并完成实训表格的填写。

调研企业	物流管理部门	物流管理内容	物流管理方法	物流管理特色
上汽集团				
上海通用				
福特公司				
广汽菲克				
东风汽车				

四、熟悉汽车工业物流管理新特征

1. 思考：汽车制造行业物流与物流管理有哪些发展新趋势。
_____
_____
_____

2. 完成以下工单中的分析任务。

汽车行业订单拉动生产（BTO）与面对库存生产（BTS）对比分析

生产方式	生产特点	优点/局限
订单拉动生产（Build to Order，BTO）		
面对库存生产（Build to Stock，BTS）		

单元 2
汽车制造业生产计划与控制

任务工单

一、任务准备

1. 场地设施：教室或会议室。
2. 工具：手机（计算机）、钢笔和笔记本、白板及白板笔、工单。
3. 实施方式：将学生 4~6 人分成一组进行讨论。

二、了解汽车制造业生产计划

1. 生产计划的主要指标有_____。
2. 汽车制造企业的生产计划一般来说可由三部分构成：_____。
3. 请比较传统的企业生产计划和供应链管理下的生产计划的差距。
_____
_____
_____

三、描述生产计划编制方法

1. 生产计划编制的主要方法有_____。
2. 滚动计划法既可用于编制长期计划，也可用于编制年度、季度生产计划和月度生产作业计划。不同计划的滚动期不一样，一般长期计划按_____滚动；年度计划按_____滚动；月度计划按_____滚动等。
3. 最优生产技术，简称_____，是一种计划与调度的工具。
4. 绘制甘特图
（1）实训目标
1）掌握甘特图的任务分解与甘特图的绘制。
2）能够使用计算机软件编制甘特图（excel 或 PROJECT）。
（2）场地与设备
多媒体实训教室、配备绘图软件。

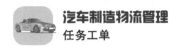

（3）实训过程

1）任务分解。

甘特图任务分解示例

任务	开始	工期（天）	完成
启动	2007-1-10	30	2007-2-9
设计	2007-2-10	45	2007-3-27
实验	2007-3-10	28	2007-4-7
施工	2007-4-5	47	2007-5-22
验收	2007-5-10	20	2007-5-30

2）甘特图编制。

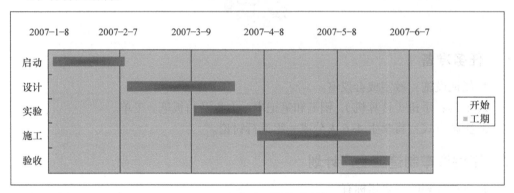

四、正确理解生产计划管理与控制的内容与策略

1. 供应链环境下的生产计划管理与控制包括的内容有_____。

2. 生产计划管理与控制的策略主要有_____。

3. 请简述供应链管理环境下的生产计划管理与控制的策略思想。

_____

单元 3
汽车生产工厂选址与物流布局

任务工单

一、任务准备

1. 场地设施：教室或会议室。
2. 工具：手机（计算机）、钢笔和笔记本、白板及白板笔、工单。
3. 实施方式：将学生 4~6 人分成一组进行讨论。

二、掌握汽车生产工厂选址相关内容

1. 选址规划程序分为三个阶段：_____。
2. 工厂选址主要方法有_____。
3. 请简述新重心法的基本原理和具体实施过程。

_____
_____
_____
_____

三、掌握汽车生产物流布局规划相关内容

1. 工厂精益布局规划的常用方法有_____、_____。
2. 请简述工厂布局规划的目标与原则。

_____
_____
_____

3. 请简述利用 SLP 法进行工厂平面布置设计的主要步骤。

_____
_____
_____

单元 4
汽车车间物流工程管理

任务工单

一、任务准备

1. 场地设施：教室或会议室。
2. 工具：手机（计算机）、钢笔和笔记本、白板及白板笔、工单。
3. 实施方式：将学生 4~6 人分成一组进行讨论。

二、掌握汽车车间物流工程相关内容

1. 按零件来源属性分类，汽车车间物流范畴包含哪些方面？
_____
_____
_____

2. 多选题：厂内物流影响因素一般有（　　）。
A. 生产计划　　　　　B. 生产工艺　　　　　C. 信息传递模式
D. 物流模式　　　　　E. 工艺布局　　　　　F. 仓库布局
G. 作业流程与作业方式　H. 物流自动化

3. 多选题：汽车车间物流设计的总体原则，主要包含（　　）。
A. 在准确的时间内（准时）　　　　　B. 将零件保质（准质）
C. 保量（准量与种类）　　　　　　　D. 送到准确的消耗点（准点）

三、熟悉汽车四大车间物流运作具体模式与特点

1. 请描述冲压物流作业量均衡性差的原因。
_____
_____
_____

2. 国产外制件的车间物流顺序是（填写序号）。

单元 4
汽车车间物流工程管理

（　　）站台验收、（　　）入库存储、（　　）容器返空、（　　）集配-供给、（　　）待机场-雨棚

3. 叉车卸货作业期间，确保货车两侧飞翼不同时展开，且其他无关人员需与卸货叉车保持（　　）作业距离。

  A. 1m   B. 2m   C. 3m   D. 4m

4. 叉车库内转运时，叉脚高度升到20~40cm处，行驶速度低于（　　）km/h，对部品超出视线情况要倒车行驶。

  A. 5   B. 10   C. 15   D. 20

5. 集配上台车零部件堆垛高度不得超过（　　），禁止上重下轻，防止零部件歪斜倾倒、压坏变形等不良现象发生。

  A. 1m   B. 1.5m   C. 2m   D. 2.5m

6. 判断题：部品标签及混托标签严格朝外张贴，便于目视验收。（　　）

7. 判断题：零部件到货形态主要为整托到货、铁质容器到货。（　　）

8. 判断题：验收入库管控流程为签收接收单→验收入库交接确认→确认单据与实物一致→扫描确认。（　　）

9. 判断题：库内存储，需确保防尘、防锈、防潮、防湿等措施，经常对库存的物料进行检查。（　　）

10. 判断题：仓库内所有消防设施的配备是仓储物资的安全保障，各班组要对本班作业场所的消防设施进行日点检和清洁；任何人不得损坏和破坏，可以挪作他用。（　　）

11. 判断题：易燃物料的存储应按可燃性不同参照有关法规分类储存。（　　）

12. 判断题：所有存放漆料或稀释剂的容器，除正在使用中外，均不需保持紧盖。（　　）

13. 以下做法正确的是（　　）。

  A. KIT集配时，按指示灯进行集配，并遵守先拍灯后取件操作，将零件放入指定料盒。

  B. KIT集配时需轻拿轻放，防止零件二次刮伤而造成品质不良。

  C. 回收空箱时不需确认是否有剩余件遗留。

14. 判断题：KD件验收需叉车掏箱后暂存验收区，抽检或目视检查无异常后扫描到货清单做系统入库，无须逐箱扫描。（　　）

15. 请正确描述总装物流模式，并绘制物流运作模式图。

四、掌握汽车车间物流规划的主要思路及全过程规划方法

1. 多选题：布局总体规划设计包括（　　）
   A. 计划筹备与准备阶段　　　B. 系统规划设计阶段
   C. 方案评估决策阶段　　　　D. 局部规划设计阶段　　　E. 计划执行阶段

2. 多选题：仓库平面布局规划应坚持以下哪些基本原则（　　）
   A. 零部件和作业的流动保持一个方向
   B. 仓库出和入不要分开，空箱和满箱要分开
   C. 量移动最短的距离：各功能区域衔接合理
   D. 柔性地应对变化：考虑预留区域

3. 以下通道设计，不正确的是（　　）。
   A. 库房内主要通道应根据库房宽度、物流门宽度进行考虑，一般为4.0~6.0m
   B. 在人工操作区域内通道的宽度一般为1.5~1.7m
   C. 在手推车搬运作业区域内通道的宽度一般为3.0~3.5m
   D. 人行通道的宽度一般为0.8m或1.0m

4. 主物流功能区整体规划要求中，不正确的是（　　）。
   A. 依据进、出库物流量大小，合理规划卸货车位需求
   B. 作业距离最短：仓区与生产现场靠近（或与生产需求的生产线靠近），通道顺畅
   C. 按包装形态分类：铁架大件与胶箱等小件不用分开存储
   D. 料位设置：根据存储周期及存储量的多少，合理设置料位库深，增加仓库利用率

5. 多选题：主要辅助功能区有（　　）。
   A. 质检区　　　　　B. 废次品存放区　　　C. 充电间
   D. 办公室　　　　　E. 设备（器具）维修间

6. 多选题：上线模式定义有以下（　　）种类。
   A. 看板　　　　B. SPS　　　　C. 托板　　　　D. 排序

7. 上线规划的流程为（填写序号）
   （　）计算配送间隔时间、（　）验证配送路线、（　）计算配送看板收容数、
   （　）规划上线路线、（　）配送工具选择、（　）规划上线路线、
   （　）上线模式选择、（　）定义线边库存

8. 超市货架排布原则中，不正确的是（　　）。
   A. 为了方便投料和取出，零件投入料架一般以周转箱长侧面向投料人员
   B. 在周转箱投入后，两层货架中间的间隙大于15cm，两个间口的空隙大于5cm
   C. 相对重的零件放置上层，相对轻的零件放置中下层
   D. 流利货架的布局优先按照车间工程顺序进行排布

9. 判断题：关于货架单层载重，高位货架＞线棒货架＞超市货架。（　　）

10. 关于物流设备用途，以下设备介绍不正确的是（　　）。
    A. 物流叉车：主要用于物料装卸、搬运、存储、转移等活动，常见于库房区域。
    B. 物流牵引车：主要用于生产线物料补充、物料转移、物料装卸等活动，常见于生

产线、库房区域。

C. 物流托盘车：主要用于入库、短距离物料转运活动，因转运效率、操作灵活性高而常用于物流行业。

11. 看板、SPS、排序三种上线模式，各自的特点是什么？分别用于什么零件场景中？

_____
_____
_____

单元 5
订购与供应物流管理

任务工单

一、任务准备
1. 场地设施：教室或会议室。
2. 工具：手机（计算机）、钢笔和笔记本、白板及白板笔、工单。
3. 实施方式：将学生 4~6 人分成一组进行讨论。

二、理解订购管理内容
1. 供应链的物流系统主要分为入厂物流、（　　）、厂内物流、（　　）和厂外物流、（　　）。
　A. 生产物流　　　　　B. 供应物流　　　　　C. 整车物流　　　　　D. 销售物流

2. 订购管理要考虑零件的属性，包括：零件材质、零件尺寸、零件功能、（　　）、供应商距离、供应商产能、企业管理水平等。
　A. 生产工艺　　　　　B. 良品率　　　　　　C. 零件包装　　　　　D. 零件重量

3. 判断题：供应物流管理的主要内容为到货准时率管理、不良品管理、到货异常管理、零件设变管理、特殊零件管理、库存管理、关键绩效指标法及供应商管理等。
（　　）

4. 判断题：不良品管理有两个领域：供应、设计，它们管理的职责与方式不同。
（　　）

5. 判断题：常见到货异常类型有标签与实物不符、包装不符要求和车辆不符要求。
（　　）

6. 如何缩短零件的订购周期、降低零件库存水平？
_____
_____
_____

单元 5
订购与供应物流管理

7. 根据设计变更的等级表，举例各设变等级所对应的零件、设变内容。

设变等级	重要程度	紧急程度	设变执行方式	设变零件、内容
A	高	高	立即切换为新件，不考虑旧件或原材料的损失	
B	高/中	中/低	自然切换，先消耗完旧件库存，再使用新件	
C	低	低	不涉及零件变化，不存在新旧件切换的问题	

三、掌握国产零件订购管理方法

1. 判断题：按照供应方式来划分，可分为推动式（PUSH）供应和拉动式（PULL）供应。（　　）
2. 判断题：公司的生产、营销、财务、人事等业务基于预测的情况开展。（　　）
3. 判断题：物料需求计划就是依据主产品计划（MPS）、物料清单（BOM）、库存记录和已订未交订单等资料，经由计算而得到各种相关物料的需求状况，同时提出各种新订单补充的建议，以及修正已开出订单的一种实用技术。（　　）
4. 需求预测的特点是什么？

_____
_____
_____

5. 零件到货规则设定要考虑哪些因素？

_____
_____
_____

6. 汽车零件的特点是什么？

_____
_____
_____

四、掌握进口零件订购管理方法

1. 贸易术语中，F组包括（　　）、（　　）、（　　）。
   A. FCA　　　　B. FAS　　　　C. FAC　　　　D. FOB
2. 主要物流运输方式有（　　）、（　　）、铁路运输、公路运输等。
   A. 航空运输　　B. 海洋运输　　C. 集装箱运输　　D. 管道运输
3. 填写以下空白内容。

分类	国产件	进口件	选项
定义	由（　　）供应商供应	由（　　）供应商供应	A.中国境内　B.国外　C.主机厂附近
工厂地点	中国（　　），或（　　）	（　　）	A.中国境内　B.国外　C.主机厂附近
在途时间	境内运输时间短（　　）天	（　　）天	A.1~5　B.5~15　C.15~60
运输方式	公路、（　　）	海运、（　　）	A.空运　B.海运　C.铁路
风险	风险（　　），可控性（　　）	风险（　　），可控性（　　）	A.大　B.小
管理难度	相对（　　），沟通（　　）	难度（　　），沟通（　　）	A.大　B.小

4.跨国采购是必要的吗？哪些情况下不需要跨国采购？

_____
_____
_____

5.贸易术语的作用是什么？

_____
_____
_____

五、掌握入厂物流模式

1.入厂物流模式分为（　　）、（　　）、（　　）三大类。
　A. Indirect　　　　B. JIT　　　　C. JIS　　　　D. EXW

2.取货物流的特点有统一的运输网络规划、导入集配中心、提高运输效率、多种运输方式并用、（　　）、承担运输的主体变化、运输费用的剥离。
　A.包装容器轻量化　　B.包装容器标准化　　C.供应商距离近　　D.供应距离远

3.循环取货物流的必要条件（　　）、物流量集中、供应商取货硬件、软件资质符合取货要求、（　　）。
　A.包装容器轻量化　　B.包装容器标准化
　C.车辆投入分析　　　D.成本收益分析

4.A零件包装规格EU6423，托盘尺寸1200mm×800mm×150mm，包装收容数2，车辆规格9600mm×2400mm×2400mm。计算1台车单趟最多可以取多少零件？

_____
_____
_____

5. 主机厂在广州，A 零件供应商在长沙，主机厂双班生产，生产节拍 40 台/h，在省外直取货方式下，为满足生产需准备多少 A 零件供应商的零件包装？并说明计算逻辑。

_____
_____
_____

单元 6
生产物流管理

任务工单

一、任务准备

1. 场地设施：教室或会议室。
2. 工具：手机（计算机）、钢笔和笔记本、白板及白板笔、工单。
3. 实施方式：将学生 4~6 人分成一组进行讨论。

二、掌握生产物流相关内容

1. 汽车行业生产物流与制造业其他企业生产物流有何不同？
___
___
___

2. 汽车行业生产物流与一般社会物流在价值实现、物流过程、主要功能要素三个方面有较大不同。根据理解分析，完成下图连线。

| 汽车行业生产物流 | | 一般社会物流 |

| 实现加工附加价值 | 主要功能是运输和存储 | 主要实现时间价格和空间价值 | 物流过程随机性强 | 物流过程稳定 | 主要功能是搬运 |

3. 生产物流的优化设计从哪几个方面开展（　　）。

A. 生产流程对物流线路的影响　　B. 生产能力对物流设施配备的要求

C. 生产节拍对物流量的影响　　D. 生产节拍对物流模式的要求

4. 请谈一谈：如果你是汽车企业的从业人员，你会如何开展汽车制造生产物流的优化设计工作。

单元 6 生产物流管理

_____

_____

_____

三、掌握工艺流程与车间布局

1. 汽车四大生产工艺中，第三大生产工艺是（　　）。
   A. 涂装工艺　　　　B. 焊装工艺　　　　C. 冲压工艺　　　　D. 总装工艺

2. 以下属于在工艺流程设计时未综合考虑生产物流的情况的是（　　）。
   A. 厂内起始仓库搬运路线不合理，搬运装卸次数过多
   B. 仓库对各车间的相对位置不合理
   C. 在工艺流程中物料过长的运动
   D. 厂内零件物流路线与整车路线交叉频繁

3. 以下属于加工和制造的手段固定，被加工物处于物流状态的是（　　）。
   A. 建筑工程施工　　　　　　　　　B. 大型船舶制造
   C. 飞机装配　　　　　　　　　　　D. 汽车制造

4. 以下属于加工物固定，加工和制造操作处于物流状态的是（　　）。
   A. 建筑工程施工　　　　　　　　　B. 大型船舶制造
   C. 飞机装配　　　　　　　　　　　D. 汽车制造

5. 判断题：汽车厂四大车间常见布局有"人"字形或L形。（　　）

6. 判断题：物料运量图法是根据物料的流向，结合企业地形和厂区面积绘制流向图。物料流向图法是根据各个生产环节物料运输量大小来进行企业总平面布置的方法。
（　　）

7. 高效的物流就是能充分符合（　　）要求的物流系统，是连续、均匀、顺畅的，符合生产从最初工艺到成品完成的全部生产过程对物流的要求。
   A. 产量变化　　　　B. 生产工艺　　　　C. 柔性化产线

8. 以下属于工厂平面布置程序的是（　　）。
   A. 对生产物流的分析　　　　　　　B. 与活动范围有关联的分析
   C. 绘制物流活动范围关联线图　　　D. 面积设定和功能区域关联图的绘制
   E. 布局综合调整和方案评价

9. 假如你是汽车行业从业人员，结合汽车生产的四大工艺，请探讨工厂车间平面图布置的考量因素。

_____

_____

四、熟悉汽车制造生产现场管理

1. 多选题：5S的管理对象包含（　　）等生产要素。

A. 人员　　　　　B. 机器　　　　　C. 材料　　　　　D. 方法

2. 请对以下各项 5S 活动做正确的连线。

5S 活动	5S 内容
对档案做数字化管理并做好标志，方便查阅与取放	素养
规范各物品存放位置，令环境更加整齐	清洁
新增自动清扫机，将尘埃控制在源头	清扫
设计"每日清洁稽查表"，互相检查、互相监督	整顿
员工自觉保持生产现场的干净整洁	整理

3. 判断题：定置管理是生产现场人、物两者关系进行科学研究的一种管理方法。
（　　）

4. 判断题：定置管理就是把物放置在固定的、适当的位置。但对物的定置，不是把物拿来定位就行了，而是从安全、物的价值、物的自身特性等方面进行综合分析。
（　　）

5. 工厂生产活动中，最主要的要素是（　　），其中最基本的是（　　）的因素。

A. 人员　　　　　B. 物　　　　　C. 场所　　　　　D. 信息

6. 多选题：定置管理的四大实施步骤包含（　　）。

A. 制定定置管理标准　　　　　B. 定置管理标准的主要内容
C. 定置管理颜色标准　　　　　D. 可移定置物符号标准

7. 制定定置管理标准的目的是（　　）。

A. 使定置管理标准化、规范化和秩序化
B. 使定置工作步调一致，有利于企业统一管理
C. 使定置管理工作检查有方法、考核有标准、奖罚有依据，能长期有效地坚持下去
D. 培养员工良好的文明生产和文明操作习惯
E. 保持现场整洁

8. 以下定置管理工作原则不正确的是（　　）

A. 要有利于提高产品质量
B. 要有利于促进生产、提高工作效率
C. 在保障生产能力提升的情况下，允许一定程度的生产场地浪费
D. 要有利于安全生产

9. 针对现场检查区域普遍划分的颜色标志，以下表述错误的是（　　）。

A. 黄色一般表示返修品区　　　　　B. 绿色一般表示合格品区
C. 蓝色一般表示待检查品区　　　　D. 红色一般表示待处理品区
E. 白色一般表示废品区

10. 谈一谈 5S 管理与定置管理有什么区别。

单元 6
生产物流管理

11. 依据自己的理解画图阐述定置管理开展的程序。
_____
_____
_____

12. 分小组讨论实施定置化管理案例并撰写报告书。
_____
_____
_____

五、掌握生产物料配送与管理内容

1. 可能导致车间库存居高不下、生产混乱、增加管理难度和困难性的物流模式是（　　）。
   A. 计划配送模式　　B. JIT 物流模式　　C. JIS 物流模式　　D. 其他物流模式

2. 关于计划配送方式，以下表述正确是（　　）。
   A. 计划配送适用于多品种混线的生产模式
   B. 计划配送可有效控制车间库存
   C. 计划配送高度依赖生产计划
   D. 计划配送操作简单，不一定需要系统支持

3. 关于 JIS 配送方式，以下表述正确是（　　）。
   A. 紧固件宜采用 JIS 配送方式
   B. JIS 排序计划来源于生产计划部门提前发布的生产顺位计划
   C. 体积大、贵重、多派生零件适用于 JIS 模式
   D. JIS 配送方式对供应商距离的远近没有要求

4. 判断题：计划配送、JIT 模式、JIS 模式，可降低车间库存，提升库存管理水平。（　　）

5. 判断题：相比 JIS 件，计划配送模式对零件时效性以及配送品质的要求更高。（　　）

6. 至少列举三种适用于 JIS 模式的汽车零件名称。
_____

7. 如何理解"拉动式"物流与"推动式"物流，请用日常生活中的常见场景举例说明。
_____

8. 判断题：物料盘点目的是清理盘点库存查核实际库存与系统账目是否相吻合。（　　）

9. 判断题：物料盘点范围只涉及车间内仓库生及生产线的在制品。（　　）

10. 多选题：以下表述正确的是（　　）。
    A. 盘点准备工作需提前启动，设定盘点目标、计划和人员，对盘点人员预先进行培训

17

B. 盘点前各物料需以物料标签标示清楚，规划区域须以物料标示牌加以标示

C. 盘点前设定盘点区域，物料以良品、不良品加以区分，分仓入库

D. 盘点前现场物料需及时整理入库，并完成物料进出流通的冻结工作

E. 严格执行盘点计划，盘点当日有生产也不影响盘点工作

11. 判断题：盘点时，初盘者点数后完成"盘点表"，现场盘点工作结束。（　　）

12. 判断题：月度与季度盘点无须复盘，只有年中盘点与年末盘点才需要复盘。（　　）

13. 多选题：以下盘点注意事项，表述正确的是（　　）。

A. 零件需停止流动

B. 非公司资产需有明显标识

C. 须保证重点资产都要盘到

D. 公司外部资产需通过沟通获取真实数据

14. 物料盘点时，允许一定程度上的盘点误差，A级物料盘点误差（　　），B级物料盘点误差（　　），C级物料盘点误差（　　）。

A. ±0.20%　　　　B. ±0.40%　　　　C. ±0.8%　　　　D. ±1%

15. 某零件账面库存98箱，盘点后实际库存为92箱，盘点准确率是（　　）。

A. 0.061　　　　B. 0.939　　　　C. 0.065　　　　D. 0.935

16. 接收不良品时，以下表述不准确的是（　　）。

A. 不良品统一放置，无须区分

B. 不良品区别良品，可不用做系统管理

C. 不良品需区分不良厂家，规范包装

D. 接收不良品，需经品质人员确认并签名

17. 对于不良品的观念理解，以下表述不准确的是（　　）。

A. 良品与不良品需严格区别认识

B. 对于报废品无须做不良分析

C. 不良品无须花精力特殊管理

D. 新时代下，产品是检验出来，而不是管理出来的

18. 如何做好不良品的预防工作？

_____

_____

19. 判断题：动力电池模块是电池包的最小组成单位。（　　）

20. 判断题：动力电池应处于满电荷状态下运输。（　　）

21. 判断题：动力电池模块是由电池单体通过并联的方式组合成的组合体。（　　）

22. 关于动力电池入库，以下表述错误的是（　　）。

A. 动力电池搬运应做好高压正负极绝缘防护，同时从电池上移除电池维修开关

B. 动力电池搬运过程中应居中平稳

C. 动力电池搬运过程中高度不应超过 1.5m

D. 电池入库出库时电池运输高度不超过 2m

23. 关于动力电池管理，以下表述错误的是（   ）。

A. 动力电池包、模组、电池单体存储场地要求设置化学品警示标识，爆炸性及腐蚀性标识

B. 废品库/区域宜远离建筑群独立修建，并增加耐酸地面隔离层，及防流装置设施

C. 动力电池包运输优先使用铁质货架包装，容器不得破损变形，电池不得移位裸露

D. 动力电池包上线应做好高压正/负极绝缘防护

24. 动力电池存储的库房控制条件：温度范围（   ），推荐温度（   ），湿度范围（   ），推荐湿度（   ）。

A. 15～30℃　　　　B. 15～20℃　　　　C. 20%～60%　　　　D. 40%±5%

六、掌握库存管理及缺件管理方法

1. 判断题：库存是指在仓库中处于存储状态的物品与商品。（   ）

2. 判断题：库存容易掩盖物流管理中的问题点。（   ）

3. 判断题：库存周转率越大，说明资金占用率越高。（   ）

4. 判断题：库存周转率越大，说明库存周期越短。（   ）

5. 判断题：缺件管理中，非直供件（经仓库中转）的预警反应速度要高于直供件的预警反应速度。（   ）

6. 以下（   ）不能体现原材料库存的重要性。

A. 获得大量购买的价格折扣

B. 大量运输降低运输成本

C. 避免由于紧急情况而出现停产

D. 防止涨价、政策改变以及延迟交货等情况发生

E. 提高客户服务水平

F. 保留技术工人

7. 以下（   ）不能体现产成品库存的重要性。

A. 节省运费　　　　　　　　　　　B. 产能的平衡

C. 避免由于紧急情况而出现停产　　D. 调整季节差异

E. 提高客户服务水平　　　　　　　F. 保持供应来源

8. 以下库存管理的特点表述有误的是（   ）。

A. 产品系列化、多样化，使得企业的库存水平上升

B. 存货由零售商转向供应商，加大了企业库存管理的难度

C. 库存被看成是一项投资，使企业库存管理更加重要

D. 总成本最小的目标，使企业必须不断减少库存

9. 常见的 ABC 存货分类法中，A 类是数量库存占比与金额库存占比分别为（   ）；B 类是数量库存占比与金额库存占比分别为（   ）；C 类是数量库存占比与金额库存占

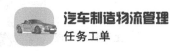

比分别为（　　）。

　　A. 10%，70%　　　　B. 20%，20%　　　　C. 70%，10%　　　　D. 30%，30%

10. 多选题：某合资厂通过零件的（　　）多个维度判定零件的 ABC 分类。

　　A. 贵重程度　　　　B. 体积大小　　　　C. 派生情况　　　　D. 重量情况

11. 以下 ABC 分类法中描述正确的是（　　）。

　　A. AA 类零件是贵重件　　　　　　　　B. AB 类零件是大体积件

　　C. AC 类零件是多派生件　　　　　　　D. B 类零件是价格便宜零件

12. CVA 库存分类法中，以下表述正确的是（　　）。

　　A. 最高优先级——这是经营的关键性物资，不允许缺货

　　B. 较高优先级——这多属于比较重要的物资，但允许偶尔缺货

　　C. 中等优先级——这是指经营活动中的基础性物资，允许合理范围内的缺货

　　D. 较低优先级——经营中需用这些物资，但可替代性高，允许缺货

13. 案例实践

　　前期准备：通过 SAP 系统导出某单一车型的所有零件，按照价格从高到低排列依次累加，累加到某价格为 469 元的零件时，累加的价格超过整车价格的 50%。

　　现场调查：通过现场调查得知该车型白色保险杠价格为 668 元，同时得知车型一共有七个颜色的保险杠，每个保险杠都有高、中、低三个配置，由供应商提供专业的台车装配运输，该台车尺寸为 2300mm × 1640mm × 2100mm，每个台车装配 6 个保险杠。

　　根据物料 ABC 分类方法，分小组讨论并分析判定该零件属于哪个类型。

_____

_____

_____

单元 7
整车物流管理

任务工单

一、任务准备

1. 场地设施：教室或会议室。
2. 工具：手机（计算机）、钢笔和笔记本、白板及白板笔、工单。
3. 实施方式：将学生 4~6 人分成一组进行讨论。

二、掌握整车物流内容

1. 多选题：按运输工具特性分，整车物流可分为（　　）等运输方式。
   A. 陆路运输　　　　B. 水路运输　　　　C. 航空运输　　　　D. 集装箱运输
2. 多选题：按标的物设计和技术特性，整车物流可分为（　　）等运输方式。
   A. 乘用车车辆物流　　　　　　　　B. 商用车车辆物流
   C. 工程车车辆物流　　　　　　　　D. 特种车车辆物流
3. 多选题：标的物车辆使用年限特性，整车物流可分为（　　）等运输方式。
   A. 商品车车辆物流　　　　　　　　B. 二手车车辆物流
   C. 古董车车辆物流　　　　　　　　D. 新能源车车辆物流
4. 判断题：整车物流在各国及汽车行业内都有不同的说法：日本称为"车辆物流""完成车物流"；英美等国称为"Vehicle logistics""Vehicle transport"（　　）
5. 判断题：整车物流是基于时间竞争的敏捷汽车供应链环境，以整车作为物流服务标的物，按照客户订单对交货期、交货地点、品质保证等的要求进行快速响应和准时配送。整车物流从简单的商品车运输变化为以运输为主体，仓储、配送、末端增值服务为辅的新型物流。（　　）

三、掌握整车物流的运作模式

1. 多选题：汽车整车物流大致的模式包含（　　）等模式。
   A. 封闭的企业内部物流　B. 第三方物流　　　C. 第四方物流　　　D. 第二方物流

2. 多选题：我国整车物流发展经历了（   ）等发展阶段。
A. 20 世纪 80—90 年代起步阶段
B. 20 世纪 90 年代中后期企业内部发展阶段
C. 21 纪初期第三方物流萌芽及发展阶段
D. 2010 年左右综合物流发展阶段
E. 2015 后集团化发展阶段

3. 多选题：以下属于整车物流服务商 KPI 的考核指标的是（   ）。
A. 长库存数　　　　　B. 输滞留数　　　　　C. 产品保留台数
D. 产品质损数　　　　E. 产品迟到率

4. 判断题：整车物流也是一个需要紧密协同的流程，涉及经销商、主机厂的销售、生产和物流部门，以及运输公司。目前在国内也逐渐出现了资源集中化的做法，比如丰田和上汽集团等。（   ）

5. 判断题：整车物流模式的选择需考虑到企业管理实践中复杂性和不可预测性根据近期指标和远期目标相结合、客观指标和主观指标相结合的原则。（   ）

四、掌握整车仓储与运输的管理内容

1. 多选题：以下属于汽车整车物流主要面临问题的是（   ）。
A. 销售计划与生产计划的协调问题　　　B. 经销商库存管理问题
C. 在途库存管理问题　　　　　　　　　D. 平面仓储的自动化管理问题
E. 运输管理问题

2. 多选题：GB 1589—2016 标准对商品车运输车设定的分三步走的规划是（   ）。
A. 2016.9.21 后禁止双排车　　　　　　B. 2017.7.1—2018.6.30 整改单排车
C. 2018.7.1 禁止不合规车辆　　　　　　D. 2020.7.1 禁止不合规车上路

3. 多选题：常见的公路整车运输车辆有（   ）。
A. 中置轴轿运车公路运输　　　　　　　B. 救援车公路运输
C. 短轴轿运车公路运输　　　　　　　　D. 长轴双排轿运车公路运输

4. 请连线各个时间段和整顿内容的正确对应关系

2016.9.21 — 2017.6.30	禁不合规车
2018.7.1 以后	禁止双排车上路
2017.7.1—2018.6.30	整改单排车

单元 7 整车物流管理

五、熟悉汽车销售物流管理的相关知识

1. 多选题：以下属于汽车销售物流的内容与环节的是（　　）。
   A. 产品包装及存储　　B. 装卸搬运、运输和配送　　C. 流通加工
   D. 网络规划与设计　　E. 物流信息管理
2. 多选题：汽车的销售模式主要有（　　）。
   A. 特许经销店模式（4S 店）　　B. 汽车超市　　　　C. 汽车交易广场
   D. 汽车园区　　　　　　　　　E. 互联网新零售
3. 多选题：销售物流管理的目标有（　　）。
   A. 扩大市场　　B. 提高客户服务水平　　C. 提高物流工作效率　　D. 降低成本
4. 多选题：销售物流规划的特征有（　　）。
   A. 目的性　　　　B. 前瞻性　　　　C. 前瞻性　　　　D. 综合性
5. 判断题：物流外包是指生产或销售企业为集中精力增强核心竞争力，而以合同的方式将其物流业务部分或完全委托与专业的物流公司运作。（　　）
6. 判断题：销售物流外包的主要目标是降低物流成本、强化核心业务。（　　）
7. 判断题：企业选择什么样的物流经营模式，主要取决于物流对企业成功的影响程度和企业对物流的管理能力。（　　）
8. 判断题：对于企业物流外包承接的物流服务商的评估工作可做可不做。（　　）

六、熟悉汽车供应链逆向物流的内容与方法

1. 多选题：逆向物流包含的物流活动有（　　）。
   A. 产品退回　　　　B. 物料替代　　　　C. 降低成本物品再利用
   D. 废弃处理　　　　E. 维修和再制造
2. 多选题：逆向物流实施的目的有（　　）。
   A. 产品退回　　　　B. 物料替代　　　　C. 降低成本物品再利用
   D. 废弃处理　　　　E. 维修和再制造
3. 多选题：进行汽车逆向物流的作用有（　　）。
   A. 提高顾客满意程度，增强自身竞争力
   B. 维护汽车厂商和下游零售商及顾客关系
   C. 增强企业的社会责任感，提升企业形象
   D. 提高资源的利用率，降低生产成本
4. 多选题：汽车逆向物流的发生源有（　　）。
   A. 退货　　B. 汽车召回　　C. 资源再利用　　D. 生产过程中的废弃物
5. 判断题：汽车逆向物流能提高顾客的满意度，增强自身竞争力。（　　）
6. 判断题：汽车逆向物流有助于维护汽车厂商和下游零售商及顾客的关系。（　　）
7. 判断题：汽车逆向物流对增强企业的社会责任感、提升企业形象帮助不大。（　　）
8. 判断题：汽车工业是一个高耗能产业，能源、钢材等原材料的耗用很大。（　　）

单元 8
汽车售后备件物流管理

任务工单

一、任务准备

1. 场地设施：教室或会议室。
2. 工具：手机（计算机）、钢笔和笔记本、白板及白板笔、工单。
3. 实施方式：将学生 4~6 人分成一组进行讨论。

二、熟悉售后备件与备件物流相关内容

1. _____是汽车售后服务备件物流的突出特点。
2. 请简述汽车售后备件和售后备件物流各有什么特点。
_____
_____
_____

3. 请简述我国汽车售后服务备件物流的现状及其发展的几个关键问题。
_____
_____
_____
_____

三、掌握汽车备件物流运作模式与流程相关内容

1. 汽车备件物流运作模式主要分为以下三类：_____
_____。
2. 请简述基于供应链的汽车售后备件物流运作模式特点和优势有哪些。

单元 8
汽车售后备件物流管理

_____
_____

四、掌握汽车备件物流节点规划与库存布局相关内容

1. 当前汽车服务备件的库存分布结构大致分为以下几种：
_____
_____

2. 请简述当前汽车服务备件的库存分布结构有哪几种，以及各有什么适应性。
_____
_____
_____
_____
_____

五、汽车服务备件库存管理与控制

1. 汽车备件库存管理策略就是在种种条件下决定何时订货、订购多少数量的办法。实际中经常使用的有_____。

2. 请简述常用的汽车备件库存管理策略的具体内容。
_____
_____
_____
_____
_____

六、应用实施

汽车备件进销存管理

1. 实训目标

1）熟悉汽车配件的进货、销售、库存管理业务流程。

2）熟悉汽车配件企业及 4S 店、维修企业配件部门管理软件的使用。

3）熟悉企业及部门间各个岗位人员结构和协同工作标准。

2. 实训场地和设备

多媒体实训教室、汽车配件管理软件。

3. 实训过程

（1）实训准备

1）先由教师集中授课，讲解如何进行实训，然后才是学生自主训练。

2）利用 1 小时让学生仔细阅读软件提供的《配件业务流程介绍》章节的内容。

（2）实训内容（岗位模拟）

1）配件采购员：

岗位实训目的：①熟悉本中心车辆维修业务需求，仓库或物流管理，合理安排库存，确保售后服务中心业务的正常开展；②根据有关配件计划、订购的规定，开展配件的计划、订购工作，正确、及时填写和传递配件订货单；③对配件供应的及时性、正确性负责。

主要实训步骤：请购管理—订购管理—需求管理—采购入库（退货）—订货入库（退货）—调拨入库（退货）—其他入库（退货）—请购查询—订购查询—需求查询—配件供应商管理—配件属性定义。

2）配件销售员：

岗位实训目的：①熟悉汽配市场的需求，合理开展配件的销售及配件领料工作；②保证向客户提供纯正配件；③向售后服务部汇报有关配件销售方面的市场信息。

主要实训步骤：报价管理—销售出库—领料出库—调拨出库—预留出库—销售退货—领料退货—调拨退货—报价查询—销售查询—领料出库查询—调拨出库查询—预留出库查询—客户档案管理。

3）库房管理员：

岗位实训目的：①负责配件的仓储收发管理及库存盘点；②及时向配件计划员通报配件库存情况；③及时向配件计划员通报新列配件损坏情况，并按要求组织破损件的回运。

主要实训步骤：配件属性定义—价格管理—仓位管理—盈亏管理—库存浏览—盘点管理—库存警戒线设置—库存价格查询—库存仓位查询—库存盈亏查询—进出流水查询。

4）配件部经理：

岗位实训目的：①组织督促配件工作人员做好售后服务中心的配件管理工作；②根据市场的需求合理调整库存，将库存周转率控制在合理的范围以内，加快资金周转，减少滞销品种；③对售后服务中心工作人员进行配件业务的培训；④协调好配件部门和其他业务部门的关系。

主要实训步骤：购入库统计分析—维修出库统计分析—销售出库统计分析—调拨出库统计分析—配件库存统计分析—配件销售统计分析—库存积压统计分析—库存短缺统计分析—配件日报表—配件月报表—进销存统计报表。

4.实训报告要求

实训报告中要求包含以下内容：

1）定义出配件企业（部门）基本的工作岗位，并制定出每个岗位的工作职责。

2）绘制配件进销存管理业务流程图。

3）列出一张库存查询单，要求：零件种类10种以上、配件编码规则2种、有库存警戒线。

单元 8
汽车售后备件物流管理

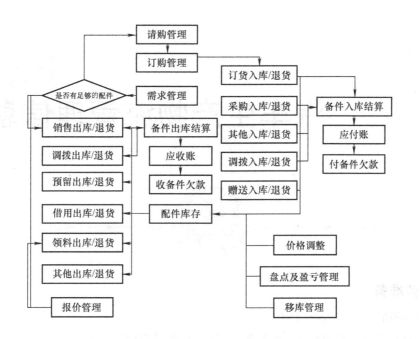

单元 9
汽车生产物流管理信息化

任务工单

一、任务准备

1. 场地设施：教室或会议室。
2. 工具：手机（计算机）、钢笔和笔记本、白板及白板笔、工单。
3. 实施方式：将学生 4~6 人分成一组进行讨论。

二、熟悉企业信息化与供应链管理内容

1. 多选题：企业信息化的内涵包含的内容有（   ）。
   A. 产品信息化   B. 设计信息化   C. 生产过程信息化
   D. 企业管理信息化   E. 市场经营信息化

2. 多选题：企业信息化的发展阶段包含有（   ）。
   A. 基础应用阶段   B. 关键应用阶段
   C. 扩展整合及优化升级应用阶段   D. 战略应用阶段

3. 多选题：企业信息化的特征主要有（   ）。
   A. 以人为本的社交化 ERP   B. 更强大的供应链协同能力
   C. 集成化、智能化程度更高   D. 移动信息化，让管理触手可及
   E. 按需使用的信息化服务

4. 生产过程控制的信息化是控制技术自动化的发展和升华，是制造类型企业特别是批量生产流水线作业方式信息化的关键环节。其主要内容就是综合利用自动控制技术、模拟仿真技术、微电子技术、计算机及网络技术实现对生产全过程的监测和控制，提高产品质量和生产（操作）效率。生产过程控制信息化的重点是（   ）。
   A. 产品开发设计、生产工艺流程、车间现场管理、质量检验等各设计、生产环节
   B. 产品开发设计、零件订购、车间现场管理、质量检验等各设计、生产环节
   C. 产品开发设计、生产工艺流程、仓库管理、质量检验等各设计、生产环节
   D. 产品开发设计、生产工艺流程、车间现场管理、质量检验等各设计、物流环节

5. 判断题：企业信息化是将企业的生产过程、物料移动、实物处理、现金流动，通

过各种信息系统网络加工生成的信息资源，提供给各层次的人们洞悉、观察各类动态业务中的一切信息，以便做出有利于生产要素组合优化的决策，使企业资源合理配置，以便企业适应瞬息万变的市场经济竞争环境，求得最大的经济效益。（　　）

6. 判断题：供应链管理的信息化集成模式，是指根据行业特征，在节约人力、物力、财力的基础上，利用先进的信息技术，以经济全球一体化和电子商务为依托，首先实施供应链管理的信息化，然后逐步分阶段实施全面管理的信息化。（　　）

三、熟悉生产物流管理信息系统

1. 企业资源计划系统 ERP（Enterprise Resource Planning）是指建立在（　　）基础上，以系统化的管理思想，为（　　）及员工提供决策运行手段的管理平台（　　）。

A. 信息技术　　　　B. 网络技术　　　　C. 决策层　　　　D. 现场管理层

2. 多选题：ERP 系统集中信息技术与先进的管理思想于一身，成为现代企业的运行模式，反映时代对企业合理调配资源，最大化地创造社会财富的要求，成为企业在信息时代生存、发展的基石。ERP 大致经历的发展阶段有（　　）。

A. MRP　　　　B. MRP Ⅱ　　　　C. ERP　　　　D. ERP Ⅱ

3. 多选题：产品结构与配置管理（BOM），BOM 的类别主要有（　　）。

A. E-BOM（工程 BOM）

B. P-BOM（生产 BOM）

C. SP-BOM（销售 BOM）

D. Cost-BOM（成本 BOM）

4. MES 可以为企业提供包括（　　）、人力资源管理、工作中心/设备管理、工具工装管理、采购管理、成本管理、项目看板管理、生产过程控制、底层数据集成分析、上层数据集成分解等管理模块，为企业打造一个扎实、可靠、全面、可行的制造协同管理平台。

A. 制造数据管理、计划管理、生产调度管理、库存管理、质量管理

B. 制造数据管理、计划管理、生产调度管理、库存管理、目视化管理

C. 制造数据管理、计划管理、生产调度管理、现场 5S 管理、质量管理

D. 制造数据管理、整车管理、生产调度管理、库存管理、质量管理

5. 仓储管理系统是通过_____、_____、_____、_____和_____等功能，综合批次管理、物料对应、库存盘点、质检管理和即时库存管理等功能综合运用的管理系统，通过条码、RFID、电子标签有效控制并跟踪仓库业务的物流和成本管理全过程，实现完善的企业仓储信息管理，提高仓储物流配送效率。

四、熟悉汽车生产物流工程信息化实践

1. PPS 和 Kanban 优缺点对比（注：挑选合适序号到对应的空方框内）。

类别	PPS：生产拉动系统	Kanban：物料看板拉动系统
优势		
劣势		

优点：

① 是基于未来消耗，可以预判未来的消耗

② 可以节约收看板卡、投看板卡、扫描看板的时间

③ 节约②所述的时间，缩短了周期时间，节约物料在线旁的存量

④ 不存在丢卡、无卡、遗漏卡等各种情况

⑤ 订单车等物料不需要在线旁存放，只有在系统上显示时才会拉动

⑥ 按消耗来补充物料，少量的可疑物料不影响拉动

⑦ 系统及流程简单，初次投入成本低

缺点：

① 所有消耗均是按正常消耗计算，即 ERP 中的 BOM 来计算

② 如果出现不合格品，系统无法统计，从而影响拉动数量。在生产不稳定阶段，或是下放的 BOM 表中的数据准确性不高的前提下，建议不要使用 PPS 拉动

③ 线旁必须存放所有物料，以便正常周转

④ 浪费收看板卡、投看板卡、扫描看板的时间

⑤ 浪费时间，导致增加了周期时间，从而增加物料线旁存量

⑥ 丢卡、无卡、遗漏卡等各种情况的出现，投卡不及时造成的紧急拉动与停线责任的不明确

⑦ 看板适用于稳定、批量的生产，对于订单车及均衡性较差的零件不太适合

2. 多选题：生产拉动系统是专门面向汽车制造企业在汽车生产过程中的物料实时请求与拉动的自动化信息系统。该系统主要由基本数据模块、整车追踪模块、物料消耗模块组成，负责对厂内物料和各零部件供应商的生产进行实时拉动，同时对厂内的物料消耗进行统计，对主要零部件进行随车追踪。PPS 生产拉动系统的功能有（　　）。

A. 物料报表功能　　B. 整车追踪功能　　C. 库存管理功能
D. 库存盘点功能　　E. 日常操作功能

单元 10
汽车生产物流工程管理常用工具

任务工单

一、任务准备

1. 场地设施：教室或会议室。
2. 工具：手机（计算机）、钢笔和笔记本、白板及白板笔、工单。
3. 实施方式：将学生 4~6 人分成一组进行讨论。

二、熟悉约束理论相关内容

约束理论应用实训

1. 实训目标

掌握供应链管理理论约束的应用方法。

2. 仪器和设备

多媒体教室或者多媒体会议室。

3. 实训过程

（1）实训材料

在汽车企业生产项目开展过程中，项目决策成本、招标费用、勘察设计成本、项目施工成本依次投入，各部分总和是项目总成本。然而它们并不相互独立，前期项目的投入影响着后期项目的投入，从而影响项目总成本。决策的失误可能造成工期延长、成本增加，设计不合理会造成施工的重复、成本开支增加。随着项目开展，这些都是项目成本管理纵向上的问题。而在项目成本管理的横向上，各阶段任务都有所不同，但各阶段都会受到相关因素影响。为保证项目总成本控制在可行范围内，须找出影响项目总成本的"瓶颈"，通过发现、分析这些"瓶颈"因素，并设法消除其对其他部分的影响，就能够确保项目在预算的成本控制范围内。

（2）实训步骤

1）识别影响项目总成本的"瓶颈"，在这里就是要找到对项目其他部分成本影响最大导致项目总成本增加最多的阶段。

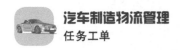

2）分析影响这一阶段成本的因素，形成改进项目总成本瓶颈计划。在此，对影响项目成本的质量、价格、工期及管理等因素进行分析，找出主要因素，同时，考察本阶段成本调整后对其他阶段以及总成本的影响，通过成本协调，使总成本朝着最优方向发展。然后决定如何充分利用瓶颈因素，制订计划。

3）其他阶段资源的安排要服从导致项目总成本增加最多的阶段。

4）改进整个项目系统的"瓶颈"，增加这一阶段的额外投入。

5）实施第四步后，为了继续提高系统的水平，回到第一步去发现新的瓶颈，最后直到整个项目系统的成本达到最优。

三、熟悉工业工程（IE）相关内容

1. IE 方法的标准是三条坐标：_____。

2. 在 IE 方法的研究流程中，要重点解决两个关键技术问题：_____。

3. IE 的本质使系统整体的_____达到高品质，追求生产系统的最佳整体效率为目标。

4. 请分析工业工程技术在我国物流实践中的应用现状与优化趋势。
_____
_____
_____

四、熟悉 JIT 理论相关内容

1. JIT 生产方式的基本思想是_____。

2. JIT 生产方式的目标是_____。

3. 我国汽车制造业大致有三种准时制物流管理形式：_____。

4. 请简述准时制物流的基本理论和实施的具体手段是什么。
_____
_____
_____

五、熟悉持续改善理论

1. Kaizen 的关键因素是_____。

2. 请简述汽车制造业供应链管理常用工具和方法。
_____
_____
_____